spot

context is all

SPOT 21

惡魔日記

讓希特勒成為希特勒的惡魔，他的日記消失了半個多世紀後，如何重新被發現，以及其意義。

The Devil's Diary: Alfred Rosenberg and the Stolen Secrets of the Third Reich

作者：Robert Wittman（羅伯・維特曼）、David Kinney（大衛・金尼）
譯者：陳榮彬
特約編輯：許景理
責任編輯：冼懿穎
封面設計：許慈力
美術編輯：BEATNIKS
校對：呂佳真

出版者：英屬蓋曼群島商網路與書股份有限公司台灣分公司
發行：大塊文化出版股份有限公司
台北市10550南京東路四段25號11樓
www.locuspublishing.com
TEL：(02)8712-3898　FAX：(02)8712-3897
讀者服務專線：0800-006689
郵撥帳號：18955675　戶名：大塊文化出版股份有限公司
法律顧問：董安丹律師、顧慕堯律師

總經銷：大和書報圖書股份有限公司
地址：新北市新莊區五工五路2號
TEL：(02)8990-2588　FAX：(02)2290-1658
製版：瑞豐實業股份有限公司

初版一刷：2017年12月
定價：新台幣520元
ISBN：978-986-6841-95-8
Printed in Taiwan

惡魔日記

THE DEVIL'S DIARY

ALFRED ROSENBERG AND THE STOLEN SECRETS OF THE THIRD REICH

Robert Wittman 羅伯・維特曼｜David Kinney 大衛・金尼 著　陳榮彬 譯

獻給我們的家人

思想上的偉大變革往往需要好幾個世代的時間才能夠順利完成。即便我方如今已經死氣沉沉，但有朝一日還是會東山再起。

——阿佛烈・羅森堡（Alfred Rosenberg）

糟糕的是，只要踏錯了幾步路，就會在偶然間發生大屠殺事件。只要幾小步路就夠了。

——羅伯・坎普納（Robert Kempner）

第三帝國時間表

一九一八年十二月：阿佛烈．羅森堡從祖國愛沙尼亞來到德國，於慕尼黑定居。這一年他二十五歲。

一九一九年一月五日：德意志勞工黨（*The German Workers' Party*）建黨，羅森堡與希特勒都於這一年稍後入黨。一年後，該黨演變為納粹黨。

一九二〇年十二月：納粹黨買下《人民觀察家報》（*Völkischer Beobachter*），羅森堡成為該報的主筆與編輯。

一九二三年十一月八日到九日：納粹黨在慕尼黑貝格勃勞凱勒啤酒館（Bürgerbräukeller）發動政變，試圖推翻巴伐利亞政府未果。希特勒在槍戰中負傷被捕。羅森堡毫髮未傷，逃走後被希特勒指定為納粹黨的代理黨魁，直到他獲釋。

一九三三年一月三十日：希特勒被指派為德國總理，納粹黨迅速徹底掌控整個國家。羅森堡遷居柏林。

一九三三年二月：普魯士邦內政部高官羅伯．坎普納（Robert Kempner）遭免職。

一九三三年四月一日：納粹黨對所有猶太人經營的商號進行抵制。

一九三三年五月十日：德國各大學把所有思想有問題的書籍都焚毀。

一九三四年一月二十四日：希特勒委任羅森堡為他在納粹黨裡的代表，主掌黨內的思想、意識形態與教育等事務。

一九三四年六月三十日：希特勒發動大清算行動，把包括納粹衝鋒隊（storm trooper）首領恩斯特．羅姆（Ernst Röhm）在內的所有政敵都逐出納粹黨，史稱「長刀之夜」（Night of the Long Knives）。

一九三四年八月二日：威瑪共和國總統興登堡（Paul von Hindenburg）逝世，希特勒就此成為德國的獨裁者。

一九三五年三月十二日：坎普納遭到蓋世太保逮捕，囚禁於柏林的哥倫比亞集中營，兩週後獲釋。

一九三五年九月十五日：「紐倫堡法案」（Nuremberg Laws）通過，猶太人被降格為二等公民。

一九三六年三月七日：德軍重新占領了在「凡爾賽和約」中被劃歸非軍事化地區的萊茵蘭地（Rhineland）。

一九三六年夏天：坎普納逃往義大利，在佛羅倫斯一所專收猶太流亡學生的寄宿學校工作。

一九三八年三月十二日：奧地利被德國併吞。

一九三八年四月到五月：因為希特勒造訪義大利，坎普納與佛羅倫斯那一所寄宿學校的其他猶太師生被囚禁了三週。

一九三八年九月三日：坎普納工作的寄宿學校遭義大利政府關閉，他與妻子和情婦一起逃往法國。

一九三八年九月三十日：英法與德國簽訂「慕尼黑協定」，同意把捷克斯洛伐克的領土蘇台德地區（Sudetenland）劃歸德國。

一九三八年十一月九日到十日：德國各地的猶太人會堂、店鋪與住家都遭到砸毀，史稱「碎玻璃之夜」（Kristallnacht）。

一九三九年一月三十日：希特勒在德國國會大廈前面發表演說，誓言殲滅歐洲各地的猶太人。

一九三九年三月十五日：德國入侵捷克斯洛伐克。

一九三九年八月二十三日：希特勒與蘇聯領袖史達林簽訂「德蘇互不侵犯條約」，兩國並且達成瓜分波蘭國土的協議。

一九三九年九月一日：德國入侵波蘭，二次世界大戰爆發。坎普納找到了一份在美國的工作，抵達紐約。

一九三九年十一月八日：希特勒在慕尼黑貝格勃勞凱勒啤酒館發表演說，演說結束後幾分鐘，館內就發生了爆炸案。

一九四〇年四月九日：德國入侵挪威與丹麥。

一九四〇年五月十日：德國對荷蘭、比利時、盧森堡與法國發動攻擊。

一九四〇年六月二十二日：法國投降，並與德國簽訂停戰協議。羅森堡組織了一個「羅森堡特別任務小組」（Einsatzstab Reichsleiter Rosenberg），負責在全歐各處的占領地洗劫書籍與藝術品。

一九四一年六月二十二日：德國發動「巴巴羅薩行動」（Operation Barbarossa），入侵蘇聯領土，占領了波羅的海三小國、白俄羅斯與烏克蘭。

一九四一年七月十七日：希特勒指派羅森堡監督蘇聯占領區的民政，全權處理東部各占領區的管理工作。

一九四一年十二月七日：日本發動珍珠港事變，攻擊美國海軍基地。

一九四一年十二月八日：納粹設立的第一個滅絕集中營（extermination camp）在波蘭海烏姆諾（Chełmno）開始運作。

一九四二年一月二十日：納粹黨高層在萬湖（Wannsee）集會，討論猶太人的處決問題。

一九四二年二月十五日：納粹開始大規模屠殺猶太人，地點是奧斯威辛集中營（Auschwitz）。

一九四三年一月三十一日：率領德軍入侵蘇聯的弗里德里希．保盧斯將軍（Friedrich Paulus）在史達林格勒向俄軍投降。德軍第六軍的其餘部隊也在二月二日跟進，二戰戰局就此逆轉。

一九四三年五月十六日：華沙猶太貧民窟的猶太人發動起義，交戰一個月後終於遭德軍擊潰。

一九四四年六月六日：盟軍展開諾曼地登陸行動，史稱這一天登陸日（D-Day）。

一九四四年七月二十日：一群德國軍官發動「華爾奇麗雅行動」（Operation Valkyrie），刺殺希特勒未果。

一九四四年八月二十五日：盟軍解放巴黎。

一九四五年一月二十五日：盟軍終結了突出部之役（Battle of the Bulge），撲滅德軍的最後一次主要攻勢。

一九四五年一月二十七日：俄軍解放奧斯威辛集中營，但在過去三年內，這裡已經有一百多萬人遭到大屠殺。

一九四五年四月三十日：俄軍圍攻柏林十日後，傳言希特勒自殺身亡。

一九四五年五月八日：德國宣布投降。

一九四五年五月十八日：羅森堡被逮捕。

一九四五年十一月二十日：紐倫堡大審開始，起訴了羅森堡、赫曼·戈林（Hermann Göring）、魯道夫·赫斯（Rudolf Hess）與其他德國戰敗後仍然存活於世的納粹高層戰犯。坎普納是負責起訴戰犯的美國檢察官之一。

一九四六年十月十六日：因為戰爭罪定讞，羅森堡跟其他九個戰犯都被以絞刑處死。

相關人物表

法蘭西斯·比德爾（Francis Biddle）：一九四一到四五年之間曾任美國司法部部長；一九四五到四六年紐倫堡大審期間，獲推派擔任美國的主審法官。

馬丁·鮑曼（Martin Bormann）：一九三三到四一年之間擔任納粹黨副黨魁魯道夫·赫斯的幕僚長；一九四一到四五年之間擔任納粹黨祕書長；一九四三到四五年之間擔任希特勒私人祕書。

伊娃·布朗（Eva Braun）：希特勒女友，後來與他結婚。

魯道夫·迪爾斯（Rudolf Diels）：一九三三到三四年之間擔任蓋世太保首領。

狄特里希·埃卡特（Dietrich Eckart）：經由羅森堡的介紹，在一九一九年認識希特勒，一九二〇到二三年之間擔任納粹黨報《人民觀察家報》的編輯。

麥可·法烏爾哈貝爾（Michael Faulhaber）：一九一七到五二年擔任慕尼黑的天主教樞機主教，在羅森堡對教會發動「文攻」期間率眾反擊。

蓓拉·佛洛姆（Bella Fromm）：柏林《福斯日報》（*Vossische Zeitung*）的外交記者。

約瑟夫·戈培爾（Joseph Goebbels）：第三帝國的國民教育與宣傳部部長。

赫曼·戈林（Hermann Göring）：第三帝國的空軍總司令兼經濟部長，直到一九四五年四月都是希特勒的指定接班人。

大衛·霍爾（David Hall）：美國德拉瓦州的助理檢察官，與羅伯·維特曼（Robert Wittman）一起合作恢復羅森堡日記的原貌。

恩斯特·漢夫斯丹格（Ernst Hanfstaengl）：一九二二到三三年之間擔任納粹的國際媒體局局長，大家都用他的綽號「小可愛」（Putzi）稱呼他。

魯道夫·赫斯（Rudolf Hess）：一九三三到四一年之間擔任納粹副元首。

萊茵哈德·海德里希（Reinhard Heydrich）：從一九三九到四二年之間擔任第三帝

國國家安全部部長，是德國國安機構的最高首長。受命解決「猶太人的最終處置問題」，並主導萬湖會議之召開。於一九四二年遭暗殺身亡。

海因里希・希姆萊（Heinrich Himmler）：親衛隊首領與大屠殺行動的籌畫者。

保羅・馮・興登堡（Paul von Hindenburg）：第一次世界大戰期間德軍將領，一九二五到三四年之間擔任德國總統，於一九三三年指派希特勒擔任總理。

羅伯・傑克遜（Robert Jackson）：一九四〇到四一年之間擔任美國司法部長，一九四一到五四年擔任美國最高法院大法官，一九四五到四六年紐倫堡戰犯接受審判期間擔任美國的主任檢察官。

威廉・凱特爾（Wilhelm Keitel）：一九三八到四五年之間擔任德軍最高統帥部總長。

安德烈・坎普納（André Kempner）：羅伯・坎普納與其法律事務祕書瑪歌・李普頓生的兒子，二戰期間還是個嬰兒，都住在法國尼斯的一間幼兒院裡。

魯西安・坎普納（Lucian Kempner）：羅伯・坎普納與第一任妻子海倫（Helene）的兒子，二戰期間被困在德國，後來遭送往勞改營，於一九四五年逃亡成功，後來加入美軍。

羅伯・坎普納（Robert Kempner）：律師，一九三六年逃離納粹魔掌，於一九三九年安抵美國，為美國聯邦調查局與戰略情報局工作。後來在一九四五到四九年的紐倫堡大審期間成為美國檢察官，負責起訴戰犯。

露絲・坎普納（Ruth Kempner）：羅伯・坎普納的第二任妻子，是個作家。

埃里希・科赫（Erich Koch）：一九四一到四四年之間擔任第三帝國指派的烏克蘭總督。

亞伯特・克雷伯斯（Albert Krebs）：納粹黨創黨初期的漢堡黨部負責人，他擔任編輯的《漢堡日報》（*Hamburger Tageblatt*）與納粹黨關係匪淺。後來他在一九三二年被開除黨籍。

威廉・庫柏（Wilhelm Kube）：一九四一到四三年之間擔任第三帝國指派的白俄羅斯總長。

漢斯・蘭馬斯（Hans Lammers）：一九三三到四五年之間擔任第三帝國總理府祕書長。

珍・萊斯特（Jane Lester）：戰後在德國擔任羅伯・坎普納的助理與法律事務祕書。

羅伯・萊伊（Robert Ley）：一九三三到四五年期間擔任第三帝國組織部部長兼納粹黨組訓總局局長，負責監督德國勞工陣線（German Labor Front）和帝國的「休閒強身計畫」（Strength Through Joy）。

瑪歌・李普頓（Margot Lipton）：羅伯・坎普納在義大利與美國期間的情婦兼祕書。一九三九年移民美國之後把姓氏改成李普斯坦（Lipstein）。

辛里希・洛澤（Hinrich Lohse）：一九四一到四三年之間擔任奧斯蘭總督轄區（Ostland）的總督，統治愛沙尼亞、拉脫維亞、立陶宛與白俄羅斯。

庫爾特・呂德克（Kurt Lüdecke）：納粹創黨初期的支持者，負責幫黨募款。

埃里希・魯登道夫（Erich Ludendorff）：第一次世界大戰期間的德國將軍，後來在一九二三年參與了納粹發動的啤酒館流產政變。

亨利・梅耶（Henry Mayer）：一九九四到二〇一〇年之間擔任美國大屠殺紀念館（United States Holocaust Memorial Museum）的檔案組組長，後來成為該館的資深檔案顧問，帶頭進行羅森堡日記的研究工作。

馬克・歐雷克薩（Mark Olexa）：美國國土安全調查處特別幹員，與羅伯・維特曼一起合作，恢復羅森堡日記的原貌。

法蘭茲・馮・巴本（Franz von Papen）：曾於一九三二年擔任德國總理，一九三三到三四年之間的副總理，是希特勒被任命為總理的幕後推手。

韋納・培舍（Werner Peiser）：於一九三三年在義大利佛羅倫斯市創辦一間叫作翡冷翠學院（Istituto Fiorenza）的寄宿學校，該校於一九三八年被迫關閉。

維德孔・吉斯林（Vidkun Quisling）：挪威國家統一黨（National Unity Party）的政治人物，在德國於一九四〇年入侵挪威以前就與羅森堡和納粹黨密切合作。

約希姆・馮・里本特洛普（Joachim von Ribbentrop）：一九三八到四五年之間擔任納粹德國的外交部長。

赫伯特・理查森（Herbert Richardson）：當過大學教授與作家，創辦艾德溫美崙出版社（Edwin Mellen

Press），擔任發行人，與羅伯．坎普納的兩位祕書珍和瑪歌交好。二〇一三年，聯邦法院發了傳票給他，他不得不把羅森堡的日記交給政府。

恩斯特·羅姆（Ernst Röhm）：一九三一到三四年間擔任納粹衝鋒隊（Sturmabteilung）首領。一九三四年的「長刀之夜」事件過後遭希特勒處死。

威廉．夏伊勒（William Shirer）：二次大戰前與大戰期間為赫斯特媒體集團（Hearst）所屬新聞社與ＣＢＳ廣播公司擔任柏林特派員。

奧托．斯特拉瑟（Otto Strasser）：納粹黨左派勢力在柏林的領導人，後來在一九三〇年被開除黨籍。其兄長葛瑞格．斯特拉瑟（Gregor Strasser）於一九三四年的「長刀之夜」事件中遇害身亡。

泰爾佛德．泰勒（Telford Taylor）：紐倫堡大審期間美國軍事法庭的主任檢察官，審判於一九四六到四九年之間進行，十二次大審總計起訴了一八五個納粹戰犯。

庫爾特．馮．貝爾（Kurt von Behr）：「羅森堡特別任務小組」的一員，一九四一到四二年之間負責於巴黎指揮調度藝術品與圖書館的洗劫行動。後來全權負責「家具行動」（Operation Furniture），把西歐數以萬計猶太人住家的家具全都清空。

克萊門斯．馮．蓋倫（Clemens von Galen）：德國明斯特市（Münster）的天主教主教，曾對納粹的安樂死計畫進行強烈抨擊。

古斯塔夫．里特．馮．卡爾（Gustav Ritter von Kahr）：德國巴伐利亞邦總理，曾於一九二三年平定納粹發動的啤酒館政變，於一九三四年的「長刀之夜」事件中遇害身亡。

恩斯特．馮．魏茨澤克（Ernst von Weizsäcker）：曾於一九三八到四三年之間擔任納粹德國外交部國務卿。

傑夫．維特曼（Jeff Wittman）：羅伯．維特曼之子，曾參與搜尋羅森堡日記的行動。

序曲

祕密庫房

山上的宮殿下方，巴伐利亞的鄉野景致起伏跌宕，如此秀麗，因此在德文中向來有 Gottesgarten 之稱，意思是「上帝的花園」。

這座名爲邦茲古堡[1]的宮殿，俯瞰著下方蜿蜒河流兩旁的村落、農莊。陽光下，古堡側翼往四周延伸的石造建物看來金光閃閃，巴洛克式教堂上方高高矗立著兩根看來優美無比的錐狀銅質尖塔。這個地方已有千年歷史，它曾是一個交易站、一處用來禦敵的碉堡、一座本篤會修道院。它曾在戰時遭到洗劫，被戰火摧毀，後來統治巴伐利亞的維特爾斯巴赫家族（Wittelsbach）將其重建爲一座奢華宮殿。宮殿大廳富麗堂皇，曾獲許多王爵臨幸，其中甚至包括末代德皇威廉二世（Kaiser Wilhelm II）。時間來到一九四五年春天，一支惡名昭彰的特別任務小組把這龐大宮殿拿來當作據點，他們爲了第三帝國的榮耀，整個二次大戰期間都在歐洲占領區四處洗劫各國的財物珍寶。

六年來，戰火蹂躪了整個歐洲，就在如今節節敗退之際，德國各地的納粹黨人早已開始大量焚毀敏感的政府檔案，以免文件曝光後遭人拿來對付他們。但也有些官員下不了手，不願銷毀文件，因此就把東西都藏在森林、礦坑、城堡與類似邦茲古堡的宮殿裡。鄉間到處有藏匿著大量祕密資料的地方等待盟軍發掘，那些詳細的內部紀錄有助於世人深入了解乖戾的德國官僚體系與德軍心狠手辣的戰略，還有納粹爲了把歐洲「不良分子」給斬草除根而制定的偏執計畫。

到了四月的第二週，美軍喬治・巴頓（George S. Patton）將軍麾下的第三軍團與亞歷山大・帕奇（Alexander Patch）將軍率領的第七軍團已經橫掃了這整個地區。部隊在幾週前渡過萊茵河，穿過處處斷垣殘壁的巴伐利亞西部鄉間快速挺進，只有斷橋、就地取材設置的路障、零星的頑強抵抗能夠阻礙部隊速度[2]。他們經過被盟軍用炸彈夷平的城市，經過一個個瘦到眼窩凹陷的村民，房舍上面飄揚的不再是納粹的卐字旗，而是床單與枕頭套做成的白旗。德軍已被徹底瓦解。再過二十幾天，希特勒就會自殺身亡。

美軍抵達這個地區不久，就遇上舉止與外型都很浮誇的貴族庫爾特・馮・貝爾（Kurt von Behr），他戴著單眼鏡片，腳踩擦得亮晶晶的高筒靴。他在大戰期間曾待過巴黎，負責掠奪民間的藝術收藏品，並且洗劫法、比、荷三國數以萬計猶太家庭的家具與擺設。[3]巴黎解放不久前，他和妻子帶著大量搶來的財寶逃往邦茲古堡，車隊總計有十一輛轎車與四輛貨車。

現在，馮・貝爾打算跟盟軍談一筆交易。

他自己到附近的利希滕費爾斯鎮（Lichtenfels），與軍方官員薩謬爾・哈伯（Samuel Haber）接觸。看來，馮・貝爾已經習慣像皇族一樣住在雕梁畫棟的宮殿裡頭。[4]如果哈伯能讓他不用遷出古堡，他就會把納粹的大量機密文件交出來。

1 譯註：Schloss Banz：本名為邦茲修道院（Kloster Banz），建於十一世紀。
2 原註：*After Action Report, Third US Army, 1 August 1944–9 May 1945*, vol. I: *The Operations*, p. 337.
3 原註：Dreyfus and Gensburger, *Nazi Labour Camps*, p. 9, p. 130.
4 原註：Marguerite Higgins, "Americans Find Nazi Archives in Castle Vault," *New York Herald Tribune*, April 24, 1945.

哈伯對此很有興趣。一方面因爲軍事行動情報珍貴無比，再加上即將來到的戰犯審判，盟軍早已得令，務必追查保存所有能夠找到的德國文件。巴頓將軍的軍團裡，有個番號G-2的軍情單位專責此事。5光是四月間，其下轄的幾個小隊就查獲了三十公噸納粹檔案。

美軍根據馮・貝爾的提示上山，穿越宮殿的重重大門與他見面。這位納粹高官帶他們前往地下五樓，大量機密納粹文件藏在一面水泥假牆後頭。檔案塞滿了一座巨大庫房，裝不進去的，則散落堆放在密室裡。

說出此一祕密後，顯然馮・貝爾也知道他的籌碼並非護身符，他還是得跟其他納粹黨人一起承受德國慘敗的後果，所以已經準備好要以優雅的方式離開此一歷史舞台。他穿上最奢華的制服偕同妻子走進古堡臥室，拿起攙有氰化物的香檳酒杯互相敬酒，一起向世界告別。「此一插曲，充斥了各種灑狗血的戲劇元素，而納粹的領導人們似乎就愛這個調調。」一位美國特派記者寫道。

士兵們發現馮・貝爾夫婦陳屍在奢華的臥室裡，檢視屍體的同時，發現桌上還有半瓶香檳。夫婦倆所挑選的上等香檳帶有極其豐富的象徵意涵：6年份是一九一八年——前一場世界大戰在這一年結束，他們深愛的祖國慘敗。

阿佛烈・羅森堡（Alfred Rosenberg）是庫房文件的主人，他是希特勒麾下的納粹思想領袖，也是納粹黨的元老。羅森堡親眼目睹一九一九年該黨的創黨過程，當時希特勒不過是個言行浮誇、居無定所的一次世界大戰老兵，卻被憤怒無比的德國民族主義者推舉爲領袖。一九二三年十一月某天晚上，希特勒密謀推翻巴伐利亞政府，群眾在希特勒的帶領下走進慕尼黑的一家啤酒館，羅森堡就緊跟在他的偶像身後。十年後，納粹黨在柏林取得德國政權，準備消滅所有敵人時，他也在場。他始終在政治舞台上奮戰著，協助納粹黨把整個德國打造成他們想要的樣子。就算後來戰爭情勢逆轉，納粹的變態遠景再也無法實現，他仍陪著黨走到最後。

一九四五年春天，調查人員開始檢視那批數量龐大的文件（包括兩百五十卷官方文書與私人信件），結果有了重大發現：羅森堡的日記。

那五百頁手寫的日記有些是寫在一本筆記簿裡，但大都是寫在沒有裝訂的紙張上。日記始於一九三四年，當時希特勒執政剛剛進入第二個年頭，[7]止於二次世界大戰結束前幾個月，總計十年。除了羅森堡之外，曾經留下類似日記的第三帝國高層只有另外兩人，包括國民教育與宣傳部部長約瑟夫·戈培爾（Joseph Goebbels），還有殘暴統治占領地波蘭的漢斯·法蘭克（Hans Frank）總督[8]。至於希特勒等其他人，都帶著自己的祕密長眠地下。羅森堡身居納粹黨政高層長達四分之一世紀，透過日記，我們將有機會從他的高度去了解第三帝國的運作模式。

在德國之外，羅森堡從來不像戈培爾、海因里希·希姆萊（Heinrich Himmler，納粹親衛隊首領）或

---

5 原註：*After Action Report, Third US Army, 1 August 1944–9 May 1945*, vol. II: *Staff Section Reports*, p. G-2 47.

6 原註：Higgins, "Americans Find Nazi Archives."

7 譯註：希特勒是在一九三三年一月底成為威瑪共和國總理，羅森堡的第一篇日記始於一九三四年五月十四日。

8 原註：希姆萊留存下來的日記結束於一九二四年。第三帝國許多較為次要的人物都有留下日記。

赫曼·戈林（Hermann Göring，希特勒的空軍總司令兼經濟部長）那麼有名。他必須努力與這些納粹高層鬥爭，才能獲得他自認應得的權力。但他從頭到尾都能獲得「元首」的支持。連對最根本問題的看法，羅森堡和希特勒也都默契相通，而且他忠心耿耿。希特勒親自提拔羅森堡，陸續讓他出任黨內與政府高位，並助其提升曝光度，確保他有深遠的影響力。在柏林，有許多政敵討厭他，但黨內基層人員卻把他當成德國最重要的人物之一，是連元首都很注意的大思想家。

在許多納粹德國犯下的惡名昭彰罪行中，都可以看到羅森堡參與的痕跡。

從巴黎到克拉科夫[9]與基輔，各國的藝術品、檔案與圖書都遭到納粹竊取，他就是此一活動的幕後黑手——所以後來才有所謂「大尋寶家」（Monuments Men）的知名故事，在盟軍人員的追查下，從許多德國城堡與鹽礦找回眾多寶貴贓物。

一九二〇年，他在希特勒的腦袋裡灌輸了一個很邪惡的觀念，並不斷複述：蘇聯發生的共產革命其實是猶太人爲了染指全世界而策畫出來的陰謀。羅森堡大力鼓吹此一理論，希特勒在二十年後採用，變成德國入侵各個蘇維埃共和國、發動毀滅性戰爭的正當理由。就在納粹準備要入侵蘇聯之際，羅森堡宣稱那肯定會是一場「具有淨化效果的世界性生物革命」，終於可以藉此清除「猶太人與猶太混血雜種所帶來的傳染性細菌」。[10]入侵東方蘇聯的頭幾年，德軍把紅軍給逼回了莫斯科，羅森堡成爲占領區的政府領袖，以恐怖手段統治波羅的海三小國、白俄羅斯與烏克蘭，他所領導的政府也與希姆萊麾下劊子手合作，在上述地區大規模屠殺猶太人。[11]

最重要的是，羅森堡是爲大屠殺奠立理論基礎的思想旗手。一九一九年，他開始出版充滿有毒思想的反猶太書籍，後來擔任納粹黨黨報編輯時，也寫了許多文章、小冊子與書籍，藉此散布仇視猶太人的納粹思想。接著，羅森堡又成爲元首的意識形態代言人，每到德國各地的城鎮鄉村，總是受到大批群眾歡迎與舉旗歡呼。他的理論傑作《二十世紀的神話》（*The Myth of the Twentieth Century*）賣了超過一百萬冊，向來跟希特勒的自傳《我的奮鬥》（*Mein Kampf*）一樣，被當成納粹意識形態經典。在羅森堡沉悶冗長的著作中，他往往借用其他僞知識分子關於種族與世界史的觀念，融合成一個自創的政治信仰體系。德國各地的納粹黨領袖都跟他說，他們在數千場的演講中代他宣達理念。「透過我，他們找到了奮戰的方向與材料。」羅森堡在日記中如此自誇。[12]上百萬人在奧斯威辛集中營遭到處決，其指揮官魯道夫・霍斯（Rudolf Höss）說自己之所以能完成使命，是因爲三個人的言論幫他做好了心理準備：希特勒、戈培爾和羅森堡[13]。

第三帝國的思想家往往能看到自己的哲學獲得實踐，而羅森堡的往往帶來致命影響。

「每當我想到這些寄生蟲似的猶太佬對德國做了什麼，我總是屢屢感到怒不可遏，」他在一篇一九三六年的日記中寫道。「但至少有一件事是讓我滿意的：我已經貢獻了一己之力，把他們的背叛之舉

9 譯註：Krakow，波蘭第二大城。
10 原註：Office of the U.S. Chief of Counsel for the Prosecution of Axis Criminality, *Nazi Conspiracy and Aggression*, vol. 5, pp. 554–57.
11 原註：見 Ernst Piper, "Vor der Wannsee-Konferenz: Ausweitung der Kampfzone," *Der Tagesspiegel*, December 11, 2011。
12 原註：Rosenberg diary, August 23, 1936.
13 原註：Gilbert, *Nuremberg Diary*, pp. 267–68.

給揭發出來了。」[14]就這樣，羅森堡的觀念爲屠殺幾百萬猶太人的行動提供了正當性與合理性。

一九四五年十一月，一個很特殊的國際軍事法庭在德國的紐倫堡市成立，用以審判尚在人世、惡名昭彰的納粹戰犯，羅森堡就名列其中。起訴這些人的根據，爲終戰時盟軍所截獲的大量德國文件。漢斯・弗里切（Hans Fritzsche）因爲擔任國民教育與宣傳部的新聞處處長而遭起訴，他曾在紐倫堡大審期間向一位監獄的精神科醫師透露，希特勒的哲學思想在一九二〇年代成形的過程中，羅森堡扮演了關鍵角色，當時納粹尚未掌權。「在我看來，當希特勒還在建構自己思想體系的那段時期，他對希特勒曾產生了很大的影響，」弗里切表示。「羅森堡之所以重要，是因爲他的觀念雖然都只是一些理論，但全在希特勒手裡實現了……羅森堡的那些美好理論被實現了，悲劇也就此發生。」紐倫堡軍事法庭判弗里切無罪，但後來他被一個專責處理納粹罪行的德國法庭判處九年徒刑。

弗里切認爲，就某方面來講，羅森堡是「坐在被告席上的所有人中，罪孽最深重的。」[15]紐倫堡大審期間，美國的主任檢察官羅伯・傑克遜（Robert H. Jackson）批評羅森堡，說他是「『優等民族』[16]思想上的大祭司」。[17]一九四六年十月十六日，納粹黨被法官宣判犯下了戰爭罪，羅森堡也在某天半夜遭絞刑處決。

接下來幾十年之間，許多史家試著了解該世紀最驚天動地的事件的來龍去脈，他們瀏覽盟軍在終戰時攔截下來的數百萬份文件。留存下來的文件種類繁多，有機密的軍事紀錄、洗劫來的財物之詳細清單、私人日記、外交文件、電話談話內容的文字稿、討論大屠殺事宜的可怕官方備忘錄。一連串審判在一九四九年結束後，代表美國的檢察官將辦公室關閉，當年截獲的文件全運到維吉尼亞州亞歷山卓市（Alexandria），存放在波多馬克河（Potomac River）畔的一間老舊魚雷工廠裡。爲了送到國家檔案館（National Archives）去保存，那些文件都被製作成微縮膠片，大多數原始文件最後又送回德國去。

但羅森堡的大量祕密日記出了差錯，從未被運送到華府，研究第三帝國的學者也未曾有機會將其內容加以抄錄、翻譯與研究。

在巴伐利亞邦茲古堡祕密庫房裡被發現的四年後，日記又消失了。

14 原註：Rosenberg diary, August 23, 1936.
15 原註：Goldensohn, *The Nuremberg Interviews*, pp. 73–75.
16 譯註：master race：納粹黨專有名詞，即雅利安人。
17 原註：Closing statement of Robert Jackson, chief American prosecutor, *Trial of the Major War Criminals*, vol. 19, p. 416.

第一部

LOST AND FOUND

1949-2013

失而復得

1 鍥而不捨

二次大戰終戰四年後，有個檢察官正在紐倫堡司法大樓可以容納六百人的法庭裡，等待最後判決出爐。這是最後一批遭美國政府起訴的納粹戰犯，檢察官羅伯·坎普納（Robert Kempner）爲了起訴他們盡心竭力，現在只能等待結果。

坎普納時年四十九歲，他生性好鬥頑固，勤於利用情報網絡，喜歡施展計謀，終其一生總把下巴抬得老高，好像要敵人儘管放馬過來——他的敵人還眞的不少。儘管坎普納的體型並不出眾，身高只有一百七十公分上下，頭頂漸禿，但擁有一種能讓人追隨他或敵視他的人格特質。喜歡他的人總認爲他充滿領袖魅力、努力不懈，是個正義使者，但敵視他的人卻覺得他喜歡賣弄炫耀、固執己見，簡直像個鄉巴佬。

坎普納曾經與希特勒及納粹黨鬥爭了將近二十年，最後四年的較量舞台，是紐倫堡這個曾被希特勒的自大與盟軍的炸彈給摧毀的城市。他曾爲了求生存而努力奮鬥，也曾爲了他身處的世界大戰貢獻一己之力，而這戰鬥不懈的人生既是他的個人故事，也是那時代許多人的共同際遇。一九三〇年代初期，坎普納還只是柏林市的一名年輕警政官員，他極力主張德國政府應該以叛國罪逮捕希特勒與其追隨者，以免他們毀了威瑪共和國，藉此才能夠阻止他們執行納粹黨的恐怖計畫。一九三三年，納粹取得執政權才沒幾天，坎普納這個猶太裔的自由派納粹政敵就被免去官職。一九三五年，他被短暫拘禁並遭蓋世太保偵訊，此後他逃往義大利再到法國，最後落腳美國，在那裡繼續他與納粹之間的鬥爭。他手握大量德國政府的內部文件，並控制著一個線民網絡，因此能幫美國司法部把在美國境內替納粹進行宣傳的人給定罪，而且他提供納粹情報的對象包括戰爭部、神祕的戰略情報局，[1]以及胡佛（J. Edgar Hoover）局長麾下的聯邦調查局。

接下來他的人生轉折彷彿好萊塢劇本，他歸返故里幫美國政府起訴過去的敵人，那些人曾害他丟官，因爲他的猶太血統而將他妖魔化，甚至剝奪他的德國公民資格，害他亡命天涯。

檢查官羅伯·坎普納於紐倫堡的司法大樓。（圖片來源：U.S. Holocaust Memorial Museum, courtesy of John W. Mosenthal）

在戈林、羅森堡與其他第三帝國高層都在知名的國際大審中，遭到戰爭罪起訴後，坎普納繼續留在紐倫堡幫美國政府處理另外十二個案子，被起訴者是一百七十七名納粹同路人，包括多位利用集中營收容人進行非人道實驗的醫生、負責管理與處決集中營收容人的納粹親衛隊成員、因爲強迫勞動而獲利的公司負責人，以及大戰期間在東歐各國負責屠殺平民的處決隊隊長。

由坎普納親自督軍的最後一個案子耗時最久，這編號十一號的案子外號叫作「部長級審判案」（The Ministries Trial），因爲大多數被告都是柏林市威廉大街（Wilhelmstrasse）

1 譯註：美國中情局前身。

上各政府部會的高官。其中名氣最響亮的被告是外交部國務祕書恩斯特·馮·魏茨澤克（Ernst von Weizsäcker），戰時他不但爲德國入侵捷克斯洛伐克而鋪路，也有證據顯示，在他的親自批准之下，曾有六千多名猶太人從法國被送往奧斯威辛集中營。最惡名昭彰的被告是納粹親衛隊高官戈特洛布·貝格爾（Gottlob Berger），他是一支殘暴行刑隊的指揮官。貝格爾曾在一封信裡這樣描述自己的行刑隊：「多殺兩個波蘭佬也沒什麼了不起，總好過漏掉了兩個沒殺掉。」[2]最令人齒冷的被告莫過於那些銀行家，他們不但出錢蓋集中營，還將滅絕營受害者遺留下來堆積如山的金牙、珠寶與眼鏡全部儲存起來。

審判從一九四七年年底就已經開始，到了此刻，也就是一九四九年四月十二日，終於要結案了。[3]三位美國法官走進法庭，坐上位子後，開始高聲朗讀宣判書。宣判書內容總計有八百頁，要三天才能念完。法庭另一頭的納粹被告由憲兵們看守著，他們各個站得筆直，銀盔閃閃發亮，藉由耳機聆聽翻譯成德語的判決內容。最後，二十一名被告裡有十九人被判有罪，其中五人犯下了史無前例、由紐倫堡大審定義的「危害和平罪」。魏茨澤克被判入獄七年，貝格爾二十五年，三位銀行家則是被判五年到十年不等的有期徒刑。

對檢方而言，可說是大獲全勝。過去四年來，他們深入挖掘大量的納粹文件，偵訊過數以百計的證人，終於把最惡劣的被告定罪並送入監獄。他們也向世人昭示，德國政府的各部門與各層級都有大屠殺的共犯。就檢方的描述，如坎普納所言，第三帝國「犯下的罪孽罄竹難書」，[4]檢方也因此強化了紐倫堡是「國際法的最後一道防線」這個歷史定位。[5]他們以強而有力的論證來起訴戰犯。

坎普納與納粹黨鬥了那麼久，他的最高成就莫過於把這些人給定罪。

至少我們可以說，這「應該是」他的最高成就才對。

幾年之內，紐倫堡大審的聲譽就被毀了。

大審開始以來，無論是在德國與美國，都有人想將審判給汙名化。在這些批評者眼裡，起訴行動的核心價值並非伸張正義，而是報仇解恨，至於原本個性就令人討厭的坎普納，眾所皆知他偵訊犯人時無所不用其極，於是他也就成爲顯現這次大審不公不義的指標人物。例如，坎普納曾經嚴厲偵訊前納粹外交官弗里德里希·高斯（Friedrich Gaus），期間還威脅高斯，說要把證物都交給蘇聯，讓其以戰爭罪起訴他。也曾有美國檢察官聲稱坎普納的策略「愚不可及」，恐怕會把「紐倫堡大審上的普通罪犯變成烈士」。[6]另一位曾遭坎普納進行交互詰問的證人則表示，「他簡直像蓋世太保一樣兇狠。」[7]

一九四八年，坎普納捲入一場激烈的公開論辯中，挑戰者是質疑審判過程不夠公正的德國新教教會主教特奧菲爾·烏爾姆（Theophil Wurm）。烏爾恩寫了一封公開的抗議信給坎普納，而其對此的回應是：會質疑紐倫堡大審的人，事實上都是「德國人民的公敵」。等到媒體大肆報導這次爭辯時，坎普納發現自己成爲德國各大報的公審對象。他被譏諷爲一心只想報仇、自以爲是的流亡猶太人。[8]

---

2 原註：Maguire, *Law and War*, p. 128.
3 原註：Ibid., pp. 151–58.
4 原註：Kempner, *Angläger einer Epoche*, p. 348.
5 原註：Ibid., p. 369.
6 原註：Charles LaFollette to Lucius Clay, June 8, 1948, Frei, *Adenauer's Germany and the Nazi Past*, pp. 108–10.
7 原註：Eivind Berggrav, Lutheran bishop in Oslo，轉引自：Wyneken, "Driving Out the Demons," p. 368.
8 原註：例如，左翼記者理查·圖恩格爾（Richard Tüngel）所領導的《時代週報》（*Die Zeit*）。請參閱：Pöppmann, "The Trials of Robert Kempner," p. 41, and Pöppmann, "Robert Kempner und Ernst von Weizsäcker im Wilhelmstrassenprozess," pp. 183–89。

就連美國參議員約瑟夫．麥卡錫（Joseph McCarthy）也提出批評，因爲在他的選區威斯康辛州裡有大量德裔美籍選民。麥卡錫反對起訴魏茨澤克，因爲根據他的匿名消息來源指出，魏茨澤克於戰時幫美國在納粹政府裡臥底，貢獻頗多。麥卡錫說，紐倫堡大審阻礙了美國在德國的情蒐工作，並在一九四九年春天的參議院軍事委員會上指出，起訴魏茨澤克實在是「愚蠢至極」，他打算徹底追查此事。

「我認爲，」麥卡錫表示，「本委員會應該搞清楚到底是哪些笨蛋──我是經過深思熟慮才用這字眼──在管理那個軍事法庭。」9

所有案子都審判結束後，美國戰犯法庭總計讓一千多位納粹人士被判刑入獄。他們大都遭囚禁在慕尼黑附近的蘭茨貝格監獄（Landsberg Prison）。此時，許多西德人仍然拒絕接受盟軍軍事法庭的判決結果，認爲那些納粹囚犯並非戰犯，而是被一個不公不義的司法體系所陷害。一九四九年，西德選出立國後的第一任總理後，這個問題也成爲主要的爭議點，而此時對蘇聯在歐洲的計畫感到不安的美國，也正努力重建原來的敵國，把西德打造成一個非軍事化的忠實盟國。

冷戰爆發後，現實的國際局勢很快便使得戰犯法庭檢察官的成就化爲烏有。

美國駐盟國對德高級委員會專任委員在重新檢視判決結果後，於一九五一年釋放了三分之一被定罪的紐倫堡大審戰犯，除了五名死刑犯以外，其餘戰犯均獲減刑。到了該年年底，在「部長級審判案」後被坎普納關進監獄的所有納粹高官皆已獲釋。儘管美國認爲減刑乃寬宏大量之舉，但德國人的解讀卻有所不同：他們認爲美國人終於承認紐倫堡大審是不公不義的。坎普納也痛批這個決策。他說：「今天，我想公開向世人發出警訊：過早開啓蘭茨貝格監獄大門將導致極權勢力得以重返社會，對自由世界造成威脅。」[10]

沒有人理會他的警告。美國政府高層因爲現實的政治考量而做出讓步，到了一九五八年，幾乎所有戰犯都已經獲釋。[11]

但坎普納並未就此放棄，而是繼續努力不懈。他曾浸淫在納粹戰犯的罪證文件裡四年之久，也很清楚，即便紐倫堡大審是在國際媒體的關注之下進行的，世人仍然並不了解納粹犯罪事實的全貌。

第三帝國的餘孽試圖掌握話語權，從修正主義的角度去改寫納粹時代的德國史，這讓他感到憤怒不已，因此訴諸媒體，展開反擊。坎普納投書《紐約先鋒論壇報》（*New York Herald Tribune*），「許多德國政論作家的筆觸多少都帶有明顯的懷舊感，他們向德國民眾傳達的訊息是，要不是當年『元首』的行徑有點失控，他們應該還是會過得很好。」[12]這是他完全無法接受的。許多右派媒體刊登希特勒如天使般的照片，還有軍國主義者主張，要不是希特勒插手軍務，害將軍們打敗仗，德國也不至於受到如此羞辱，也有納粹外交

9 原註：Maguire, *Law and War*, pp. 160–61.
10 原註：Jack Raymond, "Krupp to Get Back Only Part of Plant," *New York Times*, February 2, 1951.
11 原註：一九四六年被國際戰犯法庭判處徒刑的七位主要戰犯裡面，三位因為健康狀況欠佳而提早獲釋。把刑期服完的包括：德國海軍元帥卡爾·鄧尼茲上將（十年）、納粹建築師亞伯特·史佩爾（二十年）與希特勒青年團負責人巴爾杜爾·馮·席拉赫（二十年）。納粹副元首魯道夫·赫斯被處以終身監禁，於一九八七年自殺身亡。
12 原註：Robert M. W. Kempner, "Distorting German History," *New York Herald Tribune*, January 13, 1950.

官開始爲戰時的德國脫罪，這一切都令他感到悲哀不已。

他呼籲應該在德國出版紐倫堡大審上所提出的罪證。「唯有如此，才能對抗有人明目張膽在這剛萌芽的共和國裡，系統性地荼毒國民的心智。」

不過，就在寫出這一篇充滿開放精神的文章之前，坎普納卻做了一件與其訴求背道而馳的事：坎普納在紐倫堡大審結束後，將盟軍截獲的重要德國文件其中五份正本帶回家——而且，就算有任何複本存在，也沒有人知道它們的下落。

基於檢察官的權責，坎普納有權調閱任何文件，以供他準備起訴工作。他處理文件的方式曾經不只一次遭人質疑。一九四六年九月十一日，文書檔案組主任曾在一份備忘錄裡寫道，坎普納的辦公室借走了五份文件，但並未歸還。「也許可以在此一提的是，這絕非本組首次在勸說坎普納博士歸還圖書館的書籍與文件上遭遇極大困難。」13

一九四七年，坎普納在美國的檢方同僚間變得惡名昭彰，只因他對那份僅存的大屠殺相關文件之處置不當。當時，第二輪大審剛剛展開，坎普納重返紐倫堡不久後，即派屬下去調閱德國外交部的紀錄，那些文件從藏匿地哈茨山（Harz Mountains）山區搶救出來後，被送往柏林。某天，有位助理湊巧發現一份十五頁的文件，開頭是這樣寫的：「以下人員參與了有關猶太人最終處置問題的討論，討論地點位於柏林郊區大萬湖畔（Am Grossen Wannsee）五十六／五十八號，時間是一九四二年一月二十日。」這就是所謂的萬湖協議書（Wannsee Protocol），記述由萊茵哈德·海德里希（Reinhard Heydrich）所主持的一場會議，他是希姆萊轄下的親衛隊國家安全部部長，會議議題是如何「撤離」歐洲猶太人。14

文件被發現的幾個月後，美國檢察官班傑明・費倫茨（Benjamin Ferencz）坐在辦公桌後，看著另一位檢察官查爾斯・拉佛列（Charles LaFollette）衝進自己的辦公室，對他大叫：「我要殺了那個王八蛋！」拉佛列是另一個紐倫堡案件的負責人，工作是起訴納粹所屬的法官與律師。他已經知道有萬湖協議書這份文件，但坎普納不肯交出來。負責紐倫堡案件的許多檢察官之間存在著競爭關係，而坎普納想必是打算在自己的案子開庭時，才把協議書公諸於世。

費倫茨走到坎普納的辦公室去與他交涉，但坎普納否認自己扣住任何文件。費倫茨不肯放過他，又追問了一陣子後，坎普納才打開辦公桌的最下層抽屜，若無其事地問道，「你是說這個嗎？」

拉佛列很快就知道那份協議書對自己的案子有多重要了：第三帝國司法部也曾派代表出席那場重要會議。他立刻跑去找主任檢察官泰爾佛德・泰勒（Telford Taylor）告狀，要求泰勒「開除那個混蛋」！費倫茨跟了過來，並且幫坎普納講話。他告訴泰勒，要是開除了坎普納，那麼「部長級審判案」肯定就辦不下去，更何況坎普納也只是不小心把協議書擺在自己那裡而已。

「我的話沒有任何人肯信，」多年後費倫茨在寫給坎普納的信裡面這樣寫道。[15] 無論如何，泰勒終究

13 原註：Administrative memos, National Archives, Record Group 238, Correspondence with European Document Centers Relating to the Receipt and Return of Documents 1945–1946.

14 原註：Roseman, *The Villa, The Lake, The Meeting*, pp. 1–2.

15 原註：Ben Ferencz to Kempner, December 15, 1989, Telford Taylor Papers, Series 20, Subseries 1, Box 3。這封信接著寫道：「結果算是皆大歡喜。但這並不代表沒有人認為你是個雜碎與混球，而且很樂於殺掉你。我確定許多前納粹黨員與他們的同路人都會同意我的說法」。感謝泰爾佛德・泰勒的傳記作家強納森・布希提供這封信件給我們。

還是讓他繼續承辦「部長級審判案」。

紐倫堡大審期間，並非只有坎普納把納粹檔案的正本挪為己用。終戰以來，截獲的文件在軍方各文件中心間流通，用飛機運往巴黎、倫敦與華府等地給情報單位進行判讀，也運往紐倫堡作為戰犯法庭的證物。這些檔案在歐洲各地來來去去，讓想要竊取紀念品的人有機可趁，他們的目標是蓋有無所不在的納粹黨口號「希特勒萬歲！」（Heil Hitler!）字樣的納粹信紙，而且上面還要有某位重要人士的簽名。負責保管文件的人特別擔心紐倫堡大審的檢方人員，唯恐他們之所以調閱文件，是像某位陸軍軍官在備忘錄裡面所寫的，「與其說是想要伸張正義，不如說是受到記者般的好奇心影響。」[16]另一位觀察者的結論是，紐倫堡檢方的文書檔案組在掌握紀錄流向方面非常不盡責。

有一份被弄丟的關鍵文件是希特勒的軍事副官弗里德里希・霍斯巴赫（Friedrich Hossbach）所寫的備忘錄，其內容顯示「元首」早在一九三七年就計畫要征服歐洲。為此，檢察官們在大審期間只能用一份公證過的複本來當作證物。監督終戰時被截獲的德國文件出版工作的史家曾問坎普納那份備忘錄的下落，他回想起自己曾看過，並表示，「正本也許被某個竊取文件當紀念品的人拿走了。」到了一九四六年九月，某個軍方文件中心的管理人員不再出借文件正本給紐倫堡大審的檢方，因為擔心他們不會歸還已經借走的一千份證物。

大審期間，紐倫堡司法大樓裡到處都是文件。[17]一項一九四八年四月完成的調查顯示，「那些行政檔案、媒體底片與新聞稿、影片庫、法庭錄影帶、偵訊報告錄音帶、圖書館書籍與其他出版品、文件正本、影印的資料、文件複本、裝訂成冊的文件、審判摘要、囚犯檔案、偵訊檔案、偵訊檔案的摘要，還有全部法院及員工所做的證物分析抄本」，全部堆起來的體積超過六萬四千立方英尺。

東西多到官員們擔心有人在無意中把文件正本丟進垃圾桶。就像後來坎普納在回憶錄裡面寫道，當時的狀況眞是「亂七八糟」，而他眞可以說是趁亂胡作非爲。

他說很怕那些可能有爆炸性威力的文件未獲妥善保存，所以才會放在自己那裡，以確保它們能好好發揮效用。他在回憶錄裡坦承，大審期間如果有任何「有興趣而且聰明的」研究者向他索取重要文件，他可能就直接把檔案放在辦公室的沙發上，然後在走出門時加上一句：「就當我沒看到。」[18]

他的想法是，與其把「價值不菲的歷史資產」留給可能摧毀它們的政府官僚，不如就託付給值得信賴、志同道合的人，讓它們的內容有面世的機會。

大審後，所有截獲的德國文件正本理應歸還給軍方的各個文件中心，但坎普納想用他收集的文件來撰寫關於納粹時代的文章與書籍。一九四九年四月八日，就在「部長級審判案」判決出爐的前幾天，坎普納收到一封只有一段文字的信函，發信人是檢方文書檔案組主任佛瑞德・尼伯蓋爾（Fred Niebergall）：「茲以此函授權政治部會組副檢察長兼主任檢察官羅伯・坎普納博士，將德國紐倫堡戰爭罪大審期間使用的非機密性資料移往他處保留，供其進行調查、寫作、演講與研究。」[19]此一通知非比尋常。後來，某位隸屬

---

16 原註：Eckert, *The Struggle for the Files*, pp. 58–59.
17 原註：Memorandum on document disposal, August 27, 1948, National Archives, Record Group 260, Records of the Office of the Chief of Counsel for War Crimes.
18 原註：Kempner, *Angläger*, pp. 400–7.
19 原註：Fred Niebergall, memorandum, April 8, 1949, Kempner Papers.

於軍情單位的律師甚至非常懷疑，認爲以尼伯蓋爾的職務而言，應該不會簽署那種信函。

同一天，坎普納發信給紐約的達頓出版社（E. P. Dutton），附上一本書的提要，是他根據紐倫堡大審期間進行的偵訊工作及德國外交部的文件寫作而成，書名暫定爲：「希特勒與他的外交官們」（Hitler and His Diplomats）[20]他早在一月就把書寫好了，某位達頓出版社的編輯對他表達了興趣，並希望能獲知更多細節。

要到後來才會發現，這本書只是坎普納在一九四九年時的出版構想之一。幾十年後，坎普納在回憶錄裡會解釋他爲什麼要從紐倫堡帶走文件。「有一件事我很清楚。當我想寫點東西而得跟各個檔案庫聯絡時，雖然他們會很客氣地答覆我，但卻只會說找不到資料。所以我才會拿走。」[21]

但他這一番說詞根本無法爲自己開脫。坎普納其實是希望手裡握有獨家資料，這是其他書寫納粹時代的作家都沒有的重要優勢。

坎普納手握核准函，把他收集的紐倫堡大審文件全都打包，其中還包括他在擔任德國檢察官時代所累積的資料，全部寄回大西洋彼岸的費城郊區住家。一九四九年十一月四日，總計超過八千磅的二十九個包裹抵達賓州鐵路的蘭斯唐恩火車站（Lansdowne station）。[22]

坎普納似乎是遇到了阻力，《希特勒與他的外交官們》從未問世。不過，他還是找到其他伸張正義的方式，設法糾正第三帝國的所有錯誤。他在法蘭克福開了一家律師事務所，除了一般法律工作之外，也接受納粹受害者委託，提出請求賠償的訴訟案。[23]雷馬克（Erich Maria Remarque）是委託人之一，他以第一次世界大戰爲主題的暢銷著作《西線無戰事》（*All Quiet on the Western Front*）遭納粹燒毀，變成禁書。另一位委託人是海德堡大學的知名數學教授艾米爾・古恩貝爾（Emil Gumbel），他因爲反戰而丟了飯碗。此外還有許多猶太人、天主教徒與德國抵抗運動的成員都找上門來，結果這居然變成一門利潤豐厚的生意。

紐倫堡大審結束後，另一波起訴納粹戰犯的行動再度展開。一九五八年，一宗在西德的審判讓人重新注意到德國人認爲已經遺留在過去的暴行。十名納粹戰犯因爲戰時謀殺了五千多名立陶宛猶太人而被定罪，這個案件讓西德的司法界高層警覺到，其實戰後仍有許多壞蛋逍遙法外。所以政府在路德維希堡（Ludwigsburg）設了一個納粹罪行調查中央辦公室。

在此同時，也有其他國家的檢察官起訴了一些備受矚目的案件。一九六一年，坎普納再度成爲國際焦點，他搭機前往耶路撒冷爲阿道夫・艾希曼（Adolf Eichmann）的審判作證，此人就是把歐洲各國猶太人運往集中營的元兇。在往後的十年間，坎普納在許多受到高度矚目的案件中幫受害者家屬打官司。在一宗三名親衛隊軍官被控處決數千名荷蘭猶太人的案子裡，他是安妮・法蘭克（Anne Frank）[24]之父與加爾默

20 原註：Kempner correspondence with Dutton, 1949–50, Kempner Papers, Box 55.
21 原註：Kempner, *Angläger*, p. 408.
22 原註：Pennsylvania Railroad notice, Kempner Papers, Box 3.
23 原註：Kempner, *Angläger einer Epoch*, p. 380; Lester oral history.
24 譯註：《安妮日記》（Het Achterhuis）的作者，於一九四五年病逝於德國集中營，年僅十五歲。

羅會（Carmelite）修女艾蒂特・史坦茵（Edith Stein）的姐姐的委任律師。他還有客戶是反戰記者的遺孀，她丈夫於一九三三年死在某個納粹突擊隊的隊員手裡。他也曾代表三萬名被強迫遷往東歐的柏林猶太人，控告蓋世太保指揮官奧圖・波文席彭（Otto Bovensiepen）。

趁著世人又開始注意納粹戰犯，坎普納一連寫了好幾本書，讓德國讀者能深入了解這些與其他知名案件。[25]他也把他在紐倫堡大審期間的偵訊內容改寫成摘要出版，這部分也可見於他在一九八三年推出的自傳：《起訴納粹時代的檢察官》（*Ankläger einer Epoche*）。儘管坎普納早在一九四五年就歸化為美國人，但他的著作並非以英文寫成，而且他的名聲向來還是在祖國比較響亮。

紐倫堡大審結束的四十年後，他仍然奮戰不懈。德意志銀行（Deutsche Bank）買下佛利克（Flick）實業集團時，多虧坎普納遊說該銀行有成，因此一千三百位猶太人才能獲得總計超過兩百萬美金的賠償金——戰時他們都曾在佛利克旗下一家子公司所屬的火藥工廠當過血汗奴工。

「反納粹鬥士」可說是最適合坎普納的封號，他就是不願世人遺忘那些惡徒幹過的壞事。如果有人跟他說某某納粹人士看起來不像那種壞人，他肯定會打開自己的檔案來證明那傢伙有多惡劣。

「在德國與世界各地的街道上，的確還有數以千計的殺人兇手逍遙法外，」他曾向某位記者這麼表示，「到底還有多少納粹戰犯仍是自由之身？你自己算算吧！」即使綜觀戰後所有的審判，也只有幾千名德國人被控謀殺罪。「你能告訴我兩千人要怎麼殺死六到八百萬人嗎？就數學上來說是不可能的。」[26]納粹時代已經逝去三十、四十、五十年了，但他還是拒絕放下。這是一場讓他堅持到生命終點的戰鬥。

儘管坎普納爲了國際法律事務而穿梭於美歐之間，他的家庭生活還是很複雜。雖然他的律師事務所在法蘭克福，但他早已歸化爲美國公民，因此主要的居所是在賓州的蘭斯唐恩，他在戰時就已定居該地，同住的還有擔任社工兼作家的第二任妻子露絲（Ruth Kempner）、年邁的岳母瑪莉—路易絲・韓恩（Marie-Luise Hahn），以及他的祕書瑪歌・李普頓（Margot Lipton）[27]。一九五〇年代期間，坎普納之子安德烈（André Kempner）也住在那裡。

坎普納一家有個祕密：他們向外界宣稱安德烈之母是露絲，但實際上是瑪歌。坎普納曾於一九三八年與瑪歌有過一段婚外情。

從小到大，安德烈一直以爲自己是坎普納的養子。在學校的紀錄上，他的母親是露絲・坎普納。這樣會比較單純一點。瑪歌說，「這對於坎普納博士來講，比較單純一點。」[28]安德烈還有一個哥哥魯西安（Lucian Kempner），是坎普納與第一任妻子所生，但他們都在多年後才得知眞相。這並不是說他倆都沒懷疑過。當安德烈在瑞典舉行婚禮時，衆人都因爲瑪歌與新郎長得十分相像而驚訝不已。

兩個兒子都太尊敬父親了，所以不敢提問。「我只聽信父親所言，」魯西安解釋道，「除此之外，都不干我的事。」[29]

---

25 原註：關於坎普納大量著作的出版史，請參閱本書參考書目。

26 原註：Hans Knight, "Anthology of Hell," *Sunday (Philadelphia) Bulletin Magazine*, May 9, 1965.

27 原註：移民美國之後，她改了姓氏，變成瑪歌・李普斯坦（Margot Lipstein）。

28 原註：Lipton deposition in *Lipton v. Swansen*, June 23, 1999.

29 原註：Lucian Kempner deposition in *Lipton v. Swansen*, December 8, 1999.

無論安德烈知道些什麼，他還是很崇拜自己的爸爸。二十九歲時，他與妻子遷居瑞典，在那裡管理一座農場。他常常寫字跡工整的家書寄回家。「爸爸，我想感謝你對我們都那麼好，你是這世界上最棒的父親，」某年坎普納與瑪歌去瑞典探親後，他在信裡寫道，「在你身邊時，我實在很難啓齒，但我眞心希望你知道我有多敬愛你和你的工作，也能體諒一切。」30

從一九七〇年代開始，坎普納就長期定居歐洲了，來回於德國法蘭克福與瑞士洛迦諾（Locarno）之間。一九七五年，一群新納粹主義者在他的事務所外示威抗議，不久後他就心臟病發，之後就愈來愈虛弱，無法前往海外。露絲與瑪歌則仍然住在賓州，偶爾到歐洲待上幾個禮拜，看看坎普納，至於他的生活起居全都仰賴另一位對他全心付出的女性。

珍．萊斯特（Jane Lester）是美國人，成長於尼加拉大瀑布東邊六十英里處的紐約州布魯克波特（Brockport）。一九三七年，她跟著一位同學前往德國教英語，學生都是想要移民的人。多年後，她承認自己非常天眞。當年她根本不知道希特勒會怎樣對付自己的敵人。一九三八年的「碎玻璃之夜」（Kristallnacht），當納粹政府蹂躪全德國的猶太人，毀掉無數猶太會堂、店鋪與住家時，她正在熟睡。隔天還搞不清楚為什麼語言學校的學生全都曠課。離開德國後，她在紐約州水牛城當起了掮客，後來前往華府戰略情報局擔任打字員，就像她說的，「變成政府的女性員工。」

一九四五年某天，珍在《華盛頓郵報》（*Washington Post*）上看到紐倫堡軍事法庭需要翻譯人員的消息，於是就到國防部去應徵。她很快就踏上重返德國之旅。

她聽過坎普納的大名，也常看到他在紐倫堡格蘭飯店（Grand Hotel）裡用餐，幾乎所有大審的相關人員入夜後都是在那裡休息。一九四七年，他們終於相識，當時他正在爲後續的案子招募工作人員。她成爲坎普納的助理，偵訊時常跟在他身邊，這似乎讓被告們都憂心不已。「他們搞不清楚我是誰，」她說，「說我是個心理專家的謠言四處流傳。」她也有幸幫美國檢方把萬湖協議書的內容翻譯成英文。

戰後，她替美國軍情局在法蘭克福郊區上烏瑟爾（Oberursel）的金恩軍營（Camp King）工作，但也兼差幫忙坎普納，因爲他需要有人翻譯信件內容與管理事務所。最後他們發展出長達四十年的夥伴關係。「在羅伯·坎普納最後的二十年歲月裡，無論日夜，我都與他形影不離，」她說，「我是他的看護、司機與祕書。」她沒說的是，她也曾是坎普納的情婦。

直到死前，坎普納始終與他生命中的這三個女人保持親近關係。

就像多年後魯西安所說的：「我們是個快樂的大家庭。」

一九八二年，坎普納之妻露絲逝世。到了晚年，坎普納定居在法蘭克福郊區的飯店裡，他和珍的房間彼此相鄰，中間有道敞開的門。如此一來，如果坎普納在半夜有什麼狀況，她可以就近照顧。坎普納與魯西安這對父子幾乎每天都會通電話，但是因爲父親重聽，都是由珍在一旁跟著聽，把他沒聽到的部分複述一遍。

---

30 原註：André Kempner to Robert Kempner, September 14, 1969, Kempner Papers, unfiled as of March 2015.

坎普納於一九九三年八月十五日辭世，享年九十三歲。那個禮拜，瑪歌還從賓州搭機到德國去陪他。

「他在我的懷裡斷氣，」珍說，「我倆就坐在他身邊，一左一右，在他去世的房裡陪他。」醫生來了之後，宣告他已經去世，她說：「我們悲懼交加，不敢相信這是真的。」[31]

她們打電話給魯西安，他與妻子從慕尼黑開車北上來處理後事。

坎普納的後事可不好辦。他一輩子都在東奔西跑，研究兼寫作，習慣把所有東西都留下來。除了一些畫作和家具，還有幾千本書與一整堆塞滿屋子的文件，無論是他在法蘭克福或賓州費城郊區蘭斯唐恩的房舍都是這樣。他所保留下來的公家與私人文件及法律文書可說不計其數，包括舊護照、通訊錄、童年的作業本、用過的火車票、水電瓦斯帳單、陳年舊信與照片。

珍發現了坎普納的遺囑，塞在她飯店房間的一個包包裡。遺囑只有一頁，用粗的黑色簽字筆寫成，字跡幾乎無法辨認。根據遺囑，坎普納把一切遺產都留給兩個兒子——魯西安與安德烈。

但還有個待解的難題。

31 原註：Jane Lester testimony in *Lipton vs. Swansen*, January 31, 2001.

2 「一切都不見了」

坎普納死後兩年，他忠誠的助理珍．萊斯特仍試著把他的遺緒保留下來[1]。在戰後德國，坎普納被譽爲傑出的前紐倫堡大審檢察官。他常常登上各大媒體，電視節目在討論大審時也會提到他。但是在美國，他幾乎沒有任何名氣。珍想要改變這種狀況。

她決定致電赫伯特．理查森（Herbert Richardson），他是一位住在紐約州路易斯頓（Lewiston）的受命牧師，也當過神學教授，當時是艾德溫美崙（Edwin Mellen Press）這家小型學術出版社的經營者。有人批評這是一家「有點虛榮的出版社，狡猾地將自己僞裝成學術出版社」，不甘遭辱的理查森對《通用語》（*Lingua Franca*）雜誌社提出誹謗告訴，求償一千五百萬美金，但並未勝訴。珍可能是在坎普納的檔案裡，找到理查森的名字。一九八一年，坎普納曾從他的書籍目錄裡找尋美國出版社，想要請人幫他出書，艾德溫美崙是其中一家。但理查森說他的出版社規模很小，無法生產大量印刷的商業化書籍。

「不過，我想問題在於你的那些書**應該**是以英文版問世，並在北美發行，」理查森在一九八二年四月的信裡寫道。「這是很重要的訊息，而且如果不能出版

1 原註：Lester oral history.

就太悲慘了。但我能怎樣？？？我是個小出版商，不能做超出能力範圍的事[2]」。

十三年後，當珍致電理查森時，他仍有興趣。珍把坎普納回憶錄的一部分翻譯出來，由艾德溫美崙於一九九六年出版，那一年同時也是首次紐倫堡大審結束的五十週年。

一九九六年三月，理查森參加了一場紐倫堡檢察官在華府的聚會，找上一位美國大屠殺紀念博物館（United States Holocaust Memorial Museum）的資深史學家，探詢捐贈坎普納收藏的「少量」文件給博物館的可能性[3]。那些文件的持有人是他生前的兩位助理，分別是住在德國的珍，還有賓州的瑪歌．李普頓。當時，她們倆都已經高齡八十幾了，彼此也保持著很密切的關係。

兩天後，該名史學家安排了一場會面，讓理查森、珍、瑪歌與博物館的檔案組主任亨利．梅耶（Henry Mayer）見面。見面時，大都是珍在說話，她述說坎普納有多重要，他留下來的文件更是具有難以估計的價值。但這次會談並無結論。梅耶才到職兩年，手裡還有大量新資料要處理。他的工作量太大了，而且他那天沒有聽到似乎具有高優先性的收藏。

理查森很快就有了另一個構想：他可以自己開設一個機構來存放那些文件。一九九六年九月二十一日，新創立的羅伯坎普納紀念館（Robert Kempner Collegium）由他主持一場精心籌辦的開幕式，該館就位於路易斯頓這個位於尼加拉瀑布上游的邊境小鎮。理查森身穿黑袍與學位服，爲紀念館的開幕舉辦了禮拜儀式，一開始由他吟誦坎普納的讚歌，與會者包括坎普納的一小群友人和支持者，包括珍及其家族人士。坎普納是「最勇敢的鬥士之一，對抗那個宣稱自己依法治國，但卻目無法紀的國家」，理查森站在講道壇上說，他的聲音在半滿的教堂裡起伏迴盪著。當時已是早秋，他們刻意把窗戶打開，讓室內涼爽一點。「羅伯・坎普納把自己的一生獻給了伸張正義的大業，設法揭露並對抗那些不符合法治精神的法律與國家，對抗一個實施法律只是爲了犯罪的國家，一個宣稱要伸張正義卻做出史上最令人髮指的不義之舉的國家。」坎普納紀念館的設立宗旨是爲了宣揚一個理念：道德永遠凌駕於法律之上。[4]

理查森的眼眶含淚，回想起自己如何在坎普納去世後才進入他的交友圈。他說，那時他已經是個過一天算一天的六十出頭衰弱老人了。然後，珍打電話給他，要他幫忙出版坎普納幾本書的英文版，突然間他倍感振奮，不再抑鬱。「一年後，」理查森對聽眾說，「珍已經帶我走進那些新計畫與新願景裡。我得說，她眞是我的青春泉源！」然後他從講道壇上走下來，親手獻給她一面裱框的表揚狀，上面寫著：「珍・萊斯特擁有靈活想像力與充沛精力，在這位高貴騎士追求正義聖杯、冒險犯難、跨越界線的過程中，珍向來是他精神上的左右手，也與他一起品嘗人生的甘苦。」理查森稱她爲「畢生的正義戰士」。

接著，大家一起參觀艾德溫美崙出版社，午餐餐會時，珍替賓客們在其所翻譯的坎普納回憶錄上簽名。餐後，一行人回到教堂聆聽某位演員用英國腔與戲劇口吻朗讀回憶錄的某些片段。

瑪歌在外面立著一面大招牌的小白屋處剪綵，宣布紀念館就此開幕。

但屋內的架子都還是空的。

---

2 原註：Richardson to Kempner, April 8, 1982, Kempner Papers, Box 69.
3 原註：Henry Mayer, memorandum, "Re: Alfred Rosenberg 'Tagebuch,'" June 12, 2006.
4 原註：Video of dedication of the Robert Kempner Collegium, September 21, 1996, Kempner Papers, Videobox #1.

問題在於，儘管文件是由她們倆保存，但坎普納的兩個兒子才是法定所有人。他們還沒決定要怎麼處理原本存放於蘭斯唐恩的文件。不過，他們在一九九五年與德國聯邦檔案館（Bundesarchiv）交涉，捐出坎普納放在法蘭克福律師事務所的那些檔案。魯西安說，當理查森試圖插手這件事時，他和安德烈的代表律師寄了一封停止侵權通知書給理查森。

理查森並未因此卻步，紀念館開幕的兩個半月後，他又寫了一封交涉函給魯西安。理查森說，新開紀念館的宗旨是「收集、分類、出版與研究坎普納的書籍與文件」。他提出幾個交換條件，魯西安可以收到兩萬美金的預付款、坎普納書籍再版的版稅，還有理查森的教會機構所頒發之榮譽學位。「我可以在一月前往慕尼黑與您討論這些提議嗎？」

魯西安拒絕了。

一九九七年五月，爲了坎普納的文件，珍再度致電大屠殺紀念博物館。這次，檔案組主任亨利・梅耶願意跟她討論了。

梅耶的祖父海因里希・邁耶（Heinrich Meier）原本在德國小鎮上魯斯塔特（Oberlustadt）養牛，卻因爲納粹掌權而丟了飯碗。許多世世代代都向猶太人購買牲口的農家，迫於壓力而抵制猶太人。[5]要是被抓到向猶太人買牛，政府所屬合作社就只會以極低的價錢收購他們生產的牛乳。猶太人如果要把牛隻帶到市場上去賣，也會被抗議者給阻攔。最後，儘管法律規定養牛者必須幫牛保險，但沒有任何保險公司願意承保猶太人的牛。海因里希・邁耶受不了了，於是他在一九三七年搭上美國豪華客輪華盛頓號（SS

Washington），與一兒一女共赴紐約。因爲早有親戚先到美國，於是他就在弗萊布許[6]的同一條街上落腳。他決定與過去一刀兩斷，於是在抵達美國後，把原來的姓氏拼法「Meier」改成德文發音相同的「Mayer」。

梅耶家未曾提過大屠殺的事。梅耶在二次大戰結束五年後出生，很快就發現家裡嚴禁提起一個問題：第三帝國的猶太人發生了什麼事？「就是不會有人在家裡提那件事，連說都不會說。」他說。

梅耶在芝加哥大學主修美國史，後來到威斯康辛大學取得碩士學位。本來想當教授的他，卻在博士班資格考鎩羽而歸，最後終究於準備第二次考試時，發現自己根本不想當教授。於是他放棄攻讀博士，遷居華府，剛好找到一份國家檔案館的工作。那工作很棒，但時間一久，他發現自己的人生全都在做兩件事：把資料編目建檔，還有將紀錄檔案從某個地方轉移到另一個地方。所以，當新成立的大屠殺紀念博物館在一九九四年出現工作機會時，他就跳槽了。

接下來的幾年內，會有數百萬人來參觀大屠殺紀念博物館，該館的設立宗旨是希望他們在離館時，能夠到世界各地去「對抗仇恨，阻止種族屠殺，促進人類尊嚴」。在搭乘電梯進入展覽大廳前，參觀者會拿到一些卡片，每張都介紹一位被納粹迫害的受害者。經過一連串藝廊時，他們會看見許多關於大屠殺的影像，最後搭上一種軌道車，當年猶太人就是搭乘這種車前往滅絕集中營的。軌道車會經過一個鐵製標

5 原註：Levine, *Class, Networks, and Identity*, pp. 37–41; Kaplan, *Between Dignity and Despair*, p. 23; Evans, *The Third Reich in Power*, p. 574.

6 譯註：Flatbush：位於紐約布魯克林區。

語下方，標語寫著「ARBEIT MACHT FREI」，意思是「工作使人自由」，跟當年奧斯威辛滅絕集中營的入口標語一模一樣，最後他們會進入一個展覽室，裡面擺著四千隻鞋子，它們的主人都死於波蘭麥丹尼克（Majdanek）集中營的毒氣室。博物館希望民眾能夠記取歷史教訓，但也試著激發大家反思個人責任的問題：如果我活在當時，會做些什麼？如今我**可以**做什麼來阻止別人散播仇恨？

不過，館方的收藏品遠比展出的還多。該館的檔案庫非常龐大，可以幫助研究者了解及闡述大屠殺歷史，館藏資料包括文件、照片、影音檔、口述歷史與獨一無二的工藝品。

因爲祖父與父親都是被迫離開納粹德國的德國猶太人，亨利．梅耶自然對該館的任務很有興趣。但直到他入館工作後，才發現自己家族史的全貌。

梅耶家的先祖分別姓邁耶與法蘭克（Frank），世居德國西南部萊茵河沿岸的卡斯魯爾市（Karlsruhe）一帶。該家族有些成員於一九三〇年代逃往美國，但多數人並沒有離開。一九四〇年十月，納粹的蓋世太保布下天羅地網，梅耶家的成員也被捕，跟七千六百多名男女老幼猶太人一樣被遣送出境。

他們並未被送往東歐（這是後來幾年德國猶太人被遣送出國的標準路徑），而是被迫西遷，交給維琪政權（Vichy Regime）處理。那是當年稍早納粹占領法國北部後，在南法所建立的傀儡政權。德國人並未事先知會維琪一聲，就把猶太人都遣送過去了，法國人的應對之道，就是把一列列火車車廂的猶太人都送往拘留營，其中一個位於庇里牛斯山腳小鎮居爾（Gurs）郊區的沼澤地裡。[7]

火車在最近的奧洛龍聖瑪麗火車站（Oloron-Sainte-Marie）停下，然後改用沒有車篷的卡車載運猶太人。這是一段漫長而艱苦的路程，在即將抵達目的地前，下起了冰冷的傾盆大雨。這些被拘留的猶太人遠離家園八百英里，每個人都又濕又凍，驚魂未定，他們分配到的住處是一排排荒蕪破爛的營房。大家的行李全都被堆在爛泥裡。

到了冬天，有社工造訪法國人管理的拘留營，他們發現，營地年長的收容人之間「瀰漫著一股人類的絕望氛圍，慘到令人不忍聞問」，「許多人只想一死了之」。[8]這些被驅逐出境的猶太人中，年紀超過六十歲的占百分之四十。一排排鐵絲網裡面有武裝警衛看守著，無窗的木屋裡面住滿了人。這些營房裡沒有暖氣、自來水與家具。蝨子、老鼠、蟑螂與疾病到處孳生。「雨下個不停，」某個囚犯寫道，「營區是個沼澤地，如果不小心滑倒，有可能會沉入爛泥裡。」[9]「廁所」非常原始，其實只是在空地上擺幾個棚架，裡面放著水桶，連門都沒有，收容人要去廁所必須先換上共用的高筒靴，才能安然走過泥濘地面。史學家可能會寫道，「到處都飄散著『泥土味混著尿臭味』。」[10]囚犯們吃的是麵包，喝的是代用咖啡[11]清湯與麵包。飲用水不夠，大家一直都在挨餓。「成千上萬的男女老幼全都在裡面受苦受難，」一位被囚禁在居

---

7 原註：有關一九四〇年十月猶太人遭驅逐前往集中營，以及在居爾（Gurs）集中營的生活細節，引自：Browning, *The Origins of the Final Solution*, pp. 89–91; Zuccotti, *The Holocaust, the French, and the Jews*, pp. 65–80; Poznanski, *Jews in France During World War II*, pp. 171–95; Schwertfeger, *In Transit*, pp. 137–62; Frank, *The Curse of Gurs*, pp. 229–67; and Gutman, *Encyclopedia of the Holocaust*, Vol. 2, pp. 631–32.

8 原註：American Friends Service Committee report，轉引自："Misery and Death in French Camps," *New York Times*, January 26, 1941。

9 原註：Dr. Ludwig Mann，轉引自：Frank, *The Curse of Gurs*, p. 239。

10 原註：Poznanski, *Jews in France*, p. 180.

11 譯註：ersatz coffee：以菊苣根製成的咖啡替代品。

爾營區的猶太學者寫道，「只有大詩人韓波（Arthur Rimbaud）才有辦法將種種悲慘細節給描繪出來。」[12]

到了一九四〇年年底，海因里希．邁耶的表親薩洛門．法蘭克（Salomon Frank）及埃麗絲．法蘭克（Elise Frank）撐不下去了，他們在多年來最冷的一個冬天裡去世。

海因里希的兄弟艾曼紐爾．邁耶（Emmanuel Meier）與其妻子威廉米娜（Wilhelmina Meier），以及其堂姐妹瑪塔．梅耶（Martha Mayer）在法國的幾個拘留營待了將近兩年，他們的大限才來臨。一九四二年八月，他們被用火車往北運往巴黎郊區德朗西（Drancy）的集中營，在那裡失去了身上僅剩的財物。八月十四日破曉之際，艾曼紐爾與威廉米娜分別搭乘巴士前往火車站，被持有機關槍的警衛趕進載牛的貨車車廂，往東被運到「某個地點不詳的目的地」。瑪塔的火車則在三天後出發。他們發現，車廂裡都是一些病人、老人、幼年孤兒，其中有些年僅二、三、四歲。

火車走了幾天之後，海因里希的親戚們來到德國東邊八百五十英里外已被德軍占領的波蘭，抵達人生的終點站奧斯威辛集中營。[13]

在來到大屠殺紀念博物館之後，梅耶協助進行收集、分類與建檔的資料超過七千萬頁。但是他們所獲得的資料，從來沒有像坎普納的文件那樣數量龐大與複雜，而且也不如最終發現的那麼具歷史意義。

在一九九七年接到珍的來電之後，梅耶寫信給坎普納之子魯西安與安德烈。他們的回信充滿熱忱，很快的就由魯西安出面負責這件事。他深信，大屠殺紀念博物館會是存放父親文件的完美地點。「他一輩子都在跟納粹主義抗戰。」魯西安說館方想要的文件在蘭斯唐恩，瑪歌可以安排給他們進行分類建檔。

一九九七年八月，梅耶與三位學者從華府驅車北上，看來一切好像都會很順利。

他們來到坎普納夫婦於戰時購買的屋子，位於達比河（Darby Creek）沿岸一處河灣地的山丘下，屋內有六間臥室。到了約定好的時間，卻沒人應門。幾分鐘後，瑪歌才散步完返家。梅耶向她自我介紹，但她看來卻很驚訝。「你說你是誰？」最後她才想起來，帶他們進屋內，並告知在哪裡可以找到坎普納的資料。

屋內到處都有：位於左邊的坎普納辦公室、右邊的房間、日光室、樓梯盡頭的兩個房間，還有地下室都有。其中一個房間完全沒有照明設備，瑪歌還得去拿燈泡來裝。

其中有個學者曾經來過這屋子。律師強納森·布希（Jonathan Bush）也是戰爭罪審判的專家，曾任司法部特別調查辦公室（是負責追查納粹戰犯的單位）檢察官與大屠殺紀念博物館法律總顧問。多年前，才二十幾歲的學者布希鑽研著大屠殺賠償問題，當時他曾訪問過坎普納。但這麼多年來，屋內的情況沒有太大改變。「裡面亂七八糟，」他說，「我沒看過塞了那麼多箱子的房舍。」在瑪歌帶他們去看的那些房間裡，箱子都是從地板一直堆到天花板。地板上全都擺著檔案資料。

他們四人全無頭緒。「現在我們該怎樣？」梅耶記得自己曾經這樣想。如果有人跟布希說，屋裡有兩千個箱子，他肯定不會懷疑。他當時心想，「天啊！該怎麼理出頭緒呢？」

---

12 原註：Professor A. Reich，轉引自：Poznanski, *Jews in France*, p. 182.

13 原註：相關細節可以在兩個線上資料庫裡找到：Bundesarchiv Memorial Book at bundesarchiv.de/gedenkbuch and the Yad Vashem Central Database of Shoah Victims' Names at db.yadvashem.org/names；也可以參閱：Klarsfeld, *Memorial to the Jews Deported from France, 1942–44*, pp. xxvi–xxvii.

他們分成兩組，開始分類建檔。他們的時間有限，只能先透過一小部分樣本來看看坎普納的東西是否有保存價值。他們在地下室發現五個塞滿舊資料的書櫃，裡面有外語字典、紐倫堡大審資料，以及出版日期在納粹掌權之前的法律書籍。四張桌子上面擺了將近三十個箱子，裝的都是坎普納的個人財務紀錄與索賠工作內容。在幾個辦公室檔案櫃裡，他們發現沒有分類的信函與報告。地下室擠滿了家具與箱子，因此他們無法拿到某些擺在玻璃書櫃裡的文件。

資料夾裡的東西雜亂無章，並未按照時序或主題來分類。他們四人必須移動許多木工工具、維他命瓶子與乳液，才能夠拿到新聞剪報、帳單、照片與旅遊指南。他們必須用箱子墊腳才能搆到上面的箱子。布希說他們無法把地下室裡的所有資料都拿出來檢視。「大部分的箱子都被其他兩排箱子給擋住了，而那兩排箱子上面又疊了六個箱子。」

不可否認的是，他們的確看到一些很有趣、也別具歷史重要性的資料。布希打開某個箱子後，驚訝地在一些文件中，發現坎普納雖然是納粹戰犯的天敵，但卻曾經幫納粹空軍總司令戈林的遺孀艾美（Emmy Göring）打過一場官司，因為她認為自己應該有資格領取丈夫應得的政府退休金。布希還看見坎普納與胡佛局長往來信函的副本。令他特別感到詫異的是，坎普納居然擁有紐倫堡大審的各類文件。各大圖書館都曾受贈這類文件副本，但因為實在太占空間，即使是收藏機構也都把那些東西丟掉了。布希說坎普納收藏的檔案幾乎可說完整無缺，「他**什麼都有**。」

事後，梅耶在他撰寫的報告裡指出，那些資料「對於大屠殺的研究具有重大歷史價值」。但是資料的狀況也「極為不佳」。日光室與地下室裡的一部分資料已經長了黴菌。他建議館方應該立刻將文件都移往一個暫存地點，在那裡進行除蟲與重新裝箱。

梅耶把報告內容提供給魯西安，由他再轉達給珍與瑪歌。接著麻煩就出現了：瑪歌捨不得把那些東西交出去。

坎普納遺囑所潛藏的問題在此開始發酵。坎普納爲了確保瑪歌在他死後有人照顧，特別規定後人必須准許她繼續住在蘭斯唐恩的家裡（所謂家裡也包括屋內的東西），相關費用由他的遺產來支付。魯西安與安德烈希望遵照父親遺願，但也想把屋內具有重要歷史價值的文件移交出去。

梅耶將屋內文件分類建檔後不久，就收到一封瑪歌的來信：她無法毫不爭取就放棄那些文件。「顯然你不清楚我在這方面所具有的法律權利，」她在信裡寫道。坎普納在遺囑中規定，瑪歌有權「持有或處理蘭斯唐恩巷一一二號屋內的一切物品」。大屠殺紀念博物館如果想把那些文件建檔保存，她沒意見，那是「終究該做的」。但她就是不想獨留在一間空蕩蕩的屋子裡。那封信是這麼寫的：「也許你不了解，但事實上讓很多老人感到很安心的是，在退休後能住在一屋子文件、書籍、照片與工藝品之間，因爲那是他們畢生的心血結晶。」此外，她還批評梅耶實在太不體貼，從沒問過「我是否介意你派一輛卡車來把屋內大部分東西都載走？那可是我已經住了五十幾年的地方，而且我還打算繼續在那裡住上三十年」。顯然她想在那裡住到成爲百歲人瑞。

瑪歌向梅耶表示，如果他們繼續硬幹，她就要控告魯西安和館方。「在回信中，我希望你能爲自己並未與我討論這些事宜而道歉，而且要鄭重承諾，未經我的書面邀請與同意，你絕對不會再要求進入我家，並帶走任何東西。」

魯西安表示，瑪歌草擬那封信時人在德國，理查森與珍都在她身邊。後來館方人員還懷疑，搞不好那封信是由理查森親自撰寫的。

就在那封信寄到大屠殺紀念博物館之際，魯西安也在差不多時間收到瑪歌的律師函。她說，如果魯西安能把蘭斯唐恩的房子與屋內所有物品都給她，她就會同意他們把坎普納的文件移走。如果房子轉到她名下，她就有權賣掉，用那一筆錢搬往別處。魯西安再次拒絕她。

一九九七年年底，梅耶回信給珍：「坎普納博士畢生爲了許多理念奮鬥不懈，而身爲一個與他共享那些理念的機構，我們無非是想要爲後世的學者們把他的思想遺產給保留下來。」對於未能與她商量，他著實感到抱歉，但也特別提到是應魯西安要求別讓其他人插手這件事。他向珍承諾，他們會與她配合，只將坎普納的東西移走，留下屬於她的所有文件與物品。「我們沒打算竊取您的任何財物，無論是有心或無意的都不會。」

不過，爲了避免捲入訴訟，館方選擇暫時撒手不管，等魯西安與瑪歌先取得共識後再說。

理查森在這整件事中扮演的角色，可說是「半路殺出的程咬金」。在他的教師生涯中，學生曾說他偶爾會暴怒，令人害怕。他也可以是個充滿魅力的老師，講課內容引人入勝，充滿熱情。曾有位女學生說，看到理查森滔滔不絕的模樣，她就可以理解希特勒是怎樣取得民心的。14

當有人把這番話轉述給理查森聽時，他嘆了口氣。

「有人把我跟希特勒相提並論，也有人對我敬若天神，」他說，「我該如何回應呢？」

一九六三年，理查森從哈佛大學神學院取得神學博士學位，留校任教五年。儘管他是基督教長老教會牧師，但卻在隸屬於天主教教會的多倫多聖米迦勒學院（St. Michael's College）取得終身教職。理查森的研究範圍無所不包，他的學術作品主題囊括了坎特伯里的聖安賽姆[15]、墮胎問題、「嬰兒M」[16]案例引發的代理孕母爭議、聖女貞德，還有軍隊的同志問題。一九七一年，他的著作《修女、巫女與玩伴女郎》（*Nun, Witch, Playmate*）由哈波與羅氏出版社（Harper & Row）出版，探討「性行爲的美國化」現象。

一九七二年，他成立了一家與其所屬大學無關的學術出版社。原本的創社宗旨只是爲了幫聖米迦勒學院的學生出版論文，但很快出版品就擴及其他出版社不願出版的各地學者著作。理查森說，他的出版社是「學者的最後依靠」。一九七九年，他把原先位於多倫多地下室的出版社遷出，搬到南方八十英里處路易斯頓的某棟大樓裡。出版社成長得很慢，最後變成了營利機構，每年的出版品多達數百種，涵蓋各類主題。理查森說，世界各地都有研究機構的圖書館收藏那些書，其中也包括他的母校哈佛大學。

他曾於一九八〇年代幫韓國牧師文鮮明的統一教（Unification Church）與山達基教會（Church of

---

14 原註：理查森的生平細節，引自：Charles Trueheart, "Publish AND Perish?" *Washington Post*, July 13, 1994, and Jake New, "Herbert Richardson v. the World," *Chronicle of Higher Education*, April 15, 2013。本書作者曾多次致電理查森與他的律師，想要進行訪談，但都沒有獲得回應。

15 譯註：Saint Anselm of Canterbury：中世紀義大利哲學家、神學家，曾任坎特伯里大主教。運用形式邏輯論證基督教正統教義，提出關於上帝存在的「本體論論證」及救贖論的「補贖說」。

16 譯註：「Baby M」是指一九七六年，美國第一起因代理孕母合約而起的訴訟。提供卵子及子宮的代理孕母在生下孩子後拒絕交出孩子，因當時法律的不完備，衍生多方的法律攻防。

Scientology）辯護，對它們是邪教而非新興宗教團體的控訴提出反駁，因而引發爭議。

後來，一場教室裡的偶發威脅事件，搞亂了他的學術生涯。一九九一年某天，他對學生大吼大叫，因爲他們沒有把教室桌椅好好排成一個整齊的圓圈，然後他又跟助教大聲爭執，當場就把對方開除了。學生投訴了這起事件，校方開始緊盯理查森上課的情形，隔年就要求他提早退休。「從理查森的行爲看來，」宗教系系主任曾於當時表示，「他簡直是一顆不定時炸彈。」

他拒絕退讓，還要求請病假。他多年來都有胸痛的毛病，並認爲現在是到杜克大學附設醫院接受心臟治療的時候了。他跟朋友說，如果他繼續教書，「到了二月就會撒手歸西。」他去了醫院，但幾週後便不再參與療程，後來他說是因爲費用太貴。結果他反而到北美與歐洲各地旅遊。他去了英國的威爾斯，那裡是艾德溫美崙出版社的海外據點。他去了堪薩斯，那裡是他父親的安息之地。他也去了南加州的沙漠小鎮波瑞戈泉（Borrego Springs），那裡是他考慮退休後要定居的地方。他還去了中美洲的土克凱可群島（Turks and Caicos Islands），著手在那裡開設一所美崙大學，很快地就開始幫學校打廣告，宣稱只要寫論文就可以取得學位，並可獲得「生活經驗」，學費僅僅九百九十五元美金。「生活即學校，活著就是在學習。」理查森說。

他在旅途上的種種事蹟傳回聖米迦勒學院，返校後，校方指控他「行爲嚴重不檢點」。但因爲他有終身教職，不能直接將他開除，所以校方爲此召開一場極其罕見的公開聽證會，針對理查森提出一連串指控，有些是小事，也有較爲嚴重的。最後，校方主張的兩大罪狀分別是濫用病假，以及未據實回答校方他花了多少時間在艾德溫美崙出版社的事務上。

理查森花了五天的時間在聽證會上作證。「這場公然羞辱對我與我的家人都是極其難堪，」理查森說，「此事導致我的經濟陷入困境，也使我的專業蒙羞。」[17]他認為自己受到學術界的同僚們霸凌。他說當知道要接受調查時，他出現了嚴重的憂鬱症症狀。「過去五十年來，我為自己人生所建立起來的一切都遭受攻擊，我可以感覺到沉重壓力快讓我崩潰了。」最後他輸了，在一九九四年十月遭到解雇。根據聽證會的調查報告指出，理查森的證詞不足採信：「他才思敏捷、辯才無礙，再加上性格善變，所以才說得出那些用來說服他人的華麗詞藻，但其實只是一些真假參半的自辯之詞。」[18]

理查森在歷經人生最劇烈動盪的一年後，認識了珍．萊斯特。

一九九八年八月，也就是梅耶與博物館員工將蘭斯唐恩屋裡的坎普納文件分類建檔一年後，瑪歌．李普頓把坎普納的兩位繼承人告上法院，爭議的標的物是她與坎普納夫婦在一九五八年合購的三十六英畝未開發不動產。坎普納死後，她把該筆不動產交給魯西安與安德烈變賣，他們同意將所得款項按比例分給她。但是當他們兄弟在一九九七年簽下一份四十五萬美金的銷售契約時，她卻提出訴訟，主張自己是受到他們的律師欺騙誤導，還說出售所得應該全部歸她。[19]

根據法院文件顯示，魯西安認為理查森對瑪歌施加了「不正當的影響」，而且打官司的小動作也是

17 原註：Trueheart, "Publish AND Perish?"
18 原註：*University of St. Michael's College v. Herbert W. Richardson*, p. 5.
19 原註：*Lipton v. Swansen.*

他所操弄[20]。魯西安的代表律師凱文・吉普森（Kevin Gibson）向法院表示，瑪歌已把自己的所有事務全權委託給理查森，而且已經遷出蘭斯唐恩的舊居，搬進名為拉克波特長老會之家（Lockport Presbyterian Home）的安養機構，與理查森位於紐約州北部的辦公室僅相距二十英里。吉普森請求法官駁回瑪歌之聲請，並且允許坎普納的兩位繼承人進入屋內，取走坎普納的所有物。

博物館方面，一直從遠方旁觀這起混亂官司的梅耶漸感不耐。一九九九年六月二十三日，事情終於有了突破性發展。吉普森找到終止訴訟的機會。當時，瑪歌剛剛滿八十五歲，已經到了不堪歲月摧殘之時。她承認：「我不知道自己現在住在哪裡。」當她被問到是如何認識理查森的，她的答覆是，「我不記得了。」[21]吉普森拿一張一萬三千美元的支票給她看，付款帳戶是坎普納遺產的銀行專戶。看得出她在支票上面簽了魯西安的名字，主張自己有得到授權。瑪歌說她不知道這件事。

吉普森反覆問瑪歌是否反對將坎普納的文件從蘭斯唐恩的房子裡移出，另找地方存放？她說不反對。「希望他們等到我死後再這麼做，」瑪歌說，「但如果非得現在做不可，我想也沒關係。」她還說自己不打算回那房子居住，若要賣掉，她「也沒異議」。最後，瑪歌和坎普納兄弟之間的不動產訴訟就以和解收場。

吉普森立刻與大屠殺紀念博物館聯絡，館方決定趕快行動。「除了李普頓小姐有可能改變心意之外，」梅耶向同事表示，「還有房子目前無人居住，因此那些文件的安全堪慮。」在瑪歌撤回訴訟的一週後，梅耶就重回蘭斯唐恩巷。吉普森律師跟他約在那裡，還帶著鎖匠與員警各一名，以備不時之需。

他們進門後發現的第一件事，就是廚房架上有一把左輪手槍。其次是館方人員兩年前看過的文件大都不見了。兩年前曾幫梅耶做分類建檔工作的戰爭罪學者布希說：「屋內空無一物。」地下室書架上的東西全都被拿走了。坎普納辦公室裡的檔案櫃也是空的。二樓的文件也大都失蹤了。梅耶與其他人拿著一九九七年造訪時所做的分類目錄，一邊走動，一邊核對，在一個又一個項目上註記「不見了」、「一切都不見了」，還有「全都不見了」。某人寫道，「就連桌子都不見了。」

吉普森打電話請蘭斯唐恩的警探來進行調查，同時間布希與其他人則是去詢問街坊鄰居。有幾位鄰居說，前一週曾看到有輛搬家用的卡車停在房子前面。

爲此，警方訊問了坎普納家人暱稱爲「俏皮」的資深管家麥格納斯・歐唐納（Magnus O'Donnell），他說理查森曾於七個月前造訪，與珍和瑪歌一起查看整理家中資料，並把他們想要的東西打包裝箱，寄到紐約去。舊衣服、家具與家用品裝滿了兩個大型活動垃圾箱，全都丟掉了。

調查人員在路易斯頓找到理查森，還發現失蹤的文件全都被搬進了羅伯坎普納紀念館，館內有空調，門是上鎖的。[22]他們告訴理查森，當時正在調查他如何處理瑪歌的財務，並且要求他把文件移交給大屠殺紀念館。他立即同意了。

八月三日，梅耶由警方陪同前往路易斯頓的紀念館，將坎普納的文件整理打包。憤怒不已的珍・萊斯

20 原註：Motion of the Estate of André Kempner and Lucian Kempner for Permanent Injunction, September 20, 1999, filed in *Lipton v. Swansen*.
21 原註：Lipton deposition in *Lipton v. Swansen*, June 23, 1999.
22 原註：Timothy Logue, "History Uncovered," *Delaware County Times*, August 26, 1999.

特帶著律師在那裡等他們，理查森則不見人影。

大屠殺紀念博物館之所以會重新設法取得坎普納的文件，就是因爲珍在一九九七年打的那一通電話。但她在兩年後之所以會那麼憤怒，是因爲事情被搞得很難看。她說，沒錯，她跟瑪歌還有理查森是把文件拿走了，但唯一的目的是要妥善保存文件，並且確保館方不會取走不屬於坎普納遺產的東西。

最後，博物館的代表前往二樓檢視那些文件。儘管極度費事，但他們同意把所有檔案仔細檢查一遍，以確定哪些是坎普納的文件，哪些又歸珍與瑪歌所有。

整個過程很緩慢，珍抱怨大屠殺紀念博物館侵犯了她的隱私。她告訴梅耶，說要把他的臉給記下來，因爲總有一天她要把他對自己的所作所爲全都寫出來。每次他們看到她寫給坎普納的信件，她都拒絕交出來。信件有數百封，時間從一九六〇年代到八〇年代，當珍、瑪歌與坎普納夫婦分離時，他們幾乎每天都會寫信給彼此。梅耶主張，如果信件是寄給坎普納的，就該被視爲他的收藏物，而且梅耶也試著盡可能幫博物館把每件東西都留下來。

全部計算下來，坎普納的收藏是該博物館迄至當時獲贈的最大批書面資產。該館取得八十五箱紐倫堡大審檔案、一百一十七冊裝訂完成的大審文件、六十八箱坎普納的私人與專業文件、三十九張收錄了錄音檔的七十八轉唱片，以及將近一千冊的書籍與期刊。

這些東西全都運到位於華府北邊的博物館倉庫，開始由檔案人員與史學家更仔細地研究檔案內容，這才發現了坎普納的祕密：幾十年來，有一大批德國政府的文件正本全被藏在他那位於費城郊區的不起眼房子裡，沒有任何史家看過那些文件，因爲都是坎普納從紐倫堡帶回來的，而且未曾歸還。

有一本一九四四年的戰時日誌，取自於一支駐紮在匈牙利的武裝親衛隊（Waffen-SS），日誌一直寫到六十萬名猶太人被送去處死的那段時間。其中還有一封信件是大屠殺幕後黑手之一的萊茵哈德・海德里希（Reinhard Heydrich）寫給希特勒的，詢問該把原本屬於奧地利猶太人的文化資產運到哪裡去。某份發布於一九三九年九月的文件，則是下令把全部猶太人持有的無線電發報機都沒收。德軍最高統帥部總長威廉・凱特爾（Wilhelm Keitel）被囚禁在紐倫堡監獄時，曾經寫過一封親自署名的信函，這封信也落到了坎普納手上。

一九四一年德軍入侵蘇聯的兩天前，希特勒曾經發表過一場演說，講稿也在坎普納的文件裡。他還有幾張羅森堡的鉛筆畫作品，其中一幅是睡覺中裸女的素描。他也掌握了羅森堡本人的 Ahnentafel（家譜），裡頭畫上家譜樹來證明他沒有猶太裔親戚。

等到完成文件的分類建檔工作後，梅耶以為館方已經取得坎普納兄弟捐贈的所有東西了。他以為這齣與坎普納有關的奇特戲碼終於落幕。

但他錯了。

3

窺探邪惡靈魂的心思

在路易斯頓與珍針鋒相對的幾週後，已返回華府的梅耶收到一份短信，出自大屠殺紀念博物館的知名史學家尤爾根・馬特烏斯（Jürgen Matthäus）之手。馬特烏斯認為，他有充分的理由相信，坎普納兄弟所贈的大量文件裡，應該藏著非常重要的東西：羅森堡的日記。

馬特烏斯在短信裡寫道，事實上，他已經在坎普納的文件裡找到確切的文件證據：坎普納自己承認了。

盟軍在邦茲古堡的地下庫房發現日記後，就將它送往紐倫堡的檢方辦公室。但那日記始終沒有成為呈堂證供，事實上，就連羅森堡的律師在做辯護準備工作要求審閱時，檢方也說他們找不到。

在紐倫堡大審結束後，有七十五頁日記正本及一百一十六頁副本被送往國家檔案館保存。一九四九年，坎普納曾於《月份》（*Der Monat*）雜誌發表〈對抗教會〉（The Fight Against the Church）一文，其中引述了幾篇羅森堡日記的內容。後來到了一九五〇年代中期，德國史學家漢斯—鈞特・塞拉芬（Hans-Günther Seraphim）看到那一篇文章，興起了幫日記做註釋，並加以出版的念頭。塞拉芬發現，那些引文並非來自國家檔案館裡的日記，於是寫信給坎普納，詢問他擁有日記的其他什麼部分。坎普納據實以告，他說自己手裡有大約四百頁手寫日記，原本計畫要出版其中一部分，他告訴塞拉芬，「但計畫並未實現。」[1] 塞拉芬希

美國大屠殺紀念博物館檔案組主任亨利·梅耶在檢視羅森堡日記。(圖片來源:U.S. Holocaust Memorial Museum, courtesy of Miriam Lomaskin)

望坎普納把資料分享出來,讓完整的版本得以問世。坎普納拒絕了,但等到他得知塞拉芬即將出版節錄版日記時,又建議塞拉芬在書裡面加一個註腳,告訴讀者坎普納手裡握有「大量的其餘日記」。

塞拉芬若不是沒有意識到那些日記屬於政府所有,就是不願在這點上多加著墨。

接下來的幾年,坎普納在他的兩本書裡,引用了一些先前沒人見過的日記內文。他甚至在其中一本書裡寫道:「那些祕密日記……收藏在我自己的檔案庫裡。」[2]但每當有其他學者與坎普納接觸,表示想要看日記時,他的回應都是閃爍其詞。

亨利·梅耶覺得這發現實在太驚人了。羅森

1 原註:Correspondence between Kempner and Seraphim, 1955–56, Kempner Papers, Boxes 53, 58.
2 原註:Kempner, *SS im Kreuzverhör*, p. 228.

堡日記具有無可取代、非常重要的歷史意義。除了本來的歷史文物價值以外，學者們也希望未能問世的部分能揭露有關猶太人最終處理問題的重要眞相。一九四一、四二年間，當納粹開始處決歐洲各地的猶太人時，羅森堡與其幕僚參加了幾場關鍵的討論。

檢方文書檔案組主任尼伯蓋爾無權同意坎普納借走日記，以供其研究之用。就算他有權如此，坎普納也沒有權利把羅森堡日記這類的重要文件永遠據爲己有。

馬特烏斯的短信促使梅耶開始在博物館的坎普納文件中，徹底尋找日記。但他沒有找到。

後來，二〇〇一年六月二十五日，梅耶接到華特·馬丁（Walt Martin）的來電，說他的委託人手裡握有一些出自坎普納蘭斯唐恩家中的文件。

梅耶深感困惑。一九九九年夏天，當館方人員爲了坎普納的收藏前去那裡時，已經在屋子裡仔細查找過了，當時遺漏的，後來也都取得了。他們不可能漏了任何東西。他向馬丁打聽，得到了幾個不同說法。一開始說是在坎普納家外的活動垃圾車裡發現的，後來說是在屋內的日光室找到的。

梅耶問他，這些文件裡是否剛好有本由羅森堡所寫的日記？

馬丁覺得應該有，還問那東西可以賣多少錢，「一百萬？兩百萬？」3

梅耶跟馬丁說會再跟他聯絡，但卻打電話給聯邦調查局。

羅伯·維特曼（Robert Wittman）是聯邦調查局藝術犯罪組的創立者，他以臥底方式在世界各地辦案，從各種小偷、騙子與走私犯手裡救回文物，也以此聞名於世。他曾爲北京故宮博物院找回一顆重達五十磅的水晶球，尋獲地點是紐澤西州特倫頓市（Trenton）一間民宅的衣櫥上，屋主自稱是女巫。此外，維特曼也曾在紐澤西收費高速公路7A交流道附近的休息站設下圈套，阻止走私客賣掉一具有一千七百年歷史的祕魯黃金盔甲。他曾找到一批令人驚訝的美國失竊文物，藏在費城南郊的平凡民宅裡。那些文物的市價介於二、三百萬美元之間，其中包括激進廢奴主義者約翰·布朗（John Brown）的一把來福槍，他對哈伯斯渡口鎮（Harpers Ferry）那場失敗攻擊用的就是這把槍。還有一枚戒指的戒面鑲有華盛頓總統的一小撮頭髮。另有一枚金錶，是北軍將領喬治·米德（George Meade）打贏蓋茨堡之役（Battle of Gettysburg）後獲贈的，上面刻有「VICTORY」（勝利）一詞。維特曼把一個交易商騙到費城機場酒店，順利取回了阿帕契族傑若尼莫（Geronimo）酋長的羽毛頭飾。他也曾前往馬德里幫助西班牙幹員追回十八幅總值五千萬美元的畫作，其中包含哥雅（Goya）與布勒哲爾（Brueghel）的作品。他也救回了喬治·皮克特（George Pickett）將軍的蓋茨堡地圖、賽珍珠（Pearl S. Buck）小說《大地》（*The Good Earth*）的原稿，還有十四部「權利法案」（Bill of Rights）正本的其中之一。

維特曼是聯邦調查局史上最厲害的藝術犯罪調查員，他所主導的行動總計追回價值超過三億美元的文物，也藉此讓世人注意到藝術犯罪的所得有多豐厚。雖然該局仔細清算每件追回文物的市價，但維特曼深知，那些失而復得的古物實際上都是無價之寶。

---

3 原註：梅耶的這一段對話引自梅耶自己寫的備忘錄："Re: Alfred Rosenberg 'Tagebuch,'" June 12, 2006。作者多次致電華特·馬丁，但他並未回電，因此未能取得他的說法。

既然是無可取代的國家及文化遺產，那怎能用金錢來計價？這份工作讓維特曼倍感振奮之處，是他能搶救被盜的歷史文物。

二〇〇一年，維特曼接手偵辦大屠殺紀念博物館的案子，化名爲歷史文件鑑定師羅伯・克萊（Bob Clay）與梅耶和馬丁舉行了一場電話會議。他有充分的理由使用自己的眞名[4]：他說的謊愈少，就愈能從容使用他的假身分。

維特曼也知道，用調查員的身分進行訊問，能取得的資訊遠少於用假身分。藉由文件鑑定師的身分，他就能跟馬丁說他必須親眼看到那些文件，而且也有理由提出關於文件來源的尖銳問題。

馬丁說，坎普納兄弟爲了準備賣房子，雇人來幫忙把室內清空。那個人又把這案子轉包給他專門承包垃圾清運業務的兄弟威廉・馬丁（William Martin），威廉宣稱文件是在屋外的垃圾袋裡發現的。沒人知道文件爲何會在那裡。博物館的官員「把地下室裡的老鼠洞都翻遍了，也查看了牆壁後方，並且搜了一個保險櫃」，坎普納兄弟的律師凱文・吉普森說，「他們離開後，我又搜了一遍。已經沒有任何文件了。」[5]華特・馬丁說，有些東西看來像納粹文件的正本。他握有幾百頁德軍部署計畫文件、關於戰後在蘇聯境內開採原料的文件、一些胡佛局長寫給坎普納的信件，還有一些文件他希望而且也相信就是羅森堡日記的副本。他甚至還有魯西安的老舊陸軍制服。華特・馬丁說，他先前曾爲了坎普納的東西而與英國史學家大衛・厄文（David Irving）聯絡。當時，厄文剛輸掉與作家黛博拉・利普斯塔特（Deborah Lipstadt）之間那場曠日持久的誹謗官司（因爲她在書中把厄文列爲否認曾發生大屠殺的人之一）。

電話會議結束後，維特曼要梅耶跟華特・馬丁約定時間，好去他費城郊區的房子探探虛實。如果馬丁眞的握有日記，維特曼可以馬上予以扣押保管，然後再調查是否該歸政府所有。

十月三十日，梅耶與館內的一位史學家去了馬丁家。他家是連排磚造透天厝的其中一棟，坐落於九十五號州際公路旁的一片工業區裡。他們發現那棟小屋裡有一大堆文件四處擺放著，有些仍裝在箱子裡，有的雜亂堆放在一起。他們檢視文件時，馬丁都在抽菸，菸灰不斷掉在文件上。

梅耶很快就確定那些文件是坎普納遺留下來的珍貴資料，於是向等在屋外的維特曼與他的搭檔傑伊·海涅（Jay Heine）回報。兩位幹員進屋後，向馬丁表示文件是證物，聯邦調查局要扣押，直到相關各方把複雜的所有權問題給解決。

馬丁威脅要提告，博物館內部也爭論著是否要強硬地主張所有權。儘管羅森堡日記並未出現在馬丁的那些箱子裡，但梅耶還是十分掛念坎普納收藏中如珍寶般的日記。他主張與馬丁上法庭論戰。他想要確定萬一日記出現的話，博物館能主張所有權。梅耶非常關切尚未問世的日記內容，不希望它們落入不識貨的人手裡。

博物館高層同意了，於是整件事將會在聯邦法院了結。6

結果，因爲沒人能夠對馬丁的說法提出辯駁（理由是，任誰也無法明確證明館方於一九九九年取走坎

4 譯註：Bob 是 Robert 的暱稱。
5 原註：Ralph Vigoda, "Nazi Papers in Custody Fight," *Philadelphia Inquirer*, March 25, 2003.
6 原註：*United States of America v. William Martin*, United States District Court for the Eastern District of Pennsylvania.

普納的文件時，並未遺漏那些箱子），所以律師們建議雙方和解。兩造同意將所有東西平分。梅耶發現這是第二次自己得坐下來，瓜分坎普納遺留的文件。雙方輪流挑選他們想要的東西。

二○○五年某天，馬丁挑走的那一半文件成為費城郊區卻斯特高地鎮（Chester Heights）威爾遜拍賣鑑定公司（Wilson's Auctioneers and Appraisers）的出售品。那拍賣會跟其他任何拍賣會都一樣，出現的物件充滿了衝突感：被擺在一起拍賣的，除了反納粹鬥士坎普納遺留的文件之外，還有希特勒青年團的運動衫、一條親衛隊腰帶與帶扣、一根德國空軍的茶匙，還有納粹臂章。

梅耶與維特曼對這結果都很失望，他們從二○○一年馬丁致電梅耶後，就開始設法爭取那些東西。顯然在坎普納死後，堆在他蘭斯唐恩家裡的文件就已經開始遭人取走，藏在別處，而且並未以最妥善的方式保存。每次梅耶與維特曼認為自己掌握了一切，就會出現新難題。

想找到佚失日記的希望，感覺像是愈來愈遙不可及。

在與馬丁協商之際，梅耶得知外頭還有更多坎普納遺留的文件，它們被藏在理查森於紐約州路易斯頓創立的坎普納紀念館地下室深鎖的門後。珍·萊斯特搬到紀念館之後，因為跌斷了臀骨而臥床。二○○一年初，她的姐妹們發現她身陷如此慘況，趕緊將她送醫治療，並且成功爭取到她的監護人資格，也掌控了她的財務。她名下的資產高達六百萬美金，其中至少有一部分都存在她與理查森的共同帳戶裡。在此同時，姐妹們的律師還發現理查森對瑪歌·李普頓的影響力，於是也爭取到法院指派一位路易斯頓的律師愛德華·傑塞拉（Edward Jesella）擔任她的獨立監護人，來監督她的大小事務。他發現，理查森成功說服瑪歌把她在歐美的各個銀行帳戶改成他們倆的共同帳戶，裡頭的存款超過一百萬美金。[7] 傑塞拉展開積極行動，控制了瑪歌的財務。傑塞拉說，理查森的律師們威脅要採取法律行動，但最後理查森還是切斷了他與瑪歌之間的所有聯繫。

二〇〇三年，珍的姐妹們的代表律師邀請大屠殺紀念博物館派人去檢視文件，此刻存放在紐約州阿默斯特鎮（Amherst）的文件是她們從坎普納紀念館所取得。該位代表律師告訴梅耶，如果箱子裡有任何坎普納兄弟先前已經捐給館方的文件，他們隨時可以拿到華府去。

梅耶找維特曼商量該怎樣處理新發現的文件。維特曼建議，既然珍的姐妹邀請梅耶去取回屬於館方的一切文件，那梅耶可以自己去一趟阿默斯特，遇到問題再打電話請求幫助即可。

梅耶在文件的存放處待了一天，開箱查驗文件。羅森堡日記也不在那裡。

但這一趟阿默斯特之行畢竟沒有白跑。珍的姐妹伊莉莎白（Elizabeth）提到一件很有意思的事。她曾陪珍去德國接受《明鏡》（*Der Spiegel*）週刊記者的專訪，珍在交談過程中曾經說溜嘴，表示自己已經把羅森堡日記交給某人保管。

那個人就是理查森。

---

7 原註：理查森遊說李普頓把他的名字加到她的銀行戶口，係引自：Edward Jesella, interview with author, April 20, 2015。

梅耶寫了一封短信給維特曼，透露阿默斯特之行的調查狀況：羅森堡日記是被偷走的政府財產，坎普納似乎在紐倫堡大審後就持有，而且根據最新的消息顯示，日記在理查森手上。但維特曼不能光憑伊莉莎白無意中聽到珍對記者說的話，就拿來當成證據讓這件事成案，正式進行調查。更何況，理查森一直都往來於美加兩地之間，如果聯邦調查局眞的要抓他，也會是一起複雜的跨國行動。

直到二〇〇八年，維特曼從調查局退休時，羅森堡日記都還未重新問世。不久後，梅耶碰巧認識了美國司法部特別調查辦公室主任艾里．羅森鮑姆（Eli Rosenbaum），其職業生涯最爲人所知的就是負責追查納粹分子，並將他們驅逐出境。羅森鮑姆主動表示要幫忙，但最後他發現這案子不可能有所進展。

二〇一二年，一籌莫展的梅耶致電維特曼，想看看他能否打破僵局。

這位前探員很有興趣。他退休後開了一家顧問公司，主要業務是尋找藝術品與解決相關的安全問題，只是他的使命感跟退休前並無不同。他還是受人委託，負責追查種種獨一無二的無價文物。唯一的差別在於這是他自己開的公司，他不用像當年一樣，要擔心跨國辦案的種種問題。

梅耶致電後不久，維特曼與兒子傑夫（Jeff Wittman）一起搭火車到華府，傑夫在大學畢業後就到父親公司工作。那棟用來追悼大屠殺受害者的巨大花崗岩建築外，還是實施著很嚴格的保全措施。三年前有個高齡八十八歲的白人優越主義者，手持一把點二二來福槍，射殺了博物館前門的一名警衛。維特曼父子倆走過金屬探測門，到五樓的會議室去與館方人員開會。

維特曼對於博物館的理念是感同身受的。他是美日混血兒，父母於韓戰期間在日本立川市美國空軍基地相識。他們一九五三年結婚後，搬回美國巴爾的摩市定居。維特曼還記得，小時候屢屢有陌生人公開用

「日本鬼子！」之類的字眼辱罵母親。當時他很震驚，但最後了解到那種仇恨情緒源自於戰爭。有些鄰居的家人因爲和日本人打仗而捐軀。他可以理解雙方的不同立場，因爲他爸爸曾是太平洋戰區的美軍登陸艇駕駛，但舅舅們卻效忠於日本皇軍。

珍珠港事變後，美國把大都爲美國公民的十一萬日裔居民強制搬遷到拘留營。每當想到這段歷史，維特曼就非常能理解納粹主義爲何會在德國散布傳播開來。愛國主義是多麼輕易就被轉爲官方認可的種族主義。

坎普納自己就曾說過：就算只是往錯誤的方向走個幾小步，也會帶著國家民族走向可怕的災難。

梅耶在博物館大致敘述了他對羅森堡日記狀況的了解，然後維特曼就著手工作了。雖然距離梅耶初次打電話給他已經十年了，不過他已經準備好展開追蹤行動。是時候該解開這存續半世紀的謎題，讓羅森堡日記重回民眾手裡。

維特曼看著梅耶對坎普納兄弟捐贈的龐雜文件所提出的報告。此時，這對兄弟已經離世，珍與瑪歌也是。但已經八十歲的理查森仍健在，所以調查將會從他著手。維特曼認定，他必須找到這位退休教授，試著跟他談一談。想要找到理查森並不難，他仍在路易斯頓的學術出版社工作，住在尼加拉河對岸的安大略省尼加拉瀑布城（Niagara Falls）。問題是，他會配合嗎？維特曼必須當面跟他談才知道答案。過去未曾有人直接找上理查森，跟他把話講清楚：要是日記眞的在他手裡，他沒有權利繼續保留，只能交出來給政府。維特曼打算逼理查森把這狀況給搞清楚。

但此案仍充滿許多不確定性。如果是坎普納生前就把日記送人了呢？或賣掉了呢？如果是伊莉莎白誤解了珍那一席未經思考的話語，理查森眞的未曾持有羅森堡日記呢？要是他一發現自己不能出版那日記，就脫手賣出了呢？又或者是他持有日記，但就是不願承認呢？

到了十一月，維特曼打電話告訴梅耶他打算怎樣查案。這麼多年過去了，但梅耶始終熱情不減。他想跟著一起去找理查森，看能否爲博物館保有追回日記的希望，但長期困擾他的背痛又犯了，他無法長途跋涉。所以維特曼與兒子兼搭檔傑夫一起上路。

到了路易斯頓，他們前往里奇街（Ridge Street）上那棟理查森所有的狹窄白牆建物，只見「羅伯坎普納紀念館」的綠底金字招牌仍然立在屋前。但是，走到門廊上，從前窗往裡面看，卻發現館內空蕩蕩的，沒有任何人。所以維特曼父子沿著路易斯頓鄉間一條產業道路前進，來到路底一棟不起眼的磚造建物，這裡就是理查森的出版社。兩名友善的員工表示，理查森教授才剛剛離開去吃午餐，並要他們下午再去一趟，屆時就可以跟他說上話。

維特曼留下一張名片，想到理查森看到名片時的可能反應，露出了微笑。維特曼是調查局的臥底幹員，所以就算那些藝術犯罪案破了，他的名字也是祕而不宣。每當局裡召開記者會，宣布重大斬獲時，他總是站在後面，不會入鏡。但在二〇〇八年退休後，他因爲寫了回憶錄《追緝國家寶藏：FBI首席藝術犯罪探員臥底破案實錄》（*Priceless*）而廣爲人知。如今，理查森只要上網搜尋，就能輕易得知自己打交道的對象是個退休特別幹員，而且長久以來在尋回被藏匿的歷史文物方面戰果輝煌。

果不其然，當他們下午重回出版社時，員工們的態度就截然不同了。此刻，有個員工說，如果要見理查森就得先跟他約好。她說，他們必須事先致電預約，但卻拒絕給他們電話號碼。維特曼父子不肯罷手，所以最後她帶他們去找出版社社長約翰．拉普諾（John Rupnow）。拉普諾答應幫他們約理查森隔天見面，要他們稍後再致電確認。但當他們打電話過去時，卻無人應答。

理查森想要阻擾他們。光憑這一點，維特曼就覺得他肯定隱瞞了什麼。他知道某件事，但卻害怕承認。如果維特曼的直覺沒錯，那就意味著羅森堡日記在理查森手裡。

那天稍晚，維特曼父子開車到加拿大去，想要試看看到理查森家去找他。如果他不在，維特曼會再次留一張名片給他。重點是要讓理查森知道，光是不理會維特曼是行不通的。

但就算是經驗豐富的調查員，辦案時也並非總是一帆風順。維特曼父子在邊境遇到了阻礙。維特曼向境管人員表示，他是要到加拿大去觀光，因爲比起把整件事的原委解釋清楚，這說法簡單多了。大屠殺紀念博物館是個由聯邦政府支持的機構，如果維特曼是以代表他們的身分入境，他怕自己可能必須請求加拿大政府的允許。他想避開官方的種種繁文縟節，以免該館追回日記的工作又延宕數年。

維特曼的說詞無法取信於境管人員。穿著西裝的父子倆，壓根兒就不像是要去看尼加拉瀑布。警衛要求維特曼把車靠邊停，開始搜查車子，他則是在一旁看著，覺得很火大，但也對這荒謬的情況感到哭笑不得。境管人員在公事包裡發現了調查檔案，於是開始質問維特曼。他試著把情況說清楚，但邊境巡守隊人員不採信他的說詞，並將他請回對岸。

不過，這番受挫反而讓維特曼有了靈感。他知道理查森每幾天就會通勤前往路易斯頓。如果讓理查森像他今天一樣被攔檢個幾次，也許就能逼理查森就範。維特曼深信，要理查森交回日記的最佳方法，就是讓他不斷地受到心理壓力。

經驗告訴維特曼，耐心是關鍵。時間站在他這邊。如果犯人對處境感到不安，不清楚調查員知道了些什麼，那麼就會產生一種心理防衛機制：他們幾乎都會開始考慮最糟的狀況。這樣他就能有所突破了。

回到費城之後，維特曼馬上打電話給好友兼同僚大衛．霍爾（David Hall），他是美國德拉瓦州威明頓（Wilmington）的助理檢察官。在檢察官生涯中，霍爾曾經起訴過多名武器與軍事科技商人，但也與維特曼合作偵辦藝術犯罪案，其中一個案子是幫佛州棕櫚灘的藝廊追回兩幅失竊的畢卡索畫作。有個令他們難忘的案子，是他跟維特曼曾搭機飛往里約熱內盧進行交涉，要回了三幅諾曼．洛克威爾（Norman Rockwell）的名畫。維特曼除了自己開設顧問公司，也與聯邦政府的國土安全調查處合作，幫忙臥底查案，他和霍爾與國土安全調查處特別幹員馬克．歐雷克薩（Mark Olexa）是辦案的鐵三角。維特曼知道，像尋找羅森堡日記的這種大案子，他們是會跟他配合的。

不過，當維特曼在幾天後前往德拉瓦州威明頓市中心的檢察官辦公室，與霍爾和歐雷克薩碰面時，霍爾並未立刻答應他的請求。維特曼把曲折的案情交代清楚後，霍爾開始感到一陣頭昏眼花。若非他跟維特曼相識了幾十年，他會直接拒絕。霍爾曾經在美國海軍後備司令部當過三十年的情報官員，並且偵破很多困難的案子，讓他深感自豪。但他認爲這個案子聽起來根本就像「瘋子說的故事」。

羅森堡日記的失蹤時間大約介於一九四六到一九四九年之間。他們在珍．萊斯特生前獲得她向某個記者提供的三手資訊，說她已經把日記交給紐約州北部的一位退職教授。最重要的是，這案子有很多問題。如果霍爾能獲得更多關於日記被誰存放在哪裡的有力資訊，他或許就有足夠的理由簽發搜索票，然後就能輕易地把那一部分日記要回來。但此刻根本沒有人知道日記到底是在美國或加拿大境內，還是在其他地方。

不過，霍爾知道維特曼的直覺很準，也對這個案子有興趣，因此願意動用聯邦政府的力量來啓動調查。維特曼把他的計畫告訴霍爾與歐雷克薩。首先他們必須先針對理查森進行仔細的背景調查，接著是分析他過去穿越美加邊境的紀錄，找出通勤模式，並且命令境管人員攔檢理查森的座車。維特曼的盤算是，在他造訪出版社不久後，就讓理查森遇到攔檢，如此一來便會讓理查森以爲自己被監視了。最後一個步驟，就是直接找他盤問日記的事，如果他不配合，就用傳票命令他交出來。

歐雷克薩開始行動了。十二月的某天，理查森的車子在邊境遭到攔檢。兩個月後，他們已經準備好直接盤問他。霍爾希望的盤問地點是出版社的辦公室，如此一來理查森也許會主動提出要他們四處看看。霍爾並不認爲理查森會立刻把日記交出來，但希望他能夠說出一些他們還不知道的事。歐雷克薩已經知道理查森常常在週四去出版社，所以在二月七日那一天，他與另一位幹員開車到出版社外面那個小小停車場去盯梢，等待理查森的到來。

等他現身後，兩位幹員下車表明身分。理查森願意談一談。他說起了自己如何認識珍與瑪歌，還有幫助她們的經過。他說後來她們倆對他造成了很大的負擔，但他還是幫了很多忙。「我把這個女人，應該說是這兩個女人，都當成我的母親，」理查森說，他幫她們把錢從坎普納兄弟那裡要回來，而這一切都是無償的，他並未從她們的銀行戶頭裡提取任何款項。8

理查森的確承認幫她們把坎普納的一些畫作從蘭斯唐恩搬到路易斯頓，但表示他「從未聽說過有任何一幅畫具有特殊價值」。他否認自己曾處理過任何從坎普納蘭斯唐恩住所消失的文件。「我不認爲自己曾經持有過任何坎普納的文件。」

理查森不只否認羅森堡日記在他那裡，還說自己壓根兒就沒聽過有這樣一本日記。

歐雷克薩根本就不相信，他把聯邦大陪審團的傳票交給理查森，命令他將羅森堡日記和他手裡任何屬於聯邦政府的文件都交出來[9]。他們警告理查森，那些日記是政府財產，如果眞的在他手裡，他最好乖乖交出來。

離開前，歐雷克薩建議理查森：你最好請個律師。

幾週後，整件事的發展完全符合霍爾與維特曼的預期。

理查森的律師文森·道爾（Vincent Doyle）打電話到霍爾的辦公室，詢問那張傳票是什麼意思。霍爾說，他目前負責追回所有關於紐倫堡大審的文件，尤其是羅森堡日記。他跟道爾說，他覺得理查森在停車場說的某些話並非事實，而且他還勸道爾，如果可能的話應該親自幫忙找日記。

一個月後，在三月二十七日這天，威明頓的霍爾檢察官辦公室收到道爾的來電及留言。霍爾與歐雷克薩湊巧一起前往費城市中心的國土安全部移民及海關執法局洽公，於是霍爾跟一位同事借電話回電。他開啓免持話筒的模式，讓歐雷克薩一起聽。

道爾說，理查森握有某些手寫的德國文件，一部分是裝訂成冊的，但也有零散的。**聽起來像是你們在**

找的東西嗎？霍爾看看歐雷克薩。他覺得自己像是打撲克牌時拿到了同花大順。但他有豐富的談判經驗，所以盡可能保持冷靜。

「文森，」他說，「我們得先看過才知道是不是。」

二〇一三年四月五日，梅耶與馬特烏斯搭火車前往威明頓市中心的霍爾檢察官辦公室。他們都很興奮。本來馬特烏斯已經不敢奢望能找回佚失的日記。梅耶一聽到理查森把日記手稿交出來時，立刻就把好消息轉告馬特烏斯。但要等到親眼檢視文件之後，他們才能確定。

理查森的律師來電之後，某位幹員於那個週末開車前往水牛城，接著他在四月一日載著幾個手風琴狀檔案夾及四個文件收納紙箱前往威明頓，安全地存放在庫房裡。

現在歐雷克薩把文件都拿出來，擺到一個會議室裡，等博物館人員前來確認。

馬特烏斯一從文件夾裡抽出那些紙，就立刻確認是日記沒錯。理由之一是，他認得羅森堡的筆跡。他看出部分內容與已經出版過的節錄版日記相吻合，而且羅森堡曾於一九四五年草擬一批文件，眼前的手稿也與那些文件內容相符。馬特烏斯與梅耶也看得出來，它們曾經由坎普納收藏過。日記上面的一些標記看

---

8 原註：這一段理查森的訪談內容係引自特別幹員馬克．歐雷克薩於二〇一三年三月一日所寫的報告，報告內容係由美國移民與海關執法局根據「資訊自由法」（Freedom of Information Act）而提供給作者。

9 原註：儘管美國檢察官都會被司法部派往特定轄區，但還是可以針對美國任何地區發生的犯罪行為進行調查。聯邦檢察官前往轄區以外地方遞送傳票是很常見的事。

來的確是坎普納寫的，而且夾雜於日記中的其他各類文件，也很像他們先前受贈的坎普納文件。

在六十年之後，終於找到了。羅森堡日記的搜尋行動宣告結束。

梅耶實在是非常高興。經過十四年的追尋，那些日記眞的被找到了。尋獲如此重要的佚失文件是任何檔案人員的夢想，而且幾乎沒有文件的重要性可與之匹敵。二次大戰終戰六十八年後，能在德拉瓦州的會議室裡翻閱羅森堡用鋼筆寫的日記眞是令人興奮不已，更何況它們原本被認爲將永遠消失於歷史中。

有人拿出一台相機，梅耶豎起大拇指並露出燦爛的笑容。

兩個月後，梅耶又回到威明頓的霍爾檢察官辦公室去參加一場記者會，當局將在來自世界各地的一大群記者面前宣布，羅森堡日記已經找回來了。

霍爾與歐雷克薩都在場，與會的還有移民及海關執法局局長約翰·莫頓（John Morton），以及德拉瓦州的州檢察官查爾斯·歐伯利（Charles Oberly）。儘管理查森是在執法單位出面之後才交出日記，但檢方並未起訴他。他的律師已經與檢察官談好條件，只要交出日記，理查森就不會有事。檢察官並未握有其他對理查森不利的證據，而且這次調查行動的主要目標本來就只是找回日記。理查森從頭到尾都保持緘默，只在那天傳眞了一份簡短聲明稿給《紐約時報》：「當聯邦幹員與我聯絡時，我很樂於見到他們並配合他們的種種作爲。我很高興能夠幫助司法部與國土安全部取回某些文件，如今有關當局也已經確認那些就是阿佛烈·羅森堡的日記。」10

記者們下筆飛快，相機喀嚓作響，莫頓局長站在講台後發表聲明。

「二次世界大戰結束至今，仍然有些謎團尚未解開，羅森堡日記的下落就是其中之一。如今，我們找到了。」他說。記者會在一個四周都是玻璃牆面的會議室裡舉行，那些找回來的日記就在他身邊展示著。「羅森堡日記具有非凡的時代意義。裡面毫無掩飾地寫下一位納粹高層的思想及哲學觀，還有他與其他納粹高層的互動情形。閱讀羅森堡日記讓我們有機會得以窺探邪惡靈魂的心思。」

那些日記內容所揭露的，都是戰前到戰時柏林政壇於發生的有關政治與文化前線的鬥爭戰況，出自幾乎已被遺忘的納粹意識形態大師之手，他同時也是二十世紀最可怕罪行的幕後推手。過去六十幾年來，那些日記都被藏在幾個檔案夾與收納箱裡，先後擺在費城近郊的坎普納自宅及紐約州北部的坎普納紀念館。羅森堡日記彷彿一個時空膠囊，裡面收藏了一整個已經消失的時代。

此時，該把收藏在內的祕密公諸於世了。

10 原註：Patricia Cohen, "Diary of a Hitler Aide Resurfaces After a Hunt That Lasted Years," *New York Times*, June 13, 2013.

第二部

LIVES IN THE BALANCE

1918-1939

走鋼索的人生

4 命運的虐待

城裡一片喜氣洋洋。晨間細雨已經停了，柏林的居民湧入菩提樹下大街（Unter den Linden），那是一條從皇宮往提爾公園（Tiergarten）延伸的優美林蔭大道。女士們穿上最鮮豔的洋裝，好像故意不理會德國戰敗後降臨全國的嚴冬陰鬱氛圍，她們在穿戴深色西裝與帽子的男性群眾中，顯得特別醒目。這一天是一九一八年十二月十日。德國首都蘊藏著一股山雨欲來之勢。德國打輸了第一次世界大戰，德意志帝國已經瓦解。但這是歡慶的一天：士兵們要從前線返家了。

長著翅膀的銅雕勝利女神坐在四匹雄駒所拉的雙輪戰車上，從布蘭登堡門（Brandenburg Gate）頂端凝視著大量聚集在巴黎廣場（Pariser Platz）上的旁觀者。一八〇六年，拿破崙在打敗普魯士大軍後，曾以勝利者之姿穿越這道大門進城。如今門上掛著寫有「和平」與「自由」的標語。

到了下午一點，身穿灰色野戰服、頭戴鋼盔的第一批連隊抵達。槍管裡插著花，馬匹的脖子上掛著花飾。群眾對著他們揮舞帽子、白手帕與月桂枝葉。樹上、街頭報亭上、屋頂上爬滿了想要登高望遠的民眾，許多人從窗口引頸觀看，每個陽台上都擠滿了人。「萬頭攢動，人多到這些連隊一開始無法前進，」有個美國特派記者寫道。部隊派醫護兵把被擠傷的民眾救出來。「這時湧入街頭的愛國群眾肯定有幾百萬人。」1

終於，大家讓出一條路給士兵們通行，他們步行或騎馬前進，部隊最前面的

一九二二年，羅森堡（第三排左三，頭戴寬簷紳士帽、身穿風衣外套者）與一群納粹黨員參加慶祝德國日（Deutscher Tag）而聚集在巴伐利亞的科堡。期間他們與敵對黨發生衝突，他們揮舞著手上的棒子，從大街上成功趕走敵對黨員。（圖片來源：Bayerische Staatsbibliothek München/Bildarchiv）

掌旗手交錯舉著黑、白、紅與黑、紅、金相間的兩種大旗，分屬已經被推翻的德意志帝國與剛剛靠革命起家的威瑪共和國。有些騎馬的軍官把妻兒拉上座騎，與他們一同穿過人群。伴隨衣衫襤褸的部隊的，是演奏著進行曲的軍樂隊，還有由馬匹拖著、煙囪還在冒煙、向來被戲稱爲「匈牙利湯大炮」[2]的軍用餐車。他們還帶著大炮與彈藥，因此許多新政府的政敵在這次行軍的幾天前都還恐慌不已，怕這些前線士兵奉召回到首都，是爲了幫政府以武力掃蕩反對陣營。

1 原註："Berlin Welcomes Army," *New York Times*, December 10, 1918。也可以參閱：British Pathe newsreel "German Troops Return 1918," at britishpathe.com.

2 譯註：goulash guns，因為這種用馬匹拖的餐車會冒煙，形狀與冒煙的樣子都很像大炮。

但這一天終究平安無事。歡欣鼓舞的柏林人爲士兵獻上菊花與香菸。脖子粗短的政治人物弗里德里希·艾伯特（Friedrich Ebert）頭戴絲質帽子，在閱兵台上看起來特別醒目。德皇威廉二世在一個多月前的「十一月革命」爆發後退位，艾伯特隨即升任總理之職，此刻他正在台上歡迎部隊回國，彷佛他們是凱旋而歸的。「同志們、同伴們、同胞們，」他對群眾灌迷湯，謊稱德國並未戰敗，只是被國內的叛徒給背叛了。「你們的犧牲與奉獻無與倫比！敵人並沒有打敗你們！」3

接下來的兩週，持續有許多士兵湧入柏林，受到群眾歡呼。「我們對未來充滿自信與新希望，這種感覺似乎是隨著部隊回國而浮現的。面對我們的歡呼，這些軍人表現得如此有活力但又嚴肅，剛從鬼門關回來的他們看來無所畏懼，」一位曾目睹現場實況的婦女在信裡跟朋友說。「看著街頭那些熙熙攘攘的士兵，我心裡浮現了一個問題：如果不趕快把他們身上滿滿的精力用於有建設性的地方，是不是一段時間後他們就會自己找到宣泄的管道？」4

在柏林人之間，有個二十五歲的外國移民一臉嚴肅地站在腓特烈大街（Friedrichstrasse）與菩提樹下大街交叉口，他內心百感交集，不覺得眼前景象有任何值得慶祝之處。

幾天前，阿佛烈·羅森堡才剛從家鄉愛沙尼亞搭火車抵達柏林。他看著返國的德軍部隊，士兵們的臉龐讓他感到震撼，他們看來是如此冷漠茫然，炮彈的餘威尚未消退。「在那一刻，」多年後羅森堡寫道，「德國人民的悲慟向我襲來。」5

就在那景象始終縈繞心頭之際，他很快就往南遷居慕尼黑，打入充滿民族主義精神的反政府地下組織中，並發現那裡有一群激進的反猶太分子與他聲氣相投。

幾個月內，羅森堡就義無反顧地爲自己的理念展開奮鬥。

後來，第三帝國誕生之初，整個德國開始構築出自己的國民是優越人種的意識形態，但民眾卻也無法不注意到，該國某些領導高層其實並不符合這種標準。就像有個常見的德國笑話所說的：典型的納粹分子就該跟戈林一樣苗條、身手跟戈培爾一樣矯健、頭髮跟希特勒一樣金黃，而且要跟羅森堡一樣是雅利安人。[6]

「他的膚色黝黑，外表看起來不太像有德國血統，」一位英國軍官在戰後這麼描寫羅森堡。「大部分納粹分子都認爲他有猶太血統，而且他肯定是『全世界唯一一個姓羅森堡的雅利安人』。」[7]事實上，在波羅的海諸國的德裔人口中，「羅森堡」是很常見的姓氏。他說，他的祖先在十八世紀從德國移民到波羅的海，一開始在拉脫維亞的首都里加（Riga）定居，然後又遷居當時還被稱爲日瓦爾（Reval）的愛沙尼亞首都塔林（Tallinn）。漢薩同盟（Hanseatic League，日耳曼人所主導的商業聯盟）於十四世紀興起時，日

---

3 原註：Stephenson, "*Frontschweine* and Revolution," pp. 287–99.

4 原註：某位德國貴族之妻艾芙琳．布呂薛（Evelyn Blücher）是一位英國女性，曾於戰時待在德國，這段話來自某位不知名女性友人寫給她的信，轉引自：Blucher von Wahlstatt, *An English Wife in Berlin*, p. 305。

5 原註：Lang and Schenck, *Memoirs of Alfred Rosenberg*, p. 29.

6 原註：Piper, *Alfred Rosenberg*, p. 208.（譯註：實際上戈林的身材圓滾滾的，戈培爾因為小兒麻痺而跛腳，希特勒的頭髮是黑色的，而且羅森堡並非雅利安人，嚴格來說，他是移民波羅的海地區的德國民族後代，算是德裔與斯拉夫裔混血。）

7 原註：Neave, *On Trial at Nuremberg*, p. 103.

瓦爾是聯盟中的大城之一，但後來因爲瘟疫與戰爭而沒落，在一七一〇年向俄皇彼得大帝稱臣。羅森堡於一八九三年出生時，日瓦爾已經是俄羅斯帝國的大港，但孩提時期他仍然可以在城裡的曲折巷弄裡穿梭，造訪古代庭院，欣賞建城初期遺留下來的防禦性城牆與中世紀建築。

羅森堡才剛出生兩個月，母親就因爲結核病去世。十一年後，他那替一間德國大公司管理愛沙尼亞首都分公司的父親，也以四十二歲之齡英年早逝，而羅森堡則被託付給姑姑們撫養。雖然成長於新教家庭，但他卻反叛家族信仰，不願向上帝屈膝跪倒。「這跪倒的舉動，」在提及自己行堅振禮[8]的往事時他寫道，「讓我內心萌生某種往後再也無法平復的感覺。」[9]

他的中學時代留下許多美好回憶，本身是畫家的美術老師要他去日瓦爾的街頭寫生。校長則是一位史地老師，邀請他到當地的一座墓園去進行考古挖掘活動，他們挖出一個石甕，還有一些水壺與戒指。他在校的表現並不出色，但老師們都喜歡他。[10]十七歲時，羅森堡進入里加的一所技術學院，主修建築。他的課外讀物包括日耳曼英雄傳說與冰島神話，以及印度的吠陀經典與康德、叔本華等德國哲學家作品。後來，有個作家說羅森堡「接受的那些文化薰陶都只是半吊子」[11]，但是當年參加魯本尼亞青年團（Corps Rubonia，里加市的一個學生團體）時，羅森堡可是在團員間獲得了「哲學家」的外號。[12]

某天，他從日瓦爾搭火車前往祖父母定居的聖彼得堡，途中認識了才貌出眾的富商之女西兒妲・里斯曼（Hilda Leesmann），她比羅森堡大一歲，聰明又博學，深諳德、俄兩國傳統。她建議羅森堡閱讀托爾斯泰的小說《戰爭與和平》以及《安娜・卡列妮娜》。她會彈鋼琴，因此把一些偉大的俄國民族主義作曲家介紹給他。她送他一本尼采寫的《查拉圖斯特拉如是說》。西兒妲在巴黎習舞，當羅森堡前去探望時，她帶著他同遊巴黎聖母院大教堂與羅浮宮。他們每天都在蒙帕納斯區（Montparnasse）的不朽名店圓亭咖啡館（Café de la Rotonde）吃早餐，那裡也是名畫家畢卡索與莫迪里亞尼（Modigliani）的用餐處。她逐漸成爲國際名媛，連巴黎的俄羅斯芭蕾舞團都想招聘她。而羅森堡則是在回到里加後，被迫穿上中世紀服裝在一齣兒童劇裡當配角。

他和西兒妲在一九一五年成婚，那年夏天一起在某個鄉間莊園度過，羅森堡專心作畫，也朗讀一本歌德的傳記給她聽。第一次世界大戰於夏末秋初爆發，他們倆開始顛沛流離。西兒妲與家人逃往聖彼得堡，羅森堡就讀的學院則是遷往莫斯科，連整個圖書館等東西都一起帶走。流亡學生被安排在首都的許多不同地方上課，就連走廊都充當起教室。羅森堡在市中心外圍跟一對夫妻租了一個房間，他們在擺了張桌子的地方一起用餐，那空間同時也兼做臥室。喝茶聊天時，他的房東總在膝上擺著一份左派報紙，大罵「那些統治國家的惡棍」。羅森堡每週都會外出一次去享用晚餐，吃著酥餅並啜飲酒精濃度僅僅百分之二的啤酒。他的社交生活就只是在特維爾大街（Tverskaya Street，一條從紅場往西北方延伸的大街）一帶的廉價餐館兜轉。

---

8 編註：confirmation，又稱堅信禮、堅振聖事、按手禮，透過塗抹祝聖過的聖化油及覆手，為領受者祈求神的恩典，象徵透過洗禮與神建立鞏固關係。

9 原註：Cecil, *The Myth of the Master Race*, p. 11; see Rosenberg, "How the *Myth* Arose," National Archives, T454, Roll 101.

10 原註：羅森堡早年生活的細節，請參：Lang and Schenck, *Memoirs*, pp. 1–30。

11 原註：Fest, *The Face of the Third Reich*, pp. 163–74.

12 原註：Cecil, *Myth of the Master Race*, p. 15.

就在羅森堡大量閱讀托爾斯泰與杜斯妥也夫斯基的作品之際，俄國大革命在他身邊爆發了。但羅森堡埋首書堆，幾乎沒有注意到。某天早上他搭火車進入莫斯科，發現數十萬人湧入廣場與街道。「人們欣喜若狂，靠在陌生人的肩膀上啜泣，」事後他寫道，「數百萬民眾陷入瘋狂狀態。」13

後來，到了一九一七年，羅森堡獲知西兒妲的健康狀況因爲北地的惡劣天候而變差。染上結核病後，家人將她送往克里米亞半島（Crimea）治療與休養。羅森堡暫停自己的學業，到那裡陪她。幾個月後他們再次打包行李，返回愛沙尼亞。西兒妲臥病在床，羅森堡在一旁念書給她聽，在此同時也完成取得學位前的論文。令人感到不寒而慄的是，有鑑於他人生將踏上的道路，羅森堡設計了一種火葬設施。儘管莫斯科動盪不安，他還是回到遷往俄國的學院完成最後考試，返家後剛剛好前往柏林，來得及親眼目睹德軍返國的景象。

羅森堡沒在日瓦爾待太久。他在一所學校教了幾個月繪畫，「但那些學童都學得意興闌珊」，也描繪了幾幅古城日瓦爾，賣了一點錢。不過，他覺得待在愛沙尼亞沒有前途，於是在一九一八年十一月俄軍入侵之前，就跟著數萬德裔同胞逃回德國了。

離開前，他在日瓦爾黑頭兄弟會（Brotherhood of the Blackheads，一個由商人與船主組成的公民團體）的會館，發表了畢生的首次公開演說。羅森堡後來一生無數次演講的內容，在此次演說中已經露出了端倪，他猛烈抨擊猶太思想與馬克斯主義的邪惡同盟導致俄國衰弱不振。根據某個說法，他演講時有一位猶太商人大聲地帶著其他猶太人離開會館，以示抗議。14

接著，羅森堡就在當晚動身前往德國了。直到二十幾年後，他才再度回到家鄉。

「火車離開日瓦爾。在我身後，不只我那些關於俄國的回憶模糊了起來，昔日的俄國也瓦解了，未來完全不可預測，」羅森堡寫道，「在我身後，我年輕時居住的城市也跟那些塔樓、老街與我的舊識們一起消逝了。我離開家鄉是爲了踏上自己的祖國……因此我去了德國。原本我醉心於藝術、哲學與歷史，做夢也沒想過自己會與政治有所牽扯……人生的機遇推動著我，我只是隨波逐流而已。」[15]

到柏林之前，羅森堡已經約好要與當地知名建築師彼得·貝倫斯（Peter Behrens）會面。但柏林在短時間內就發展成男女關係與文化生活都很頹廢的城市，並以此「聞名國際」，也嚇到了羅森堡。結果貝倫斯是個偏好現代主義的設計師，羅森堡並不想以他爲師。於是他爽約了，很快就前往南方的慕尼黑。

在白雪覆蓋山頂的阿爾卑斯山腳下，巴伐利亞邦首都慕尼黑橫跨伊薩爾河（Isar River），天氣晴朗時，矗立在南邊的高山看起來就像是畫家手繪的舞台背景。這是個保守的天主教城市，居民對於啤酒的喜好也是遠近馳名，除了皇家宮廷啤酒屋（Hofbräuhaus）之外，還有天主教修道士創立的奧古斯丁啤酒廠（Augustinerbräu）。這個城市曾被維特爾斯巴赫家族統治過七百年，而巴伐利亞國王路德維希一世（King Ludwig I）在一八二五至一八四八年的在位期間，進行大膽的都市建築改建計畫，讓慕尼黑躋身歐洲大城

---

13 原註：From Rosenberg's *Pest in Russland*，轉引自：Cecil, *Myth of the Master Race*, p. 17.
14 原註：Cecil, *The Myth of the Master Race*, p.20.
15 原註：Lang and Schenck, *Memoirs*, p. 29.

行列。理所當然會有條街道被取名爲路德維希大街（Ludwigstrasse），這條寬闊的新建街道起始於該座中世紀大城的市中心，往北延伸，街道兩側都是義大利文藝復興風格的大學與圖書館建築。新建的國王廣場（Königsplatz）上，坐落著新古典主義建築風格的博物館群，展示希臘、羅馬與埃及的雕像，還有王室收藏的古代大師作品，質量皆很驚人。

到了二十世紀初，慕尼黑已經有德國藝術文化中心的美名，素有「伊薩爾河上的雅典」之稱。16 畫家、雕塑家、作家、知識分子與音樂家群聚於此，也獲得慕尼黑貴族大量金錢的贊助，並備受青睞。這城市也幫藝術家們舉辦了許多展覽、遊行活動及舞會。德意志帝國的獨裁氛圍令人窒息，但此時受到慕尼黑許多前衛藝人的挑戰，施瓦賓（Schwabing）這個自由自在、充滿波希米亞風味的區域在此興起。後來史學家大衛·克萊·拉奇（David Clay Large）寫道，「眞正的施瓦賓地區藝術家，喜歡咖啡廳更勝於啤酒館。」17 史黛芬妮咖啡館（Café Stefanie）內始終煙霧繚繞，人們圍著大理石桌邊抽菸邊聊詩論政，常客都是一些無政府主義者、共產主義者、達達主義藝術家與小說家等等。那個地方有一個非常諷刺的綽號：「自大狂咖啡館」（Café Grössenwahn）。列寧在回俄國發動革命前，本來旅居施瓦賓地區。希特勒初到慕尼黑時，也曾住在施瓦賓地區外緣的一個房間，時間是一九一三年春天到一九一四年夏天之間。羅森堡適應了慕尼黑的環境後，就搬到施瓦賓南端不遠處的巴雷爾大街（Barer Strasse）上，與幾間皇家美術館、慕尼黑大學和慕尼黑美術學院都只有幾條街的距離。

羅森堡抵達時，慕尼黑被失業、饑饉等問題困擾著，陷入了深不見底的動亂中。18 維特爾斯巴赫家族的末代君王在第一次世界大戰結束時，就已經被迫流亡了。革命分子控制了整個城市，宣布這位於德國東南方的巴伐利亞王國獨立爲共和國，由德國社會民主黨領導人庫爾特・艾斯納（Kurt Eisner）擔任總理。艾斯納是猶太人，當過記者，抱持反戰立場，可謂是民族主義者眼中典型的國家公敵。

身無分文又孑然一身的羅森堡在城市中漂流，他命中註定會被捲入整個革命風潮中。他的妻子病情加劇，被父母帶往瑞士阿羅薩（Arosa）休養。後來他寫道，自己「跟許多人一樣都是慘遭命運虐待」，只能試著在戰後歐洲混口飯吃。[19]他只有從家裡帶來的一點點錢，正打算試著以販售畫作及撰文爲生。但事與願違，羅森堡被迫向一個救濟委員會申請住處，靠慈善廚房每天提供的甘藍菜湯與湯糰果腹。他打發時間的方式就是在美術館閒逛，還有在路德維希大街上的國家圖書館看書。

某天，他在街邊柱子上看見一則芭蕾舞的廣告，那女舞者是他妻子在生病前認識的。他找到女舞者，聊天時提及自己一直試著要賣掉以俄國大革命爲題的文章。他能賣的就只有這個。

女舞者給了他一個名字，就此改變他的一生。狄特里希・埃卡特（Dietrich Eckart）是具有波希米亞風格的劇作家兼詩人，同時也是一名記者。他所創辦的《坦白說》（*Auf Gut Deutsch*）週刊，是聚集在慕尼黑城裡的反猶太右派群眾的必讀刊物。隔天，羅森堡就去拜訪埃卡特。

「接待我的人性格乖戾，但很友善，他的頭型令人印象深刻，臉長得很有個性，」後來羅森堡寫道，「他

---

16 原註：Large, *Where Ghosts Walked*, pp. xii–xvii.

17 原註：Ibid., pp. 3–5.

18 原註：Evans, *The Coming of the Third Reich*, pp. 156–61.

19 原註：Lang and Schenck, *Memoirs*, p. 40.

把眼鏡推到額頭上，仔細端詳我。」

「像我這樣願意對抗耶路撒冷的鬥士，派得上用場嗎？」羅森堡問。[20]

「當然，」他笑著回答。

羅森堡交出那幾篇文章，隔天埃卡特就打電話給他。他們約在餐廳吃飯後，很快就變成朋友與同事。

羅森堡開始爲週刊寫文章。大約在此同時，他發現圖勒會（Thule Society）這個密謀以武力推翻艾斯納政府的反猶太地下組織。「圖勒會的會員名單，」史學家伊恩・柯蕭（Ian Kershwa）後來寫道，「看起來就像納粹早年在慕尼黑發展時的支持者與領導人名冊。」[21]革命發生的三個月後，艾斯納就眞的在街頭遭到一名右派青年暗殺；但諷刺的是，那兇手曾經想要加入圖勒會，但因猶太血統而被拒絕。他想要靠槍殺艾斯納來證明他的優秀。[22]

示威抗議癱瘓街頭，社會民主黨失去執政權。一群「咖啡館無政府主義者」曾經短暫當家，並主張自由發行貨幣。接著輪到一個布爾什維克政權上台，開始逮捕有錢人，並且企圖組織一支共產部隊來橫掃全歐洲。

一九一九年四月的某個涼爽日子，羅森堡跟激憤的人群聚集在市中心的瑪利亞廣場（Marienplatz）上，爭論著未來的發展，具有新哥德風格的慕尼黑新市政廳矗立在廣場邊，這棟歷盡滄桑的龐大歷史建物正面有三百英尺寬，拱門、尖塔與列柱上都有華麗雕飾。羅森堡站在石造欄杆上，在幾千人面前強烈抨擊新政府，手裡揮舞的標語寫著：「德國工人萬歲！推翻布爾什維克主義！」[23]但他發現人們已經注意到他的刺耳評論，常有人在街頭攔下他並稱讚他的言論，羅森堡唯恐自己會被逮捕，所以決定開溜。

羅森堡與埃卡特逃往南方二十五英里處，一個叫作沃爾夫拉茨豪森（Wolfratshausen）的小鎮。他們離開時，圖勒會的成員遭到逮捕，在一陣混亂中，共產部隊要他們在一間中學的地下室列隊站好，一個接一個全部槍斃。到了五月初，被迫流亡的社會民主黨政府以武裝部隊發動流血政變，重新奪回慕尼黑，許多人遭到處決屠殺。威瑪共和國在夏末正式成立，巴伐利亞也被納入新共和國版圖。

短暫地自願流亡幾週後，羅森堡與埃卡特回到城裡。他們在五月參加了自稱爲德意志勞工黨的新興右派團體的會議。羅森堡與埃卡特在一個小餐廳裡面高談闊論，猛烈抨擊猶太人與蘇聯的布爾什維克黨人。

德意志勞工黨每週集會的地點在斯特恩內克啤酒館（Sterneckerbräu），這家小酒館有著拱形天花板及一條條與地面垂直的深色護牆板。同一年稍晚，九月某個週五晚上，一名三十歲德國陸軍下士在集會上現身了。

不久後，這個政黨又把黨名改成了國家社會主義德國工人黨。接下來，它的政敵會將此黨名縮減成一個只有兩音節的簡稱，聽起來較爲有力，也能充分顯現出該黨不願妥協的堅定立場，那就是納粹。

---

20 原註：Layton, "The *Völkischer Beobachter*, 1925–1933," pp. 58–59; see Alfred Rosenberg, *Dietrich Eckart: Ein Vermächtnis*(Munich: n.p., 1927).

21 原註：Kershaw, *Hitler: A Biography*, p. 82.

22 原註：Evans, *Coming of the Third Reich*, p. 160.

23 原註：這個場景是羅森堡自己描述的，請參閱：Lang and Schenck, *Memoirs*, p. 43。

5

「國內最討人厭的報紙！」

希特勒與羅森堡有很多共同點。儘管他們並非生長於德國，但都深受該國的神話英雄史所吸引。他們皆在年少時即失去了雙親。兩人都喜歡畫畫、閱讀，也都曾夢想要從事建築業。年輕時，他們倆都曾餓過肚子，必須靠慈善廚房的食物度日。兩人相識後，沒多久就發現他們都看出了當時德國最嚴重的三大問題：教會誤國、共產主義帶來威脅、猶太人危害國家。

比羅森堡年長四歲的希特勒生於奧地利布勞瑙鎮（Braunau），成長於林茲（Linz）郊區[1]。他的父親是名公務員，於一九○三年辭世，希特勒在一九○七年遷居維也納，試圖考進維也納美術學院未果。（「繪畫考試的表現不夠出色，畫中人物太少。」考官總結道）。結果他就開始過起波希米亞式的生活。到了一九○九年底，希特勒已經流落到遊民之家，既瘦弱又骯髒。靠著阿姨的資助，以及在維也納一帶酒吧賣畫的微薄收入，他才能勉強度日，這種日子直到他在一九一三年拿到父親的遺產後才告終，那年他二十四歲。當年夏天他遷居慕尼黑藝術家群聚的區域，在那區域西邊找了一個位於店鋪樓上的住處，開始販售他以該市地標為主題的畫作，像是皇家宮廷啤酒屋、哥德式風格的聖母教堂（Frauenkirche），還有幾個世紀前曾是神聖羅馬帝國皇帝住處的舊城堡（Alter Hof）。他愛上了自己的德國新家。「這城市給我一種很熟悉的感覺，」後來他寫道，「好像我已經在它的城牆裡住了許多年。」[2]

他也有一般人的偏見，但還沒發展出後來改變歐洲面貌的那種意識形態。[3]希特勒早年住在林茲時，就已經服膺奧國政客喬治・瑞特・馮・舍內雷爾（Georg Ritter von Schönerer）向來提倡的反猶太、反天主教的日耳曼民族主義思想。住在維也納期間的貧困生活經驗，也強化了他原有的觀點。維也納市長卡爾・呂格爾（Karl Lueger）是個惡毒的反猶太分子，書報攤上也擺滿了各種右派報紙，把猶太人描繪得既墮落又邪惡。雖然那些反猶太論調在他心中獲得共鳴，但他還是會把畫作賣給猶太畫商，也送了一幅畫給某位猶太醫生，那是他母親臨終前的主治醫生。萊因霍・哈尼許（Reinhold Hanisch）在維也納的遊民之家結識希特勒，並且在街頭幫他賣了一些畫作，後來他寫了一本篇幅不長的回憶錄，表示希特勒在維也納似乎與猶太人相處得特別好。哈尼許回憶道，希特勒甚至盛讚他們是個出色的民族，也爲他們對全球文化的貢獻而喝采。[4]

奧地利採取徵兵制，但希特勒設法躲開了。不過在一戰爆發後，他卻自願從軍，加入了巴伐利亞的部隊。因爲急著派兵上戰場，有關當局並未確認他具有德國國籍。希特勒在戰時擔任指揮部與前線之間的傳令兵，戰地見聞讓他對死亡與人類苦痛習以爲常。他曾兩度獲頒鐵十字勳章，也曾兩度受傷。他喜愛自己的部隊同袍，他們叫他「大畫家」，而且對他的怪癖感到納悶：他不菸不酒，似乎沒人寫信給他，而且大

---

1 原註：關於希特勒早年生活的細節，請參閱：Kershaw, *Hitler: A Biography*, pp. 1–46.
2 原註：Hitler, *Mein Kampf*, p. 126.
3 原註：Kershaw, *Hitler: A Biography*, p. 27.
4 原註：Reinhold Hanisch, "I Was Hitler's Buddy," *The New Republic*, April 5, 12, and 19, 1939.

多數時間都在讀書。

一九一八年十月，他在比利時的伊珀爾（Ypres）之役期間，因爲遭受芥子毒氣攻擊而視力受損，被送往帕塞瓦爾克（Pasewalk）的醫院治療，他在這個柏林北方八十五英里處的小鎮醫院一直待到戰爭結束。希特勒在十一月二十一日重返慕尼黑，大約兩週後羅森堡也來了。

布爾什維克政權在一九一九年五月垮台後，巴伐利亞加入威瑪共和國，但該地區仍有非常嚴重的黨派衝突，德國軍方希望能予以監控。當地有十幾個政治組織都試著爭取民眾支持，而軍方高層則希望確保悲憤的戰敗德軍官兵都被灌輸反布爾什維克的正確民族主義思想。希特勒加入政戰單位，成爲線民與教官。他上了一些德國史與社會主義的課程，初次聽到經濟學家戈特弗里德．費德爾（Gottfried Feder）大罵猶太金融家有多邪惡。

那年夏天，希特勒自己也開始成爲政宣講師，他那激烈的演講風格頗能煽動人心。

某個政宣課程的學員去信，希望政戰單位能夠幫他解答所謂的「猶太問題」。只要自由派的社會民主黨人士在德國當家一天，國家哪有可能解決這問題？有關單位把信轉給希特勒，他草擬了一封回函。希特勒針對這個將來會消耗他許多精神的問題，首度發表了意見。他表示，情緒性的攻擊猶太人只會激起零星的群眾殺戮。德國眞正需要的是以「理性」爲根據的反猶太主義5。只要能將事實一一列舉出來，德國人就會支持剝奪猶太人的權利，最後把他們全都趕出德國。

這封信標註的日期是一九一九年九月十六日，四天前他第一次參加某個小黨的聚會，該黨就是納粹黨的前身。

希特勒在上級長官卡爾・邁爾（Karl Mayr）上尉的授意之下，前往斯特恩內克啤酒館監控這個剛成立的小黨。最後他自己站起來發言，激烈的言詞促使該黨發起人安東・德萊克斯勒（Anton Drexler）將一本小冊子塞在他手裡，並且力邀他再度參加聚會。邁爾上尉命令希特勒參加聚會，但結果他不只是臥底而已。他立刻看出這個黨與自己的觀點相符，而且因爲規模尚小，他可以成爲領導人。不久後，納粹黨就與他的生命結合在一起，希特勒也成爲右翼政壇最具領袖魅力的新人物。

一九一九年底，羅森堡去拜訪狄特里希・埃卡特時，認識了希特勒這位未來的黨魁。他們倆聊起了古羅馬、共產主義與德國人在戰敗後失去歸屬感的問題。「如果說我立刻就受到他的感召，成爲他的無條件支持者，那我就是在說謊，」戰後羅森堡被關在紐倫堡的牢裡時，曾如此寫道。[6]

幫忙該黨募款的金主庫爾特・呂德克（Kurt Lüdecke）甚至講得更明白，他說事實上，羅森堡「對希特勒的聰明才智並未太佩服」。[7]

不過跟大家一樣，羅森堡在聽了希特勒的公開演說後，就很快爲他折服。「我看到一位德國前線士兵僅憑著自己身爲自由人的勇氣，就以清楚明白、令人信服的方式展開單打獨鬥的抗爭，」羅森堡在某封信裡，提及他第一次看到的希特勒演講，「就是因爲這樣，我聽了頭十五分鐘的演講，就深受阿道夫・希特勒所吸引。」[8]

5 原註：Kershaw, *Hitler: A Biography*, pp. 74–75.
6 原註：Lang and Schenck, *Memoirs of Alfred Rosenberg*, pp. 47–50.
7 原註：Lüdecke, *I Knew Hitler*, p. 510.
8 原註：Cecil, *The Myth of the Master Race*, p. 30.

最終，他將發現與希特勒的第一次交會，是他人生最重要的轉捩點，一場短暫的偶遇卻「改變了我個人的全部命運，我的命運也自此融入了整個日耳曼民族的命運。」[9]

一九二〇年十二月，剛剛崛起的納粹黨買下一間小型的週報報社，並誓言要「把它擴展成最厲害的武器，用來對抗德國的所有敵人與反德國勢力」。[10]購買報社的部分資金來自某位德軍軍官，這導致有人揣測幕後金主就是陸軍的某個祕密單位。至於報社的營運費用，則是來自支持者的小額捐款、金主的私人資助，以及至少一個民族主義組織的援助。不過這間報社甚至在納粹黨買下前，就已經負債，而且營運初期總是有點不太確定能否付印與送到書報攤上。

希特勒在演講時屢屢敦促支持者要購買「國內最討人厭的報紙！」[11]

《人民觀察家報》（*Völkischer Beobachter*）[12]的報館位於謝林大街（Schellingstrasse）三十九號，離羅森堡的住處不遠。這裡就是個典型的新聞編輯室，某位報社員工回憶道：「總是亂烘烘的，充斥著各種聲音，電話響個不停，編輯們在發號施令，訪客絡繹不絕。」[13]唯一的不同之處在於，報館剛好也是希特勒私人麾下的納粹突擊隊的總部，偶爾會有些兇惡的隊員在編輯室裡閒晃，邊玩槍邊交換故事。

早上，希特勒通常會在報館裡待好幾個小時，與訪客們談天，謝林大街上的餐廳與咖啡館則成爲納粹黨的活動地點，位於下一個街區轉角處的謝林沙龍（Schelling-Salon），是希特勒最喜歡的餐廳之一，它的樓頂有個非常特別的洋蔥狀穹頂。納粹黨人常到那裡光顧，直到某天老闆拒絕再讓希特勒賒帳。隔沒幾間屋子就是巴伐利亞餐廳（Osteria Bavaria），這家義大利餐館的燈光昏暗，壁板繪有自然景色作爲裝飾，希特勒也是那裡的常客，他與賓客喜歡在前門內側一個被簾幕遮起來的凹室用餐。有時他們會沿著路德維希大街往下走到赫克咖啡館（Café Heck），從裡面可以往外眺望優雅的文藝復興式皇家花園（Hofgarten）。天氣晴朗時，他們會坐在樹下的鍛鐵椅子上，旁邊的圓桌都鋪著方格桌布。

剛到慕尼黑的那幾年，羅森堡清醒的時間大都待在謝林大街三十九號的報館裡，一開始在黨報編輯埃卡特手下工作，但他的職務愈來愈重要，直到最後他可以說是變成了納粹黨的頭號文膽。他的散文通常不太通順，需要潤飾，而且希特勒也不是一開始就很滿意他和埃卡特編的黨報。他希望文章是寫給大眾看的，必須極具吸睛效果，而且能讓他們了解並接受納粹的世界觀。

「一開始，《人民觀察家報》走的是高格調的知識分子路線，連我自己都看不太懂，」後來希特勒曾表示，「而且我可以肯定沒有女人看得懂！」[14]

但報上刊登的並非只有羅森堡寫的晦澀文章，還有各新聞通訊社的新聞稿、從其他報紙上偷來的故事、運動與藝術報導、支持者的投書、政治漫畫、笑話、希特勒的文章與講稿、黨的公告（例如，〈這是我們明天要奮戰的地方〉〔Here Is Where We Fight Tomorrow〕）、連載小說、八卦風格的血案與刑案報導，罪

9 原註：Lang and Schenck, *Memoirs*, pp. 47–50.
10 原註：Layton, "The *Völkischer Beobachter*, 1920–1933," p. 354.
11 原註：Ibid., p. 360.
12 原註：這份報紙的英文譯名包括「People's Observer」或「Racial Observer」。
13 原註：波拉．舒利亞（Paula Schlier）日記分錄，轉引自：Layton, "The *Völkischer Beobachter*, 1925–1933," pp. 87–88。
14 原註：Trevor-Roper, *Hitler's Table Talk*, p. 490.

犯是猶太人的性侵案更是該報巨細靡遺的報導焦點。15

因爲是黨報，每則報導當然都需要經過意識形態的審查，而且審查變得愈來愈歇斯底里與荒謬可笑。威瑪共和國政府的所有醜聞都被記者拿來大做文章。當一些知名政治人物與巴爾馬特（Barmat）家的猶太四兄弟犯下貪汙案後，他們寫了一整個系列的多篇報導，被戲稱爲「巴爾馬特學」（Die Barmatologie）。

在引述政敵的言論時，報社主筆喜歡在短短一句話裡插入許多表達嘲諷之意的驚嘆號。例如，柏林刑事警察大隊副大隊長伯恩哈德・懷斯（Bernhard Weiss）的話被寫成這樣：「希特勒講話含糊不清（！！！），戈培爾擅長煽惑人心（！！），他們的言論千萬不能當眞（！！！）。」16 黨報上報導的體育新聞都具有濃濃的軍事風味，像是健行、體操與軍訓操演。文化版則是哀嘆藝術界受到猶太人的汙染。他們甚至出版一份叫做《先鋒報》（*Der Stürmer*）的小報，由尤利烏斯・施特萊歇爾（Julius Streicher）創辦經營，以刊登反猶太的情色文學作品而聞名於世。希特勒是忠實讀者。

「我很確定他當時對人性是感到絕望的，」希特勒後來談到羅森堡的編輯工作時是這麼說的，「在他發現報紙的知識水平下修愈多，銷量居然就增加愈多時，他對人類的不屑更是有增無減。」17

一九二三年，某位女性貴族支持者賣掉持有的外國股票，用以資助報社將《人民觀察家報》從週報改成日報，而恩斯特・漢夫斯丹格（Ernst Hanfstaengl，畢業於哈佛大學的上層中產階級，於戰後歸返祖國，成爲希特勒的助手）則借給納粹黨一千美金用於購買新的印刷機，把報紙改成像美國各大報一樣的寬版格式，較容易吸引讀者注意。報社進行擴張之際剛好是羅森堡升任爲編輯的時候。埃卡特的生活實在過於放蕩不羈，無法配合日報的出版時程，所以被迫去職。手握大批現金的希特勒親自陪著新任編輯去購買辦公桌，羅森堡挑了一張可以把混亂桌面蓋起來的捲蓋式書桌。「希特勒幾乎像個孩子一樣被逗樂了，」羅森堡回憶道。「我們又向前邁進一步了！」到了十一月，納粹黨報的訂戶將會增加到三萬人。

希特勒爲何會欣賞羅森堡這位無趣的報社主筆？這是個令其他納粹高層感到納悶的問題。「羅森堡眞是個讓人倒胃口的傢伙，」漢夫斯丹格寫道。[18] 綽號「小可愛」[19] 的他講起話來滔滔不絕，與各界關係都很好，後來成爲希特勒麾下的納粹國際媒體局局長。漢夫斯丹格對羅森堡多所抱怨，說他「天生是個無知的傢伙」，跟自己講話時還會令人厭惡地吹起口哨，「他的品味跟小販的驢一樣」，每天都穿一樣的襯衫，「他認爲，清洗襯衫是浪費錢，所以總是一直穿到他自己也受不了時，才把襯衫丟掉。」[20]

但最重要的是，漢夫斯丹格認爲羅森堡是個半吊子，不懂裝懂。如果黨魁希特勒繼續聽信他的話，那麼整個運動就會裹足不前。

儘管羅森堡的報社生活可以用案牘勞形來形容，但他並非具有願景的思想家。他總是剽竊前人之

---

15 原註：Layton, "The *Völkischer Beobachter*, 1920–1933," pp. 369–80.
16 原註：Layton, "The *Völkischer Beobachter*, 1925–1933," p. 256.
17 原註：Trevor-Roper, *Hitler's Table Talk*, p. 490.
18 原註：Hanfstaengl, *Hitler: The Missing Years*, p. 91.
19 譯註：Putzi，其實他是個一百九十幾公分高的壯漢，該綽號是一名保母給他取的。
20 原註：Hanfstaengl, *Hitler: The Missing Years*, p. 122.

作，把過往作家與思想家的想法加以修改，好讓他的讀者可以接受[21]。羅森堡的眞正重要之處在於引介十八、九世紀的各家哲學，給了納粹激進分子必須試著去改變歐洲歷史發展進程的充足理由。

不過說來奇怪，最早賦予「雅利安人」理想化概念的是比較語言學，認爲他們這個優越民族都是高瘦強壯、藍眼金髮[22]。十八世紀時，居住在印度的英國學者威廉．瓊斯爵士（Sir William Jones）湊巧發現梵語、希臘語與拉丁語之間的相似性，於是把講這些語言的民族統稱爲「Arya」，即梵語的「貴族」。後來，其他研究者將這些語言分類到具有超過四十種語言的語系中，該語系成員包括英語和德語在內，全都擁有上述的相似性。

印度人與歐洲人的語言爲何會如此相似？許多思想家與這問題持續糾纏著，也因此到了十九世紀，瓊斯爵士的單純發現開始被扭曲。有人臆測，是因爲一群來自喜馬拉雅山區的戰士往西征戰，一路打到德國。相反的，也有人斷定是雅利安人從他們的祖國德國開始，由西往東散布。

一八〇〇年代，民族主義哲學家接受這個有高度爭議的僞學術概念，把它當成德國例外論[23]的理論基礎。但他們與往後世代的後繼者都忽略了一個事實：所謂雅利安人之間的相似性是語言，而非人種。

一八五三年，法國貴族外交家戈平瑙伯爵（Count Joseph Arthur de Gobineau）出版了極具影響力的四大卷《人種不平等論》（*Essay on the Inequity of the Human Races*），其中的結論是：只有透過人種的角度才能完全了解世界史。白人比世界上的其他人種都還優越，因此也創造出人類文明的所有偉大成就，其中又以他所謂的神話般日耳曼「雅利安人」爲最。只有維持雅利安人的血統純正，不攙雜其他血統，他們才能夠持續蓬勃發展。

接下來則是休士頓．史都華．張伯倫（Houston Stewart Chamberlain），他是英國陸、海兩軍的將門之後，但卻愛上了德國。他在青少年時期曾有過一名家教是普魯士人，後來歸化爲德國公民，與作曲家華格納夫婦（Richard and Cosima Wagner）交好，還娶了他們的女兒艾娃（Eva Maria von Bülow），並且與德皇威廉二世維持熱烈的書信往來。張伯倫寫道，他被多名惡魔糾纏，其中一人要他寫出《十九世紀的基礎》（*The Foundations of the Nineteenth Century*），該書於一八九九年出版的二十年後，被羅森堡的報紙封爲「納粹運動的福音書」。[24]在書中，張伯倫主張猶太人是個混種民族，只有生物學上較爲優越的條頓民族（尤其是日耳曼人）有資格統治這個世界。這是個取決於血統的科學事實。

據羅森堡回憶，在青少年時期讀過《十九世紀的基礎》之後，「一個嶄新世界爲我開啓了……我說，沒錯！沒錯！說了一遍又一遍……我掌握了猶太人問題的最關鍵觀念，它從此在我心中牢牢扎根。」[25]

羅森堡在扭曲張伯倫的說法，寫出他自己的史書之前，其費時撰寫的都是些比較司空見慣的種族主義論述。爲了闡述反猶太主義，他出版的頭四本書可說是極盡欺騙與妄想之能事，而且最重要的是非常偏執。「人類史上再也找不出比羅森堡更爲明目張膽、立場更爲堅定不移的反猶太辯論家，」某位學者曾如此寫道。[26]

---

21 原註：Rosenberg, *Race and Race History*, p. 14.
22 原註：此處有關雅利安民族的概念之形成與發展，引自：Pringle, *The Master Plan*, pp. 27–36。
23 譯註：exceptionalism，是一種理論與意識形態，指某個國家、地區、社會、民族、組織、社會運動或歷史時期具有特殊性質，無法用一般的理論或規則來解釋。
24 原註：Shirer, *The Rise and Fall of the Third Reich*, pp. 104–9.
25 原註：Bollmus, "Alfred Rosenberg," p. 185.
26 原註：Nova, *Alfred Rosenberg*, p. 103.

在一九二〇年出版的《追尋猶太人的歷史軌跡》（*The Track of the Jew Through the Ages*）一書裡，羅森堡認爲猶太人必須爲世上的一切苦難負責。就算遭受迫害，那也是他們罪有應得。猶太人的民族性就是貪婪無恥。「如果瀏覽關於猶太人的中世紀貿易紀錄……我們會注意到作者不斷對猶太人的詐術感到詫異，」羅森堡寫道，「根據那些紀錄，猶太人在進行交易時，是造假的慣犯，也常常假裝破產……他們用希伯來文寫借據，對方信任地接受了，結果拿去翻譯後，卻發現上面只寫了一句粗俗的話。他們在成交後把東西掉包，所以買家會發現自己拿到的是石頭或麥稈。」27

「猶太人天生就很會耍詐，」因此他們毫無道德規範可言，所以猶太領袖才會制定一部複雜的猶太法典，「一些混亂的律法。」猶太人當法官或者當官時都無法公正不阿，因爲他們的信仰認爲只有猶太人這種「上帝的選民」能被平等對待。他們無法容忍異教徒。「客觀來講，猶太人所做的每一件事，都是在背叛自己的國家。」羅森堡堅稱，德皇威廉一世壓根就不該解放猶太人，讓他們進到德國社會裡，也不該獲准辦報經商。

「任誰都不該讓毒藥四處流通而不加管制，也不該讓毒藥混入藥劑中。」28

「陷害了浮士德之後，麥菲斯特（也就是撒旦）仍在各地作祟，利用所有人的弱點，希望能把大家都拖入地獄中，而猶太人則是祂選定的民族，」他在隔年出版的《共濟會之罪》（*The Crime of Freemasonry*）中寫道，「他們才會像瘟疫一樣在人間荼毒其他民族。」29猶太人可以試著改信基督教，甚至可以受洗十次，但無論如何他們都改變不了血液裡的邪惡因子。

一九〇三年，《錫安長老會紀要》（*Protocols of the Elders of Zion*）在俄國出版，羅森堡全力爲這本僞書宣傳，據說那是一群猶太領導人的祕密聚會紀錄，他們密謀要藉著掀起戰爭與不安、透過掌控經濟，以及利用媒體散播無神論與自由主義思想，來宰制全世界。

沒人知道這本惡名昭彰的僞書從何而來。長久以來，有些人主張那是在十九、二十世紀交替之際，沙皇麾下的祕密警察從各種抄襲的作品中拼湊出來的，接著在共產革命期間，由一些反布爾什維克主義的俄國人於逃離蘇聯時帶出來，並很快地在世界各國出版。

一九一九年，《錫安長老會紀要》於德國問世。最早聘用羅森堡的報人埃卡特曾表示，對於書中提及的猶太人鬼祟陰謀，他感到「莫名的恐懼」，而且顯然是他把那本書介紹給希特勒。[30] 一九二一年，倫敦《泰晤士報》就已經揭發《紀要》是僞書的事實，但兩年後，羅森堡仍在一篇公開發表的評論中，宣稱那本書的眞假尚未定論。他主張，無論到底是不是僞書，總之其內容已經綜合了各方說法，而且也精確地概述了猶太人的全球策略。[31]

納粹黨的「二十五點綱領」發布後，羅森堡也寫了一篇權威性的評論來概述與解釋綱領內容。在那些年頭，任何一位黨員都會不禁把他視爲國家社會主義意識形態的官方代言人，同時也是發展納粹黨教條的

27 原註：Alfred Rosenberg, *The Track of the Jew Through the Ages*, excerpted in Rosenberg, *Race and Race History*, p. 178.
28 原註：Ibid., p. 189
29 原註：轉引自：Nova, *Alfred Rosenberg*, p. 118。
30 原註：Kellogg, *The Russian Roots of Nazism*, pp. 70–73。也有人主張這本書是羅森堡拿給希特勒的，但欠缺支持這種說法的證據。
31 原註：Ibid., p. 75.

主力。到了一九三〇年代，有些納粹分子與黨決裂並逃出德國，根據他們所寫的回憶錄顯示，創黨之初，希特勒曾經大受羅森堡影響。叛黨者奧托．斯特拉瑟（Otto Strasser）認為，在一九二三年時，羅森堡「無疑就是希特勒身後的智囊」。[32]

庫爾特．呂德克是納粹黨早期的支持者，據其回憶，希特勒曾經要他特別注意羅森堡的外交政策觀點。「你還沒見過羅森堡嗎？」某天希特勒問他，「你必須好好了解他，與他交好。他是個思想家，我只會對他言聽計從。」[33]

當然，希特勒不會承認有誰可以操弄自己。根據他在自傳《我的奮鬥》裡所言，是他二十幾歲流落維也納街頭時，突然對猶太人的邪惡之處有所領悟。就希特勒在維也納的時間看來，我們可以發現他是到了第一次世界大戰德國戰敗後，才醞釀出反猶太的偏激思想。不過，希特勒所推動的納粹運動與他自己的個人魅力息息相關，他需要人們相信，他是從徹底研究與個人體驗中，見證了天啓的出現。他必須把自己塑造成獨一無二的人物。史學家伊恩．柯蕭寫道，藉此他「可以合理地取得納粹運動的領導權……並宣稱自己是德國未來的『偉大領袖』」。[34]

史學家理查．伊文斯（Richard Evans）則是寫道，希特勒的激昂演說風格讓他聽起來就像布道會上的靈歌男高音。[35]為了製造戲劇性的效果，開講時他總是很小聲，非常有條理地慢慢鋪陳出一個聳動的結論，聲若咆哮，頭髮在冒汗的額頭上飛舞著，雙手在空中揮舞比畫著。希特勒是個徹底的政客，他擅長把自己的艱苦歲月跟德國的困頓連結在一起，這在那個動盪不安、通貨膨脹嚴重的年代，自然很容易引起共鳴。

他往往用激烈的言詞批判布爾什維克革命、威瑪共和國與猶太人，他說他們是一切問題的幕後黑手。「別以爲你可以不殺死病毒，不毀滅病菌就戰勝疾病，」在某次惡名昭彰的演說中他表示，「也別以爲你可以不消滅那些人種不會受汙染的人，就能阻止我們的人種受到汙染。」[36]

到了一九二〇年代中期之後，希特勒在自己的演說中加入一個重要的新元素。他開始公開警示群眾，猶太人用布爾什維克主義建立了蘇聯，如今他們又要在德國故技重施。代表蘇聯的紅星就等同於「猶太教的六芒星，象徵他們是一個高高在上、宰制全世界的人種，而猶太人的統治威權將會從海參崴一路擴張到西方來。對猶太人而言，金黃的星星就是閃閃發亮的黃金」。[37]德國人必須做出選擇，如果不想活在蘇聯的紅星之下，就得接受民族主義者的卐字領導。

這一切都反映出羅森堡的影響。最晚到了一九二〇年夏天，希特勒就承認自己並不太了解蘇聯的狀況。出身俄國的羅森堡，很快就幫希特勒彌補了這個不足之處。[38]

從來到慕尼黑的那一刻起，羅森堡就開始設法把自己塑造成了解蘇聯政局的專家。他宣稱自己是最爲了解共產主義有多危險的人之一，因爲一九一七年時他就在俄國，而且在莫斯科目睹了革命剛剛爆發的情

---

32 原註：Strasser, *The Gangsters Around Hitler*, pp. 21–23.
33 原註：Lüdecke, *I Knew Hitler*, p. 79。呂德克後來與希特勒不和。
34 原註：Kershaw, *Hitler: A Biography*, pp. 37–42.
35 原註：Evans, *The Coming of the Third Reich*, pp. 171–75.
36 原註：Ibid., p. 174.
37 原註：Baynes, *The Speeches of Adolf Hitler*, p. 73.
38 原註：Kershaw, *Hitler: A Biography*, pp. 92–93; Kellogg, Russian Roots, p. 242.

況。一九一九年，在埃卡特的報紙上，羅森堡的作品第一次被刊登出來，主題就是他所謂「猶太人在俄國發動的革命」。39

羅森堡把《紀要》那一本僞書裡的猶太人陰謀跟俄國的共產叛亂連結在一起，並將這概念灌輸給希特勒。某位史家曾說，他的公式就是：「俄國等於布爾什維克主義等於猶太人。」40 羅森堡的主張不只如此，他認爲猶太人不光打算掌控蘇聯與德國，而是要統治全世界，讓資本主義與共產主義**都**掌握在他們手裡。這就是猶太人的陰謀詭計。他們在幕後操縱一切。他們讓兩邊相爭，自己再坐收漁翁之利。如果眞有一天「紅星照耀德國」，狀況會有多可怕？一九一九年慕尼黑的一連串共產黨血腥暴亂才過去沒多久，時間雖短，但卻足以讓羅森堡的讀者與希特勒的聽眾能預見後果。他們不是都才見識過共產黨當家後的景況嗎？共產政府威脅要將所有私人武器充公。除了各行各業大罷工之外，還發生食物嚴重短缺的問題。許多人遭到草率逮捕與處決。猶太人在莫斯科曾經那樣幹，如今又想在慕尼黑重施故技，希特勒說他們肯定會把所有反對者都殺掉。「只要你頭上有腦袋，但卻**不是猶太人**，他們就很可能把你送上絞刑台。」41

一九二二年七月二十八日，希特勒像平常那樣在慕尼黑演講，他告訴聽眾，「那些搞股市交易的猶太佬」在蘇聯把自己僞裝成馬克斯主義工人的支持者。「這是個史上少見的大騙局。」42

猶太人毀了俄國，現在他們密謀著「讓整個世界被淹沒在廢墟裡。」

「如今整個俄國已經變成文明的廢墟，」他說。猶太人「全都如此貪得無厭」，正在把一切都偷走。「他們把教會的財產搶走，但沒有用來讓民眾獲得溫飽。喔，不！一切都慢慢消失了，不留下任何痕跡……如今德國跟俄國一樣，來到了只剩殘渣的階段。」

猶太人想要讓曾經偉大過的日耳曼民族「手無寸鐵，無法自衛」，讓人民「在思想上沒有任何防備」。希特勒說，大多數人也許都想保持緘默，明哲保身，但即便這樣還是會走向毀滅。「不是那樣的，我的朋友們。唯一的差別是，也許我被吊死時還是會直言不諱，而你們則是在沉默中被吊死。看看俄國的無數案例，如果發生在我國，我們的下場也一樣。」

希特勒宣稱，在猶太人的主導之下，德國很可能變成一個蘇維埃獨裁國家，但面對這狀況的唯一合理回應就是：群眾必須反擊。「都到了這時候，我們不該遲疑了：我們不會坐以待斃，平白讓猶太人割喉而不自衛。」

幾個月後，希特勒在另一個場合裡向大家保證，這將會是一次你死我活之爭。他跟支持者們說，不是我們就是他們。在未來的德國裡，納粹與猶太人會是誓不兩立的關係。「我們知道，如果他們掌權了，大家的頭都會在塵土裡打滾，」他說。「但我們也知道，如果換成我們執政，那你們猶太人只能求上帝保佑了！」[43]

---

39 原註：Alfred Rosenberg, "The Russian Jewish Revolution," *Auf Gut Deutsch* 21 (February 1919), reproduced in Lane and Rupp, *Nazi Ideology Before 1933*, pp. 11–16.
40 原註：Dallin, *German Rule in Russia*, p. 9.
41 原註：Baynes, *Speeches of Adolf Hitler*, p. 12.
42 原註：Ibid., pp. 21–41.
43 原註：Evans, *Coming of the Third Reich*, pp. 174–75.

威瑪共和國誕生後的那幾年，政壇被一次又一次的選舉搞得亂七八糟。短時間內換了二十個不同內閣，許多政黨爭搶著國會大廈的掌控權：社會民主黨、德意志民主黨、天主教中央黨，還有共產主義者和民族主義者。龐大戰爭債、戰後德國經濟轉變、工業崩潰等問題，再加上「凡爾賽和約」中，協約國對德國提出的諸多賠償要求，這種種沉疴都讓德國經濟蕭條，通貨膨脹極其嚴重。一九二三年，曾有一度要四兆馬克才能兌換到一美元。44

這一年夏天，希特勒大聲疾呼，要推翻這令人厭惡的共和國。巴伐利亞邦的總理古斯塔夫·里特·馮·卡爾（Gustav Ritter von Kahr）對此做出回應，他強制取消一連串預定的納粹黨集會，並且查禁羅森堡的報紙。

受挫的希特勒認爲時機已經成熟，終於到了他們該發動政變奪權的時候了45。曾於一戰期間與興登堡（Paul von Hindenburg）將軍共同領軍的埃里希·魯登道夫（Erich Ludendorff）將軍是他的重要盟友，當時魯登道夫可說是德國右翼政壇最有名的人物。

希特勒自己也有武力，他領導著由民族主義者組成的武裝團體，還有他自己的一萬五千名納粹突擊隊隊員，突擊隊的指揮官後來會成爲第三帝國的高層之一，以他的肥胖身軀以及咆哮聲勢而舉世聞名。

赫曼·戈林是個喋喋不休的傢伙，奢華的生活從來無法讓他滿足，而且殘暴可說是他的一大本領。他母親的情人是個有一半猶太血統的奧地利醫生，名下有一間中世紀古堡，因此他有部分的童年時光在那裡度過。在城堡的壁壘、角塔與裝飾用的盔甲之間遊玩時，年幼的戈林滿腦子都是充斥著神話的日耳曼歷史，追想著那一段英勇條頓民族騎士在歐洲四處征戰的時光。46

剛開始上學時他曾經很叛逆，但到了軍校卻有傑出表現。他的母校是德國版的西點軍校，也就是普魯士軍事學院。一戰期間他是個步兵軍官，很早就投入戰役，並且獲得了鐵十字勳章。

因爲膝傷與好運，他得以進入飛行學校就讀。本來他只是兩人飛機的觀測員，但因爲在交戰時仍然能夠拍出絕佳的敵軍防禦工事照片，而獲得軍方領導人注意。很快的，他就開始學習駕駛搭載著機關槍的戰鬥機，這在當時可說是一種新式武器，最後到了終戰時，他留下了擊落二十二架戰機的紀錄。一九一八年時，他曾有一段時間是某個精英戰鬥機中隊的隊長，隸屬於德國第一戰鬥機聯隊，聯隊長就是綽號「紅男爵」，後來在空戰中殉國的傳奇人物里希特霍芬（Manfred von Richthofen）。

德國投降讓戈林感到憤怒不已，他誓言要幫助祖國重返榮耀。「今晚我懇求大家必須讓自己義憤塡膺，永遠憎恨那些冒犯德國人民與德國傳統的豬玀，」他曾於一九一八年的某次反革命集會上表示，「但我們總有一天能夠把他們趕出德國。請大家爲那天做好準備。把自己武裝起來，努力付出。那一天肯定會來臨的。」[47]

四年後，這位抑鬱不得志的戰爭英雄成爲希特勒的得力助手，剛好趕上幫助納粹黨發動政變來推翻巴伐利亞政府。

---

44 原註：Evans, *Coming of the Third Reich*, pp.78–96.
45 原註：Ibid., pp. 176–94; Shirer, *Rise and Fall*, pp. 68–75; Read, *The Devil's Disciples*, pp. 85–102.
46 原註：Read, *The Devil's Disciples*, pp. 26–38.
47 原註：Ibid., p. 38.

問題是，該何時發動政變？一樣從俄國移民到德國的馬克斯・爾溫・馮・休伯納－李希特（Max Erwin von Scheubner-Richter）跟羅森堡都建議應該綁架馮・卡爾總理，逼他同意發動一場前往柏林的大遊行。納粹黨預計在十一月八日舉事，因爲他們知道總理將在那天與陸軍指揮官和警察總長連袂前往貝格勃勞凱勒啤酒館（Bürgerbräukeller）發表演說。

那天早上，羅森堡正在謝林大街的報館兼納粹突擊隊總部工作。所有人在大樓裡忙進忙出。漢夫斯丹格注意到羅森堡跟平常一樣穿著沒洗的襯衫、打著領帶，一把手槍毫不掩飾地擺在辦公桌上。

手持馬鞭的希特勒出現後，走進羅森堡的辦公室。「我們今晚行動，」他跟大家說。「帶上你們的手槍。」[48]

羅森堡戴上他的棕褐色軟呢帽、穿上軍用雨衣，跟希特勒和一位保鏢搭上紅色賓士車，跨越伊薩爾河來到啤酒館。戈林的突擊隊員各個頭戴鋼盔、手持重裝武器，在晚上八點半過後不久就包圍了啤酒館。他們在門口架設了一把機關槍，排除障礙後，從大廳進入酒館，拿著手槍的羅森堡跟在希特勒身邊。

局面一片混亂。身穿黑色早禮服、配戴著鐵十字勳章的希特勒對天花板鳴槍，宣布要發動革命，他踏過一張張桌子，走到講台邊。幾位巴伐利亞首長都被押到後面的房間裡。

戈林負責安撫群眾（「反正你們有啤酒可以喝！」），而希特勒則是用不怎麼禮貌的方式，試圖說服馮・卡爾總理和其他人加入他推翻共和國的計畫。他們拒絕跟他講話。「沒有我的允許，誰也不能活著走出這房間！」他大聲說。魯登道夫將軍隨即加入氣氛緊繃的談判，幾位首長最後終於同意配合。

他們在大廳宣布發動政變，現場歡聲雷動，所有人一起高唱德國國歌〈德意志之歌〉（Deutschland

über Alles）。

報社要印行正式的革命宣言，羅森堡趕回去監工。當他把消息告訴手下時，整個辦公室裡響起如雷掌聲。

「接下來就是一翻兩瞪眼了，」羅森堡跟他們說，「若是明天我們沒辦法成立一個新的德國政府，那大家就死定了！」[49]

某位編輯口述革命聲明的前導詞：「德國終於從迷夢中清醒了，蒸騰燦爛的雲霧散去，一個新的偉大時代展開。我們點亮了夜晚，白晝終於降臨，象徵著德國民族力量與偉大的雄鷹又再度展翅高飛！」[50]

但報紙都還未在街頭散發，政變就已經註定失敗了。

納粹黨無法占領主要的幾個軍營，希特勒沒有確保幾位首長會被好好看守著，就先離開了啤酒館。魯登道夫讓總理和其他人逃走，他們很快就採取鎮壓革命的措施。革命分子並未事先控制住通訊網絡，因此政府才得以調動外地來的忠心部隊，而另一方面馮·卡爾總理則是透過廣播痛批納粹陰謀，下令解散該黨。

隔天早上下起了雪，這一天也是威瑪共和國成立的五週年慶，但從民族主義者的角度看來，這卻是黑暗的一天，那些「十一月革命的罪人」就是在這天背叛德國的。儘管政變失敗了，納粹分子卻急於展現自

---

48 原註：Hanfstaengl, *Hitler: The Missing Years*, p. 92.
49 原註：Layton, "The *Völkischer Beobachter*, 1925–1933," p. 91.
50 原註：Layton, "The *Völkischer Beobachter*, 1920–1933," p. 359.

己的實力，於是他們決定遊行到慕尼黑市中心，希望藉由人數優勢來取得軍方與警方的認同。

他們從啤酒館出發，兩千人排成長長的縱隊。一開始感覺比較像是葬禮隊伍，但等到抵達市中心時，他們發現有群眾加入，因此覺得政變仍未完全絕望。羅森堡走在第二排，第一排則是戈林、魯登道夫與希特勒，希特勒與休伯納—李希特的手臂勾在一起。遊行群眾來到瑪利亞廣場與慕尼黑新市政廳，然後在皇宮大街（Residenzstrasse）右轉，持續往北朝音樂廳廣場（Odeonsplatz）前進。

到了音樂廳廣場上的統帥堂（Feldherrnhalle，一個用來紀念列位巴伐利亞將軍的涼廊），已經有一百名邦政府的警察等在那裡。

「投降！」希特勒大聲下令。

許多人拿起武器，現場一片寂靜，但隨即有人開了一槍。

在幾乎不到一分鐘的時間裡，現場可謂槍林彈雨。休伯納—李希特頭部中了一彈，倒地身亡，也順勢把希特勒拉倒在地，使他的肩膀脫臼。戈林則是鼠蹊部中彈。羅森堡並非一戰老兵，開戰後他就趴倒在地，隊伍中站在他身邊的小玩具店老闆奧斯卡・克威納（Oskar Körner）也中彈身亡。希特勒與戈林趁亂逃逸，沒有受傷的羅森堡也是。槍戰中有十六名納粹黨人與四名警察身亡。魯登道夫也沒受傷，他大步走到警方的陣線，正式遭到逮捕。

希特勒被醫護人員匆匆帶往一輛等在旁邊的車子，快速被送往漢夫斯丹格在慕尼黑南部郊區的屋子裡，受傷的他悶悶不樂，甚至可能還想自殺。因爲很快就會被逮捕，他拿起鉛筆草草寫下給追隨者的手諭，宣布由誰擔任代理黨魁。他另外寫了一份特別手諭給羅森堡。接下來，身穿白色睡袍的他就遭到逮捕，被帶往萊希河畔蘭茨貝格（Landsberg am Lech）監獄的七號牢房。

希特勒到底爲接下來納粹黨的存續做了哪些安排？答案揭曉後，沒有人比羅森堡更爲訝異。

「親愛的羅森堡，」他在手諭裡寫道，「從現在開始，我們的運動就由你來領導了。」[51]

羅森堡很快就證明自己完全不適任代理黨魁。[52]後來，有些納粹黨人認爲，這就是希特勒指定他代理的原因。希特勒當然希望在出獄後重回大位，他不想把黨交給一個可能與他競爭的有力對手。但在此同時，他也不知道未來會是什麼光景。被判長期監禁？遭驅逐回奧地利去？受傷的他心情很差，而且手諭是在匆促間寫就，所以才指定了最忠心的「alter Kämpfer」，也就是「老黨員」，亦即納粹最早的成員。

希特勒在獄中用打字機撰寫《我的奮鬥》時，整個納粹黨在羅森堡的帶領下已四分五裂。此時他們已是非法政黨，所有資金遭到凍結，羅森堡首先於十二月三日以一封短信通知同志，他們接下來必須以地下組織的方式維持營運（「密件！閱後焚毀。」他在信裡寫下警語[53]）。他開始使用羅爾夫・埃德哈爾特（Rolf Eidhalt）的假名，把字母重新排列，就是阿道夫・希特勒。[54]

一群從慕尼黑槍戰中倖存的納粹黨人在奧地利薩爾斯堡（Salzburg）集合，並試圖聯絡羅森堡，但很

---

51 原註：Lang and Schenck, *Memoirs*, p. 73.
52 原註：Kershaw, *Hitler: A Biography*, p. 140.
53 原註：Piper, *Alfred Rosenberg*, p. 98.
54 原註：Lang and Schenck, *Memoirs*, p. 76.

難找到他。因為擔心會被逮捕，羅森堡每晚都會換不同的公寓過夜。

就連羅森堡的盟友呂德克都說納粹黨像一盤散沙，「他幾乎無法領導我們。」55

一九二四年一月，羅森堡成立一個名為「大德意志民族共同體」的團體，希望藉此取代被查禁的納粹黨，但即便是受到希特勒的認可，羅森堡還是沒辦法把黨內各個相互競爭的派系統整在他的麾下。他的策略是把納粹從革命團體改造成合法政黨。到了春天，這個新黨與其他極右派團體一起推出巴伐利亞國會與德國國會議員的候選人。但選舉結果出爐後，敵對的民族主義政黨「德意志民族自由黨」的成績較好，因此建議納粹與他們結盟，此時卻遭到希特勒阻礙，他甚至宣布自己將退出政治活動，直到出獄。

失去了他的支持，極右派團體就無法結盟，羅森堡也結束了讓他傷痕累累的短暫代理黨魁生涯。在民族主義運動內部激烈地廝殺競爭之下，羅森堡失去大權並被邊緣化，甚至遭趕出納粹黨。56

希特勒在一九二四年十二月二十日出獄，很快就重奪納粹黨的掌控權。先前羅森堡決定改走議會政治路線，這讓希特勒怒不可遏，即便他為了黨的發展，也是會做出相同選擇。當《人民觀察家報》重新印行時，希特勒親自撰寫頭版報導，為他入獄期間的種種失策措施怪罪魯登道夫與羅森堡。

到了二月間，納粹黨在慕尼黑貝格勃勞凱勒啤酒館舉辦了熱熱鬧鬧的復出儀式，但羅森堡並未參加。「我才不去參加那齣鬧劇的演出，」羅森堡跟呂德克說，「我知道希特勒又想安排那種跟大家相親相愛的戲碼。」57前一年參與戰鬥的其他黨人全都上台與希特勒握手和解，並在他身後站成一排，但羅森堡卻不願與黨內政敵盡釋前嫌，還對他們提起多樁誹謗訴訟。

希特勒要求羅森堡撤告，交換條件是讓他重新擔任黨報負責人。羅森堡猶豫了，希特勒也要呂德克幫忙說項：「你最好能讓羅森堡恢復理智，別再假裝自己只是個被惹火的無辜傢伙。」

「這可沒那麼容易，」呂德克回覆，「他受傷的程度比你想像的還深。」

「好啦，好啦，我們就再看看吧，」領袖笑著說。[58]

希特勒幫羅森堡療傷止痛的方式除了給他工作之外，還破例寫了一封信給他。儘管沒有明講，但從那封短信可以看出希特勒有多希望羅森堡留在他身邊。

希特勒特別指出，在政變失敗後，黨務可說混亂無比，因此他可以理解爲什麼羅森堡的政敵會對他說些尖酸、羞辱的言語。「當人的情緒來了，」希特勒寫道，「總是會口不擇言。」[59]但無論在激烈爭吵時，其他人對羅森堡說了些什麼，希特勒都希望他知道自己有多尊敬他。「我了解你，羅森堡先生，也把你視爲……我們這個運動中最有價值的同志之一，」他寫道，「在那一段艱難的歲月裡，你在出乎意料而且沒有獲得任何解釋的狀況下，就承接了領導運動的大任，並且盡力實現我們的理念，我絕對相信你有這個心，只是可能在過程中無意間出了錯，而誰又不會犯錯呢？但我想做的不是追究錯誤，我只是想要求和與表達好意。就此而論，我必須爲你所付出的一切給予最高的讚揚。」

---

55 原註：Lüdecke, *I Knew Hitler*, p. 184.

56 原註：後來羅森堡在回憶錄中寫道，他曾請希特勒允許他辭職，請參閱：Lang and Schenck, *Memoirs*, p. 78。

57 原註：Lüdecke, *I Knew Hitler*, p. 279.

58 原註：Ibid., p. 278.

59 原註：Cecil, *Myth of the Master Race*, pp. 50–51.

他們重修舊好了，但羅森堡再也不像政變前那樣地與希特勒親近。希特勒買了一輛六人座黑色賓士車，他喜歡帶著幾位討人喜歡的同志們一起到鄉間兜風[60]。但羅森堡就是如此嚴肅、不知變通、沒有幽默感，他似乎也知道，任誰如果想要在白天出去放鬆兜風，都不會邀他同行。他總是不禁會聊起黨務，還有他與其他納粹高層的官場宿怨。

「他非常看重我，」羅森堡後來做出結論，「但他就是不喜歡我。」[61]

當希特勒提議讓羅森堡重新開始負責黨報編務時，他嘴裡雖說自己有所猶豫，但心裡可能不是這麼想。他已經三十二歲，而且自從來到德國後，他只做過一份工作：幫納粹黨寫政論。

所以當四分五裂的納粹黨在一九二五年開始重整，並展開奪取國家政權的連續行動時，羅森堡別無選擇，只能重回謝林大街上的報館，負責經營《人民觀察家報》。他跟呂德克說自己需要錢，還說：「除此之外，那份工作就是我的生命，我不能放棄那個理念。」[62]

黨報的風格跟以往一樣尖酸刻薄又好鬥[63]。該報宣稱威瑪共和國的政府高層是「提倡國際主義兼和平主義的娘娘腔」。黨報表示，耶和華「從一開始就是魔鬼與殺人兇手，是個騙子，而且也是所有謊言的源頭。」它批評猶太信仰是「一張面具，掩飾了猶太人在道德與經濟上進行的打劫與毀滅行動，而德國政府的法律則是他們的保護傘。」一份敵對報紙的編輯也被說成是「謀殺德國民族靈魂的兇手，背叛了德國人民，促成了輿論的腐化。」

毫不令人意外的是，因為報紙總是在罵人，羅森堡與他的主筆們也就常常因為被控誹謗與煽動罪而跑法院。

只要報紙煽動民眾用暴動方式來反抗政府，政府官員即可用「保護共和國法」（The Law for the Protection of the Republic）所賦予的權力來查禁報紙，因此《人民觀察家報》被罰款與停刊可說是家常便飯。羅森堡甚至曾於一九二六年三月入獄一個月。

「在光天化日之下，一場爭奪民眾靈魂的戰役開打了起來，」多年後羅森堡如此寫道，「遭受惡毒攻擊後，我們的反擊也很惡毒。」《人民觀察家報》的文章「通常都是在拿到各家報紙報導之後，才於早上七點寫好，因此並不總是被當成一種輿論。對手對我們的攻擊也是毫不手軟」[64]。對羅森堡來說，那是一段傷痕累累的日子，他必須與黨內、黨外的敵人進行無止境的戰爭。

一九三〇年，羅森堡當選國會議員，但也在議會成爲納粹政敵的主要目標。某次他身穿納粹的棕色襯衫制服起身發言，國會的社會民主黨議員有備而來，故意以嘲諷口吻來對待雖然採取反猶太立場，但姓氏聽起來卻很有猶太風味的羅森堡。

---

60 原註：這輛車的價值高於希特勒的年收入（兩萬帝國馬克）。希特勒說，買車的錢是跟銀行貸款的，請參閱：Kershaw, *Hitler, 1899–1936: Hubris*, p. 685.

61 原註：Cecil, *Myth of the Master Race*, p. 52.

62 原註：Lüdecke, *I Knew Hitler*, p. 288.

63 原註：Layton, "The *Völkischer Beobachter*, 1920–1933," pp. 367–68.

64 原註：Lang and Schenck, *Memoirs*, pp. 260–61.

「猶太佬來啦！」他們大吼大叫。「看看他那大鼻子！大得可以碰到巴勒斯坦啦！」65

更具殺傷力的流言，是與他在一戰期間的作為有關。漢夫斯丹格向戈林通風報信，說羅森堡曾在法國待過一段時間，並受雇於法國軍情局。戈林把這謠言散播出去，他曾說：「那傢伙終究應該交代清楚，說出他戰時在巴黎到底做了什麼？」66納粹的政敵透過媒體發動攻擊，但警方調查後，發現沒有證據可以支持那種說法。羅森堡說，他只是在一九一四年到巴黎去找當時的女友，也就是後來的妻子，完全沒做壞事。後來他把散播謠言的兩家社會主義報社告上法院，因此贏得了一些賠償金。

但這流言始終跟著他。一九三二年，還曾為此在國會辯論，並引發短暫的混亂。某位共產黨政治人物聲稱，羅森堡曾於戰時幫德國的敵人工作，這攻擊讓他怒不可遏。「你希望我賞你一巴掌嗎？」67那天，羅森堡曾猛烈抨擊海因里希．布呂寧（Heinrich Brüning）總理，結果總理反批他是個「所謂的波羅的海人，當我在戰場上用盡所有力氣為祖國奮戰時，他連自己真正的祖國是哪一個都還不知道。」68

即便羅森堡能夠透過私生活獲得慰藉，他也未曾留下多少紀錄。他與西兒妲在一九二三年就離婚了，婚姻僅僅維持八年。69他在一九一八年來到德國時，兩人的關係早已名存實亡。她並未陪他來德國，而是為了治療結核病，跟著家人到德國黑森林地區與瑞士去進行水療。「她說，剛開始她也許對我還有一點幫助，但如今我已經找到自己的路。她說她病了，而且後半生很可能都要靠別人過日子，」後來羅森堡提及這段婚姻時，曾用如此無動於衷的口吻寫道。「後來她回到日瓦爾跟她父母住在一起，最後到法國去尋找治癒的機會未果，就去世了。」

他們分居不久後的某個夏日，羅森堡在離開謝林大街的報館時，看見「一位身穿深色衣服的纖瘦美麗女士，她那大大的帽子上綁著一條格子呢帶子」。他立刻就對那位女士產生興趣。當時海德薇西・克拉莫（Hedwig Kramer）二十四歲，小羅森堡六歲。羅森堡看見她走進一間他常去用餐的希臘餐館，於是跟著進去並與她攀談。後來他們常到慕尼黑的英國公園（Englischer Garten，是歐洲最大的城市公園，德國人可以在裡面漫步幾個小時，卻還不會走到重複的地方），在池塘邊與草原上散步很久，他也是在散步時示愛的。他們在一九二五年結婚，並生了兩個小孩，兒子還在襁褓中就夭折，女兒伊蕊娜（Irene Rosenberg）在一九三〇年誕生。他和海德薇西在婚後搬到學院大街（Akademiestrasse），對街那棟光澤亮麗的白色石造建築就是慕尼黑美術學院。

但工作就是羅森堡的生命。這麼多年來他總是案牘勞形，研究、閱讀、思考或寫作。不在辦公室的有限時間裡，他則是埋首書堆或者浸淫在日耳曼人的歷史中。他與新婚妻子的頭幾次旅行，有一回就是到海德堡去看古堡廢墟。

他負責的編務不只是那充滿謾罵內容的黨報，也要監督《世界鬥爭》（*Der Weltkampf*）這份反猶太月刊，

---

65 原註：Piper, *Alfred Rosenberg*, p. 240.
66 原註：Ibid., p. 244.
67 原註：Ibid., p. 240。隔年納粹執政後，這位冒犯羅森堡的政治人物克里斯提安・厄克（Christian Heuck）所受的懲罰，比羅森堡說的「一巴掌」嚴重多了。厄克跟其他共黨領袖與納粹政敵一起被抓，他遭納粹政府以叛國罪起訴，關進監獄，在獄中遭親衛隊殺害。
68 原註：Ibid., p. 243; Cecil, *The Myth of the Master Race*, p. 107.
69 原註：Lang and Schenck, *Memoirs*, pp. 70–71.

裡面的文章看起來充滿學術風味，甚至有註腳，但都是一些常見的反猶太主題。希特勒稱它是「火力最強大的武器」。後來，羅森堡又掌握了《國家社會主義月刊》（*Nationalsozialistische Monatshefte*）的編務，此一刊物之宗旨在闡述黨的意識形態與理論基礎。他是個極為多產的煽動性作家，在人生完蛋以前，他所寫的文章篇數比所有其他納粹高層加起來還多。[70]

到了一九三三年，他們的付出終於獲得回報。自從十年前流血政變在音樂廳廣場上失敗後，這段時間納粹黨人可謂含辛茹苦，他們在啤酒館裡進行競選活動、在報上與人論戰、進行密室協商，或在街頭與人赤手空拳打鬥。令人震驚的是，希特勒與納粹黨人終於將在這一年站上權力頂峰。

羅森堡要回柏林了。但這次他不只是站在菩提樹下大街上，當一名目睹德軍返國的歷史旁觀者。這次，羅森堡已經成為希特勒的左右手，而權力在握的希特勒懷抱著**創造**歷史的決心。

---

70 原註：Piper, *Alfred Rosenberg*, p. 74.

6 黑夜降臨

這一切都來得太快。一九三三年一月三十日，因爲政治妥協的關係，希特勒拿到了執政權。當時的總統是一戰時擔任德國陸軍元帥的粗壯將軍保羅．馮．興登堡，他爲了避免革命的暴衝，特別任命一群明理的內閣閣員，藉此來冷卻與掌控時局。1

但擔任總理的希特勒還是衝得太快，內閣攔不住他。希特勒才剛剛宣誓就任總理，就要求國會改選，以藉此鞏固他的政權。在野多年，他跟威瑪共和國的許多當權者鬥了很久，深知這次納粹黨可說是勝券在握。這一次，他們是不可能會輸的。

他們很快就掌控了公務員體系，也把警察、國家媒體、廣播電台納爲黨的統治工具，並獲得商界領袖對選戰的支持與金援。政敵的選舉造勢集會被他們用暴力手段加以解散，立場敵對的報紙也被查禁。他們放了多年的狠話，上台後很快就對政敵報仇，把那些話給一一實現。

納粹黨總是把恐懼當成最主要的武器，在當時也是這樣。

經過十年街頭武鬥的訓練，希特勒麾下的突擊隊變得更厲害了，在他即位那天晚上，他們就開始行軍，隊伍在柏林街頭綿延不絕。舉著火把的長長隊伍走了

1 原註：See Evans, *The Coming of the Third Reich*, pp. 310–54.

好幾個小時，在某些目擊者看來，希特勒似乎已經掌控幾十萬名身穿棕色襯衫、腳踩高筒皮靴的瘋狂好鬥分子，隨時會把擋路者給踩死。事實上，他的確就是這麼打算，而且接下來幾個月，這支非正規武裝部隊的成員仍持續增加。到了一九三四年初，人數已經接近三百萬。

納粹執政還不到一個月，富麗堂皇的德國國會大廈就遭荷蘭共產主義分子馬里納斯·泛·德·呂伯（Marinus van der Lubbe）縱火。羅森堡開車經過提爾公園時，目睹國會陷入一片火海。有個記者目睹他在那裡看著大火，而羅森堡剛開始的想法也跟大家一樣：這很可能是納粹的策士們所自導自演，以便把罪過怪到政敵身上。2

德國國會縱火案的元兇到底是誰？這個問題後來持續爭論了幾十年，但希特勒的政宣人員立刻將該案用於政治目的，高聲疾呼共產黨已經展開顛覆德國政府的陰謀。

隔天，希特勒籲請興登堡發布緊急命令，暫時收回所有基本公民權。這位任命希特勒為總理的年邁戰爭英雄，是德國唯一可能阻止希特勒於隔年全面掌控德國的人，但他此時同意了納粹黨的任何要求。在國家安全的名義之下，言論與集會結社的自由、媒體的自由、免於無證搜索與跟監的自由，這些基本人權全都遭到政府剝奪，恢復時間將會「另行宣布」。共產黨很快就感受到納粹發動的猛攻，黨部辦公室遭到納粹突擊隊襲擊，黨人遭逮，財務遭扣押。全國各大城有數以千計的共產黨同路人遭逮捕，作家、老師、知識分子、律師、反戰分子、政治人物，甚至國會議員，全都無一幸免。他們被丟進臨時搭建的集中營。有些人遭到嚴刑拷打，數百人死於關押期間。

跟希特勒一起崛起的人是戈林，他被任命為普魯士邦內政部部長，因此得以掌控德國最大邦（包括首都在內）的警力。戈林很快就動用緊急處分權，讓手下的保安機關動起來，無情地鎮壓所有反納粹的政治組織。

「任誰只要能夠克盡爲邦國服務的職責，遵從我的命令，並且在遭到攻擊時能毫不猶豫地使用左輪手槍，都能夠獲得我的保護。」戈林在二月十七日的一道指令裡，如此吩咐手下。「我知道這國家有兩種法律，因爲我知道國內有兩種人：我們的朋友，還有敵人。」[3]他向外國使節表示正在興建幾座集中營，用來關押邦國公敵，還說「爲了強力掃蕩國內剛剛興起的革命，必然會出現某些人所謂濫權的情況，不管是鞭打、一般酷刑，甚或處死等手段……都是不可避免的。」[4]大選前兩天，戈林在一場演講上，發出兇殘的警告：「德國同胞們，我的鐵腕不會因爲任何司法考量而退縮……我不需要擔心公義的問題。我唯一的使命就只有摧毀與消滅，如此而已！」[5]

這次大選可說是德國史上僅見，美國駐德大使說，「這是一場鬧劇。」[6]納粹黨保證，這將會是德國的最後一次選舉，或者說往後德國人再也不需要投票了。不管贏或輸，他們都不會交出政權。

結果出爐後，希特勒甚至不需要違憲才能繼續保有政權。三月五日是計票日，納粹黨贏得執政所需的足夠國會席次。「希特勒的勝選是前所未見的，」美國駐德大使佛雷德列克·沙奇（Frederic Sackett）說，

2 原註：Delmer, *Trail Sinister*, pp. 185–86.
3 原註：Read, *The Devil's Disciples*, p. 282.
4 原註：Fromm, *Blood and Banquets*, p. 88.
5 原註：Shirer, *The Rise and Fall of the Third Reich*, p. 195.
6 原註：Report from U.S. Ambassador Frederic M. Sackett, March 3, 1933, reproduced in *Foreign Relations of the United States*, 1933, vol. 2, pp. 201–4.

「德國的民主因此遭受了一次或許再也無法恢復的重擊。」[7]

新國會於三月二十三日報到開會，因爲國會大廈遭焚，雅致的科羅爾劇院（Kroll Opera House）被用來暫代議場。希特勒登台演講時，痛批共產黨威脅德國的安全。他敦促國會通過「授權法案」（Enabling Act），藉此把大權交付給他的內閣。他向議員們表示，他需要進一步緊抓大權，才能夠善盡保護國土之責。突擊隊聚集在議場外，齊聲高呼：「完全授權，否則走著瞧！」[8]結果希特勒的法案高票過關，也讓德國就此踏上了獨裁、戰爭之路，創造出歐洲歷史上前所未見的恐怖局面。

美國駐德特派記者威廉・夏伊勒（William Shirer）深感詫異，他覺得最令人驚詫之處在於，這一切或多或少「都是透過合法手段達成的」。[9]

在柏林，時年三十三的羅伯・坎普納目睹著納粹崛起，深感不安。他的處境很危險。他的雙親都生在猶太家庭，但爲了融入德國社會，他們讓孩子們都受洗，成爲路德教派教徒，但納粹黨可不管信仰，只要你有猶太血統，就是猶太人。坎普納也是個社會民主黨黨員，而且他曾於一九三〇年幫助政府起訴納粹黨，希望將它查禁，並把希特勒趕回奧地利。

儘管如此，坎普納天生擅長使用各種情報網絡，也很會施展謀略。即便是納粹掌權，他還是有一些令人意想不到的朋友位居重要職務。

坎普納的雙親都是小有名氣的微生物學家。他的父親瓦特（Walter Kempner）與母親莉迪雅（Lydia Rabinowitsch-Kempner）把自己當成忠實的反對派人士。[10]他們相信德國，但不相信關於德國的種種迷思，他們不信任當年俾斯麥首相所訴諸的「鐵血手段」，不相信君權，當然也不相信羅森堡所支持的條頓民族至上論。「在我成長的家庭裡，懷疑論向來扮演著重要角色，」多年後坎普納曾寫道。11

一九一四年八月四日，第一次世界大戰開打後，莉迪雅前往國會大廈，討論戰地德國士兵可能會遇到的傳染病（例如瘟疫）問題，還有軍方該如何防治。德皇威廉二世在皇宮的白廳進行歷史性演說，向國會正式宣告德國與其他國家開戰了。在聽完演說後，有個記者認出了她，問她在那裡做什麼。「我在等待瘟疫，」她如此回答。12儘管就字面上看來，這樣的答覆的確算是精確，但是她話中有話，多年後她兒子都已經是個老人了，那幾個字仍然在他的腦海中回響著。

莉迪雅是出生在立陶宛的俄羅斯猶太人，娘家是擁有一座大型釀酒廠的富裕家庭。拉賓諾維胥（Rabinowitsch）家族的成員裡有牙醫、醫生、商人與律師，年紀最小的莉迪雅在瑞士的伯恩與蘇黎世接受大學教育，主修植物學與動物學。13

一八九三年，她取得博士學位後遷居柏林，在微生物學家羅伯·柯霍（Robert Koch）手下工作。柯霍是當時世上最重要的科學家之一，率先研究過炭疽病，發現了霍亂弧菌與結核桿菌，藉此證明了細菌導致傳染病發生的事實。柯霍在十九世紀末創立傳染性疾病研究院，吸引了細菌學領域的精英人士前往就職。

---

7 原註：Report from Sackett, March 9, 1933, reproduced in *Foreign Relations of the United States*, 1933, vol. 2, pp. 206–9.
8 原註：Shirer, *Rise and Fall*, p. 199.
9 原註：Ibid., p. 188.
10 原註：Kempner, *Angläger einer Epoche*, p. 16.
11 原註：Ibid., p. 205.
12 原註：Ibid., pp. 13–14.
13 原註：Biographical details in Creese, *Ladies in the Laboratory* II, pp. 129–38.

[14]莉迪雅在那裡的研究所認識了瓦特．坎普納這名聰穎的年輕醫學博士兼研究員，他在研究院所屬醫院擔任內科部主任。瓦特出身波蘭的猶太家庭，他們家靠抵押債券的生意致富。兩人在一八九八年結婚，隔年他們在巴爾幹半島的蒙特內哥羅（Montenegro）研究當地爆發的瘧疾疫情，結果懷孕的莉迪雅開始陣痛了。夫妻倆火速趕回德國，這樣他們的長子才能在德國出生。因爲他們都很崇拜羅伯．柯霍，還特別以他的名字幫小孩命名。[15]

坎普納家定居於柏林西南端綠樹如茵的利希特費爾德地區（Lichterfelde），住在波茨坦大街（Potsdamer Strasse）上的一個大房子裡，瓦特在家裡設了診療間，幫病患看病。他們家的三個孩子對雙親的工作都很有興趣。書房裡架了一台做研究用的顯微鏡，門廊上的幾個籠子裡有許多實驗用的兔子與老鼠跑來跑去。吃晚餐時，大家會在餐桌上討論最新的細菌研究。每逢週日，柯霍都會帶孩子出去玩，教他們放風箏。

一九一七年六月十八日，羅伯．坎普納加入陸軍。他覺得自己應該會被徵召，乾脆自願入伍。儘管他們家對軍國主義與德皇都沒有好感，但他還是想要服役。一九一八年十月二十五日，他來到西線戰地，但剛好碰到協約國部隊針對德軍重要防禦陣地發動最後一波攻擊，只能隨著德軍一起往後撤退。跟著部隊回到柏林後，他也參加了菩提樹下大街的大閱兵，接著才在十二月十八日退伍。他因爲服役而獲頒鐵十字勳章。

返家後，他把部隊發的手槍與卡賓槍藏在閣樓裡。儘管年方十九，但他已經看出時局紛亂，也許會有再度用槍的一天。[16]

威瑪共和國成立兩個月後，有人想推翻新政府，但起事者並非右派的民族主義者，而是左派的「斯巴達克同盟」（Spartacus League）成員。[17] 一九一九年一月六日，這些共產黨人動了起來，打算顛覆新政府，建立蘇維埃政權。他們掌控了社會民主黨黨報，企圖用大罷工來癱瘓柏林，並且奪取主要的政府建物，甚至還設法在布蘭登堡門的頂端架起來福槍。

起事兩天後，弗里德里希・艾伯特總理躲在辦公室裡，考慮著是否要投降。但他的國防部長古斯塔夫・諾斯克（Gustav Noske）卻在柏林西南端的一所寄宿女校設置了戰情室，部署反擊攻勢。艾伯特與諾斯克別無選擇，只能把終戰時解散的自由軍團（Freikorps，戰後殘存的一些師團）召集起來。當時柏林大概有十幾個類似的半獨立非正式軍事部隊，由一些資深陸軍軍官領導。軍團成員都是打起仗來不手軟的一戰老兵，無論是基於愛國心或喜歡打仗，總之他們都志願奉召，粉碎共產黨的叛亂行動。

儘管那是個處處有血腥事件的時代，但粉碎共黨叛亂的手段卻特別暴力。諾斯克臨時徵召的部隊往北推進，奪回一個個柏林街區。他們用迫擊炮與坦克把報社炸得粉碎，報社內的共黨戰士有些高舉白旗投降，也有人躲在一捲捲巨大的新聞用紙後面用手槍還擊，但全都遭到部隊的榴彈槍、機關槍與手榴彈殲滅。自由軍團用大炮攻擊共黨設在奪來的柏林警察總局的叛亂指揮中心，想要逃走的人全被槍殺。這場革命才幾天就被粉碎了。

坎普納自願前往柏林加入所屬部隊的殘餘成員，投入戰鬥，但此舉讓他父親感到驚駭不已（父親問他：

---

14 原註："Robert Koch," Nobelprize.org, http://www.nobelprize.org/nobel_prizes/medicine/laureates/1905/koch-bio.html.
15 原註：*Kempner, Angläger, pp. 11, 19.*
16 原註：Ibid., pp. 22–26.
17 原註：此一說法引自：Watt, *The Kings Depart*, pp. 247–73。

「你瘋了嗎？」）。坎普納對於他那段日子做了些什麼，有幾種不同說法。在寫信請求官方表揚他的服役事蹟時，他說自己曾參與「巷戰」，而且他的部隊紀錄還顯示，一月間他曾有十天待在所屬部隊胸甲騎兵第四軍團自願裝甲營，整個三月也都在。[18]

但多年後，他卻在自傳中淡化了自己的貢獻。他說自己已經到大學就讀，當時是返家休假。他只是「純粹出於好奇心才會加入部隊」。他並未參與實際的戰鬥，卡賓槍就留在家中閣樓裡。他只在部隊裡待了兩週，而且認爲自己的角色只是個休假的學生。他寫道：「我只是到恐怖的戰場上去遠足而已。」[19]

去部隊報到後，他被分發到市立動物園對面的伊甸園飯店（Hotel Eden），那裡才剛被自由軍團所屬的胸甲騎兵師徵用爲指揮部。坎普納負責接電話、傳令以及竊聽電話。他承認自己聽到很多事情，但堅稱自己「搞不清楚狀況」。他在飯店外與附近的選帝侯大街（Kurfürstendamm，一條商店與咖啡館林立的時髦街道）當衛兵。儘管有零星的巷戰發生，天氣也很冷，但民眾其實還是會出來亂逛。坎普納有個朋友就在街上認識了一名女孩，還讓她試穿自己的軍用外套。

但伊甸園飯店之所以會在歷史上留名，是另有原因。一月十五日晚上九點，兩名叛亂的共黨領袖，卡爾・李卜克內西（Karl Liebknecht）與蘿莎・盧森堡（Rosa Luxemburg）遭逮捕後被帶往這家飯店，在那裡接受拷打偵訊，最後從後門被送走。他們遭人用步槍槍托毆打後，丟進車裡槍斃，盧森堡的屍體被丟到結冰的運河上，任其腐化，直到五個月後才被打撈起來。

坎普納聲稱自己不知道這件令人髮指的謀殺案，他說自己在事發前幾天，就已經歸還軍服回家去了。事實上，根據他的服役紀錄，當盧森堡與李卜克內西遭人拖出飯店槍斃時，他仍在役。[20]

返回校園後，他在柏林、布雷斯勞[21]與弗萊堡（Freiburg）的多所大學修習政治學、法律與公共行政。一九二三年，他從法學院畢業，直接獲得知名律師埃里希・佛萊（Erich Frey）的聘雇。佛萊向來以往後梳的光亮頭髮與深具說服力的論證聞名於世，他的客戶都是全柏林最有錢、最惡名昭彰的罪犯，佛萊往往在法庭上用他這類律師的慣用伎倆，把惡棍描繪成是遵守江湖道義的人，讓他們獲得輕判。

在辯方工作了三年後，坎普納轉換跑道，加入控方。一九二六年，他成爲邦檢察官辦公室的助理，但這工作並未持續太久，該單位發現報社根據他洩漏的消息做出負面報導，因此將他開除。

後來，衣著品味向來怪異的坎普納穿著鮮黃色法蘭絨西裝去接受普魯士邦內政部部長的面試，但居然被錄取了。他是個有強烈企圖心而且苦幹實幹的員工。在一九二八年到一九三三年之間，他擔任普魯士邦警政署的法律顧問，處理警方被告的事件，還幫忙新擬了一部警方的行政法規草案，並且在邦政府所屬警察學院任教，也替一些法律期刊撰稿。

後來，納粹黨在全國各地進行誇張的民粹主義演講，呼籲以暴力的手段復興德國，藉此贏得民意支持，坎普納這時發現自己與左派人士才是志同道合。其中一人是反戰的報社編輯卡爾・馮・奧西茨基（Carl von Ossietzky），他因爲揭露軍方違反「凡爾賽和約」偷偷充實武器裝備而被囚禁。在奧西茨基的請求之下，坎普納曾經幫德國人權聯盟進行義務性的法律工作。這個組織是兩次世界大戰期間最活躍的德國反戰

---

18 原註：Kempner to Büro für Kriegsstammrollen, May 9 and September 3, 1934, Kempner Papers, Box 41.

19 原註：Kempner, *Ankläger*, pp. 25–26.

20 原註：Certified copy of Kempner Landsturm-Militarpass, Kempner Papers, Box 76.

21 譯註：Breslau，這個城市在二次大戰後改隸波蘭，重新命名為弗次瓦夫（Wrocław）。

團體，愛因斯坦也是成員之一。[22]

到了一九三〇年，內政部對希特勒那些充滿煽動性的革命語言愈來愈覺得不對勁，因此對納粹黨展開全面性的調查。關鍵問題是，希特勒與他的黨人是否因屢屢談論推翻政府而觸犯了叛國罪？[23]

內政部所屬法務、政務與警務部門的調查人員開始參加納粹的集會，並仔細檢查該黨的政宣資料，包括宣傳手冊、新聞稿、訓練文件、傳單、演講錄音檔、內部備忘錄與《人民觀察家報》。調查了幾個月後，內政部的官員寫了三份詳細的報告，分別從政治、宗教與經濟角度來概述納粹的威脅。

坎普納那個部門的報告為查禁該黨與囚禁黨員找出法律根據。[24]過去十年來，納粹不斷向全世界夸夸而談他們掌權後打算做什麼，而不是他們「如果」掌權的話。這些激進分子不僅在大禮堂與報紙上大肆宣傳自己的計畫，也出書論政，代表作就是一九二五年出版的希特勒自傳《我的奮鬥》。這本政治宣言內容極盡浮誇之能事，儘管才十四萬字，但根據知名小說家利翁・福伊希特萬格（Lion Feuchtwanger）的統計，居然出現了「十三萬九千九百個錯誤」。[25]

根據該黨首腦的言詞，坎普納的報告主張「國家社會主義德國工人黨」（納粹黨）不只是個政治組織，而且是個「高度集權化」的激進團體。所有黨人都被預期要成為「順從的工具」，維持黨內一言堂的局面。納粹企圖用獨裁統治來取代共和國。儘管他們聲稱要以選舉中央與地方議會代表的方式，從體制內來改變現狀，但事實上卻是個革命政黨，未曾真正放棄過武力奪權的想法。

基本上，光靠那些公開言論就足以將他們定罪。

例如，羅森堡曾寫道：「國家社會主義黨公開承認自己是個軍事政黨，未曾想過要取得多數民眾的選票支持。」

「我們要創造出一個有朝一日可以征服這個國家的有力團體，奪權後，我們將會無情而殘暴地遂行我們的意志與計畫，」戈培爾聲稱，「一旦征服了這個國家，這國家就是我們的了。」

「我們要勇敢並無情地來打造我們的新國家，」希特勒大聲疾呼，「這樣我們就可以爲所欲爲，有勇氣去面對任何強力挑戰！」

坎普納的報告主張，既然國家有法律可以制裁這種嚴重的叛國罪，政府就該執法，而不是把納粹當成一個占據中央國會席次的合法政黨，眼睜睜看著風暴成形卻毫無作爲。

這些年來，法庭的確審理過一個關於納粹黨的案子，而且備受矚目。政府非常關注納粹黨人企圖滲入軍隊的問題。將軍們已經嚴禁部隊招募納粹黨人，也要求士兵完全不能參與政治活動。但還是有許多軍官愈來愈受希特勒吸引，因爲他屢屢主張擴軍，希望德國能擁有一支不受「凡爾賽和約」拘束的大軍。

一九三〇年春天，三名年輕軍官遭到起訴，因爲他們幫納粹進行政治宣傳，而且提倡陸軍軍方在納粹進行政變時，應該袖手旁觀。坎普納參與了調查工作，在三位年輕尉官遭叛國罪起訴時，他也參加審判。希特勒親自前往萊比錫（Leipzig）的法庭作證，宣稱自己與被告無關，也向法院保證，納粹並未打算進行

22 原註：Kempner, *Angläger*, p. 71.
23 原註：詳述坎普納證言的備忘錄，請參：*United States v. McWilliams*, Kempner Papers, Box 154。
24 原註：這份報告後來被收錄在一本學術期刊中，篇名為："Blueprint of the Nazi Underground—Past and Future Subversive Activities."。
25 原註："Hitler Ridiculed as a Writing Man," *New York Times*, February 9, 1933.

武裝叛變。

「納粹運動不需要以武力進行。總有一天德國人民會了解我們的理念，那時三千五百萬名德國人就會支持我們。」在此同時，他承諾納粹黨將會以合法合憲的手段贏得政權，並且重新整軍經武，讓陸軍恢復往日榮耀，報復那些曾在一九一八年背叛德國、害國家遭毀滅的猶太叛徒。

「我們將會報仇雪恨！」他在法庭裡的如雷掌聲中，大聲疾呼。26

內政部把坎普納幫忙準備的檔案送到司法部，交給一位資深檢察官，但他卻不予理會。原來他是個納粹同路人，而希特勒成爲總理後，也讓那名效忠於他的檢察官保住原有官位。

三年後，也就是一九三三年，納粹掌權了，並實現先前的一切諾言。「希特勒還眞的是一點時間都沒浪費，」柏林《福斯日報》（*Vossische Zeitung*）的外交記者蓓拉·佛洛姆（Bella Fromm）針對「元首」取得政權那天的情況這麼寫道，「希特勒的內閣大可以沒有司法部長，這句話似乎是個反諷的預言。」蓓拉·佛洛姆向來與各界關係良好，大家都稱她蓓拉夫人，每個茶宴、正式舞會與上流社會晚宴都能看到她的身影，而她也總是認識在場的每個人。她對柏林的政治氛圍深具敏感度，她自己也對此深感驕傲。但眼前的情勢發展實在太快，連她都看到頭暈了。興登堡怎麼會讓這個瘋子手握大權呢？

「這整件事都讓人難以相信，」她寫道，「任何還算有理智的人都會這麼想。」27

到了三月，《倫敦先鋒報》（*London Herald*）報導，納粹正在準備「一個迫害猶太人的計畫，它將會是兩千年來猶太人的最大浩劫之一」。美國國務卿亨利·史汀生（Henry Stimson）儘管懷疑這種聽起來十分歇斯底里的報導，但還是行文要求駐柏林的美國大使館提出說明。[28]

幾天後，《紐約時報》特派記者佛列德里克・伯查爾（Frederick Birchall）在報導裡寫道：「一些自以爲是的納粹小人以各種方式四處作惡，以爲這樣才算是正式宣告國家已經落入納粹手裡。」[29]納粹分子在猶太會堂的旗杆上升起納粹的卐字旗，或是到猶太人開的百貨公司裡去丟臭彈。他們到德勒斯登歌劇院（Dresden Opera House）去鬧場，在開演時要求某位知名指揮家必須離場，因爲他們誤以爲他是個社會主義者，而且指控他聘雇太多名猶太人表演者。

逮捕行動持續進行著。某個支持社會主義的政治人物遭人從家中拖出來毒打，眼睛被撒上芥末粉，失去意識後被人吐口水。有個不知名的難民說他曾在柏林斯潘道（Spandau）待了兩週，親眼目睹警衛把收容人的眼睛挖出來，用槍托把他們的牙齒都打斷。某位作家甚至被迫吃掉他寫的手稿。[30]「無庸置疑的是，在執政黨眼中，不管是信猶太教或者有猶太血統的人，只要他們現在生活在德國，就是犯罪，」《紐約時報》在三月二十日的報導中表示。「身爲猶太人就是有罪，沒有任何差別。就算你的專業名望或商界地位崇高，還是在公家單位或民間有極大貢獻，都沒有用。在教室上課的教授，在演奏廳指揮的指揮家，或在舞台上演戲的演員，都被人拖出去。」曾強烈批評《我的奮鬥》一書的小說家福伊希特萬格逃往瑞士。政府查抄

---

26 原註：Shirer, *Rise and Fall*, p. 141.
27 原註：Fromm, *Blood and Banquets*, p. 73.
28 原註：*Foreign Relations of the United States*, 1933, vol. 2, p. 320.
29 原註：Frederick T. Birchall, "Nazi Bands Stir Up Strife in Germany," *New York Times*, March 9, 1933.
30 原註："Charge Terrorism by Nazi Troopers," *New York Times*, March 15, 1933.

他家，拿走多部手稿。

到了四月一日，納粹突擊隊駐守在猶太商家門口，試圖驅離顧客，並勸告他們去光顧德國人開的商店。從德國返鄉的美國人述說一個個可怕的故事，「幾乎令人難以置信。」《紐約時報》寫道：「突擊隊把一群猶太人拖往營區，逼他們互相鞭打。餐廳裡的猶太常客被人用手指虎毆打後丟到街上。森林裡發現了許多猶太人屍體，但卻被警方當作『無法確認身分的自殺者』來結案。」[31]

「到處都看得到穿制服的人，」威利・布蘭特（Willy Brandt）寫道，「街頭四處都充斥著突擊隊部隊行軍、吶喊的聲音，還有他們的機車的刺耳噪音。感覺整個城市就像是一座軍營。」[32]布蘭特是納粹的死敵，他在戰後的幾十年間，陸續當上西柏林的市長與西德總理。他說，知名的咖啡館門可羅雀，有名的知識分子、藝術家與作家都不敢上門光顧。「坐在裡面的人只敢低聲交談，總是有懷疑的目光盯著我。懷疑與恐懼就像是毒霧，讓我鬱抑不已，覺得胸口好像被壓著，快要窒息。」

美國大使館裡，外交人員都憂心忡忡。局勢感覺非常緊張，看來納粹還是有可能開始屠殺猶太人與政敵。[33]

但並非所有人都對這日復一日的混亂情況有所警覺，就連因為報導德國情勢而在一九三四年榮獲普立茲獎的《紐約時報》記者伯查爾也是。他在一九三四年春天受邀去上美國廣播節目時，告訴全國聽眾「不用擔心德國的納粹政府會開始屠殺政敵或是全面迫害猶太人……我確信，大家應該也可以不用擔心德國或德國目前的政府高層打算向任何國家宣戰」。

伯查爾承認自己是個「無可救藥的樂觀主義者」。[34]但很快他就要改觀了。

新政權開始制定一連串鋪天蓋地的法令，就像某位美國外交人員說的，藉此「孤立在德國的猶太人」。[35]

納粹執政的第一年，政府通過了三百多部新法案與新規定，全都大大限縮了猶太人在德國的生存權。猶太公務員全都被開除。猶太學術人士也全都丟了飯碗。猶太律師與法官被趕出法律界。猶太醫生也被排除在國家的健保體系之外。公司必須把董事會裡的所有猶太董事開除。柏林證券交易所把所有猶太交易員趕走，其中有些人因而自殺。

政府想方設法，就是要逼猶太人移民國外。錫安主義運動幫助猶太人前往巴勒斯坦建國，因此受到納粹黨支持。「但問題在於，」其中一位錫安運動成員表示，「猶太人將被獲准帶走多少資產。」[36]

如果讓黨內極端分子得逞的話，不會太多。

美國駐柏林總領事喬治．梅瑟史密斯（George Messersmith）感到非常不可思議，既然這個國家就是想方設法要讓猶太人的生活過得愈悲慘愈好，那他們爲什麼會繼續留在那裡呢？「眞的要住在德國，並且實際體驗該國的生活，」他在一份一九三三年寫給國務院的報告中表示，「才能夠體會他們每天在精神上承

31 原註："German Fugitives Tell of Atrocities at Hands of Nazis," *New York Times*, March 20, 1933.
32 原註：Brandt, *My Road to Berlin*, p. 58.
33 原註：Report from Sackett, March 21, 1933, reproduced in *Foreign Relations of the United States*, 1933, vol. 2, p. 212.
34 原註："Reviews Nazi Rise in Talk Over Radio," *New York Times*, March 13, 1933.
35 原註：Report from Consul General George Messersmith, "Present Status of the Anti-Semitic Movement in Germany," September 21, 1933, George S. Messersmith Papers, Item 305.
36 原註：Quote from *Der Deutsche*, ibid.

受的殘酷折磨，而且這在許多方面都比革命初期的血腥暴力都讓人更難以承受。」37

一九三三年，戈林剛被任命爲普魯士邦內政部長，首先實施的幾項政務之一，就是找來部裡面知名的「騎牆派」魯道夫．迪爾斯（Rudolf Diels）。三十二歲的迪爾斯一頭黑髮，充滿幹勁，兩年前開始任職於該部警政署的政治組，專門監控回報左派政黨的活動，尤其是共產黨的。迪爾斯在戈林就任前就已與他變得親近，此刻戈林更把掃除內部政敵的工作交給迪爾斯。38

「我不想跟部裡的那些混蛋有所瓜葛，」戈林跟迪爾斯說，「這裡到底有沒有好人啊？」39

只要是忠誠度有問題的官員，迪爾斯就把他們的個人檔案與警方資料交出來，因此才沒幾天，戈林就能把社會民主黨人士與其他討厭鬼趕出自己掌控的官僚帝國。內政部的公僕必須塡寫表格，把自己的宗教信仰、所屬政黨與種族交代清楚。坎普納也乖乖塡寫，但給了一個有點不屑的答案：他說要回家問問看自己屬於哪個種族。

接下來，戈林召開了一個會議，他告訴內政部官員，從現在開始「一切政務都要用國家社會主義的精神來推動」。有異議的人大可辭職不幹。坎普納可沒上當，何不等到幹不下去再走，這樣還可以多領一點薪水。但很快他就知道自己被開除了。

大多數被開除的官員都只是拿到簡短的書面通知。但坎普納很喜歡跟大家說自己受到特別待遇的故事。據他所言，戈林把他叫進辦公室，除了當面開除他，還狠狠酸了他一頓。

「你沒被我關起來就已經算是好狗運了！」大胖子戈林咆哮道。「滾吧！我不想再看到你了！」40

大家都知道坎普納喜歡誇大其辭，他不會讓事實干擾自己的故事，因此眞實的狀況比較沒那麼戲劇性。他在自傳裡寫道，通知他走人的是內政部的人事官員，也是他的一個老朋友。那個朋友說他可以先請個假，然後再把他調往普魯士邦的建設與財政署。他說，他的新工作是負責查核柏林下水道的水位。

到了四月，「公職回復法」（Law for the Restoration of the Professional Civil Service）禁止猶太人出任政府人員，包括中小學教師、教授、法官與檢察官都不行。但在興登堡敦促之下，兩類猶太人取得了該法的豁免權，分別是在一九一四年以前就擔任公職的，以及像坎普納這種曾在一戰期間到前線服役的猶太人。不過，依法還是有五千名猶太人丟了飯碗。

儘管一開始受到服役紀錄保護，但是到了一九三三年九月，坎普納還是因爲政治立場不可靠而正式遭到開除。[41]

在此同時，迪爾斯卻被賞以新任要職。他將會統領一支新成立的祕密警察部隊，全名爲「國家祕密警察」（Geheime Staatspolizei），其簡稱就是讓納粹政敵一聽到就膽戰心驚的四個字：「蓋世太保」（Gestapo）。

37 原註：Report from Messersmith, November 1, 1933, reproduced in *Foreign Relations of the United States*, 1933, vol. 2, p. 363.
38 原註：Kempner, *Angläger*, pp. 26–37; Read, *The Devil's Disciple*, p. 280.
39 原註：Hett, *Burning the Reichstag*, p. 34.
40 原註：Mosley, *The Reich Marshal*, p. 151.
41 原註：Kempner, Angläger, pp. 88–90；也可以參閱：Police Counsel on Leave of Absence," *8 Uhr-Abendblatt*, February 23, 1933; Kempner dismissal and pension documents, Kempner Papers, Box 95.

坎普納與迪爾斯本來就很熟。迪爾斯跟坎普納一樣，也是個很會東拉西扯的傢伙，擅長交朋友以及建立重要關係。常有人看到他們在內政部的食堂裡交頭接耳，分享小道消息。

多年後，迪爾斯曾說過坎普納「是個貨眞價實的祕密警察人才。只是他的種族出身剛好不符規定。」[42]迪爾斯曾在與人擊劍決鬥時，在右頰留下兩條刀疤，左臉也有一條比較深的，但他對女性來說還是深具吸引力。曾有人說他帥到可以去「演美國西部片的主角」。[43]儘管他已婚，但對女性卻是來者不拒。一九三二年，坎普納曾幫了迪爾斯一個大忙。某晚，迪爾斯把身分證件掉在一個娼妓家裡，她馬上到內政部去投訴說迪爾斯打她。坎普納介入此事，用一點錢把她給打發走了。[44]

迪爾斯的某次婚外情曾演變成柏林外交界的醜聞[45]。一九三三年，他開始與美國大使威廉·杜德（William Dodd）的二十五歲女兒瑪莎（Martha Dodd）約會。常有人目睹他們在提爾公園散步、一起去看電影或在夜店喝酒。瑪莎在遷居柏林前就與丈夫分居了，但很快就因爲自己不得體的男女關係而背負罵名。她叫迪爾斯「親愛的」，愛慕他那「殘酷又殘缺的俊美外表」。迪爾斯向她洩漏納粹官僚體系內部互相殘殺鬥爭的情況，還說他擔心自己會遭人暗算。後來他眞的被政敵質問，說他並未忠於納粹的理念，而瑪莎還試著營救他。

一九三三年二月，坎普納在萊比錫大街（Leipziger Strasse）上的凱賓斯基餐廳（Kempinski & Co.）遇到蓋世太保頭子迪爾斯。那時坎普納才剛離開內政部不久，但給了戈林藉口來大規模逮捕納粹政敵的國會大廈縱火案尚未發生。

「迪爾斯，怎麼啦？」坎普納問道，「你最近在幹嘛？工作量很大嗎？」

「都是一些麻煩事啊！」迪爾斯說，「我得把一份名單往上報。」[46]

「什麼名單？」

「可能要動手去抓人的名單。」

逮捕左派黨人的行動迫在眉睫。「名單上也有一些我們的老朋友，」迪爾斯跟坎普納說。

獲得此一線報後，坎普納趕快勸他那些反戰的朋友離開德國。其中一人是庫爾特．葛羅斯曼（Kurt Grossman），在坎普納打電話給他的隔天就前往捷克斯洛伐克。後來他說，坎普納「就是能夠發掘出一些別人挖不出來的東西，這是他的天賦」。[47]另一個熟人奧西茨基拒絕逃走，蓋世太保在國會縱火案發生後就逮捕了他。奧西茨基的身體本來就不好，結果還被送進勞改營，常常遭到毆打。

在此同時，反戰的德國人權聯盟也被解散了。坎普納燒了聯盟的成員名單，還把紙灰都撒在施普雷河（Spree），以策萬全。[48]

早在一九三〇年，坎普納就已經預見納粹掌權後的景況。儘管他在剛開始那令人驚恐的幾個月裡，還

---

42 原註：這句話，還有坎普納與迪爾斯之間關係的敘述，都是引自：Kohl, *The Witness House*, pp. 43–47, 152–53。
43 原註：Leni Riefenstah，轉引自：Hett, *Burning the Reichstag*, p. 28。
44 原註：Kempner, *Angläger*, pp. 111–12.
45 原註：Larson, *In the Garden of Beasts*, pp. 116–19.
46 原註：Kempner, *Angläger*, p. 110.
47 原註：Hett, *Burning the Reichstag*, p. 79.
48 原註：Kempner, Ankläger, pp. 68–72.

能設法避免自己被捕，但後來肯定已經體會到，身爲一個猶太人兼納粹政敵，居住在希特勒主宰的第三帝國實在是很危險的一件事。但他並未離開柏林。還沒有。就這方面而言，他跟絕大多數的德國猶太人一樣。儘管湧入各國使館辦簽證的人很多，但更多人，而且是絕大多數人，都決定留下觀望。

這些人大都是中產階級，心理上捨不得離開，而且身家財產也都在這裡。他們**覺得**自己是德國人。[49]因爲他們曾在這個國家蓬勃發展，而且成就在前面兩個世代達到高峰，自然還沒有準備好放棄自己在德國的人生。

猶太人在歷史上曾有很長一段時間是二等公民，後來才在一八七一年獲得德皇威廉一世解放，而他們也熱情迎接這剛剛獲得的自由之身，很多人開始擔任公職、當醫生與律師、進入學界，或是在這個逐漸成爲歐洲經濟強權的國家裡做生意。許多猶太人很快就選擇放棄祖先的信仰，改信新教或者擁抱世俗主義，藉此同化與融入（或試著融入）社會。[50]德國，尤其是柏林，很快就成爲各國猶太人遷居的目的地。此後，猶太人才第一次在德國的金融、政治、科學與文化等方面名留青史。一戰期間有十萬猶太人從軍，其中百分之八十都在前線服役，最後有一萬兩千人爲德國捐軀。

奪權後，納粹以迅雷不及掩耳的速度採取許多行動，誓言要把他們都趕出德國，但猶太人很難評估眼前的威脅到底有多嚴重。許多人都心想，既然希特勒執政了，他的言論肯定會變得較爲溫和。他們也認爲雙方肯定可以找出一個妥協之道，讓他們平靜地過日子。猶太領袖們要大家忍耐，保持平靜。也許德國人只會讓希特勒亂搞個一、兩年，然後就會恢復理智，把他給趕下台。

多年來，猶太人遭受暴力攻擊的狀況有時嚴重，有時趨緩。而且，儘管他們很害怕還會有更嚴重的攻擊出現，但同時也擔心移民後會吃很多苦。[51]到了外國，他們會不會身無分文流落街頭，而且也因爲不會說那一國的語言而無法找到適合的工作？有許多男人擔心自己移民後無法養家活口，所以不理會妻子的請求，但到了想移民時才發現爲時已晚。史學家約翰．狄波（John Dippel）寫道，若把所有因素都加以考慮，德國猶太人會覺得留下的理由比移民的理由還多。他表示，「一開始必須要克服的障礙太多，像是在德國已經生根、安於現狀、擔心、懶散、天真、樂觀，甚至有意觀望，以至於他們沒有行動。」[52]令人驚訝的是，在納粹掌權的頭幾年，某些猶太人的事業甚至還蓬勃發展了起來。[53]

多年後，坎普納寫道，就連最精明的猶太人也無法預見整個歐陸都會落入納粹的魔爪。所以他們選擇等待。他們「把自己當成忠實、愛國的德國人」等待著。[54]

坎普納一開始也在等待，儘管眼見大規模逮捕行動進行著，國家以法律規定迫害他們，那些反猶太的當權者各個都口出醜陋狂言，他還是咬牙苦撐。羅森堡就是當權者之一，他總是不厭其煩地宣傳自己的種族觀，希望能進行淨化民族的大工程，讓猶太人的血統在全國各地消失殆盡。

49 原註：Kaplan, *Between Dignity and Despair*, pp. 62–66.
50 原註：Dippel, *Bound Upon a Wheel of Fire*, 1–20.
51 原註：Ibid., p. 140.
52 原註：Ibid., p. xxiii.
53 原註：Ibid., p. 139.
54 原註：Kempner, *Angläger*, p. 176.

7

「羅森堡走的路」

他的外貌看來就像是個禮儀師，帶著黑眼圈的眼窩凹陷，緊抿雙唇擺著臭臉，稀疏的頭髮分邊往後梳，露出高高的額頭。「他的身高中等，面色蒼白、下巴鬆垮，看來就像一個總是只能坐著的久病之人，」美國記者亨利・沃爾夫（Henry C. Wolfe）在與羅森堡會面後寫道。[1]沃爾夫覺得他看起來像是不願微笑，彷彿他肩負重任，就算稍稍顯露出輕浮的模樣，也不恰當。沃爾夫是這麼想的，又或者是他長期消化不良。

「他那一雙蒼白無神的眼睛朝你的方向看，但並非看著你，好像當你是空氣，」納粹黨的金主庫爾特・呂德克這麼說，他有段時間因負責宣傳工作而與羅森堡密切共事。羅森堡自視為高尚的知識分子，但在別人眼裡，他只是冷淡、高傲、漠然、無情又喜歡嘲諷人。「就像一個冰人！」呂德克寫道，「羅森堡的冷言冷語總會把人嚇走，他在場時容易讓人覺得自己微不足道，感到很不自在。」[2]

然而，亞伯特・克雷伯斯（Albert Krebs）可不是被嚇大的，他尤其不怕羅森堡。克雷伯斯是漢堡某個工會的領袖，後來成為某個納粹突擊隊的指揮官、地區黨部的負責人，他擔任編輯的《漢堡日報》（*Hamburger Tageblatt*）也與納粹黨關係匪淺。一九二〇年代末期，柏林與慕尼黑的黨內派系陷入嚴重鬥爭，當時克雷伯斯寫過一篇社論，質疑黨中央為何要視蘇聯如寇讎。此一立場引來羅森堡的敵視，而且雙方當然再也無法進行政治對話。羅森堡火速發電報到慕尼黑，說要召見克雷伯斯。克雷伯斯到了謝林大街的報館後，羅森堡的態度冷若冰霜。「羅森堡坐在辦公桌後，」克雷伯斯稍後寫道，「但沒有站起來，也沒抬頭，我跟他打招呼，他也只是回以令人費解的咆哮聲。」

克雷伯斯拉了一張椅子坐下，問他：「你想跟我談一談？」

「那是十四天前了，」羅森堡答道。

「當時我沒空啊！」

「只要我一召喚，任何黨報員工都**必須**有空，」羅森堡回嗆。

針對那篇惹火羅森堡的社論，兩位編輯爭論了起來。爭論沒有結果，但克雷伯斯卻對這位納粹意識形態大師有了更多了解。羅森堡自言自語似地對克雷伯斯開始滔滔不絕的說教，但所有內容都是先前他曾發表在報上文章裡的東西。每次克雷伯斯提出問題，羅森堡都置之不理。「任誰都會覺得他沒在聽人說話。偶爾講到重點，他會把雙唇緊閉，試著故意擠出

阿佛烈·羅森堡，納粹黨的首席作家。（圖片來源：Bundesarchiv, Bild 146-1969-067-10/public domain, CC BY-SA 3.0 de）

1 原註：Henry C. Wolfe with Heinrich Hauser, "Nazi Doctor of Frightfulness," *Milwaukee Journal*, July 6, 1940.

2 原註：Lüdecke, *I Knew Hitler*, pp. 83–85.

一抹微笑，此舉當然會讓他獲得高傲無禮的惡名，」克雷伯斯回憶道，「他很努力地把自己想像的一切表演出來，而且陷入他那以自我為中心的白日夢，把自己當成來自波羅的海的貴族、英格蘭的爵爺，或是像哥白尼一樣偉大的科學天才，但這最後導致他失去了僅存的一絲溝通能力，完全無法與其他人類交心與對話……他實在是太過固執己見，以至於根本無法理解別人也會有與他不同的意見。」3

克雷伯斯還有其他幾次與羅森堡對話的機會。某次，納粹思想家羅森堡宣稱，身兼天主教中央黨黨魁的海因里希・布呂寧總理打算把共產主義引進德國，並且毀掉新教教會，好讓教廷勢力大舉入侵德國，強迫大家信仰天主教。克雷伯斯聽了好驚訝，他說羅森堡「喜歡用穿鑿附會的方式去解讀政治事件，種種說法彷彿痴心妄想，像是取自偵探小說或間諜驚悚故事的情節。」4

克雷伯斯很難相信睿智的希特勒會對這個神經病如此重視。顯然羅森堡常把一些似是而非的混亂概念偷渡到黨的意識形態裡，而且根本都是剽竊來的。「因為他博聞強記，精力過人，所以腦海裡累積了數量驚人的各種資訊，」克雷伯斯寫道，「但他完全沒有整合這些東西的能力，也沒辦法將歷史事件的脈絡關聯融會貫通。」

也許希特勒沒看出來。克雷伯斯心想，又或者他有看出來，也了解狀況，但精明的他認為這樣一個意識形態大師，正是自己的納粹運動所需要。在第三帝國崛起之際，為什麼希特勒會讓羅森堡獲得國師般的重要角色？他想得出來的唯一解釋是，「畢竟，他自己就是一個政宣大師，非常清楚最能影響群眾的，莫過於那些讓人聽了一頭霧水的荒謬言論。」5

一九二〇年代晚期，羅森堡一方面忙於《人民觀察家報》的出版事務，另一方面也在撰寫自己的曠世巨作，他將在這本書中論及幾千年以來的種族、藝術與歷史，其重要性遠遠勝過他那些每日每月發表給全世界看的新聞論述。他希望這本《二十世紀的神話》能具有歷久不衰的影響力。他希望這本書是自己的登峰造極之作，裡面的思想不光是論及德國與德國的國際地位，也是銳不可擋的哲學宣言，是納粹創黨以來關於該黨意識形態的最完整論述。他希望自己能藉此一躍成爲黨的頭號思想家。

儘管他希望自己能把焦點都擺在寫書上，但還是被迫斷斷續續進行。「我整天都忙著辦報！」多年後他坦承，「因此我沒辦法像個學者那樣好好寫書。」[6]假如他在上班時間偷偷寫書，上司就不高興了。某天，在音樂廳廣場上的湯博司（Tambosi）咖啡館裡，羅森堡坐在大窗子前的大理石桌旁凝望窗外，他正看著鐵阿提納教堂（Theatinerkirche）的那兩座鐘塔，而這座教堂是許多維特爾斯巴赫家族王室成員埋骨的地方。站在窗外的《人民觀察家報》發行人馬克斯·阿曼（Max Amann）指著羅森堡，對某位黨內同志說：「看看他呆頭呆腦坐在那裡的模樣，眞像個目中無人的笨蛋大學生！」[7]寫書時，羅森堡總是埋首於好幾桌大量書籍與文件之間，看得出一副若有所思的模樣。「寫書！那個像波希米亞人的傢伙！」阿曼大聲抱怨，「他至少應該辦出一份像樣的報紙才對啊！」

---

3 原註：Allen, *The Infancy of Nazism*, p. 217.

4 原註：Ibid., p. 184.

5 原註：Ibid., p. 220.

6 原註：Rosenberg interrogation, September 21, 1945, 14:30–16:40, National Archives, M1270, Roll 17.

7 原註：Allen, *Infancy of Nazism*, pp. 220–21.

一九二九年，羅森堡勉強完成了初稿，交由妻子海德薇西打了一份整齊的打字稿，送到希特勒那裡，希望獲得認可。六個月過去了，元首仍是不置可否。羅森堡最後還是問起那本書，希特勒說他覺得書寫「很俐落」，但他懷疑有誰會想看羅森堡寫的幾百頁意識形態論述。[8]還有一個問題是，希特勒已經先出版了該黨的代表作《我的奮鬥》。他同時也是個一心想要奪權、擅權的務實政客，而《二十世紀的神話》裡面有些概念至少可說是很有煽動性。

無論希特勒對那本書有多少疑慮，最後他還是都放下了，並同意出版。一九三〇年，羅森堡的書終於上市。

《二十世紀的神話》的內容迂迴曲折，幾乎無法看懂。羅森堡認爲那是他的藝術與宗教哲學代表作，裡面也包含了許多關於歷史與種族的非傳統觀念。[9]「每一個種族都有自己的靈魂，每個靈魂也有自己的種族，種族是靈魂特有的內在與外在構築，是靈魂的外顯特色與生活樣態，是意志與理性這兩股力量之間的特有關係，」書中一個段落如此寫道，「每個種族都會發展出自己的最高理念。如果這理念遭到外來血統或觀念的大規模滲透，就會被改變或被推翻，這種內在質變的結果就是混亂，長久下去，就會造成整個時代的大災難。」[10]

他就這樣寫個不停，書中文字大都雜亂無章，沒完沒了。爲了幫助讀者理解，有個仰慕者還出版了一本篇幅很長的詞彙表，用來解釋那些意義最爲含糊不清的專有名詞。[11]

儘管書中有許多隱晦不明的段落，偶爾還是會出現一些清楚的概念，而且在接下來的十五年內，在整個納粹思想體系裡滲透蔓延。羅森堡寫道，日耳曼文化與國族榮耀在各個時代的文明散播過程中，扮演了關鍵角色。只要有偉大的文化崛起，肯定有雅利安人影響的痕跡存在。種族混雜是一種亂象，已經導致歷史上許多偉大社會的衰頹。過去，條頓人曾經賦予「異族血統」同等的權利，但也因此「對自己的血統犯下大罪」。[12]只有回歸純正的種族血統，德國才能再次強盛起來。

任誰只要熟讀過反猶太的民族主義經典，例如戈平瑙伯爵與休士頓．史都華．張伯倫等人的作品，就會有一種似曾相識的感覺，因爲羅森堡那本書裡所有主要概念都是借用別人的。但在納粹於一九三三年掌權後，忠實的納粹支持者還是把《二十世紀的神話》奉爲國家社會主義的思想基石，跟《我的奮鬥》一樣，都是他們想要收藏的書。多年後，納粹的各級黨工卻都否認自己曾經細讀過那本書。戈培爾稱之爲「像打嗝一樣的意識形態作品」。[13]戈林曾寫信給羅森堡，對那本書讚譽有加，但在人後，他卻說自己眞的曾經看第一章看到睡著。[14]據說希特勒曾表示自己曾「粗略翻閱過」，但發現那本書「太過深奧」。[15]他甚至還討厭那書名。希特勒說，納粹黨人不該以散播「神話」爲己任，而是該爲這世界灌輸新知識。「書裡廢話連篇，」漢夫斯丹格跟希特勒說，「廢話永遠是廢話。把一張沾有墨漬的紙給摺起來，就算過了五十年，

---

8 原註：Cecil, *The Myth of the Master Race*, p. 101.
9 原註：Rosenberg interrogation, September 21.
10 原註：Rosenberg, *Der Mythus des 20. Jahrhunderts*, p. 116.
11 原註：Cecil, *Myth of the Master Race*, p. 82.
12 原註：Rosenberg, *Der Mythus*, p. 105.
13 原註：Fest, *The Face of the Third Reich*, p. 168.
14 原註：Goldensohn, *The Nuremberg Interviews*, pp. 108–9; Piper, *Alfred Rosenberg*, p. 494.
15 原註：Trevor-Roper, *Hitler's Table Talk 1941–1944*, p. 318。值得注意的是，這些說法都是引自羅森堡的頭號政敵，也就是馬丁．鮑曼所做的紀錄。

它也不會變成林布蘭的畫作。羅森堡是個危險的笨蛋，你愈早擺脫他愈好。」[16]一九三三年一月被任命為希特勒麾下副總理的保守派政治人物法蘭茲・馮・巴本（Franz von Papen）曾回憶道，希特勒曾經私底下嘲弄那本書與羅森堡。[17]

但希特勒總是設法尋求對自己有利的政治籌碼，他玩弄群眾的功力眾所皆知。根據後來被逐出納粹黨的黨領導人奧托・斯特拉瑟回憶，希特勒賣力為羅森堡與那些激進思想背書。

某次，有個會議在斯特拉瑟的柏林黨部辦公室召開，他公開反對羅森堡對教會的惡意對立，還說羅森堡滿腦子「異教徒思想」。

豈料希特勒馬上激動地站起來，開始在斯特拉瑟的大辦公室裡踱步。

「羅森堡的意識形態是國家社會主義不可或缺的一部分，」他告訴斯特拉瑟，「羅森堡是個先驅與先知。他的理論是德國靈魂的表現。一個真的德國人是不會譴責那些理論的。」[18]

斯特拉瑟也記得，《二十世紀的神話》於兩年後出版時，希特勒對那本書極力誇讚，說它是「同類作品中的最佳著作」。希特勒說，歷史上的每一場革命都是種族革命。「任誰只要讀了羅森堡的新書……就懂這個道理。」[19]

不管羅森堡的黨內政敵對《二十世紀的神話》有何看法，後來它還是成為德國隨處可見的文本。根據新成立的納粹政府規定，它成為學校課程的必讀作品，各家圖書館也要收藏。參加思想訓練課程的老師也必須帶書去上課。法學院也要求學生要熟讀其學說。納粹青年團的教官在上意識形態課程時，也以那本書為教材。

「羅森堡走的路，」納粹青年團團長巴爾杜爾·馮·席拉赫（Baldur von Schirach）曾說，「就是德國青年的道路。」[20]

後來，那本書的銷量高達一百多萬冊，在希特勒時代發生的無數場宗教、藝術與種族論戰中，作者羅森堡也藉此成爲重要的發聲者。[21]在德國出版界，能與《二十世紀的神話》匹敵的只有《我的奮鬥》一書，因此在全國各地書店裡，這兩本書都擺在一起賣。羅森堡達成了超乎自己意料的目標，他爲納粹運動寫了一本聖經。

「我深信，」曾有人告訴羅森堡，「即使過了一千年，你的作品仍是永垂不朽。」[22]

一九三〇年代的柏林街頭永遠是熱熱鬧鬧的。每天早上，上班族與工廠勞工分別身穿西裝、洋裝與連

---

16 原註：Hanfstaengl, *Hitler: The Missing Years*, p. 122.

17 原註：Papen, *Memoirs*, p. 261.

18 原註：Strasser, *Hitler and I*, p. 96.

19 原註：Baynes, *The Speeches of Adolf Hitler*, p. 988.

20 原註：Bollmus, "Alfred Rosenberg," p. 187。。後來，紐倫堡大審期間，希特勒青年團團長馮·席拉赫向軍事法庭指派的監獄精神科醫師道格拉斯·凱利（Douglas Kelley）表示，儘管他的青年幹部都拿到了羅森堡的書，但大家都看不懂。他說：「羅森堡創下的歷史紀錄是，他賣出了最多本讀者看不懂的書」。但能夠反駁此一說法的事實是，羅森堡的檔案裡面有讀者寫給他的大量信件。請參閱：Kelley, *22 Cells in Nuremberg*, p. 44, and Piper, *Alfred Rosenberg*, p. 213。

21 原註：Piper, *Alfred Rosenberg*, p. 293。光是在一九三四年，他的出版收入就高達四萬兩千帝國馬克，相當於現在的三十萬美金。

22 原註：Rosenberg diary, August 10, 1936.

身工作服，從火車站與地鐵站湧出。街頭車流嘈雜擾攘，此外還有販賣花卉、水果、香菸、氣球、報紙的叫賣聲，以及街頭魔術表演的聲音。

讓旅客最有印象的，肯定是菩提樹下大街與布蘭登堡門，還有提爾公園裡充滿鳥語花香的一條條小徑，不過最能傳達柏林的城市精神的，還是波茨坦廣場（Potsdamer Platz），它可說是德國版的時代廣場。[23]廣場四周高級飯店與咖啡館林立，到處可見啤酒館與商家。廣場邊有一棟圓頂造型的建物，圓頂下方的霓虹燈寫著「祖國之家」（Haus Vaterland），吸引大批柏林人去光顧，裡面除了電影院與秀場，還有許多販賣各國料理的餐廳（當年它的攬客口號就是「在這棟大樓裡見識全世界」）。裡面的咖啡館有兩千五百個座位，號稱全世界最大的咖啡館。廣場本身是一個交通繁忙的交叉路口，有八條街道從它的周邊輻散出去。有軌電車穿越廣場中央，歐寶（Opel）小轎車與亮晶晶的賓士車則與雙層巴士、卡車、計程車、馬車或腳踏車爭搶車道，還有許多顯然不怕車的行人穿梭其間。這裡是整個歐洲最早出現紅綠燈的地方之一，一九二五年就設置了，但從各種跡象看來，完全無法改善廣場四周車水馬龍與人車爭道的亂象。

一九三三年一月，羅森堡終於從慕尼黑北遷柏林，方便運動的推行。他挑選瑪格莉特大街（Margaretenstrasse）十七號的平凡屋舍作爲辦公室，從那裡走到波茨坦廣場的忙碌交叉路口只有一小段路程。如果是位於威廉大街上當然更好，因爲那裡是第三帝國總理官署，也是各個最重要政府部會的所在地。但就目前來講，瑪格莉特大街就夠近了。

第三帝國成立之初，納粹黨扮演的角色有點像是「地下政府」，就算並未擔任政府部會要職的黨人也能手握大權。[24]納粹時代的頭八年，羅森堡都在黨部任職，他從一九三三年四月開始擔任外交政策處處長。

新任總理希特勒並不信任德國政府的資深外交官們，包括外交部部長康斯坦丁·馮·諾伊拉特（Konstantin von Neurath）。但只要興登堡仍在位，希特勒就不能換掉諾伊拉特，改爲安插自己的人馬，因爲他是興登堡支持的人。所以，一開始希特勒希望能讓羅森堡擔任「地下外相」的角色，代爲執行他的國際戰略計畫。

就某些方面來講，羅森堡可說是此項職務的不二人選，他曾於一九二七年出版《德國外交政策的未來展望》（*The Future Course of German Foreign Policy*）一書，而且也當過德國國會外交委員會委員，他還曾在一九三二年代表納粹黨，前往羅馬參加以歐洲未來爲主題的國際論壇。但話說回來，羅森堡其實不太了解其他國家與它們的旨趣，他也不像專業外交官那樣老練圓滑、處事周到。

據各方說法看來，羅森堡跟人講話時總喜歡舊調重彈。「一開始他很樂意與人談論太陽底下的任何話題，但不管本來說些什麼，五分鐘內從他嘴裡吐出來的，又是他那些已經被講到變成陳腔濫調的血統與種族理論，」某位曾跟他交談過的人士後來寫道，「無論一開始講的是歷史、園藝或者傘兵的高筒靴，羅森堡總會很快轉換話題，聊起血統與種族，這機率可說幾近百分之百。」[25]

美國的駐柏林大使威廉·杜德也記得自己與羅森堡的幾次談話內容。沒有一次是相談甚歡的。一九三四年十一月的某天晚上，他在巴黎廣場的阿德隆飯店（Hotel Adlon）遇到納粹哲學家羅森堡，被攝

---

23 原註：Ladd, *The Ghosts of Berlin*, pp. 115–25.

24 原註：Report from Consul General George Messersmith, April 10, 1933, reproduced in *Foreign Relations of the United States*, 1933, vol. 2, p. 223.

25 原註：Kelley, *22 Cells*, p. 38。在紐倫堡大審開始之前羅森堡曾經在獄中接受過幾位精神科醫生訪談，道格拉斯·凱利是其中之一。

影師們拍了照片，但就算只是合照，也讓他感到很討厭。

「我實在很不情願，」杜德在私人日記裡寫道，「因爲沒有任何一名德國官員的頭腦比他更不清楚，也沒有人比他更喜歡胡說八道。」[26]

他第一次要以外交政策處處長的身分前往倫敦時，就有朋友告誡他，可別讓國家陷入外交困境啊！沒想到卻被不幸言中。「你連一句英文都不會講！」納粹金主呂德克在他出發前跟他這麼說。「你也沒有一套體面合身的西裝可以穿。你的那些晚禮服都上不了檯面。你可別就這樣去倫敦啊！先去找個好裁縫吧！」[27]羅森堡只是冷冷地微笑說：「希特勒說得對。眞該幫你戴上嘴套。」英國各界向來強烈反對納粹政府的鎭壓手段，因此這趟於一九三三年五月成行的倫敦之旅，可說是第一次反制英國之舉。結果他引來許多抗爭活動，國會也出現把羅森堡驅逐出境的呼聲。英國外交官羅伯・范斯塔特（Robert Vansittart）說，羅森堡看起來就像「一條冰冷的鱈魚」，氣質也很匹配。[28]羅森堡早早就出發了，匆忙之間連手套、領帶、手帕、襪子與指甲刷都忘了帶。

在此同時，他跟兩個英國佬搭上線，結果沒想到他們都是間諜。[29]其中一人是記者威廉・德・羅普（William de Ropp），納粹付錢給他，請他幫忙介紹英國的一些關鍵人物。另一個則是冒充成納粹同路人的英國空軍部官員佛列德里克・溫特波森（Frederick Winterbotham），結果他是軍情六處的幹員。羅森堡毫無所覺，不僅帶他們到總理官署去跟元首開會，還邀請他們到柏林知名的歐胥餐廳（Horcher），與一群陸軍軍官共進午餐。羅森堡自認他是在幫兩國的友好關係奠立基礎，但實際上卻是幫那兩名間諜蒐集到許多關於德國重整軍備的情報。

不過，身爲納粹黨名義上的外交政策大師，羅森堡並未丟棄自己的職責。他使盡了各種手段，也與各國的納粹同路人建立關係，甚至資助了美國與其他國家的納粹政宣活動，還策畫了分裂蘇聯的計謀。而且，他等待著自己能改變歐洲的時刻。

無論那時刻是否會到來，羅森堡都永遠會是納粹的頭號意識形態大師。在黨內，大家都確信他是納粹理念的重要鬥士，能爲他們的激進使命提供思想基礎。一九三三年六月，羅森堡成爲少數被拔擢進入「帝國領導階層」（Reichsleiter）的十六人之一，躋身僅次於元首希特勒的黨內高層之列。當年底，《人民觀察家報》刊登了一系列希特勒寫給黨內最重要領袖的感謝信，其中有一封就是給他的。

「我親愛的羅森堡同志！」希特勒寫道，「要讓國家社會主義運動能夠獲勝的先決條件之一，就是必須在精神上摧毀與我們作對爲敵的各種思想觀念。你不只……毫不退縮地領導大家攻擊那些思想觀念，也以特殊的方式做出貢獻……確保我們在進行政治鬥爭時，能有前後一致的哲學主張。」[30]

一九三四年初，希特勒確立了羅森堡的領導地位。他把這位忠心耿耿的助手任命爲「國家社會主義黨的思想與意識形態教育之全權代表」。

---

26 原註：Dodd and Dodd, *Ambassador Dodd's Diary*, p. 190.
27 原註：Lüdecke, *I Knew Hitler*, pp. 642–43.
28 原註：Vansittart, *The Mist Procession*, p. 475..
29 原註：Winterbotham, *The Nazi Connection*, pp. 32–81.
30 原註：Piper, *Alfred Rosenberg*, pp. 293–94.

這個冗長的頭銜自然是出自羅森堡的手筆，而且幾乎與希特勒親手簽署的那兩句委任令一樣長。

之所以會獲得此一頭銜的起因，是羅伯・萊伊（Robert Ley）請求黨部提供思想訓練教育的教材，萊伊除了領導德國勞工陣線以外，也是該黨的帝國組織部部長兼組訓總局局長。[31]換言之，他必須負責第三帝國目前與未來領導人的教育訓練工作。自從希特勒當上總理後，納粹黨人數暴增，從一九三三年一月三十日到五月一日（這天暫停入黨登記），總計有一百六十萬德國人入黨。老納粹黨人都說這些新黨員是「牆頭草」，因此萊伊希望能讓他們好好接受國家社會主義的思想教育。他設想由意識形態大師羅森堡來擔任訓練顧問，設計課程、擬定課綱、製作教材，然後全部交由萊伊的手下在進行訓練時使用，藉此確保黨工們能爲黨員提供前後一致的思想教育。[32]

羅森堡想做的不只是寫教科書。在獲得那冗長頭銜之餘，他希望自己的角色能夠把功能發揮到極致，而且也開始著手實現自己的雄心壯志。

一九三四年二月，羅森堡前往柏林的科羅爾劇院，用麥克風向台下的納粹黨高層演講，讓大家了解他那些全面性的目標。羅森堡講的是一口波羅的海口音的德語，一聽就知道是剛來到德國的第一代移民，但出自口中的一字一句全都在大劇院裡迴盪著，希望能讓德國人民打從心底認同他。「如果今天我們只因爲取得政權就心滿意足，那麼國家社會主義運動就無法完成使命，」他對聽眾說，「國家的政治革命已經完成，但我們從現在開始才要重新塑造人民的思想與精神。」[33]

但是，在羅森堡有辦法領導納粹黨發動攻擊之前，他必須先打贏一場黨內的戰爭。

希特勒的管理風格向來是讓手下「你爭我奪，適者生存」。他會讓每個手下都身兼數職而且職責重疊，對於想做的事通常只下達非常籠統的指令。他積極鼓勵大家內鬥，引導黨內人員互鬥，只有當搶地盤大戰或政策歧見發展到水火不容時，他才會以元首身分來進行裁示。大家都知道，只要失寵，就有可能被希特勒罷黜，或者更慘。黨內同志都不太信任彼此。「在國家社會黨內，只要是對自己有利，沒有任何一個黨員會不願意除掉自己的同志，」外交記者蓓拉．佛洛姆寫道。「希特勒就是喜歡這種調調。他要讓大家都緊張兮兮。還有，他顯然認爲，只有能夠從內鬥中脫穎而出的人，才會對他有用處。」[34]

因爲羅森堡的新職，讓他與柏林最有權勢的政治人物之一產生了直接衝突，那個人就是第三帝國的國民教育與宣傳部部長約瑟夫．戈培爾，他是個詭詐狠毒的高官與操弄群眾的高手。戈培爾比羅森堡年輕四歲，成長於杜塞道夫（Düsseldorf）附近萊特（Rheydt）的一個勞工階級家庭。戈培爾的雙親都是虔誠天主教徒，他甚至還曾想要當神父。他動過脊髓手術，導致一條腿發育不良，終生跛腳。因爲對自己的身體狀況深感羞恥，他發憤讀書，成爲成績最好的學生。後來他修習日耳曼文學、歷史與古代語文學，而且獲得哲學博士學位。此後他都堅持要別人稱他爲「博士先生」。[35]

他想成爲作家，因此養成了寫日記的習慣，也曾試著寫過一本自傳式小說、幾齣劇本和一些新聞作品，

---

31 原註：Evans, *The Third Reich in Power*, pp. 457–60.

32 原註：Rothfeder, "A Study of Alfred Rosenberg's Organization for National Socialist Ideology," pp. 72–76.

33 原註：Cecil, *Myth of the Master Race*, p. 113.

34 原註：Fromm, *Blood and Banquets*, p. 164.

35 原註：戈培爾早年生活的細節係引自：Read, *The Devil's Disciples*, pp. 126–34, and Lochner, *The Goebbels Diaries*, pp. 12–14。

但他找不到人幫忙出版。他甚至連一份報社的工作都找不到。他曾在銀行工作過，沒多久就因爲一九二三年的金融危機而被解雇。

一九二四年，絕望的他加入納粹黨，很快就展示出自己的演說才能，開始把德國北部的勞動階級聚集起來，讓他們擁護納粹的政治理念，此時與他密切合作的人是充滿活力的柏林納粹黨領導人，藥劑師葛瑞格・斯特拉瑟（Gregor Strasser，其弟就是奧托・斯特拉瑟）。葛瑞格・斯特拉瑟與戈培爾都是信奉民族主義的社會主義者，因此與希特勒、羅森堡和慕尼黑那些比較保守的黨人意見相左。戈培爾就是不懂，爲什麼納粹不能與共產黨合作？「你我雙方互相爭鬥，但實際上我們並非敵人，」他在一封寫給共產黨的公開信裡面表示，「爭鬥讓我們的力量被分散，這樣就無法達成共同目標了。」[36]一九二六年，斯特拉瑟與戈培爾針對慕尼黑的群眾起草了一份新黨綱，以奪取貴族的資產爲目標，提倡德國在蘇聯「擺脫了猶太國際主義的影響後」，應與其合作。

希特勒完全不能接受，尤其是因爲他最重要的一些金主裡，就有許多很有錢的貴族。他把斯特拉瑟和戈培爾叫來訓一頓，而且在一九二六年二月的一場集會上，公開羞辱他們，逼他們低頭。希特勒堅守羅森堡的政治路線，這讓向來崇敬希特勒的戈培爾感到很難過。「這還是希特勒嗎？他怎麼變成反動派了？」他在日記裡寫道，「俄國問題已經偏離正道。義大利與英國居然是我們天生的盟友！太可怕了！他還說，我們的任務是摧毀布爾什維克主義。布爾什維克主義是猶太人創造出來的。我們一定要毀掉俄國……我真是無言以對，覺得腦袋好像被人狠狠搥了一下。」[37]

但戈培爾這個人畢竟是胸懷大志的現實主義者，很快就重返納粹的懷抱。過沒多久，他又開始在日記裡卯起來吹捧自己的偶像。（其中一則寫道：「阿道夫·希特勒，我愛你，因爲你是個簡樸的偉人。大家所謂的天才，就是你這種人。」[38]）希特勒自己也是公開向戈培爾致意示愛，就在他與斯特拉瑟分道揚鑣，不再當反對派之後，希特勒就派他去柏林，帶頭對抗他不久前才在公開信裡盛讚過的共產黨人。這是一份需要把謾罵掛在嘴邊的差事，但對於戈培爾來講，是再適合不過了。他的某位仰慕者表示，他講的話聽來就像「鹽酸混硫酸銅，還攙了胡椒」。[39]

戈培爾也是個暗算別人的高手，表面上看來他對自己的職責全力以赴，但同樣也非常賣力打擊政敵。柏林的記者都知道他是個焚膏繼晷的工作狂，而且在公開論政時，只要有需要，他什麼話都講得出來，而且他的確也有這種辯才，這種才能在一個靠暴力起家的政黨裡，可說是珍貴資產。美聯社駐柏林特派記者路易斯·洛克納（Louis P. Lochner）曾寫道：「他看來如此坦白率直，笑容可掬，聲音也討人喜歡，但實際上他最擅長的，就是用溫文儒雅的外表來掩飾自己的眞正想法。」[40]洛克納覺得他講話就像在作秀。戈培爾在演講時往往裝出一副感情豐沛的模樣，但他只是在表演而已，每個動作都是經過深思熟慮的安排，希望能藉此獲得最大效果。

戈培爾會用點伎倆來展現自己的辯才。他透過四次不同的演說，分別爲君主制、共產主義、民主制與

36 原註：Read, *The Devil's Disciples*, p. 142.
37 原註：Lochner, *Goebbels Diaries*, p. 19.
38 原註：Kershaw, *Hitler: A Biography*, p. 171.
39 原註：Fest, *Face of the Third Reich*, p. 333, n. 44.
40 原註：Lochner, *Goebbels Diaries*, p. 20.

國家社會主義等四種不同政府形式辯護，而且每次講完後，都能讓聽眾深信他就是堅定支持那種形式的政府體制。「事實證明，戈培爾就是個煽動大師，」洛克納如此認定，「他那一雙銳利的黑色眼睛、往後梳的黑色直髮、緊實的皮膚，在在都讓人覺得他好像是惡魔的化身。」[41]

羅森堡與戈培爾有許多紛爭，首先是宣傳部部長戈培爾認定自己的職掌範圍很大。根據希特勒在一九三三年六月三十日布達的命令，戈培爾可以掌管「關於國家的精神思想教育、政府的政宣、文化與經濟宣傳、國民與海外僑民的啓蒙等的一切事務」[42]。這讓羅森堡堅信他的地盤被人侵犯了。

他們倆之間將會爆發一場激烈爭鬥，接下來的十二年裡，大部分時間都處於鬥個你死我活的狀態。

藝術是他們的第一個戰場。君主體制於終戰之際被推翻後，柏林也因而解除了原先的所有桎梏。這城市在一夜之間變成德國的文化與社會中心。長腿的金髮女郎與社會名流在城裡的寬闊大街上閒晃，在路邊的咖啡館喝飲料。各家雄偉的百貨公司讓旅客們看得瞠目結舌，尤其是萊比錫大街上的威特海姆百貨（Wertheim）旗艦店，店裡有挑高的玻璃大廳與吊燈，以及高聳的拱門，看起來就像是消費主義的聖堂。

柏林人口已達四百萬，突然間一躍成爲排名僅在倫敦與紐約之後的世界第三大城。典型的柏林人都很有國際觀，但也憤世嫉俗，而且很可能是從別處遷居柏林的。後來有一位作家寫道：「他們可以算是中歐版的紐約客。」[43]甚至在其他德國人耳裡，他們說的那種方言聽來傲慢無禮。

雖然整個一九二〇年代左派與右派都爲了控制德國而在街頭與國會裡進行政爭，但各種形式的現代主義卻在藝廊與各種展演空間裡蓬勃發展起來。戰場上的混亂景象與都會異象成爲奧托・迪克斯（Otto

Dix）等表現主義畫家的作畫主題。達達主義者則是向各種理性思維宣戰。埃瑞許・孟德爾松（Erich Mendelsohn）等現代主義建築師設計的建物總是線條流暢，充滿未來感。風格前衛的恐怖片、瑪琳・黛德麗（Marlene Dietrich）主演的電影《藍天使》（*The Blue Angel*）、布萊希特（Bertolt Brecht）那些以惡徒為主角的劇作、爵士樂、上空酒吧歌舞秀、在浴缸裡高歌的裸女，還有只穿戴一串項鍊及香蕉串起來的裙子、展現曼妙舞姿的約瑟芬・貝克（Josephine Baker），這些都是柏林人入夜後可以看到的東西，但不只是這樣而已。德皇時代的保守威權主義瓦解了，代之而起的是完全不受羈絆的性能量。因為同志次文化的興盛，也出現了許多風格相應的夜店與舞台劇。兩次大戰之間的柏林是如此失序混亂，充滿折衷主義精神，也以自己的左派精神為傲。44

這一切當然都為納粹所痛恨。《人民觀察家報》痛批柏林是「萬惡的淵藪，娼館、酒家、電影院林立，馬克斯主義盛行，是猶太人、脫衣舞孃與黑人舞者的聚集地，所謂『現代藝術』的各種邪惡派別都在那裡開枝散葉」。45「電影院全都被猶太人掌控著，專門播放一些淫蕩的影片，」羅森堡曾於一九二五年悲嘆道，

41 原註：Lochner, *Goebbels Diaries*, p. 22.

42 原註："Decree Concerning the Duties of the Reich Ministry for Public Enlightenment and Propaganda," June 30, 1933, reproduced as 2030-PS in Office of the U.S. Chief of Counsel for the Prosecution of Axis Criminality, *Nazi Conspiracy and Aggression*, vol. 4, pp. 653–54.

43 原註：Otto Friedrich, *Before the Deluge: A Portrait of Berlin in the 1920s* (New York: Harper Perennial, 1995), p. 6.

44 原註：Ladd, *Ghosts of Berlin*, pp. 110–15.

45 原註：*Völkischer Beobachter* article, quoted ibid., p. 82.

「因此已經成為汙染國民的邪惡工具。同樣明目張膽的，是那些猶太人經營的媒體也大膽公開他們那些美化犯罪的計畫。」46

當時出現了一個拒斥現代主義的民族主義文化運動，後來獲得羅森堡的支持，他將運動稱為「文化的布爾什維克主義」47，也藉此強調他的藝術理念：傳統藝術應該深植於日耳曼人的歷史中。這個文化運動是一種頌揚德國軍人、農民和民俗傳統的浪漫、種族民族主義式運動。一九二九年，羅森堡成立了德國文化戰鬥聯盟這個半獨立團體，該聯盟不但高調邀請知名知識分子來進行演說，也辦了一份圖文並茂的期刊用以傳播他們的保守理念。

反之，戈培爾則是欣賞某些形式的現代主義，他所支持的那些團體也都不希望藝術被保守的意識形態綁手綁腳，與羅森堡陣營的理念背道而馳。戈培爾屢屢重申：「我們會保障藝術自由。」他用自己的名義幫某個義大利未來主義藝術展撐腰助威，在自己私宅的牆上懸掛表現主義畫家埃米爾．諾爾德（Emil Nolde）的水彩畫，並且委託印象派畫家李奧．馮．克約尼許（Leo von König）幫他繪製肖像畫，掛在自己的官署。48

納粹掌權後，羅森堡發現有機會可以加強宣傳他那些反對現代藝術的主張。但一九三三年秋天，戈培爾成立了一個帝國文化院，藉此在實質上掌控美術、戲劇、音樂、廣播、電影、媒體與文學等領域，讓自己在爭鬥中明顯居於上風。羅森堡拒絕舉白旗，他將德國文化戰鬥聯盟重整，併入納粹政府用來推廣旅遊與休閒，而且備受歡迎的「休閒強身」（Strength Through Joy）計畫。因為這計畫的實施對象是廣大的德國勞工與其家庭，這也讓羅森堡得以透過各種意識形態與文化計畫對他們施加影響。

在此同時，羅森堡也藉由各種高調的方式來發動攻擊，希望能打垮戈培爾，最後取代新成立的文化院。

羅森堡的攻擊目標是表現主義雕刻家恩斯特・巴拉赫（Ernst Barlach），他的雕刻作品很多都是龐大、有著披風的哥德式人物，也爲此獲得許多委託案，幫政府在德國各地興建一戰紀念碑。戈培爾自認是巴拉赫的仰慕者，甚至家裡收藏著許多他的小型雕刻作品。透過《人民觀察家報》，羅森堡大肆批評巴拉赫幫馬德堡大教堂（Magdeburg Cathedral）創作的雕刻，這作品刻畫著一具戴著頭盔的骷髏、一個胸前掛著防毒面具的男人、一位悲傷的女士，還有三名士兵，其中一人頭上用繃帶包紮著，雙手擺在身前的大十字架上。對於民族主義者來講，德國士兵應該是超越凡人的英雄。羅森堡批評道，巴拉赫的雕像簡直四不像，「看不出是哪種人，只是戴著蘇聯頭盔的白痴混合物，居然用他們來代表德國的戰鬥人員！」[49] 巴拉赫試著讓各種批評緩和下來，甚至正式宣稱自己是希特勒的支持者，但最後他的作品還是被移出了國家博物館，馬德堡大教堂的紀念雕像也被撤掉。[50]

羅森堡持續對戈培爾施壓，要他換掉帝國音樂院的院長作曲家理查・史特勞斯（Richard Strauss），因爲他願意與猶太人合作。史特勞斯曾經與猶太小說家胡戈・馮・霍夫曼史塔（Hugo von Hofmannsthal）及史蒂芬・褚威格（Stefan Zweig）一起創作歌劇，還把他的作品交給一家猶太出版社出版，並且聘用了一位

46 原註：羅森堡刊載於一九二五年其中一期的 *Der Weltkampf*。轉引自：Rosenberg, *Race and Race History*, p. 173。

47 譯註：布爾什維克在俄文中指「多數派」，羅森堡應該是指這個文化運動是受到群眾支持的。

48 原註：Petropoulos, *Art as Politics in the Third Reich*, pp. 23–25.

49 原註：Rosenberg article in *Völkischer Beobachter*, July 1933，轉引自：Rosenberg, *Race and Race History*, p. 161。

50 原註：Evans, *Third Reich in Power*, pp. 164–66.

猶太鋼琴家。蓋世太保曾攔截到一封史特勞斯寫給褚威格的信，內容幾乎反映出他不想效忠納粹政權的情緒，史特勞斯說，他之所以同意擔任音樂院院長，是「為了避免更悲慘的命運」降臨在藝術家身上，因此戈培爾不得不棄車保帥。51

到了一九三五年，宣傳部長戈培爾終於意識到自己地位不保。他不只是遭受羅森堡的猛烈攻擊，甚至理念也已經與希特勒相左，因為元首本來就是長期反對現代主義這種藝術風格。一九三四年，在納粹於紐倫堡舉辦的黨慶活動上，元首曾經激烈批判那些「囉里囉唆的立體主義者、未來主義者與達達主義者」，說他們已經危及德國文化。「難道這新帝國的創造者們會那麼笨，或那麼沒把握，以至於都被他們的廢話給迷惑，甚至被嚇到？如果這些騙子真的這麼想，那就大錯特錯了。」52

十年前，戈培爾被迫在斯特拉瑟和希特勒之間做出選擇。這次也一樣，他還是選擇與元首站在一起，於是他對現代藝術的態度有了一百八十度的大轉變。

要證明自己的忠誠度時，戈培爾沒有一次做得不夠徹底的。態度改變後，他就開始籌畫舉行納粹德國史上最為惡名昭彰的一次藝術展覽。「我已經發現了一些藝術布爾什維克主義的醜陋範例，」戈培爾在日記裡寫道，「我想在柏林安排一個藝術展，展出時代從德國的墮落時代開始。藉此民眾才能親眼看到，並且學會辨認那些作品。」53一九三七年七月，展覽揭幕了，被納粹政府取名為「墮落藝術展」，展出內容包括六百多件現代主義藝術品，畢卡索、馬諦斯（Henri Matisse）、康丁斯基（Vassily Kandinsky）等人的作品在光線昏暗的不理想空間裡展出，每一件都帶有聳人聽聞的作品簡介，把它們評為徹底墮落的藝術品。

希特勒很滿意，戈培爾這才鬆了一口氣，狡猾的個性再度幫他保住了在希特勒身邊的地位。

儘管羅森堡沒能把戈培爾扳倒，但也無損於其計畫的執行，藉由「希特勒的意識形態代表」這個職務，羅森堡要德國境內落實他的許多理念，就算是最偏遠的地方也不例外。即便羅森堡被捲入了黨政高層的內鬥，後來又碰到二次大戰爆發，羅森堡還是開設了許多文化事務局處，並且夙夜匪懈地執行政務。

任何要在納粹民眾面前進行藝術表演或演說的人，都必須先通過意識形態的背景審查，由羅森堡麾下的藝術保護處來確定新的音樂與戲劇作品內容是否和納粹思想一致。[54]如果藝術家的忠誠度有問題，該處就會把報告送交給蓋世太保。[55]羅森堡的想法是，既然納粹黨的組訓總局在思想教育工作上花費這麼多工夫，何苦讓那些有違納粹思想的藝術、文學、戲劇與音樂作品毀掉思想教育的成效？他的藝術保護處還會舉辦音樂會、贊助演講活動，並且製作舞台劇，到各個比較小的城市去巡迴演出。

羅森堡的部門還出版了一本圖文並茂、印刷精美的藝術月刊《德意志帝國的藝術》（*Die Kunst im Deutschen Reich*），藉此宣傳納粹認可的德國藝術觀，還有一份音樂期刊，其宗旨則是要讓猶太人再也無法在音樂舞台上發揮任何影響力。

---

51 原註：Evans, *Third Reich in Power*, pp 189.
52 原註：Nicholas, *The Rape of Europa*, pp. 15–16.
53 原註：Evans, *Third Reich in Power*, p. 171.
54 原註：Rothfeder, "A Study," pp. 136–38, 215–18.
55 原註：Petropoulos, *Art as Politics*, p. 45.

羅森堡的文學育成處除了有職員之外，還有一小群不支薪的志工（在巔峰時期最多有一千四百人），由他們有系統地審查「所有對德國民眾具有文化薰陶或教育意義的德國文學作品」。[56]他們審查新書的意識形態是否恰當，並將他們的發現刊登在一本叫做《書訊》（*Bücherkunde*）的期刊裡，該刊物在整個出版界裡有八千個訂戶。被批准的會出現在期刊的白色書頁上，反之則是登在紅頁上。通常來講，只要出現負面書評，就足以讓那本書被宣傳部查禁，最後導致納粹時代出現數以千計的禁書。羅森堡的員工辦差認眞，他們編了一個猶太作家的目錄，最後裡面包含了一萬一千個名字。某次，羅森堡舉辦了一個爲前線士兵募集書籍的活動，他的文學審查團隊藉此機會也「查抄了許多私人收藏的違禁文學作品」。[57]

爲了針對文化界進行意識形態監督，羅森堡成立了許多局處。科學處負責審查學術職務的任命。德國鄉間建築調查處研究農村住宅，確保住宅樣式並未受到外來影響汙染，能夠完美地反映出建造者的德國血統。民俗與納粹黨儀式處負責研發納粹黨員的出生、結婚與葬禮儀式，將有關音樂與裝飾的詳細規定刊登在一份黨刊上。該處建議的德國新生兒名字包括：阿爾威（Arwed）、艾德穆（Erdmut）、塞巴爾（Sebalt）與烏爾夫（Ulf）。[58]

羅森堡麾下一個局處的任務甚至是審查希特勒的雕像與肖像畫是否恰當，通過後才能夠公開展示。

爲了散播他想向全民布達的訊息，羅森堡的足跡遍布全德國，接受各地民眾鼓掌讚揚。到了柏林以外的地區，他總是能受到大批熱情民眾的歡迎。不管他身邊的黨內高層對他有何看法，到了其他各個城市與鄉村，他的身分就是國家社會主義運動的英雄。

但是在首都，他與戈培爾之間的爭鬥仍持續著。私底下，戈培爾部長總是謔稱羅森堡爲「差不多先生」。「羅森堡差不多就是個學者，是個記者，也是政治人物了，但再怎樣他也只是差不多而已，不是眞格的。」[59]

至於羅森堡，他則是認爲納粹意識形態是不能改變的。戈培爾願意爲了政治利益而改變路線，但他拒絕如此。「一九三三年以後，納粹黨嘗到了權力的果實，」後來有一位傳記作家寫道，「但羅森堡開始扮演起《舊約聖經》裡的先知角色，斥責把自己出賣給異教神祇的黨人。」[60]羅森堡認定他的政敵戈培爾就是個擅長進行華麗演出的大師，把納粹的理念當成另一種政宣工具，跟血紅的納粹黨旗與街頭的火炬大遊行沒什麼兩樣。

羅森堡很懷疑戈培爾是否眞的曾把黨的原則當成信仰。那傢伙總是能如此熟練地改變立場，因此羅森堡只能認定他是那種爲了保住權位，可以不擇手段的人。

「我們的革命，」多年後他將會如此斷定，「已經長出了膿瘡。」[61]

---

56 原註：Barbian, *The Politics of Literature in Nazi Germany*, p. 118.
57 原註：Ibid., p. 121.
58 原註：Rothfeder, "A Study," pp. 199–207.
59 原註：Allen, *Infancy of Nazism*, p. 202.
60 原註：Cecil, *Myth of the Master Race*, p. 4.
61 原註：Rosenberg diary, February 6, 1939.

羅森堡夢想著用自己的意識形態來駕馭整個納粹黨，但阻礙他的並非只有戈培爾。

儘管羅森堡對黨內各階層充滿影響力，但第三帝國的高層卻都是一些利欲薰心的人，怎麼可能希望聽命於被他們謔稱爲「哲學家」的傢伙？他們都是一些行動派，對於唯智論始終存疑。在進行重整軍備的祕密行動時，希特勒希望能平息國際社會的種種雜音。希特勒想要持續獲得興登堡的支持，因爲興登堡仍是德國總統，是最偉大的民族英雄，而且也能把他這個總理給換掉。他需要保持彈性。他必須當一個政治家。

羅森堡的觀點與此相反。「只要是讓我深深覺得對國家社會主義運動是有利的立場，無論任何人反對或贊成，我都會堅守那個立場，」他曾寫道，「就算最後只有我自己一個人，我也會這麼做。」62他最在行的一件事就是樹敵，但他自己應該對此也不會感到太過意外。

羅森堡的敵人之一是納粹突擊隊首領恩斯特・羅姆（Ernst Röhm），他是個完全不想聽羅森堡說教的納粹高官。羅姆的脖子粗短，他的臉在一戰擔任軍官時留下許多傷疤。希特勒就任總理職位後才幾個月光景，羅姆就嚷嚷著要發動「二次革命」，想要解除部隊裡所有資深將領的軍權，陸軍部隊也該換成他那些令人喪膽的手下，也就是直屬於納粹黨的突擊隊。63

一九三三年某晚，羅姆與羅森堡於土耳其大使在柏林舉辦的一個奢華派對上狹路相逢。外交記者蓓拉・佛洛姆也在場，跟許多提供新聞情報的人一起喝酒談天。「那是場正式的晚會，」她如此轉述當時的情況，「外面的提爾公園裡迷霧濃濃，文藝復興風格的柏林城市宮（Berlin Palace）燈火通明，厚重的大門敞開著，入門的車川流不息……這場晚會的紙醉金迷令人傾倒。賓客們都身穿軍服或精緻禮服，珠寶炫目奪人。」64

但吵吵鬧鬧的羅姆與他那些棕衫突擊隊隊員和晚會可說格格不入。他們喝了太多香檳，很快就醉了，主人想把他們請出場，但他們反而又多拿了幾十瓶香檳聚到另一個房間裡去喝。

身穿燕尾服的羅森堡走了進去，柏林的突擊隊首領卡爾．恩斯特（Karl Ernst）坐在一張粉紅沙發上，某個手下坐在他晃動個不停的大腿上。

羅姆和他的一些手下老是明目張膽地搞同性戀，羅森堡對此早已非常反感。「他身邊老是被一些浪蹄子和寄生蟲給包圍，」羅森堡後來在日記裡寫道，「他的軍官全都與年輕小夥子亂搞，與我們的運動漸行漸遠，種種行爲舉止也刺激著群眾。」羅森堡覺得羅姆的手下都是討厭鬼，是一群「身穿棕色襯衫的柏林男妓」。[65]

羅森堡在憤怒之餘對他們噓了幾句，喝醉的羅姆則樂得哈哈大笑。

「看看那一頭波羅的海豬，」羅姆大吼，好讓大家都能聽到。「那個娘娘腔連喝酒的膽量都沒有！他不屑我們的棕色制服，自以爲是高貴的波羅的海男爵！穿上燕尾服就能裝高貴嗎！我的男爵大人，你以爲你算老幾啊？」[66]

---

62 原註：Ibid., May 7, 1940.
63 原註：Shirer, *Rise and Fall of the Third Reich*, pp. 204–6.
64 原註：Fromm, *Blood and Banquets*, pp. 134–35.
65 原註：Rosenberg diary, July 7, 1934.
66 原註：Fromm, *Blood and Banquets*, p. 135.

羅森堡怒氣沖沖地走開。

但羅姆再囂張也沒多久了，不久後慘劇將會降臨。到了一九三四年夏天，就可不再是只有羅森堡受不了羅姆。

8 日記

一九三四年五月，羅森堡開始將想法記錄在一本皮革封面的日記本裡，當月歐美各國也開始擔心重新整軍經武的德國。據《紐約時報》報導，德國的各個兵工廠全都「全力進行生產工作」，美國的飛機製造商把飛機與航空科技賣給了德國，至於德國的BMW等公司則是開始製造飛機引擎，因此納粹很快就會組建一支強大空軍，以及堅固的地對空防禦系統。「到了明年底，」該報在五月報導，「德國的空防能力會在國際上領先群倫。」英國的政界領袖開始認爲，他們別無選擇，只能開始爲另一次大戰做準備。1

當月的某個週四夜晚，在大西洋彼岸的紐約市第八大道上，有兩萬名德裔美國人在一個運動場的粗陋倉庫裡，參加一場大型集會。他們進入一個室外帳篷，入口處寫著「麥迪遜廣場花園」，帶位的接待人員清一色都是身穿白襯衫、手戴卐字臂章的男性。兩個大大的納粹雄鷹標誌出現在舞台上，憤怒的眼神充滿威脅感。2

1 原註："Reich to Be Armed in Air with Mighty Fleet by 1936," New York Times, May 11, 1934; "Britain Alarmed by Reich Planes," New York Times, May 12, 1934; "Aviation Exports to Reich Mounting," New York Times, May 12, 1934。對此，美國的製造商們的自辯之詞是：這些出口品都是商業用品，而非軍用品，而且他們並非直接賣給德國政府，而是賣給公司行號。

2 原註："20,000 Nazi Friends at a Rally Here Denounce Boycott," New York Times, May 18, 1934.

這兩萬名好鬥群眾是來支持「新德國之友」，這是個把希特勒視爲偶像的組織。當時，一些德國人群聚的地區分散於底特律、芝加哥與紐約等城市，其中很多居民都支持納粹，但彼此爭吵不休。此一組織在前一年剛剛成立，發起人是德國移民海因茲．史班克諾貝爾（Heinz Spanknöbel），成立宗旨就是把彼此爭吵的在美納粹支持者給整合起來。史班克諾貝爾很好鬥，而且野心不小，還有遠在柏林的納粹政府副元首魯道夫．赫斯（Rudolf Hess）在背後撐腰，但史班克諾貝爾很快就因爲在美國四處搗亂而引人側目。他一開始先是衝進美國最大德語報《紐約州先鋒週報》（*New Yorker Staats-Zeitung und Herold*）的報社，要求編輯必須遵循納粹黨的政治路線，結果報社把他趕了出去並報警處理。接著史班克諾貝爾引發了一場爭議，他要求在慶祝「德國日」時，曼哈頓軍械庫（是美國政府所屬建物）的屋頂除了懸掛美國國旗之外，也該升起納粹的卐字旗。猶太領袖們反對此事，在此一爭議持續期間，史班克諾貝爾的手下在紐約市的各個猶太會堂裡塗鴉，畫上卐字符號。史班克諾貝爾在紐華克（Newark）的一場演講也以爭吵作收，混亂中他的某個保鑣拿出一根裝滿鉛的橡皮水管亂打人。[3]

很快的，聯邦政府就對史班克諾貝爾發出拘捕令，指控他隱匿自己是德國政府所屬情報員的身分，但被他逃回祖國。不過他所成立的好戰組織「新德國之友」換了一個領導班子，繼續營運下去。組織成員都宣示向希特勒效忠，宣稱他們都是純種雅利安族成員。組織所屬的維安人員身穿制服，指揮官曾是羅姆麾下的納粹突擊隊隊員。組織專屬報紙《德國週報》（*Deutsche Zeitung*）上面刊登的政宣文字，都是直接由柏林提供。該組織還設有青年部，負責透過夏令營活動對下一代進行思想教育。

仿效希特勒在德國的做法，「新德國之友」舉辦演講來推動在美國的國家社會主義運動。

書寫時間橫跨十年、共五百多頁的羅森堡日記手稿。（圖片來源：U.S. Holocaust Memorial Museum, courtesy of Miriam Lomaskin）

在麥迪遜廣場花園舉辦的集會上，一個又一個講者上台痛批猶太人在美國推動的抵制德國商品運動，這運動已經進行將近一年，由紐約律師薩謬爾·溫特邁爾（Samuel Untermyer）帶頭。會場外有一千名共產黨員在遊行抗議，嘴裡高喊：「推翻希特勒！」場內的納粹支持者則是痛批他們的敵人。一提到溫特邁爾的名字，群眾裡就有人高喊：「吊死他！」

「我們不能、也不會允許這個新德國每天都被醜化爲一座巨大監獄，」《德國週報》的編輯瓦特·卡沛（Walter Kappe）表示，他還特別模仿戈培爾在德國發展出來的好鬥語言。「我們不能，一定不可以，也不會繼續忍耐下去。我們要在此高聲吶喊，

3 原註：*Rogge, The Official German Report*, pp. 17–21; Bernstein, *Swastika Nation*, pp. 25–37; Diamond, *The Nazi Movement in the United States*, pp. 113–24.

那一切都是謊言、謊言、謊言！」他所指控的是那些發動抵制德國運動的美國猶太社群領袖。他們「用思想毒害美國人，讓輿論反對德國。今天，我們要在這裡對你們發出最後警告，」他說，「如果繼續與我們爲敵，那麼你們就會發現我們已經全副武裝，一切後果自負。」4

在會場外的那些共產黨人已經準備好要作戰了，就算當場打起來也在所不惜。在廣場花園外面遊行高歌之後，他們在時代廣場徘徊不去，等待集會解散。警方組成警戒線，擋住進入廣場花園的各個入口，與許多試圖突破防線的抗議民眾發生衝突。在「新德國之友」的成員匆匆湧入地鐵站與躲進計程車裡之際，其中一人放膽在紐約的春天夜裡大喊口號。

「希特勒萬歲！」

然後他就衝進百老匯與四十五街交叉路口的一間店裡，憤怒的群眾差一點把他抓住痛扁，所幸被一位巡警及時解救。

一九三四年五月，柏林的情勢也緊張了起來。麥迪遜廣場花園那場集會進行的一週前，戈培爾登上柏林體育宮（Sportpalast）的舞台，親自發言痛批美國的抵制運動。這位納粹宣傳部部長承諾，那一場運動並不會改善德國猶太人的命運。「如果抵制運動到最後眞的危及德國的經濟狀況，也不意味著我們就會把猶太人都放走，」他向聽眾保證，「不會！德國人民會把仇恨、憤怒與絕望都發洩在國內可以抓到的猶太人。德國發生不流血革命後，也許猶太人都以爲他們就有權像過去那樣好整以暇，用慣常的無恥與高傲態度來刺激德國人民，那我就要警告他們了，可別以爲我們多有耐性！」5

他咆哮道，猶太人必須了解自己在新德國社會階層中的地位。他們是國家的賓客，因此必須「安靜且謙卑地躲進自己的屋舍裡」。

戈培爾的演講發動了新一波文宣戰，鬥爭的對象是一些被他冠上「找碴者」（Kritikasters）這個新名號的叛徒，如他所說，他們都是只會「抱怨與吹毛求疵」的傢伙。[6]希特勒掌權一年後，他帶領的革命開始出現種種破綻。納粹並未遵守很快就把國家帶往復興之路的承諾。該黨的民意支持度開始下降，媒體出現愈來愈多批判的聲音，國內也流傳著各種關於納粹領導人的笑話。

爲了回應這些狀況，戈培爾掌控的報紙《攻擊日報》[7]發出警告，要毀謗政府者必須自負後果，別忘了納粹政府設有蓋世太保與集中營。先前曾有個報紙編輯諷刺與抗議戈培爾的媒體審查措施，結果變成殺雞儆猴的慘痛實例，他被關進了柏林北邊奧拉寧堡（Oranienburg）的監獄裡。納粹派出大批政宣人員到咖啡館與餐廳去發表支持政府的演講，還派突擊隊守在門口，藉此確保顧客們都能聽到演講內容。用海報來宣傳大眾集會還不夠（海報上寫著口號「別抱怨，快工作！」），還派出大批納粹黨人到城市的各個角落，站在卡車車斗上大喊口號。

---

4 原註："Reds Riot in Court After Nazi Rally," *New York Times*, May 18, 1934.

5 原註："Goebbels Utters Threats to Jews," *New York Times*, May 12, 1934.

6 原註：這一波文宣戰的細節係引自：Longerich, *Goebbels*, pp. 258–59; Read, *The Devil's Disciples*, p. 361; Evans, *The Third Reich in Power*, pp. 28–29.

7 譯註：*Der Angriff*，創辦之初本為週報，後來轉變成日報。

納粹政府表示，如果是愛國的德國人，就該購買卐字臂章，在公開場合配戴。只要是稍稍洩漏了不效忠於政府的情緒，也可能會有嚴重後果。曾有個女人聲稱，納粹政府「不會讓我們的日子愈來愈好過」，結果被下令要天天到市長室去報到，並且被罰在那裡複述同一句話：「我們的日子已經更好了，而且還會愈來愈好過。」[8]

當戈培爾在講台上大聲疾呼時，可以明顯看出納粹的最大問題並非支持群眾的熱情減退。一場內戰正在醞釀著，而希特勒將會被迫選邊站。

到了一九三四年夏天，柏林官場的所有人都已經能感覺到第三帝國內部的壓力愈來愈緊張，唯有透過暴力手段才能釋放這種壓力。

一九三四年五月十四日，羅森堡在這種激烈的氛圍中打開紅色皮革本子，寫起了日記。本子後面的幾張空白頁上有不平整的水彩飾紋，感覺起來很像毛邊紙。他打開第一頁，以鋼筆在頁面的右上角寫下：「Berlin 15.5.34」（柏林，一九三四年五月十五日），然後又把「15」畫掉，改成正確的日期「14」。接著他開始用潦草的筆跡寫日記。

「我已經有十五年沒寫日記了，」他寫道，「因此有許多歷史性的轉折都被遺忘了。現在，我們又面臨了一個新發展的關頭，對未來將會有決定性的影響，而且我覺得與兩個重要問題特別有關。」首先是，「在敵手那麼多的情況之下，我們還是必須設法落實我們的世界觀。」[9] 過去長期以來，羅森堡一直痛批教會與其種種教義，希望能藉此打壓神職人員，把納粹的意識形態灌輸到德國人民的內心深處。身為納粹的外交政策處處長，另外一件讓羅森堡在意的事，是他仍然希望能夠拉攏英國，讓他們接受納粹的理念。儘管他一九三三年的倫敦外交之旅很失敗，英國人也堅決反對希特勒和那些好戰的納粹爪牙，但他還是沒放棄。

羅森堡是這些歷史時刻的近身觀察者，他也決定把那些時刻都記錄下來。雖說他自稱曾有寫日記的習慣，但戰後並未發現那些早期的日記。不過，到底是什麼因素促使他開始寫這份新的日記？絕對不會只是因爲他深信身爲公眾人物的自己會被後世當成歷史偉人，肯定還與不久前在德國各大書店問世的一本書有關。他的宿敵戈培爾多年來都熱愛書寫日記，爲了將自己塑造成幫助希特勒取得政權的大功臣，他出版了自己一九三二到三三年之間的日記。

如果羅森堡要寫日記，那他肯定要先克服自己定力不夠的問題。他做事時有貪多的毛病，不太能專心一志，總是在著手一些新事物不久後，就交給別人處理，而且後繼者往往處理不善。加上他常常要花很多時間寫各種政治評論、政宣作品與許多備忘錄，還有多餘心力寫日記嗎？這也是個問題。

即使他本來就打算把日記出版，他也沒跟任何人說過。原因可能是他認爲那些日記只是自己的私人筆記，等到有朝一日他要撰寫納粹生涯的回憶錄時，可以拿出來參考。[10]

無論他是打什麼算盤，總之他在那年夏天開始寫日記。他把當時花費心力從事的一切，全都寫進那本內頁沒有印上線條的紅皮筆記本裡。羅森堡的日記風格缺乏熱情，喜歡自怨自艾，而且儘管他常批評對手

---

8 原註：Otto D. Tolischus, "Grumblers Face Arrest in Reich," *New York Times*, May 19, 1934.
9 原註：Rosenberg diary, May 14, 1934.
10 原註：Matthäus and Bajohr, *Alfred Rosenberg: Die Tagebücher von 1934 bis 1944*, p. 20.

自戀，日記也讓我們看到他自戀的一面。他喜歡中傷別人。他的個性易怒，也缺乏同理心，因此不能了解自己的強硬意識形態會導致多少人受傷害，而且他的人生幾乎完全被納粹黨的一切給占據了。他幾乎不曾在日記裡提到家人，也讓讀者看不出他工作以外的生活。

日記的頭幾頁都是五月下旬寫的，從內容看來，我們發現他正在向希特勒匯報英國輿論的狀況、打戈培爾的小報告，並且批評外交部的官員都是一些口是心非的傢伙。

先前我們曾提及，羅森堡曾招聘了幾名與英國政界之間的中間人，卻不知道他們是間諜，其中的記者威廉・德・羅普告訴他，那個月稍早，戈培爾在柏林體育宮對猶太人的攻擊言論，在倫敦引起一波新的批評聲浪。儘管羅森堡非常討厭戈培爾，但卻還是本於效忠黨國的立場予以反駁：「《倫敦標準晚報》（*Evening Standard*）也常常刊登一些批評希特勒的煽動言論，那**我們**又該怎麼說？在倫敦，任誰都可以對任何人說任何話，但只要是跟**猶太人**有關的言論，他們卻像**含羞草**一樣退縮了。」[11] 羅森堡內心深處也知道德・羅普沒說錯，如果戈培爾能夠措詞含蓄一點就好了。那些話在德國獲得了「一文不值的掌聲」，但在國際上只會惹禍。

同樣令羅森堡擔心的是，戈培爾不該大張旗鼓地對「找碴者」發動政宣攻勢。這只是向全世界宣告，德國民間對政府「普遍不滿」。否則納粹何必大費周章，要批評政府的人閉嘴？「讓德國長治久安的最有力保證，莫過於讓**整個**國家統合在本黨元首之下，但此一保證面臨了破滅的威脅。『你們支持的人是錯誤的，』我們的敵人對我們的朋友說。『人民再也不相信他們的政權了。』」

但在那個月最令羅森堡感到憤怒的，還是媒體的一則負面報導。五月九日，倫敦的《泰晤士報》刊登了第三帝國權力結構發展狀況的介紹文，宣稱羅森堡身爲希特勒在意識形態方面的主要代言人已經是徒有虛名，並無實權。「近來的種種流言都顯示，羅森堡先生已經被『冷凍』，而這也足以解釋爲什麼從一開始很多消息人士就認爲他只是頭銜好聽而已，既無實權，管轄範圍也不大，」該報的特派記者寫道，「足以強化此一觀點的某件事，發生在羅森堡先生就任新職後的首次大型演講，儘管根據事前的大肆宣傳，元首本人將會去聆聽他的納粹意識形態演說，但卻只是派人致歉，表示不克前往。實際上元首是跟戈培爾博士一起去觀看某場冰上曲棍球賽，以及桑雅・赫尼（Sonja Henie）小姐的花式溜冰演出。」[12] 金髮女郎桑雅是挪威的花式溜冰天后，曾多次獲得奧運冠軍，再過兩年就會前往好萊塢發展，成爲明星。

火冒三丈的羅森堡大步走進希特勒的辦公室，向他抗議。羅森堡說，毫無疑問的，外交部官員肯定是這則報導的幕後黑手。

面對羅森堡的憤怒，元首也只能聳聳肩。不然他能做什麼？

但羅森堡轉述的一則報導卻讓希特勒動怒。據悉，曾任德國駐倫敦大使館領事的阿爾布雷希特・格拉夫・馮・貝恩斯托夫（Albrecht Graf von Bernstorff），向已退役的英國陸軍中校葛蘭・塞頓・胡奇森（Graham Seton Hutchison，他也是個傾向於法西斯主義的間諜小說家，並且熱烈支持希特勒）表示，納粹政權正面臨著即將垮台的危機。馮・貝恩斯托夫向來反對柏林新政權，這早已眾所皆知，所以才會在前一年從倫敦

---

11 原註：Rosenberg diary, May 22, 1934.

12 原註："The German Jigsaw: Herr Hitler as Helmsman," *The Times* (London), May 9, 1934.

被召回。

「我們該怎樣處理這隻豬？」希特勒問道。[13]他告訴羅森堡，爲了對興登堡表示敬意，他自己還是得善待外交部的馮．諾伊拉特部長以及所屬官員。「那位老人的來日無多，我不希望跟他吵架，以免徒增他的痛苦，」他說。興登堡的身體孱弱，性命朝不保夕，一旦他走了，希特勒對外交部那些人就不用客氣了。「到時候，一定要立刻逮捕馮．貝恩斯托夫。」

羅森堡殷切企盼那一天的到來。「這些過氣官僚簡直可笑，居然以爲自己可以這樣搞破壞！」他在日記裡寫道，「到時候他們肯定會突然『覺醒』，飽嘗苦果。」[14]

但外交部內奸的問題並非希特勒必須立即面對的。當然，羅森堡跟每一位政府成員都能意識到危機一觸即發，但卻不敢冒險，把此事大膽寫進新的日記本裡。有些東西太過敏感，不能寫下來，就算只是自己看的私人日記也不可以。

自從一九三三年中開始，突擊隊的首領羅姆就一直發表煽動言論，宣稱應該發動「二次革命」。他希望納粹能夠把國內的實業家、大商人都一網打盡，尤其不能放過普魯士邦的那些將領。「如今還有很多公職人員完全沒有革命的抱負，」他在某次演說中表示，「如果他們膽敢實現那些反動理念，我們就該把他們全都處理掉，毫不手軟。」[15]羅姆這些話可不只是說說而已。到了一九三四年初，他的麾下已經有將近三百萬名突擊隊隊員，他們都是曾參與街頭鬥爭的老手，希望政府能用職務來回報他們。羅姆的盤算是把自己的突擊隊轉型爲正式部隊，成爲德國陸軍的基石。

但希特勒的想法完全不同，革命結束了，再次引發動亂對他沒有任何好處。希特勒知道，取得陸軍的支持才是鞏固自身權力的不二法門。因爲「凡爾賽和約」的掣肘，陸軍將領們的手下只有十萬人，但若與羅姆手下那些暴徒相較，士兵的武器裝備較爲精良，也更有紀律。陸軍也獲得興登堡總統的堅定支持。所以希特勒很識相，主動拉攏那些將軍，最能討好他們的一招，莫過於不理會「凡爾賽和約」的相關規定，逕行推動武備重整。

一九三四年二月，羅姆提議將突擊隊與陸軍合併，全都交由他指揮。但希特勒卻在四月間與將領們在某艘德意志級裝甲艦上開會，達成祕密協議。眼看興登堡總統將不久於人世，希特勒生怕陸軍會在這位老元帥死後反叛他。他承諾削減羅姆麾下突擊隊的人數，而且如果將軍們能效忠他，支持他成爲興登堡的繼任者，那陸軍就能繼續保有德國軍務的掌控權。

羅姆對那密約毫不知情，持續發表煽動言論，自一九三四年春天以降，關於政變與叛亂的謠言開始在柏林流傳了起來。

爲了對付羅姆，他的兩個強大政敵也展開了部署。其中一人是戈林，他在一九二三年的啤酒館政變失敗以前，曾是突擊隊的指揮官。另一個人卻是羅姆親自招募入黨的海因里希·希姆萊。他的父親是個虔誠

13 原註：Rosenberg diary, May 15, 1934.

14 原註：Ibid., May 17, 1934；貝恩斯托夫曾於一九三〇年代幫助許多猶太人逃離德國，同時他也是反納粹知識分子之間所謂「索夫幫」（"Solf circle"）的成員。一九四四年，蓋世太保密探混進某一場茶會，會間許多賓客發表了反政府言論，許多人因此被捕，包括貝恩斯托夫。他在二戰結束的幾週前遭到處決。

15 原註：有關長刀之夜的敘述，引自，Evans, *Third Reich in Power*, pp. 30–41; Shirer, *The Rise and Fall of the Third Reich*, pp. 204–25; Read, *Devil's Disciples*, pp. 343–74; and Noakes, *Nazism: A History in Documents*, vol. 1, pp. 172–85。

信仰天主教的中學校長，所以希姆萊從小就熟讀日耳曼人的歷史，他還是個小男孩時，就對日耳曼諸國與德國自古以來的知名戰役如數家珍。一戰時，才十幾歲的他就迫不及待地加入戰鬥部隊。但他還沒被派往前線，德國就已經投降，戰後的頭幾年他先復學，然後到農場去工作。16

一九二三年，希姆萊在羅姆的介紹下進入納粹黨，六年後被任命為親衛隊指揮官。當時，親衛隊只是隸屬於突擊隊的一個小隊，根本無足輕重。但他開始著手把親衛隊打造成一支令人膽寒的大軍。17羅姆的突擊隊隊員都是缺乏紀律的烏合之眾，只會動粗，但希姆萊的親衛隊卻是一支精英衛隊，所有成員都是雅利安族的精英，血統最為純正，而且恪守日耳曼人的各種嚴格生活規範。希特勒升任總理後，這支黑衫軍開始成為他的私人保鑣。但希姆萊的抱負更為遠大，他希望能掌控全德國的警察部隊，於是悄悄開始以各種手段攬權。

希姆萊貌不驚人，幾乎可說骨瘦如柴，尖尖的下巴看來不夠堅毅，眼睛很小又戴著圓框眼鏡。但他胸懷大志，而且心細如髮。儘管戈林在一九三四年四月才把蓋世太保（普魯士邦的祕密警察機構）的指揮權交出來，但希姆萊在這之前就已經開始設法收編德國各地的警察機關。這兩位企圖心強烈無比的納粹高層開始聯手拉羅姆下台。戈林與希姆萊都把羅姆當成政敵，倍感威脅，就像戈林多年後所說，他是個礙事的傢伙。於是親衛隊開始捏造突擊隊首領羅姆要政變的證據，把這不實的情資呈報給希特勒。

還有其他政治勢力也想把羅姆拉下台。自從納粹發動革命以來，許多保守派政治人物向來擔心國內會動盪不安，包括副總理法蘭茲·馮·巴本與幫他撐腰的興登堡都是如此。一九三四年六月，巴本在馬堡大學（University of Marburg）發表了一席與他過去風格很不相同的激烈演說，痛批納粹遂行恐怖統治已到肆無忌憚的地步，並且特別點名大聲疾呼推動「二次革命」的羅姆。「我們不能容許德國變成一列不知開往何處的火車，沒人了解它會在哪裡停下來，」巴本宣稱。「納粹政府打著在德國進行革命的旗號，但卻很清楚自己有多自私與缺乏原則，種種行徑都有違騎士風範，也愈來愈高傲。」巴本同時也痛批戈培爾，表示他的文宣都是一些蹩腳把戲，人民不會買帳的。「想要用不實的樂觀論調來欺騙大家，實在是手法拙劣，只會被取笑而已，」巴本說，「長期看來，如果只是靠嚴密的組織與動聽的文宣來執政，任誰到最後都會失去民心。」

被激怒的戈培爾下令封鎖巴本的演講內容。幾天後，他又前往體育宮演講，痛批保守派都是一些「荒唐的笨蛋」。「那些人無法阻擋時代的進步，」他說，「在我們大步前進的同時，將會把他們都踩在腳下。」巴本向希特勒抱怨戈培爾的禁令，說他一定會去向興登堡告狀。

希特勒先發制人，在六月二十一日搭機飛往興登堡的莊園，去探視已經垂死的總統。令他震驚的是，興登堡總統下達了最後通牒，除非希特勒能把「二次革命」的相關言論都擋下來，讓混亂的柏林恢復平靜，否則他就要發布戒嚴令，把政權交給陸軍。

戈林與希姆萊又補了最後一刀。羅姆請了幾週病假，前往溫泉勝地巴特維塞（Bad Wiessee）的漢塞鮑爾飯店（Hotel Hanselbauer）休養，離開柏林前命令手下擬定暑期的度假計畫。但是在六月二十八日，希特勒到埃森（Essen）去參加一場婚禮時，戈林的部屬帶著一些捏造的報告去找希特勒，表示羅姆的突擊隊

16 原註：有關希姆萊早期生活和事業，引自，Read, *Devil's Disciples*, pp. 39–49, 93–95。
17 原註：Ibid., pp. 168–69, 179–81.

正在進行武裝，馬上要在全國各地起事。

希特勒已經受夠了。他派戈林回去柏林，負責鎮壓全國各地的突擊隊成員。至於羅姆，希特勒會搭機前往南部，親自處置他。

幾天後，羅森堡把接下來發生的一連串事件寫在日記上，過程緊湊到令人屏息。讀起來簡直像通俗小說一樣聳動。18

據羅森堡的轉述，希特勒到巴特維塞的飯店後，輕輕敲門，而羅姆正在房裡計畫要顛覆政權，將政敵全都處決，把領導班子都換成他身邊的同性戀人士。

但英雄無敵的元首及時發現此一陰謀詭計。此刻羅姆算是完蛋了。

「有慕尼黑傳來的消息，」希特勒敲門時用假聲在門後說話。

「進來，」羅姆說，「門沒關。」

希特勒用力把門甩開，衝進房裡，發現羅姆仍在床上，一把抓住他的脖子。「你這隻豬被逮捕啦！」這位德國的超人總理大聲咆哮，把叛徒羅姆交給親衛隊。羅姆拒絕穿好衣服，某位親衛隊軍官用他的衣服甩他耳光。

希特勒來到隔壁房間後，發現羅姆的副指揮官艾德蒙・海因斯（Edmund Heines）「還在搞同性戀」。

「這些領導人居然妄想掌控整個德國，」面無表情的希特勒怒道。

「報告元首，」海因斯哭訴時，他身邊的年輕人還輕吻他的臉頰，「我跟這個小夥子沒有任何關係啊！」希特勒在盛怒之餘把海因斯的同性戀人抓起來，往牆壁扔過去。

接下來，希特勒到樓下大廳，看見一個塗口紅的男人。「你是誰？」希特勒怒道。

「我是羅姆參謀長[19]的手下，」那男人回答。

怒不可遏的希特勒下令，立刻逮捕這些突擊隊成員的年輕戀人（羅森堡稱他們爲「男寵」〔Lustknaben〕），帶到地下室去槍斃。

希特勒不想槍斃他的老朋友羅姆。但納粹出版機關的發行人馬克斯・阿曼在一旁勸說，表示他非做不可：「一定要把最大的豬給處理掉。」阿曼與納粹副元首魯道夫・赫斯都提議自己可以親自下手，但最後希特勒下令給羅姆一把槍，要他自行了斷。

但羅姆拒絕了，所以親衛隊負責行刑，於是希特勒再度完成一次保護德國的任務，避免讓國家蒙羞受辱。

這次流血事件，史稱「長刀之夜」（Night of the Long Knives）[20]，而羅森堡的誇張文字儘管稍有天馬行空之嫌，而且並未從更廣闊的視角把此一清算活動的起因與輪廓給勾勒出來，但他所描述的過程多少還算精確。只不過，他筆下的第三帝國歷史被扭曲了，簡直就像漫畫書的內容。

眞正的經過應該是這樣：希特勒的飛機於黎明在慕尼黑降落。雖然他走下飛機跑道前就已經下起了小

18 原註：Rosenberg diary, July 7, 1934.

19 譯註：參謀長（chief of staff）是由德文 Stabschef 翻譯過來，算是羅姆自創的正式職稱。雖然希特勒算是衝鋒隊名義上的總指揮官，但真正的指揮權都是羅姆以參謀長身分在執行。

20 原註：「長刀」一詞來源不明，不過早在盎格魯—薩克遜神話中就有使用「長刀」來形容叛亂的前例。

雨，但天空很亮。「這是我人生最黑暗的一天，」他對兩個在機場與他見面的陸軍軍官說。他登上一輛待命的賓士車，啓程後前往飯店懲奸。在一支親衛隊的陪同下，希特勒去找羅姆，後者顯然不知道自己已經大難臨頭，還在睡覺。

元首拔出手槍，把羅姆叫醒，稱他爲叛徒，下令逮捕他。接著他到隔壁房間去，海因斯跟他的年輕男寵還待在床上。「海因斯，如果你沒有在五分鐘內把衣服穿好，」希特勒大聲咆哮，「我就當場槍斃你！」被捕的突擊隊人員全都很配合，到了史塔德海姆監獄（Stadelheim Prison）後，戈林接到一通電話，收到代號是「Kolibri」的指令。

意思是「蜂鳥」，表示他可以開始處決行動。在柏林的羅姆麾下突擊隊領袖全都遭行刑隊槍斃，但希特勒大開殺戒的受害者遠遠不只如此。過去與現在的許多政敵都遭暗殺，其中包括與妻子一起遇害的前總理庫爾特・馮・施萊謝爾（Kurt von Schleicher），還有已經被趕出納粹黨的葛瑞格・斯特拉瑟。曾在一九二三年平定啤酒館政變的巴伐利亞邦前總理古斯塔夫・里特・馮・卡爾遭人用斧頭砍死，支離破碎的屍體在一處沼澤被發現。「如此一來，我們**終於**報了一九二三年十一月九日的一箭之仇，」羅森堡在日記裡寫道，「卡爾的厄運早已註定，至此終於成眞。」埃里希・克勞斯納（Erich Klausener）當過普魯士邦內政部警政署署長，曾是坎普納的上司，他也在洗手時遭人槍殺身亡。巴本的馬堡大學演說內容惹火了戈林，因此他找待殺害了講稿作者埃德加・容格（Edgar Jung）。至於巴本，因爲殺他太容易惹人非議，只是把他軟禁而已。

戈林與希姆萊人在柏林的一間官署裡指揮各地的行動，有人目睹了他們倆手裡拿著一張處決清單，興高采烈地掌控著殺戮行動的進度。後來被晉升爲帝國元帥（Reichsmarschall）的戈林心情大好，但某次聽到有人脫逃，便開始大聲咆哮，發出血腥指令。「把他們都射死！……派出一整個連隊！……全都射死！……射死……射死就對了！」

希特勒在慕尼黑下令處死幾位突擊隊領袖（但這時候羅姆尚未名列其中）之後，就搭機飛回柏林。「他沒戴帽子，臉色慘白，沒刮鬍子也沒睡覺，顯得憔悴浮腫，」一位目擊者表示，「他那被前額一撮頭髮遮掩著的雙眼看來如此呆滯。儘管如此，我不覺得他心裡有多難過……顯然，他可以毫不猶豫就殺掉自己的朋友。他沒有任何感覺，只是在盛怒之餘才下令殺人。」

確切的受害者人數有多少？沒有任何歷史文件可以解答這個問題。行動過後，相關紀錄就被戈林下令銷毀了。據某些人估計，數字將近一千。

羅姆在最後被處死的一批人裡面。對於是否要殺他，希特勒曾猶豫過。曾官拜中校的他是希特勒的老朋友，也是從一開始就共同打拚的忠實戰友。但戈林與希姆萊都說他是叛徒，不該留下活口，最後希特勒也同意了。他們派親衛隊軍官帶著一份《人民觀察家報》到監獄去，上面寫著羅姆被捏造出來的政變陰謀，並且給了他只有一顆子彈的手槍。

軍官在十分鐘後回來，發現他還活著。羅姆已經脫掉襯衫，用立正的姿勢站著。

軍官們只好開槍射殺他，他倒下時的遺言是：「我的元首，我的元首。」

清算行動過後，希姆萊登上權力頂峰。希特勒把親衛隊從突擊隊裡獨立出來，至於突擊隊儘管受到嚴厲懲處與教訓，但在換了領導班子過後仍繼續存在，還是納粹用來打擊政敵的可怕打手。此後希姆萊有權直接向元首報告，他的地盤也在持續擴大。受其統轄的單位不只是他深愛的親衛隊，還有蓋世太保與全德國各地的政治警察，同時也包括用來囚禁政府公敵，規模愈來愈龐大的集中營網絡。不久後，希姆萊將會完全掌控納粹政府的國安體系，並藉此無情地遂行自己的意志。

一個月後，興登堡在八月二日上午九點薨逝。希特勒的內閣同意把總理與總統的官署合併，陸軍也宣誓無條件效忠元首。希特勒登上德國獨裁者的寶座，沒有任何人出言反對。至少，沒人有能力阻止他。

那一天，羅森堡曾與希特勒見面。他藉機煽動希特勒對付政府的外交官。希特勒告訴羅森堡，他已經受夠了興登堡總統所屬那些舊官僚的種種掣肘了。「今天，外交部那些傢伙肯定會悔恨不已，因為我已經拿到了興登堡的大權，」他說，「現在，他們再也笑不出來了。」希特勒誓言把外交體系裡的叛徒都找出來，送往帝國的人民法院受審。納粹政府為了處置政敵，設置了很多聲名狼藉的特別法院，人民法院是其中之一。羅森堡寫道：「絕對沒有人會想要知道**那法院**長什麼模樣。」21

羅森堡只在日記中約略提及興登堡之死。「一代偉人崩殂，」他寫道，「舉國哀戚。」22

但羅森堡的哀悼並未持續多久，他很快就雀躍了起來。希特勒終於擺脫所有桎梏，可以為所欲為了。「現在，」羅森堡用歡欣鼓舞的筆調寫道，「元首終於成為德國**唯一的**最高領袖。」

現在，不管他們做什麼都可以肆無忌憚了。

---

21 原註：Rosenberg diary, August 2, 1934.
22 原註：Ibid.

9 「聰明的處理手法，再加上幸運的巧合」

朋友們都出走流亡了，羅伯．坎普納卻在柏林開了一家公司準備賺錢。在丟了柏林的公職飯碗之後，他便在邁內克大街（Meineckestrasse）九號開設了「資產轉移辦公室」，與選帝侯大街只隔半個街區，位於提爾公園的西南方。坎普納的合作對象是被納粹開除的猶太法官恩斯特．阿許納（Ernst Aschner），他替那些打算逃離德國的猶太人擺脫官僚體系的種種牽制，不僅處理繁瑣的稅務，還盡可能幫他們把資產都轉移到海外，並備妥所有必要的文件。

這兩位合夥人挑選的辦公室地點很完美，隔壁大樓設立了一些鼓吹猶太人移民到猶太教「聖地」巴勒斯坦的組織，包括一家提倡錫安主義運動的大報、德國錫安主義聯盟（Zionist Federation of Germany）以及促進猶太人移民巴勒斯坦辦公室。坎普納與阿許納承諾「以最有利的條件，順暢而快速地搞定一切事務」[1]，讓他們能趕快上路，而且不只是前往巴勒斯坦，要去南美洲、義大利或者任何他們自己選定的遙遠國度都可以。這一對法律人搭檔採用「成功酬金制」（contingency fee），也就是只有把案子辦成了才收費。

1 原註：Kempner flyer, "Emigration and Transfer to Palestine and Other Countries," Kempner Papers, Box 41; correspondence on Kempner legal work from 1933 to 1935, Kempner Papers, Box 95；也可以參閱：Nicosia, "German Zionism and Jewish Life in Nazi Berlin," and Schmid, *Lost in a Labyrinth of Red Tape*, p. 71.

他們的生意興隆。儘管大多數猶太人在納粹掌權後都是不爲所動，但還是大概有八萬一千人在一九三三到三五年之間逃離德國，其中大多數都移民前往其他歐洲國家，或是巴勒斯坦。一九三三年四月，納粹以暴力手段抵制猶太人開的商店，同一個月還透過法律手段禁止猶太人從事許多工作，這也掀起了第一波移民潮。接下來十年內，移民潮未曾止歇。

納粹對這波風潮可說是樂觀其成。只要能把猶太人弄出國，任何政策他們都歡迎。在此同時，他們還是把移民程序變得昂貴又困難。德國政府先是使出撒手鐧，以政策讓猶太人丟掉飯碗、無法做生意，如今又迫使想要逃出德國的猶太移民必須把大部分資產都留在德國。[2]早在納粹上台前，一九三一年就已經開始實施「移民稅」（Reich Flight Tax），藉此把資金留在國內。如今納粹把這個措施拿來對付猶太人，並將稅金加碼，以至於有些人必須變賣全部家當才能繳得起稅。

猶太移民的銀行帳戶都被凍結了，他們必須先把錢兌換成外幣才能提款，而且那匯率高到跟勒索沒兩樣（不過，鼓吹移民到聖地的錫安主義運動人士在一九三三年與納粹達成協議，讓前往巴勒斯坦的猶太人能夠保有較多資產）。除此之外，移民還必須繳交種種文件，提出申請，並且請求政府允許。在每一道手續都可能會有人索賄收禮，甚至要求陪睡。[3]還有些蓋世太保會上門強索物品，像是桌子、地毯或者有價值的畫作。

在此同時，想申請外國簽證也必須等很久，而且其他國家都把這些猶太人當成難民，要他們提出證明，保證前往該國後不會造成當地社福體系的負擔。美國政府還要求提交擔保人證詞，確保移民在美國遇到財務困難時，會有人伸出援手。

Der durch nebenstehendes Lichtbild kenntlich gemachte Regierungsrat
Robert Kempner,
Wohnung: Berlin-Lichterfelde
58a
ist bei dem Preuß. Ministerium des Innern, Unter den Linden 72/74, beschäftigt. Alle militärischen und polizeilichen Organe werden gebeten, ihm Schutz und Hilfe angedeihen zu lassen und ihm in der Ausübung seines Berufes bei Absperrungen Durchlaß zu gewähren.
Berlin, den 7. September 1929.
Der Preußische Minister des Innern.
In Vertretung.
Eigenhändige Unterschrift des Inhabers:

由普魯士內政部於一九二九年簽發給羅伯·坎普納的身分證明文件。（圖片來源：U.S. Holocaust Memorial Museum, courtesy of Robert Kempner）

種種紊亂複雜的程序把許多猶太人搞得心煩意亂，他們紛紛湧入坎普納與阿許納的辦公室。靠這些逃命的猶太人賺錢，是否有趁人之危的嫌疑？多年後有人這樣問坎普納，但他只是聳肩答道：他剛好住在一個欠缺法治的獨裁國家，所以像他這種知道如何迴避規定的人，才能賺進大把鈔票。[4]

當時，坎普納也不知道這業務可以持續多久。許多人認爲納粹的種種舉措不會持久，但他可不這麼想。不幸的是，納粹稽查員找上門來，他們檢查他的書冊，搜查證據，想要證明他以非法手段幫助猶太人夾帶貨幣出國。

他知道，只要走錯一步，自己就要去吃牢飯，甚至會性命不保。[5]

2 原註：Evans, *Third Reich in Power*, pp. 555–60.
3 原註：Kaplan, *Between Dignity and Despair*, p. 72.
4 原註：Kempner interview, Records of the Emergency Committee in Aid of Displaced Foreign Scholars.

但所謂「富貴險中求」還眞是有道理，他賺的錢多到讓他幾乎捨不得離開。根據他後來估計，那段時間他的年收都有八千美金，約等同現在的十三萬八千美金。6

而且他還有一個暫時不能移民的理由，就是他想要看顧母親莉迪雅。生活在納粹德國讓她痛苦不堪，但健康狀況太差，無法逃到國外。一九三四年時，已經六十三歲的她身體孱弱，女兒才剛在前一年死於結核病，丈夫瓦特也是因爲結核病而在一九二〇年辭世。納粹在穩固政權之後，本來擔任柏林莫阿比特醫院（Moabit Hospital）細菌學實驗室主管的莉迪雅被迫退休，並交出德國首屈一指結核病研究期刊《結核病雜誌》（*Zeitschrift für Tuberkulose*）的主編職務。7

不過，坎普納還是先把兒子魯西安送出國，安頓在義大利佛羅倫斯的猶太寄宿學校，這是個相對較爲安全的地方。一九三二年，坎普納與魯西安的生母海倫・維林格（Helene Wehringer）離異，這段婚姻只維持了九年。離婚時雙方鬧得不太愉快，她指控坎普納家暴，而且以粗暴手法將她推出公寓。坎普納在法庭上並沒有抗辯，不過還是贏得了兒子的監護權。十年後，坎普納的辯護律師在一份證詞中宣稱，海倫「受到某些政治教條的影響，對丈夫與他的家人產生嚴重偏見，只因他們是猶太人」。8

一九三三年，坎普納仍與母親一起住在老家，在她丟掉飯碗以前，他總是開車載母親去上班。某天上班途中，她看到四周都高掛著納粹旗幟，於是哭了起來。

坎普納問道：「媽，怎麼啦？」

莉迪雅出身立陶宛的考那斯（Kaunas），所以很了解過去五十年來，俄國猶太人受到暴力攻擊的情況，而且她看得出德國猶太人已經陷入了相同處境。

她跟兒子說：「現在，大屠殺要開始了。」9

直到一九三五年三月某天，坎普納才發現自己好像蹉跎了太久，應該早點逃走。

蓋世太保已經撒下天羅地網，要逮捕左派德國記者貝托爾．雅各（Berthold Jacob）。10 威瑪共和國時期，這名反戰記者就曾因多次報導德國偷偷整軍經武的狀況，而被罰款及囚禁。納粹上台後，雅各逃往法國史特拉斯堡，並成立了一家新聞通訊社，持續針對德國的武裝計畫進行調查報導。因爲雅各的公民身分已經被納粹註銷，德國情治人員利用這一點，假裝要賣一本假的德國護照給他，把他騙到瑞士的巴塞爾（Basel）。他們在一家叫作「鬼祟角落」（Schiefen Eck）的餐廳用餐，席間相談甚歡，也喝了很多紅酒與烈酒，餐後雅各同意與接頭的人前往一間公寓完成交易。沒想到在他上車後，駕駛驅車往北，越過邊界的瑞士安檢站，回到德國。當晚，雅各就被帶回了柏林。

---

5 原註：Kempner to Ernst Hamburger, February 17, 1939, Kempner Papers, Box 2；也可以參閱：Alfred S. Abramowitz, November 16, 1938, and Kempner to Carl Misch, November 28, 1938, both in Kempner Papers, Box 2.

6 原註：Kempner Application for Federal Employment, Kempner personnel files from Department of Justice and Department of the Army；在某次應徵聯邦政府職務時，他填寫的資料裡面提及那一段時間他的年收入為一萬到三萬美金之間，請參閱：Kempner Papers, Box 41。

7 原註：Creese, *Ladies in the Laboratory II*, p. 137.

8 原註：Copy of affidavit by Sidney Mendel, dated 1944, and copy of divorce ruling, March 9, 1932, in Kempner Papers, Box 76；也可以參閱：*Third Reich in Power*, p. 566。

9 原註：Kempner, *Angläger einer Epoche*, p. 135.

10 原註：Barnes, *Nazi Refugee Turned Gestapo Spy*, p. 76.

蓋世太保的幹員開始細查從雅各身上搜來的聯絡本。上面寫了雅各的許多軍方聯絡人與其他可能的線民，坎普納與阿許納都名列其中。

三月十二日，蓋世太保前往利希特費爾德地區的坎普納老家，穿過房子外的鐵門走到大門前敲門。那是一間又窄又高的優雅石造房舍，總共三層樓高，山牆的材質有一半是木頭，屋頂貼著磁磚，左邊有三個拱門與石頭欄杆構成的遊廊，二樓有好幾個可以眺望街景的陽台。

坎普納走到門邊，幾位蓋世太保跟他說：「Mitkommen!」意思是：「跟我們走吧！」

這是德國人，尤其是猶太人與納粹政敵最害怕的一刻：無故被請到阿爾布雷希特王子大街（Prinz-Albrecht-Strasse）的蓋世太保總部。有時候他們會寄明信片通知當事人到場，有時候則是在沒有告知的情況下，由官員親自登門帶人。蓋世太保可能只是想問幾個問題，或者想獲取一些情報，很快就放人了。但也有可能會直接受到他們所謂的「保護性管束」，被送往希姆萊新成立的某個集中營裡。

坎普納就是受到了「保護性管束」。他被關在惡名昭彰又破破爛爛的柏林哥倫比亞（Columbia-Haus）集中營，那裡本來是個軍事監獄，以收容人在裡頭受到殘酷無比、無法無天的待遇而著稱。

入獄後，他曾經心想：「完蛋了。」[11]

在被單獨監禁的那九天，最讓坎普納感到害怕的，是他壓根不知道自己為什麼被逮捕。[12]跟他的移民辦公室有關嗎？還是因為他用筆名發表的那部控訴納粹暴政的短篇小說？或是因為他與奧西茨基以及德國人權聯盟的合作關係？根據他後來的回憶，當下他就告訴自己絕對不能夠提及奧西茨基的名字，「任誰在被蓋世太保偵訊時，都會盡量不要提及那個名字。」[13]

直到他被送回蓋世太保總部接受偵訊時，他才知道自己是因爲雅各而被逮捕。蓋世太保懷疑坎普納把納粹在柏林活動的資訊偷偷通報給雅各。他否認了。「爲什麼我的名字會出現在他的聯絡本裡，」多年後他說，「我還眞的不知道。」

莉迪雅聽到兒子被捕的消息後，就心臟病發了。坎普納的家人立刻開始展開營救他的行動，原因如他後來所寫的：只要是你心愛的人被納粹逮捕了，可不能坐等法律還他清白。你一定要盡全力把他救出來。而且要快。

離家前，坎普納打了一通電話給他的律師西奈・孟德爾（Sidney Mendel），孟德爾後來對蓋世太保正式提出抗議。知名外科醫生費迪南・紹爾布魯赫（Ferdinand Sauerbruch）與坎普納的母親熟識，他也受託去找已故總統的兒子奧斯卡・馮・興登堡（Oskar von Hindenburg），請奧斯卡出面救人。沒人知道奧斯卡是否眞的試過，但坎普納的女友露絲・韓恩（Ruth Hahn）伸出了援手。她是名社工，跟坎普納一樣是路德教派教徒。她找上魯道夫・迪爾斯這位可能發揮影響力的老朋友。

當時的迪爾斯早非蓋世太保首領。他惹上了一些有權勢的政敵，後來在一九三四年捲入了戈林與希姆萊之間的政爭，結果被解除指揮權，被希姆萊的助手萊茵哈德・海德里希取而代之。在帝國元帥戈林的保

11 原註：Kempner, *Ankläger*, p. 134.
12 原註：Kempner to Misch, November 28, 1938, Kempner Papers, Box 2.
13 原註：Kempner, *Ankläger*, p. 133.

護之下，迪爾斯才沒有在納粹發動的「長刀之夜」行動中送命，後來還被指派爲科隆市政府的行政首長，到最後，身兼經濟部長的戈林也在自己的商業帝國裡，幫他安插了一個位子。他甚至還娶了戈林的親戚。

迪爾斯肯定記得自己當年捲入召妓風波時，坎普納曾經幫過大忙。但一九三五年時，迪爾斯是否眞的有出面營救自己的老同事，好還坎普納這份人情？他們倆都沒說。

總之，坎普納在兩週內就獲釋了。幾年後，坎普納在寫給朋友的信裡透露，他之所以能從哥倫比亞集中營全身而退，多虧了女友露絲．韓恩「聰明的處理手法，再加上幸運的巧合」[14]。

雅各被捕後，報界人士都聽到了風聲。來自國際社會的抗議聲浪接踵而來。瑞士政府抗議蓋世太保在沒有照會、也未獲允許的情況下就越界逮人，還將此事鬧上國際法庭。此時希特勒剛掌權不久，對於外交壓力還有三分忌憚，因此在六個月後就下令釋放雅各。[15]

此時，坎普納已經沒有懸念，他知道自己必須離開德國。一九三五年八月，母親去世了，他也終於開始進行各種必要的安排。[16] 替客戶到國外考察時，他也悄悄研究哪裡是自己與露絲的最佳落腳處。一九三五年五月二十五日，就在坎普納出獄不久後，他與露絲結婚了。荷蘭太近了，英國則是機會渺茫，只有身分最爲顯赫的猶太人才能獲准移民，法國則是長期以來都不太友善。巴勒斯坦的環境惡劣，去那裡好像又太過辛苦。

某天，坎普納跟一個老同事約好在車水馬龍、人聲鼎沸的波茨坦廣場喝咖啡。他的同事韋納．培舍（Werner Peiser）是個戴眼鏡的細瘦猶太人，曾當過普魯士邦總理的新聞祕書，後來任職羅馬的普魯士歷史學院，直到納粹上台才丟了飯碗。

培舍四處求職，最後想到自己創辦一家寄宿學校，專門收留那些被爸媽先送出國、以策安全的猶太子弟。他找人一起出資，完成了各種官方的許可手續，並在德國的許多報紙上刊登廣告。學校在一九三三年秋天開張，那時候才沒幾個學生，但培舍的翡冷翠學院（Istituto Fiorenza）很快就收到了三十個學生。他的寄宿學校有個讓人難以抵抗的賣點：地點特佳。廣告詞是這樣寫的，「翡冷翠學院位於托斯卡尼鄉間。」[17] 如同某位校友後來所說的：「想幫開在托斯卡尼的寄宿學校打廣告並不難。」[18] 當坎普納決定先把兒子魯西安送離納粹德國時，他也是挑了翡冷翠學院。此時，培舍建議坎普納也去佛羅倫斯[19]，可以幫他經營學院。

幾經思量，坎普納愈來愈覺得，如果他需要一個暫避風頭、等待納粹下台的地方，義大利似乎是首選。當時義大利的執政者是墨索里尼（Benito Mussolini），這位一九二二年上台的法西斯黨獨裁領袖很受

---

14 原註：Kempner to Misch, November 28, 1938, Kempner Papers, Box 2。坎普納說希特勒因為國際壓力而釋放了他與雅各，還有其他囚犯，請參閱：*Kempner, Ankläger*。

15 原註：Palmier, *Weimar in Exile*, p. 432。一九四一年，雅各想要逃亡海外時又在葡萄牙被逮捕。三年後他死於柏林的監獄。

16 原註：Creese, *Ladies*, p. 137.

17 原註：Advertisement reproduced in *Dial 22-0756, Pronto*, p. 11.

18 原註：Ibid., p. 15.

19 譯註：佛羅倫斯是托斯卡尼的首府。

希特勒欣賞，但墨索里尼對他並未完全放心。特別讓他感到有所疑慮的是，希特勒想要染指奧地利。維也納的納粹黨向來有德國政府撐腰，他們在一九三四年夏天暗殺了奧國總理恩格爾伯特·陶爾斐斯（Engelbert Dollfuss），並且試圖推翻政府，這讓墨索里尼對希特勒感到憤恨不平，因此把部隊集結在邊境，並且誓言，若有必要就會出兵援助奧國政府。

坎普納知道德國人在義大利向來備受歡迎，甚至不需申請簽證就能入境。他後來寫道，重點是，義大利「對猶太人沒有太大意見」[20]。至少到目前爲止還沒有。所以他把利希特費爾德的老家與母親的大批藏書都賣掉。坎普納家的那部名琴被波茨坦廣場上的「祖國之家」以五百馬克的價碼買走。他的護照過期了，但他家那區的警察首長欠他人情，很快就幫他辦了一份新護照。爲了紀念他們的移民之旅，坎普納還送了露絲一枚戒指。

然後他就要打包行李了。行李不能太大，他不希望自己看起來像是要逃到國外。

他不能讓人起疑。

20 原註：Kempner, *Ankläger*, pp. 137–40.

10

「對我來講，時機尚未成熟」

一輛由六匹黑馬拖著的雙輪彈藥車越過普魯士平原，上面載有覆蓋著德國鐵十字旗幟的興登堡靈柩。送葬隊伍很長，似乎沒有盡頭，隊伍裡有小號手、旗手、步兵、騎兵、炮兵、高階將領，還有他的親戚與僕從。隊伍前的靈車把所經之處的花卉與松樹幼苗都輾了過去。只見一把又一把火炬在幽暗的天色中閃爍著，火光綿延不絕。

他們正要把興登堡總統的遺體送往東普魯士的坦能堡紀念碑（Tannenberg Memorial）去安葬。一九一四年八月，他在那裡大敗俄國部隊，如今他將與二十位不知名的捐軀士兵同眠在紀念碑旁。隔天，也就是一九三四年八月七日清晨五點，隊伍抵達了龐大的紀念碑旁。紀念碑矗立於一個以石牆爲界的八邊形園區裡，每個邊上坐落一棟高聳塔樓，外圍是一片曠野，整個園區看起來就像是一個要塞，一個軍事的巨石陣。在這個嚴肅哀戚的日子裡，塔樓上全都垂掛著黑色布幕，塔頂有煙霧冒出來，某位參加葬禮的人士心想，「這讓那些塔樓看起來好像一個個祭壇。」[1] 七架飛機在機翼尾端掛著黑色喪幡，盤旋在園區上方，納粹親衛隊與突擊隊在園區裡列隊佇立著。

---

1 原註：Otto D. Tolischus, "Hindenburg Rests on Site of Victory After Hero's Rites," *New York Times*, August 8, 1934.

外國政要與納粹高官一排排坐著，元首希特勒走到棺材旁的一個小平台，把興登堡元帥送到另一個世界去。

「將軍，一路好走！」剛剛成爲德國獨裁者的希特勒高聲與興登堡話別。「進入華海拉殿（Valhalla）吧！」

羅森堡坐在那一排排送葬的人裡面，希特勒的話讓他暗自竊喜。多年來，羅森堡持續猛烈抨擊基督宗教，這讓他在國際間惡名昭彰，大家都把他當成納粹黨中反教會激進勢力的代表性人物。希特勒上台之前，一位軍方牧師在葬禮上的言論讓羅森堡聽得火冒三丈，甚至覺得噁心，那牧師宣稱興登堡「畢生都眞誠對待永生的上帝，至死不渝」。後來，羅森堡在日記中抱怨連連，他寫道：那位牧師「頻頻用聖經的引言來戕害我們。」令他大惑不解的是，怎麼會有血統高貴的德國人爲這種咒語般的胡言亂語所折服。「今天的葬禮再次印證，教會的言論雖然都用德語述說，但講出來的卻都像是令人聽不懂的華語，」葬禮當天稍晚，他在日記裡寫道，「國人再也**不想**聽到這種聖詩的引文，所謂『先知』說的話，還有諸如此類的言論。」[2]

但羅森堡知道，希特勒總是能夠「撥亂反正」，元首的那番話讓他興奮不已。希特勒並不是把興登堡送往基督宗教所信仰的天堂，而是「華海拉殿」，那是北歐神話中，天神奧丁（Odin）用來歡迎戰士英靈的神殿。羅森堡深信，只要仔細傾聽，任何人都聽得出希特勒已經用這句話對教會發出了警告。

他眞心希望接下來希特勒還會有更多類似的言論。他認爲各個教會都是背信忘義的，也曾屢屢與希特勒談論這個話題，只爲了勸說希特勒公開發表反對教會的言論，藉此讓德國人民能夠遠離教堂，背棄他們的神父與牧師。

儘管把公開抨擊猶太人當成家常便飯，但羅森堡執筆寫日記時卻很少提及被納粹黨視爲中心思想的反猶太言論。看來，他好像已經把反猶太當成不值一提的話題，反正只要納粹掌權，反猶太的戰爭他們是非贏不可的。羅森堡已經把目標瞄準下一個敵人，隨時要開戰了。

若是要與基督教教會開戰，納粹黨必須面對的，是一個已經屹立不搖將近兩千年的龐大組織。羅森堡深知，這戰爭一旦開打，肯定會拖很久。不過，對於這一仗他還是充滿雄心壯志，希望能夠在自己有生之年扳倒基督教教會。

他在某次演說時大聲疾呼：「也許，聖地並非在巴勒斯坦，而是在德國。」[3]

只要有人向他發出捷報，就算戰果再小，他也會感到歡欣鼓舞。某次他前往歐登堡（Oldenburg），有人向他報告：「在一個住了四千人的教區裡，每年都會有三十一場週日的布道會被迫取消，因爲根本就沒有人去參加。」羅森堡深信，如果要摧毀教會，就必須把根深柢固的德國基督宗教給連根拔起，讓國人背棄先祖流傳下來的宗教信仰，用新的信仰予以替代。一九三四年，他曾在漢諾威（Hanover）對著群眾表示：「當我們穿上了納粹的棕色襯衫，那我們就不再是天主教徒或基督徒了。我們就只是德國人而已。」[4]

他用《二十世紀的神話》來闡述此一觀念，在書中對現代的基督宗教展開猛烈抨擊。他主張，古代猶

2 原註：Rosenberg diary, August 19, 1934.
3 原註：Ibid., May 29, 1934.
4 原註：Cecil, *The Myth of the Master Race*, p. 112.

太人扭曲了耶穌的教義，其中的罪魁禍首就是使徒聖保羅（Saint Paul）。他們滲透並且掌控基督宗教組織，所謂「屈服」、「受難」、「謙虛」與「博愛」等等，都是他們所散布的虛假教義，是他們用來箝制虔誠教徒的陰謀，目的是要讓大家都變得軟弱順從。就羅森堡的思考邏輯，聖保羅主張在天主面前人人平等，「我們不用區分猶太人或希臘人，奴隸或自由人，男人或女人，因爲世人在耶穌基督裡合一了。」[5]是一種「虛無主義」。他不認爲這世上各民族可以信仰同一種宗教。德國人信仰的宗教不應要求他們與那些劣等民族一起同桌而坐。他也拒斥原罪的基督宗教教義，因爲雅利安人都是英雄。天主教主張罪人會遭地獄之火焚身，聖母瑪利亞以處女之身生下耶穌，還有耶穌在死後第三天復活，而這些都是被他嘲諷的重要教義。他認爲這一切都是騙局，「像魔法一樣……都是一些迷信。」[6]

在《二十世紀的神話》一書中，羅森堡不厭其煩地列舉出教會千百年來所犯的種種罪狀，包括各種教會「有系統地扭曲史實」[7]，還有任誰只要對梵蒂岡教廷的宗教政策提出質疑，就會被打爲異端，遭受教廷的無情迫害、追捕與處決，教士們則是爲了捍衛權威而不惜動用刀劍與宗教裁判所等手段。「從精神的層面看來，」他寫道，教會提出的教義都是「虛假不實，沒有生命的。」[8]

他認爲德國人是自由自在、充滿力量而且堅強無比的，因此需要一種強大的全新信仰，「一種立基於血統的宗教」[9]，藉此將大家凝聚起來，共同爲了民族的榮耀而英勇奮戰。他們是一個超人民族，能夠讓德國在受苦受難與忍辱偷生幾十年後，重返榮耀。羅森堡的願景是打造出一個全新的德國教會，提倡以民族爲基礎的民間信仰。《舊約聖經》應該被棄如敝屣，而且應該把新約聖經裡有關猶太人的教義都清除掉，並且寫出一篇能夠反映出耶穌眞正教義的「第五福音書」。[10]他要把所有「可怕的十字架」[11]都拆掉，因爲教會不該聚焦於耶穌基督所承受的苦難，而該是他一生的種種英雄事蹟。德國版的耶穌「是個有魄力的傳道者，是教堂裡的怒漢」[12]，祂應該長得「纖瘦、高眺、金髮、高額頭」[13]，因爲**祂**很可能是個雅利安人，而非猶太人。他要把讚美詩裡面那些「呼求天主拯救」的詞句都拿掉。聖經裡面充斥著「關於老鴇與牲畜販子」的故事，已經不足以成爲典範，因此有虔誠信仰的人，應該從日耳曼神話裡尋求靈感的泉源。他以德國民族全新信仰的先知自居，宣稱：「如今，一種新的信仰正在甦醒，它是一種以血統爲根基的神話，它的教義是要人們保衛自身血統的純正，因爲如此一來也能保衛人類整體的神性。這種信仰是最聰慧的知識的化身，深信雅利安人的血統是一種神祕的存在，已經超越並取代過去的其他神聖事物。」[14]

在日記裡，羅森堡也寄望著某位深具魅力的偉大改革家，能清除掉過去宗教的所有名號，以及令人憤慨的虛僞言行與悲慘的宗教藝術。「那些哥德時代晚期的雕刻作品都是如此可怕與扭曲，」應該全都從各

---

5 譯註：引自《聖經．加拉太書》第三章第二十八節。
6 原註：Rosenberg, *Der Mythus des 20. Jahrhunderts*, p. 79.
7 原註：Ibid., p. 73.
8 原註：Ibid., p. 133.
9 原註：Ibid., p. 258.
10 原註：Ibid., p. 603。譯註：也就是在現存的四大福音書（《馬太福音》、《馬可福音》、《路加福音》、《約翰福音》）之外，另外再寫出一本福音書。
11 原註：Ibid., p. 701.
12 原註：Ibid., p. 604.
13 原註：Ibid., p. 616.
14 原註：Ibid., p. 114.

個聖堂搬出來，擺進博物館裡。「那些噁心的巴洛克時代標誌」也都該一一拆毀。[15] 聖人的雕像應該都替換為偉大日耳曼英雄的半身塑像。唯有這樣，納粹黨人才能夠獲得日耳曼的國族靈魂。雅利安族與德意志帝國想要向世人傳達的是「鐵血與大地」的福音，只有把這福音給傳播出去了，讓它取代《舊約聖經》的〈申命記〉與〈利未記〉，繚繞在各個教堂裡，「才能讓那些猶太先知的話再也無法引起共鳴。」

一九三四年年底，羅森堡在斯圖加特（Stuttgart）對著群眾發表演說，表示納粹打算把位於巴伐利亞首都慕尼黑的幾個納粹總部當成基地，「打造出一個具有中世紀神聖密契論色彩的社會秩序。」他說：「你們都知道慕尼黑褐宮[16]裡面，議政廳[17]的六十一個位子還沒有使用過。只要元首一聲令下，我們就會在這議政廳裡，把德國神聖秩序的基礎給建立起來。」[18]

羅森堡在一九三三年正式脫離教會，他認為元首也站在他這邊。多年來，他屢屢主動找希特勒進行深入的哲學討論，話題環繞在基督徒身上，還有這兩千年來他們做了哪些背信棄義的事情。

某次羅森堡向希特勒表示，他十八歲時曾造訪天主教本篤會在慕尼黑南邊郊區的埃塔爾修道院（Ettal Abbey），眼前的景象令他震驚不已：位於教堂中間的圓頂下方「有好幾個大型玻璃櫃，裡面躺著一具具聖人的骸骨，指骨上戴著金戒指，頭骨上頂著金冠」。他猛批這簡直與非洲風俗無異。這是「阿善提帝國的宗教儀式」。[19] 他認為，在俄國上教堂只是一種人們的日常活動，「一種不具強制性的東方習俗，而且還可以聆聽優美的歌聲。」但是在德國，教會卻認為會眾應該要對聖經裡那些故事都**信以為真**。

「無論生命或這世界有何**意義**，我們都無法掌握，」某次對談時，希特勒對羅森堡說，「就算用再厲害的顯微鏡，我們也找不到答案，頂多也只能增長一點見識而已。但如果眞有上帝存在，那我們就有義務把得到的技巧好好發展。這種看法有可能是錯的，但我們不能虛僞或說謊。」[20]

另一次，他向羅森堡表示，他希望能把人民帶回耶穌的時代以前，找回古希臘與羅馬的榮耀。希特勒保證絕不會轟炸雅典，而且也珍惜羅馬城。「即便羅馬城已經衰敗了，仍是如此壯闊，而且我們可以理解當年年輕的日耳曼人看到羅馬城時，那種瞠目結舌的模樣，」希特勒說。只要看到「充滿王者氣度的宙斯頭像」和「耶穌的痛苦模樣」，就能體會兩種文化之間的差異。「與基督宗教的宗教裁判所，還有對女巫和異端處以火刑的行徑相較，古代世界給人的感覺是如此自由而歡快。」

希特勒曾告訴羅森堡，他認爲古人是非常幸福的，因爲當時還沒有兩種邪惡的東西存在：梅毒與基督宗教。[21]

但希特勒不能冒險地公開發表這些言論。「他曾不只一次大笑強調自己一直以來都是個異教徒。過去基督宗教荼毒百姓，如今他們的末日也該到來了，」羅森堡在日記裡寫道，但是「我們的所作所爲都必須

---

15 原註：Rosenberg diary, August 19, 1934.
16 譯註：Brown House：納粹黨總部。
17 譯註：納粹黨領導人開會的地方，但事實上很少使用。
18 原註：Dodd and Dodd, *Ambassador Dodd's Diary*, p. 199.
19 原註：Rosenberg diary, January 19, 1940.
20 原註：Ibid., December 14, 1941.
21 原註：Ibid., April 9, 1941.

祕密進行。」[22]身為總理，希特勒必須考慮一些實際的問題。他在自傳《我的奮鬥》裡寫道，政治人物即便自己對教會嗤之以鼻，但也必須體認到宗教是維繫社會秩序的重要手段。「政治人物在評估宗教的價值時，不能光看缺點，而是要把它當成一種可見的更好替代品，這是它的價值。若是沒有宗教，我們眼前的一切就會被笨蛋或罪犯給破壞殆盡。」[23]如果要讓人民持續站在他身邊，他就不能公開冒犯德國的四千萬基督教教徒與兩千萬天主教徒。

在一九三三年開始執政以前，納粹黨用德國的基督教傳統來包裝自己，藉此贏得虔誠教徒的選票。希特勒上台後，一群德國的民族主義者與納粹同路人把許多分散的基督教教會整合起來，成立了第三帝國教會。在希特勒的支持下，納粹分子路德維希．穆勒（Ludwig Müller）成為帝國教會主教，負責監督與基督教信仰有關的事務，以及散播納粹黨的福音。[24]這個基督教宗派並非正式的國教（至少到目前為止還不是），但是因為德國人日常生活的每一個面向都已經開始「納粹化」，其存在也是理所當然。掌控這一新宗派的民族主義者，樂見他們可以藉此對抗猶太人的威脅，並且提倡一種在種族方面「純淨無瑕」的基督宗教形式。某些牧師在做禮拜時，甚至會穿著他們的親衛隊制服。

在此同時，天主教與納粹黨的關係就比較複雜了。雙方在某些方面的確有共識。跟基督教徒一樣，天主教徒也對共產黨無神論的崛起感到很難過，因此歡迎希特勒的反布爾什維克志業。德國的主教們向來對威瑪共和國政府在文化上的自由主義傾向多所批評。最重要的是，過去千百年來，天主教思想中本來就有反猶太的傳統，神學家們認為猶太人的腐化可以追溯到耶穌在各他山（Calvary）上受難時。但對於天主教來講，這與種族無關，純粹是一種教義主張。猶太人也可以改信天主教，就此被耶穌救贖。納粹黨當然不承認此一差異。就該黨的立場來講，改信基督宗教的猶太人仍是猶太人。

天主教之所以對納粹抱持敵對態度，主要是因爲政治問題。在納粹掌權以前，主教們一向有自己支持的政黨，也就是天主教中央黨。更何況，因爲黨內有羅森堡這種人物存在，也讓他們不可能完全接受在言行上褻瀆上帝的納粹黨。天主教的神職人員細讀《二十世紀的神話》，唯恐那些對他們充滿威脅的觀念會成爲國家政策。「羅森堡的人生觀都是一些不經大腦的言論，」一位逃出德國的神學家在一九三七年如此總結道，「而且如果這種情況持續下去，他的精神疾病很可能會對愈來愈多同胞造成不良影響。」[25] 教士們認定，如果希特勒與納粹的想法跟羅森堡一樣，那德國各個教會的悲慘下場早已註定了。

一九三〇年底，就在《二十世紀的神話》問世不久後，布雷斯勞的樞機主教阿道夫．伯特朗（Cardinal Adolf Bertram）公開表示自己反對納粹黨，也不贊同該黨的雅利安人至上論。他在天主教中央黨的黨報《日耳曼尼亞》（*Germania*）上面撰文表示：「在此，我們所面對的已經不只是政治問題，而是一種全人類必須盡全力對抗的欺妄宗教觀。」[26]

一九三一年，巴伐利亞的主教們做出裁示，禁止天主教的教士們加入納粹黨，因爲該黨對基督信仰充滿敵意，而且也規定，他們可以拒絕讓納粹黨人參加聖禮。其他天主教轄區的主教也發布命令，禁止教徒

22 原註：Ibid., June 28, 1934.
23 原註：Hitler, *Mein Kampf*, p. 267.
24 原註：Evans, *The Third Reich in Power*, pp. 220–24.
25 原註：Arendzen, foreword to "Mythus," p. 4.
26 原註：Lewy, *The Catholic Church and Nazi Germany*, p. 8.

入黨。

當權後，希特勒的做法是任何人都能預見的，他對教會人士說他們想聽的話，但卻通常又違背了自己的承諾爲所欲爲。一九三三年二月一日，希特勒首度對全國發布廣播演說，他公開宣稱基督宗教是「我國的道德根基」。[27]同年三月，希特勒遊說國會通過「授權法案」，讓他能獲得各方面的全新權力，因此向一些具有天主教傾向的議員承諾，自己將做出一些讓步。他在投票日那天的演說中表示，教會的「權利不容侵犯」。

對此，德國的主教們也釋出善意，不再禁止教會人士加入納粹黨。不光是主教們，天主教所屬的各大勞工組織、青年會與兄弟會都敦促信眾聽命於新政府，配合希特勒的政策，藉此找回德國的榮耀。[28]

天主教教會急於與政府達成正式的協議，藉此確保教會在德國新社會裡的地位。主教們擔憂自己不能繼續隨心所欲地布道，天主教學校也會被政府關閉。政府開除了許多具有天主教中央黨黨籍的公職人員，許多天主教組織也受到威脅與恐嚇。政府也逮捕了許多教士，查抄了各個天主教教會辦公室。主教們的優先考量都是要設法保護教會組織。新政府對共產黨的批評力道逐漸變小，這他們沒有意見。不過他們的確批評了納粹的雅利安人至上論，因爲天主教歡迎各種族的人到教堂去做禮拜。而且，當許多改信基督宗教的猶太人遭到迫害時，他們也爲其發聲抗議。不過，對於那些人數更多的未改信基督宗教的德國猶太人，主教們並未開口幫他們說話，雖然他們也受到反猶太主義的傷害。

經過一整個春天與夏天的談判協商，希特勒的副手們與梵蒂岡教廷簽訂了一項正式的協議。根據在一九三三年七月初所達成的協議內容，教廷同意不插手德國政務，納粹黨也確保了天主教的宗教獨立性。

但此一協議的許多規定都還有詮釋的空間，而且希特勒可不是那種會被外交承諾給牽絆的人。

納粹對於教會的各種侵擾幾乎沒有減少。就在內閣批准了與教廷的協議那天，新政府也發布了一道法令，規定病人與殘障人士都必須接受節育手術，而天主教對這法規是激烈反對的。[29]

看來，天主教教會的領袖們是誤判形勢了。[30] 他們以為，如果展現出愛國情操並同意不插手國家事務（跟在其他國家一樣），政府就不會來找麻煩。如果納粹不再欺壓天主教，他們就會與新政府配合。但他們並未體認到（至少，一開始他們並未體認到），根據納粹的黨性，黨的組織必須對德國人日常生活的每個面向都握有掌控權。他們也沒有意識到自己被納粹當成競爭對手。如同史學家岡特・路易（Guenter Lewy）在書中所寫，「主教們沒能掌握的一個基本事實，就是納粹在本質上是個集權主義政黨，因此會想要把教會對於各種公共事務的影響力都消除掉。」新政府不會容許人民效忠於其他任何體制。

一九三三年十二月，大批教友湧入慕尼黑的聖彌額爾教堂（St. Michael's Church）參加耶穌降臨節的彌撒典禮。在他們進入這坐落於十六世紀文藝復興時期的教堂之前，都必須經過入口上方的巨大青銅雕像，只見張開翅膀的總領天使聖彌額爾手執長矛，把表情痛苦的撒旦踩在腳底，象徵祂是信仰的守護者。撒旦

---

27 原註：Baynes, *The Speeches of Adolf Hitler*, pp. 369–70.
28 原註：Lewy, *Catholic Church*, pp. 40–41.
29 原註：Ibid., p. 258。譯註：天主教教義規定不能避孕與實施人工流產手術。
30 原註：Ibid., pp. 53, 132.

被塑造成半人半獸的形象，被長矛抵著脖子。教徒紛紛在白到發亮的穹頂天花板下找位子坐好，仔細傾聽紅衣主教麥可．馮．法烏爾哈貝爾（Michael von Faulhaber）站在講壇後方痛批叛教的羅森堡。31

法烏爾哈貝爾是慕尼黑與佛萊辛（Freising）的總主教，領導著全國最大的天主教轄區。他曾經反對過希特勒在一九二三年發動的流產政變，那一年冬天在遭受納粹黨痛批之後，他的回應是：每一條生命都是寶貴的。這句話當然是意有所指，因為言下之意也包括了猶太人。32 但是就在希特勒當上總理後，他跟德國的其他教士一樣，都採取了比較務實的立場。一九三三年四月，納粹黨對國內猶太人所開設的商店發動抵制後，法烏爾哈貝爾曾私下寫信向教廷國務卿尤金．派契利（Cardinal Eugenio Pacelli，也就是後來的教宗庇護十二世）主教表示，從務實的角度看來，此時天主教如果發言反對抵制行動，是沒有意義的，因為抗議只會刺激希特勒，讓他對天主教進行報復。法烏爾哈貝爾表示，因為支持猶太人的各國人士都大聲批判此事，已經促使納粹在短時間內暫停抵制行動。他主張，「猶太人可以解救他們自己。」33

在教廷與新政府簽訂協議後，法烏爾哈貝爾更是對希特勒表達過祝賀之意，他寫道：「願天主為了我國子民而保佑帝國總理。」34

但那天早上在聖彌額爾教堂的講壇後方，法烏爾哈貝爾把務實的想法放下，發言都是從宗教角度出發。被他攻擊的，包括羅森堡之流的人士，因為他們宣稱《舊約聖經》是一本荼毒基督宗教的猶太人作品。他也批評那些否認耶穌具有猶太血統的人士，說他們「企圖偽造出生證明來解救祂，說祂並非猶太人，而是雅利安人」。35

「當這些聲音出現時，當這樣的運動已經展開時，身為主教，我不能保持緘默，」法烏爾哈貝爾說。

在那高挑的教堂裡，入迷的信眾們不發一語，全都仔細傾聽著。透過廣播喇叭，那些擠不進教堂而待在外面的信眾也可以聽見紅衣主教的聲音。「關於種族的研究本來與宗教無關，但其內容卻已經開始對宗教宣戰，也攻擊了基督宗教的根基。而且如今他們對於猶太人的敵意也已經擴及我們的《舊約聖經》……面對這種情況，身爲一位主教我不能默不作聲。」

法烏爾哈貝爾不需要直接點名，聽眾都知道他的目標是誰。

到了下個月，也就是一九三四年一月，希特勒任命羅森堡擔任他在意識形態方面的副手，各個教會也開始意識到情況不妙，紛紛採取反制措施。儘管希特勒堅稱羅森堡應該要自己出來澄清，表示《二十世紀的神話》只是概述了他自己的信仰，並非納粹黨的官方立場，但德國國內沒有多少人相信這種說法：身爲黨的思想家，羅森堡至少應該獲得了元首的默許，否則不可能寫出那種書。羅森堡向來喜歡搧風點火，但希特勒未曾要求他閉嘴，沒阻止他寫書出書，也不曾處罰他。

羅森堡就任新職的兩週後，教廷把《二十世紀的神話》列爲禁書。根據教廷聖職部下達的諭旨：「該書嘲諷與徹底排拒天主教教會的所有教義，但那些教義正是基督宗教的根基。」[36] 對此羅森堡感到興奮不

---

31 原註：教堂的描述係引自：Jeffrey Chipps Smith, *Infinite Boundaries: Order, Disorder, and Reorder in Early Modern German Culture*, vol. 40 of *Sixteenth Century Essays & Studies*, edited by Max Reinhart (Kirksville, Mo.: Sixteenth Century Journal Publishers, 1998), p. 154。

32 原註：Lewy, *Catholic Church*, p. 274.

33 原註：Griech-Polelle, *Bishop von Galen*, p. 52.

34 原註：Lewy, *Catholic Church*, p. 104.

35 原註：Faulhaber, *Judaism, Christianity and Germany*, pp. 2–5.

已。「此一微不足道的抗議將有助於進一步散布宣傳我的書，」他寫道，「禁書名單裡面還有很多其他好書。」37

教廷宣布將《二十世紀的神話》列爲禁書那天，科隆的紅衣主教卡爾·約瑟夫·舒爾特（Karl Joseph Schulte）奉命前往帝國總理府，提出正式抗議，對羅森堡這個知名的異端與教會大敵獲得升遷表達不滿。舒爾特抱怨到一半就被希特勒給打斷了。「我討厭那本書，」他說，「羅森堡也知道。我親自告訴他的。我不想了解那些異教的東西，還有北歐神話崇拜之類的。」38

舒爾特絲毫不受動搖，他說：「總理先生，往後你再也不能像那樣談論羅森堡與他的書了。」

「告訴我爲什麼。」

「因爲，幾天前你已經正式任命羅森堡先生爲納粹黨的意識形態導師，因此他也就成爲一大部分德國人的導師了。所以，無論你喜歡與否，接下來你都會跟羅森堡先生綁在一起，你們倆已經等同於彼此了。」

「沒錯，」希特勒答道，「你可以說我等同於羅森堡先生，但我不等同於《二十世紀的神話》一書的作者。」希特勒對舒爾特提出警告，就算教廷對羅森堡那本書感到不滿，也不應該提出激烈的抗議。這只會讓更多德國人去看那本書，即便大多數人可能都不會看完，但他們會試著去看。他告訴舒爾特，《二十世紀的神話》之所以會變得聲名大噪，就是因爲主教們一天到晚批評那本書。

教會決定，除了透過出版品批判羅森堡，並在布道時加以抨擊以外，他們別無選擇。他們不能譴責希特勒，因爲那將會違反德國政府與教廷之間簽訂的協議（值得注意的是，《我的奮鬥》未曾名列教廷的禁書名單）。不過，如果羅森堡的言論並非納粹黨的官方立場，那他們就可以批判他。這是一個非常細膩的區別，他們一方面還是效忠德國的政權，但如果黨政高層的發言屬於異端邪說，那他們也不會加以容忍。[39]

「德國又出現了異教徒，」明斯特（Münster）的主教克萊門斯．馮．蓋倫（Clemens von Galen）猛烈抨擊羅森堡的雅利安人至上論，他說：「他所謂永恆的種族靈魂實際上根本是一句空話。」[40] 羅森堡為優生學背書，聲稱要「阻止次等民族繼續繁衍後代」[41]，也支持一夫多妻制，藉此讓雅利安民族大量繁衍，「改良人類的品種」[42]，而這些都遭到教士們猛烈抨擊。羅森堡在《二十世紀的神話》一書中主張，每一位愛國的德國婦女都必須恪盡天職，生兒育女。只要看看女多於男的人口數，就可以為他的極端主張找到充分的理由。此外，他還丟出一個問題：「難道我們只能對這幾百萬名被剝奪生育權的老處女投以同情的微笑？」[43]

信奉天主教的學者們草擬了一本宣傳手冊，把《二十世紀的神話》裡面的種種不實與違背歷史之處，以及錯誤的神學觀念全都概略地列出來。[44] 寫錯的地方實在太多了，所以那本小冊子居然有一百四十四頁。手冊同時在五個城市發行，這樣比較能避免蓋世太保把所有手冊都沒收，而且為了保護那些手冊內容的無

---

36 原註：Bonney, *Confronting the Nazi War on Christianity*, p. 127.
37 原註：Office of the U.S. Chief of Counsel for the Prosecution of Axis Criminality, *Nazi Conspiracy and Aggression*, vol. 6, pp. 240–41.
38 原註：Ryback, *Hitler's Private Library*, p. 122.
39 原註：Lewy, *Catholic Church*, p. 152.
40 原註：Evans, *Third Reich in Power*, pp. 234–38.
41 原註：Rosenberg, *Der Mythus*, pp. 577–78.
42 原註：Ibid., p. 596.
43 原註：Ibid., p. 593.

名作者群，特別由馮・蓋倫擔任掛名作者。這些預警措施是必要的。納粹正在跟監天主教人士，羅森堡也隨時能夠獲得教會種種作爲的情報。45

法烏爾哈貝爾的抨擊火力也沒有減弱。一九三五年二月，他在布道時又點名批判羅森堡，因此羅森堡想要逮捕他。

「因爲**還沒有**人敢得罪元首，所以只能挑他身邊最具威脅性的人物下手，」他在日記中寫道，「那個人物可不會完全沒反應。根據新法規定，我可以起訴並且囚禁他。」46因爲「惡意毀謗黨國法」（Law Against Malicious Attacks on State and Party）才於不久前開始實施，已經有些德國人遭到特別法庭起訴了。但即便是羅森堡也非常了解，如果逮捕法烏爾哈貝爾這種宗教領袖，肯定會引發各界的激烈批判。

無論如何，這位羅森堡所謂的「邪惡紅衣主教」都必須付出代價。

這個論調出自於阿爾班・夏希雷特（Alban Schachleiter）之口，他跟羅森堡說這句話時，「已經臥病在床，幾乎要離世而去了。」47夏希雷特是羅馬天主教的修道院長，也是納粹的盟友，他曾在一九三三年初於《人民觀察家報》發表文章，敦促天主教教徒加入希特勒的陣營。這篇文章問世時，主教們還沒解除禁令，因此教徒仍不能加入納粹黨，所以法烏爾哈貝爾的回應是，一方面譴責夏希雷特，另一方面也禁止他主持轄區內的彌撒儀式。48第三帝國創立初期，夏希雷特曾試著調解納粹黨與教會之間的紛爭，敦促希特勒能夠公開與羅森堡的《二十世紀的神話》一書畫清界線。儘管如此，夏希雷特仍與羅森堡維持著友好關係，也未曾放下他對法烏爾哈貝爾紅衣主教的積怨。那一天，垂死的夏希雷特仍是「憤恨不平」，他用極爲沙啞的聲音說：「儘管這塵世間的正義無法伸張，法烏爾哈貝爾不會有報應，但我希望他會受到天譴。」

有一件事倒是被希特勒說中了。在教廷宣戰之後，羅森堡那本書的知名度變得更高了。讀者的信件如雪片般飛來，羅森堡讀信時開始有個感覺：幾千萬德國人過去都被教士與他們的聖經給催眠洗腦，但如今他們全都重新甦醒了。「《二十世紀的神話》如今已經印行了二十五萬本，這可說是百年難得一見的成就，」一九三四年聖誕節隔天，他在日記中寫道。別人愈批評他愈興奮，而且他還誓言要與教廷持續鬥下去，至死方休。「教廷發動反擊，我也必須回應。他們現在已經知道自己的處境岌岌可危……羅馬教廷把基督宗教建立在**恐懼**與謙卑的基礎上，國家社會主義卻是訴諸於勇氣與榮耀……一場混戰已經展開了。」[49]

就在天主教教會與羅森堡交戰之際，納粹黨指派的帝國教會主教路德維希·穆勒卻嘗到了失敗的滋味，無法如其所願地將自己分崩離析的教會統一起來。納粹的支持者屢屢要求趕走那些並未效忠黨國的牧師，並且把教會內部所有猶太員工都開除，就連那些改信基督教的也不例外。有些人則是遵循羅森堡的主張，要求帝國教會應該跟《舊約聖經》畫清界線，並且把十字架都拆掉。這對於其他基督教徒來講實在是太過

---

44 原註：Krieg, *Catholic Theologians in Nazi Germany*, p. 53.
45 原註：Cecil, *Myth of the Master Race*, p. 121.
46 原註：Rosenberg diary, February 24, 1935.
47 原註：Ibid., January 18, 1937.
48 原註：Hastings, *Catholicism and the Roots of Nazism*, pp. 171–73.
49 原註：Rosenberg diary, December 26, 1936.

分了，於是一些反對派開始宣布獨立。他們背離了穆勒主教的領導，自行成立了一個立場相左的認信教會（Confessing Church）。

一九三五年，希特勒成立了教會事務部，任命漢斯・科爾（Hanns Kerrl）擔任部長，由他出面鎮壓宗教界的雜音，肅清反叛的神職人員。隨後的多年內，這位德國宗教界的新任「沙皇」將會嘗試各種手段。他逮捕了一位重量級的基督教出版家。慕尼黑的一個教會遭他解散。沒有任何神職人員敢發出反對的聲音，全都選擇沉默，有七百人被捕入獄。

柏林的馬丁・尼莫拉（Martin Niemöller）牧師是納粹黨早期的支持者，一九三三年甚至把票投給了希特勒。[50]儘管他被起訴的罪名都遭撤銷，也被釋放了（他堅稱自己只有提出宗教上的反對意見），但卻被希特勒親自下令重新逮捕。尼莫拉被送往柏林郊區的薩克森豪森（Sachsenhausen）集中營，囚禁於獨居牢房中。二戰後，尼莫拉聲名大噪，因爲他四處演講，表達自己的悔意，說自己在納粹黨逮捕共產黨黨員、社會主義分子與猶太人時不該袖手旁觀。他還說，當年蓋世太保把他帶走時，根本沒有人站出來爲他講話。

從一開始，羅森堡就對科爾的教會事務部看不順眼。他認爲科爾不如自己有深度，太過膚淺。他說科爾的哲學觀「非常粗略……他**自己**想要怎麼做都無所謂，但身爲一位部長，他沒有權利把那種信仰當成黨的立場」。他認爲這整件事根本就是搞錯方向了，納粹黨不應該與教會合作，而是該做好摧毀各個教會的準備。

「在這件事上面，**整個**黨的方向都很健康，遵循著**我**的看法，」羅森堡在日記中寫道，「也就是把教會事務部當成一種必要之惡，而且對於這個部會存在的必要性，大家也都漸漸開始存疑了。」[51]在此同時，令羅森堡暗自竊喜的是，爲了擴展帝國教會的勢力，科爾做了很多努力，但也因此屢屢引發爭議。「接下來所發生的一切，終究都會被導引到主要是由我所奠立下來的基礎上，」羅森堡寫道。

他還加了一句：「科爾當然不會喜歡我。」

爲了要讓各個教會與納粹黨結盟，科爾什麼都願意去做。但納粹黨的激進分子卻四處搧風點火，搞得人心惶惶。

例如，羅森堡的盟友卡爾·略佛（Carl Röver）就是這種人。略佛擔任區長的歐登堡地區向來篤信天主教。一九三六年十一月四日，略佛發布命令：不得把十字架或者馬丁·路德的肖像懸掛在公家機關的建物裡，學校也不例外。但他規定必須把元首的畫像或照片擺在清楚明顯的地方。「這個消息在全國像野火燎原一樣傳了開來，」某位歐登堡地區的天主教領袖在寫給教區信眾的信件裡面寫道，「對我們來講，攻擊十字架與攻擊基督宗教無異。」[52]

此舉引發有史以來最激烈的天主教界反彈，數以百計的信眾上街抗議。[53]一位教士誓言，如果有必要的話，他將誓死抵抗區長的命令。許多信眾集體退黨表態，也有幾位市長威脅要辭職。許多教區不斷敲鐘，以示不滿。某一天，大批反對的群眾開車到歐登堡去提交陳情書，結果那小小的區政府廣場被車輛擠得水泄不通。那個月，明斯特主教馮·蓋倫寫信給自己轄下的教區民眾，表示當他聽聞那一道命令時，內心感

---

50 原註：Evans, *Third Reich in Power*, pp. 231–32.
51 原註：Rosenberg diary, August 11, 1936.
52 原註：Letter from Canon Vorwerk, reproduced in Anonymous, *Persecution of the Catholic Church*, pp. 121–24.

到「一陣膽寒」。「難道他們要從這裡起步……就此開始走上羅森堡所描繪出來的道路？」

面對這番罕見的社會大眾反彈，納粹黨做了一件大家都意想不到的事：他們退縮了。略佛在為數七千人的群眾前面表示，「明智的政府」懂得認錯。「學校裡面還是可以懸掛十字架。」

信眾為了捍衛天主教的宗教自由而奮戰，他們獲得馮・蓋倫的激賞。「勇敢的德國子民們！幾乎每一個教區都有代表挺身而出，同時以激烈與和平的手段做出各種嘗試與試驗，並且前去歐登堡抗議。你們把人類天生的恐懼情緒放下，為自己的信仰做見證，也展現出自己效忠於十字架上的耶穌。為了這種基督教式的英勇情操，我們必須感謝天主！」

每當他人在柏林時，希特勒都會在威廉大街的帝國總理府召開一個固定的午餐餐會。餐會都很晚才開始，而且持續很久，藉此配合元首的異常作息時間。[54]他總是很晚才起床，在臥室裡讀報與閱覽報告，然後大概在中午左右離開起居區域，前往總理府後方可以眺望後院花園的「溫室」（Wintergarten）去聽取簡報。接著他才會前往餐廳就座，而他坐的那個大圓桌旁懸掛著一幅畫，是卡烏爾巴赫（Wilhelm von Kaulbach）的作品《太陽女神降臨》（*Entry of the Sun Goddess*）。

希特勒總是會邀請二、三十名賓客（羅森堡、戈培爾與戈林都是常客）一起用餐，在大家面前滔滔不絕地自言自語，或者是傾聽大家爭論當天的某個問題，然後發表己見，做出裁示。戈培爾會用笑話，或者藉由嘲諷納粹的批評者來娛樂大家。某次，希特勒夸夸而談的主題是飲食，他說，如果不像他一樣吃素的話，就是「食屍者」。[55]「他深信只吃植物的人才能擁有**堅忍不拔**的生命力，」羅森堡在日記中寫道，「吃肉的人跟獅子一樣，爆發力比較強，但欠缺韌性。大象、公牛、駱駝與水牛都是這種例子，相反的例子是那些肉食性動物。看看病人接受治療的方式，就知道植物比較適合人類。如今，孩童與病人攝取的食物都是果汁與蔬菜汁，而非肉。」希特勒向他的賓客們保證，一旦科學家們把「維他命的科學」給搞懂之後，人類最多可以活到兩百五十歲。

有正事要辦的人可能會在希特勒的餐會待到幾乎坐不住。

一九三七年一月某天，關於十字架的爭議結束兩個月後，羅森堡又受邀參加元首的餐會，席間科爾開始抱怨那件事帶來的負面影響。如果納粹黨的高層像那樣搞到各地烽火四起，他要怎樣與各個教會和平相處？希特勒揮揮手，用非常深奧的方式回應他。元首說，他們只是犯了一些「戰術上的錯誤」。這乃是兵家常事。爭議會過去的，而且無論如何，教士們的抱怨不會帶來太多衝擊。

「爲了取得壓倒性的掌控權，政府與教會之間的大戰將會繼續下去，」後來羅森堡在日記中轉述希特勒的主張，「我們要跟過去的歷任德皇一樣，不斷與教宗鬥法，而且最後的勝利者會是我們。如果教會不願認輸，那麼我們需要考慮的……就只有戰術而已，看是要把教會的血管一根根割斷，或是全面開打，發動正式戰爭。畢竟，教會在世界各地都已經漸漸失去掌控權。」[56]

---

53 原註：Bonney, *Confronting the Nazi War*, pp. 132–35; Evans, *Third Reich in Power*, pp. 240–241.
54 原註：Kershaw, *Hitler: A Biography*, pp. 375–76; Longerich, *Goebbels*, pp. 251–52.
55 原註：Rosenberg diary, February 2, 1941.

「難道我們是靠著教會才能夠掌權的嗎？」希特勒問道，「還有，科爾，你覺得如今支持我們的民眾有沒有比以前多？」

「有。」

「那不就得了？」希特勒回覆他。「別傻了，科爾。」

羅森堡在日記中表示，元首在訓話時，科爾「像是洩了氣的皮球」坐在那裡。科爾的任務並非設法爭取到教士們的配合，而是要讓他們認清納粹黨才是「教會的老大」。甚至在羅森堡看來，教會根本已經不再對宗教有興趣。他們只是想要掌握政治權力而已。

科爾該做的是削弱教會的實力，但他笨到無法體認這一點。他不知道自己身爲部長就是該把這件事給做好。「從這件事我們可以看出，」羅森堡在日記中寫道，「如果有人在思想上的實力不夠，但卻當上了自己做不來的職務，後果就是如此。」

羅森堡對於自己的任務沒有任何疑慮。只要一有機會，他就會猛烈抨擊教會。

「透過漫長的鬥爭，我們已經獲得了這個彷彿珠寶的內在智慧，」在某場典型的演講中他表示，「如果眞有天堂……那麼更有機會上天堂的，將會是那些帶著榮譽感奮鬥，爲民族與民族的最高價值而犧牲的人，不是那些只會用嘴巴禱告，但卻背叛國家民族的傢伙。」57

一邊在國內發動政治與文化鬥爭的同時，納粹也重新整軍經武，準備在境外發動戰爭。

一戰之後，德國被迫把西部的薩爾蘭地區（Saarland）割讓給法國，但有一個附帶條件是，在十五年內，該地區居民有權投票決定是否重回德國的懷抱。一九三五年一月，絕大部分是以德語爲母語的該區居民進行投票，以壓倒性的票數決定要重返祖國。一九三五年三月一日是「統一日」，希特勒在當天表示，「所謂血濃於水，血緣戰勝了只是寫在紙上的條約。」58

兩週後，他對世界各國宣布，德國正在組建空軍，也就是後來由戈林擔任元帥的德國空軍（Luftwaffe），而且早已開始招募陸軍士兵，目標是五十萬大軍。這些違反「凡爾賽和約」的舉動，都是要用來試探歐洲鄰國，看他們敢不敢採取反制行動。

一九三六年初，希特勒決定把德國國界往西邊擴張，因此派兵占領萊茵蘭地區（Rhineland）。這個地區的地勢多山，山谷由萊茵河、魯爾河（Ruhr River）與莫澤河（Moselle River）沖刷而成，北邊與荷蘭接壤，南端一直延伸到瑞士，包括杜塞道夫、科隆、波昂與曼海姆（Mannheim）都是該地區的大城。儘管戰後那裡還算是德國國土，但已經被劃爲非軍事化地區。希特勒的將軍們曾經提醒他，如果法軍試圖出兵來阻擋此一侵略之舉，德國的陸軍其實還沒做好準備。但等到希特勒向各國宣告此事時，已經有一支爲數三千的德國部隊偷偷進駐就定位，而且法國也沒有試圖趕走他們。因爲法國以爲德軍人數遠遠不只三千人，而且也不想因爲那一片德國領土而與德國開戰。結果希特勒的冒險之舉有了回報。

事後，希特勒立刻發動國會改選，並且針對重新占領萊茵蘭地區舉辦公投。結果，在三月二十九日，

---

56 原註：Rosenberg diary, January 18, 1937.
57 原註：Anonymous, *Persecution of the Catholic Church*, p. 278.
58 原註：Evans, *Third Reich in Power*, pp. 623–37.

納粹黨以百分之九十八點九的高得票率獲勝。

那一晚，羅森堡在總理府遇到希特勒，他站在官邸的台階上。「嘿，羅森堡，」希特勒大聲叫他，「你說我厲不厲害？我挑選的競選主軸是不是很棒？就連那些主教也必須保持低調，因爲民眾對於占領萊茵蘭地區這件事都很興奮，主教們眞是識時務啊！」他開懷大笑，然後又補了一句話，在旁人聽起來像是在調侃羅森堡：「如果公投的主題是支不支持《二十世紀的神話》，那結果肯定大不相同。」

「沒錯，」羅森堡答道，「要等到一百年以後，那本書才會贏得公投。」

讓羅森堡感到很自豪的是，很多人都把他當成危險十足而且永不屈服的爭議人物，必須好好控制住他，以免整個納粹革命毀在他手上。不過，他也曾跟希特勒說過，想要當一個完全只顧理念的人，是很困難的。根據羅森堡在日記中的轉述，希特勒的回應是：一定會讓所有人都知道，羅森堡是黨內最深刻的思想家，「是國家社會主義的護教者。」

羅森堡反省他們倆的那一席談話，認爲自己還是個務實的人。「我非常清楚，」他寫道，「對我來講，時機尚未成熟。」[59]

59 原註：Rosenberg diary, August 11, 1936.

11 流亡托斯卡尼

逃離納粹掌控的德國時，坎普納採用了一個簡單的預防，就是與妻子分頭行動。他斷然決定：「就算我們其中一人被捕，另一個人也一定要成功脫逃。」[1]儘管距離被捕偵訊已經一年了，他還是有如驚弓之鳥。他收拾好行李，搭火車前往柏林的滕珀爾霍夫機場（Tempelhof Airport），到售票處去詢問下一班前往義大利的班機何時起飛。在機場人員的引導下，他來到了登機門。是命運之神在開玩笑嗎？他發現自己被安插的機位在一架私人飛機上，飛機的承租者是納粹黨副元首魯道夫・赫斯的父親弗里茲・赫斯（Fritz Hess）。飛機將飛往開羅，中途會在威尼斯暫時停留。坎普納登機找位子坐下時，沒有人認出他是誰。

飛機起飛時，坎普納透過窗戶看到柏林漸漸變小，這一下他似乎真的可以離開了。有個念頭在他腦海中一閃而過：他再也不會回到自己的出生地了。

抵達威尼斯後，坎普納買了一張前往佛羅倫斯的火車票，隔天即將在佛羅倫斯火車站與妻子和岳母會合。

儘管行前憂心忡忡，多年來焦慮不已，但這趟旅程還是平平安安的。

當時義大利由法西斯黨執政，遷居義國的德國猶太人數量雖然不多，但還算穩定，坎普納夫婦也加入了這股移民潮。[2]兩年前，納粹黨曾在奧地利發動政變

1 原註：Kempner, *Ankläger einer Epoche*, p. 141.
2 原註：Felstiner, "Refuge and Persecution in Italy, 1933–1945," p. 4.

未果，此舉曾把義大利人搞得很緊張，但此時希特勒與義大利總理墨索里尼之間的緊張關係已趨和緩，因爲當義國爲了想在非洲建立新的殖民地而入侵阿比西尼亞（Abyssinia，衣索比亞的舊稱）時，國際聯盟曾揚言要施以經濟制裁，但當時德國保持中立，讓墨索里尼鬆了一大口氣。

不過，對德國的猶太人而言，義大利仍然是一個能幫他們脫離納粹魔掌的避難所。義大利外交部允許猶太人可以遷居該國，「但是會與法西斯主義作對的政黨人士除外。」即便沒有國籍的移民也不需要簽證就能入境，想要找工作也沒多少法令限制。更重要的是，根據一九三四年德義兩國簽訂的貿易協定，至少在這個時候，難民還是可以帶著巨額外國貨幣到義大利去進行投資。所以許多藝術家、作家、政治人物、醫生與學界人士都往南逃到義大利，主要就是著眼上述那些對他們有利的條件，還有當地的低廉物價。

韋納．培舍在佛羅倫斯郊外的山區成立寄宿學校翡冷翠學院，坎普納受邀前往該校負責行政事務。那是一所專收猶太子弟的避難所，收容的大都是因納粹上台而再也無法到公立學校就讀的青少年。[3]一九三三年，德國政府以過度擁擠爲由，將各中學、大學的非雅利安族裔學生名額大幅縮減到百分之一點五。充滿敵意的教師與學生往往會讓仍在學的猶太學童不好度日。某些班級還畫分了猶太區與非猶太區，而且老師會在課堂上說猶太人是喜歡撒謊的次等民族。在教室外，還有新成立的希特勒青年團的成員找他們麻煩。據某位猶太學生回憶，當年他在慕尼黑一所天主教耶穌會創辦的中學就讀，學校牆壁上居然還會張貼尤利烏斯．施特萊歇爾經營的反猶太小報《先鋒報》，而且有個同學曾對他說，「你身上有猶太人的臭味。」[4]另一名後來去了佛羅倫斯的猶太學生則是寫道，納粹黨「的意圖非常明確，就是不希望再看到我們。負責傳達訊息的人如果是校長，那就會客氣一點，如果是當地警察首長，就是直接叫我們滾了」。[5]

坎普納的妻子露絲（左）於一九三六年與他一起逃離德國到佛羅倫斯協助經營一所猶太人的寄宿學校。瑪歌·李普頓（右）為學校的祕書，後來成為坎普納的情婦。（圖片來源：U.S. Holocaust Memorial Museum, courtesy of Robert Kempner）

在培舍的學校裡，有些學生是跟爸媽一起逃離德國，然後來這裡繼續接受教育。但大部分學生都是先被送來這裡，爸媽還留在國內處理自己的移民相關事宜。坎普納說，這些先被送來的孩子們彷彿是「先遣部隊」。6

偶爾他會有一種感覺，每當戈培爾開口恐嚇猶太人，申請入校的人數似乎就會激增。7令坎普納感到訝異的是，納粹當局居然還允許報紙刊登翡冷翠學院的廣告。他說，「我們的廣告隱約像是在跟家長們說，如果不把小孩送來我們這裡……他們就會被納粹殺掉。」

3 原註：Evans, *The Third Reich in Power*, p. 562.
4 原註：Ernst Levinger，轉引自：*Dial 22-0756, Pronto*, p. 96.
5 原註：*Dial 22-0756, Pronto*, p. 15.
6 原註：Kempner to the Council of German Jewry in London, May 5, 1937, Kempner Papers, Box 2.
7 原註：Kempner, *Ankläger*, p. 142.

從佛羅倫斯前往學院的路上，所經之處都是一些鋪著圓石的窄路，途中有時候會突然看到種植橄欖或葡萄的可愛莊園。曾搭車經過那段路程的某位學生寫道：「托斯卡尼的風景就像美女那樣善變。」8

學院位於阿切特里（Arcetri），由幾間別墅組成，其中一間名爲「珠寶」（Il Gioiello），那是天文學家伽利略（Galileo Galilei）與宗教裁判所發生衝突後，被判在宅軟禁、了其殘生的地方。學院總部位於別墅群的最高點，由一座大宅院充當。對初來乍到的學生來說，那座宅院簡直就像皇宮，從鍛鐵大門進去後，只見車道兩側柏樹林立，還有一座建於十二世紀的塔樓。他們在裡面吃飯、上課，每個房間的天花板都很高，地板鋪著紅色磁磚。打開餐廳裡的落地玻璃門後，走出去就是一個檸檬樹林立，設有許多花床，還有一個網球場的梯田花園。往遠處眺望，只見亞平寧山脈的丘陵與山峰起伏有致。這座宅院被稱爲帕齊莊園（Villa Pazzi），因其曾隸屬於佛羅倫斯知名世家帕齊家族而得名，但學生都謔稱它爲「瘋人院」，因爲「pazzi」在義大利文的意思是「瘋狂的」。事實上，他們暫住的這個鄉間莊園是如此安靜封閉，四周都被爬滿紫藤的古老厚牆包圍著。某個學生回憶自己有天曾坐在陽台上眺望原野，他說：「眼前只見一片薄霧，天空有幾片雲朵，但太陽時不時會露臉。四下如此平靜安寧，只有遠處的雞鳴聲，還有鳥兒在唱歌。空氣溫和馨香，教堂鐘聲才剛剛響起。」9 在那個已經陷入瘋狂的世界裡，翡冷翠學院讓人覺得好像世外桃源。

學院提供標準的古典文史哲課程。他們朗誦柏拉圖的著作，研讀凱撒的《高盧戰記》（*Commentarii de Bello Gallico*）。他們會進行戲劇表演，舉辦獨奏會與詩歌朗讀會。有時候，他們會到佛羅倫斯戶外教學，參觀聖母百花大教堂（Cattedrale di Santa Maria del Fiore）那彷佛建築奇蹟的雄偉穹頂，或是去欣賞米開朗基羅的大衛雕像，並且前往知名的烏菲茲美術館（Uffizi Gallery），去見識曾由梅迪奇（Medici）家族收藏的大師之作。因爲學院的規模很小，老師可以好好照顧每個學生，所以校內每位成員的關係都很緊密。

培舍招募到的教員都很厲害，儘管其中只有少數幾位本來就是老師，但其他都是各行各業的精英，包括幾位語言學家、一位記者、一位女演員，還有一位在後來成爲研究文藝復興時期哲學的權威。他們的住所很小，薪水微薄，或甚至沒有支薪，某些人只是爲了有吃有住才來教書的。其中一位老師回憶道：「讓我們能夠撐下去的主因，就是當地特有的美景。」[10]學費並不便宜，因此學生大都是來自中上階級或者有錢的家庭，就像某位老師曾經抱怨的那樣，很多學生都是「被寵壞的布爾喬亞小屁孩」[11]。

坎普納來了之後，幫學院做了一些改變。他設法招募到更多學生，很快在校生就將近一百人。他們大都是猶太裔，不只來自德國，也有些是從奧地利、匈牙利、羅馬尼亞與波蘭來的。隨著歐洲戰雲密布的情況日趨明顯，學院的課程不再只是聚焦在人文方面，也不只是幫他們準備大學入學考試。此刻，學生必須爲即將到來的流亡生涯做準備，所以有些課程是比較實用性的，例如義大利語、希伯來語和波蘭語等外語課程，但最重要的是英語。此外還有專業技術課程，讓他們在日後能夠成爲木匠、鐵匠、書籍裝訂工、速記員、藥師助理與醫技人員。一九三六年，坎普納初加入這個氣氛溫馨的學院時，並不是每個人都喜歡這名既討人厭又愛引發衝突的律師。坎普納一心一意想訓練學生適應移民生活，這讓某些老師感到不悅，覺

8 原註：Eva Keilson-Rennie，轉引自：*Dial 22-0756, Pronto*, p. 59.
9 原註：*Dial 22-0756, Pronto*, p. 61.
10 原註：Henry Kahane，轉引自：ibid., p. 28；另外也可以參閱：Ruth Kempner to Otto Reinemann, August 13, 1938, Kempner Papers, Box 95.
11 原註：*Dial 22-0756, Pronto*, p. 18.

得他們這所「專注於人文薰陶的小學校」已經漸漸變成一間「移民訓練所」。[12]

曾與坎普納發生衝突的老師恩斯特・摩里茲・馬納塞（Ernst Moritz Manasse）寫道：「他與人相處的方式就像個偵探。」[13]他總是喜歡講有趣的故事給大家聽，說他以前怎樣套問出人們不願輕易透露的事。但馬納塞很直截了當地寫道，當時坎普納轉述的那些「套話技巧往往違反道德」，他對此不禁感到不安。

漸漸地，另一位老師開始覺得坎普納也把同樣的套話技巧用來對付翡冷翠學院的教職員。沃夫岡・瓦索（Wolfgang Wasow）在回憶錄中寫道，他一輩子沒遇過幾個能「讓他深惡痛絕」的人物，但坎普納就是其中之一。他說，坎普納幾乎不想費神學習義大利語，每次要揮手把人趕出辦公室時，總是怒道「venga」（你過來），但其實他該說的是「vada」（你走吧）。瓦索寫道：「他的舉止矯揉造作，但卻又唐突而不懂得體恤別人，幾乎可說是粗魯無禮，但等到他覺得有必要時，又會表現出一副憂心忡忡的模樣，不過那顯然是裝出來的。除此之外，我深深覺得他……是個大騙子。我無法上法庭去證明自己的說法無誤，但從種種跡象看來就是這樣，所以其他老師才會深有同感。」[14]

某天，瓦索指控坎普納用熱氣把員工們外寄信封上的黏膠化掉，偷看信件，結果瓦索當場就被解雇。不過，同學們倒是很喜歡他們待在義大利的時光。其中一位回憶道：「我們無憂無慮，快樂無比，只要管自己的事就好。」他們聊八卦、惡作劇、爭辯錫安主義。他們到果園裡去偷摘櫻桃。他們睡覺時不關窗，但等到有蝙蝠飛進房裡卻又尖聲驚叫。他們模仿希特勒演講時的激動模樣，把梳子擺在鼻子下，充當小鬍子。他們也會談戀愛。[15]

因為托斯卡尼酷熱難當，每年夏天有三個月的時間，學院的所有師生職員都會撤往義大利境內的里維耶拉海岸區（Riviera），住進博爾迪蓋拉（Bordighera）的洲際飯店（Hotel Continentale），算是放暑假。博爾迪蓋拉是個度假勝地，但那幾個月實在太熱，因此都沒有觀光客入住飯店，所以飯店老闆也樂於把整個飯店都租給翡冷翠學院。在熱帶的藍天與棕櫚樹下，他們會四處去健行、游泳、表演歌舞劇。有些人會去蒙地卡羅（Monte Carlo）一日遊。坎普納曾寫道：「這個地方真是美不勝收，每天都好像在開嘉年華會，有吃不完的蛋糕，看不盡的運動比賽。」[16]

這些流亡海外的學生從飯店陽台遠眺地中海，只見一艘艘遠洋郵輪正要往西開向美國，他們也夢想著自己可以登船遠走。[17]

他們自覺與納粹德國的恐怖社會現實相隔好遠。馬納塞寫道：「我們很慶幸能逃出來，甚至還有閒情逸致欣賞佛羅倫斯與其周遭的美景，隔鄰的義大利人都對我們很友善，而且面臨著相同命運的師生之間，有一種同舟共濟的情誼。」[18]

這一切都即將改變了。一九三八年春天，他們的處境變得如此艱難，任誰都難以忘懷。

---

12 原註：Ibid., p. 47.

13 原註：Ibid., p. 107。某次與坎普納爭執過後，馬納塞就離開翡冷翠學院了。

14 原註：Wasow, *Memories of Seventy Years*, pp. 176–86.

15 原註：*Dial 22-0756, Pronto*, pp. 88–95.

16 原註：Robert Kempner to Lucian Kempner, July 4, 1938, Kempner Papers, Box 71.

17 原註：*Dial 22-0756, Pronto*, p. 93.

18 原註：Manasse，轉引自：ibid., p. 102.

一九三四年，坎普納的弟弟瓦特．坎普納[19]在杜克大學醫學院找到一份研究人員的工作，因此遷居美國北卡羅萊納州。[20]瓦特對希特勒深惡痛絕，因此他想方設法，最後終於得以遠渡重洋，把希特勒拋在腦後。到了一九三八年，羅伯．坎普納將會懷疑自己是不是錯了，怎麼沒有跟弟弟一樣，才會讓人生際遇大不相同。

一九三五年九月十五日，在納粹黨的年度集會上，希特勒宣布要針對猶太人做出各種新的限制措施。國會火速通過相關法令，第一道所謂的「紐倫堡法案」（Nuremberg Laws）出爐，正式把猶太人降為次等公民，禁止他們揮舞德國國旗，而且國旗上也即將出現納粹的卐字標誌。[21]第二道「紐倫堡法案」則是基於「德國血統的純正與否，將會對民族的存續造成關鍵影響」，所以依法禁止猶太人與雅利安人結婚及發生婚外性行為，猶太人也不准聘雇四十五歲以下的德國婦女擔任家庭女僕。

並非每個觀光客與外國商人都注意到猶太人被國家粗暴地對待，很多人即便知道猶太人等於是被隔絕於德國的一般社會之外，但也沒有驚覺這有什麼不對勁。許多人返回原國時，只是對希特勒的施政狀況感到印象深刻，讚嘆他能夠那麼快就讓德國復興起來。

納粹最擅長的就是做表面工夫，最具代表性的演出莫過於一九三六年的柏林奧運。當時，戈培爾向國人公開喊話，要大家「必須展現出比巴黎人更優雅的面貌」。店頭與餐廳本來都張貼著「不歡迎猶太人」的標語，但為了奧運都拿了下來。各大報也暫不刊登痛批猶太人的文章。對猶太人動粗的群眾也從街頭消失了。[22]為了奧運，納粹要全國上下暫時忍耐。

果不其然，旅客們「都對德國的國力與年輕人的熱情感到印象深刻，被戈培爾的宣傳手法給蒙蔽了，」納粹的政敵威利·布蘭特寫道，「誰不會被那種氛圍給打動？所到之處，只見年輕人都是笑容可掬，各種新的紀念性建築四處林立，經濟繁榮無比，而這一切都足以印證納粹的施政成功。柏林的雄偉市容讓世界各地民眾覺得很了不起，只能屏息讚嘆。」[23]

但這一切都只是表面工夫。奧運一結束，觀賽群眾離開後，各種迫害行徑又重新展開。「歡騰的觀眾絕對不會受到任何反對聲音的打擾，」布蘭特接著寫道，「因爲，集中營裡的哭喊聲以及受迫害者死前的慘叫聲，是不會傳到體育館裡的。」

閉幕式結束的兩天後，負責監督奧運選手村工程的德國軍官沃夫岡·福爾斯特納（Wolfgang Fürstner）以配槍自盡。因爲有官員發現他的猶太血統，他不但被降級，還即將被迫從陸軍退役。羅森堡覺得此事沒什麼好值得同情。相反的，他還肯定福爾斯特納，既然自己身上有如此不幸的混血血統，一了百了的確是恰當的處理方式。他在日記中寫道：「對他的自殺之舉，在此我致上最深敬意。」

接下來兩年內，就算猶太人原先對希特勒與納粹黨還抱有任何幻想，都即將幻滅了。[24]

---

19 譯註：弟弟與父親同名。
20 原註：坎普納的弟弟瓦特因為發明「米食治療法」（Rice Diet）而聞名於醫界，那是一種用來治療糖尿病、腎臟病與心血管疾病病患的療法。
21 原註：Noakes, *Nazism: A History in Documents*, vol. 1, p. 535.
22 原註：Evans, *Third Reich in Power*, pp. 570–75.
23 原註：Brandt, *My Road to Berlin*, p. 79.
24 原註：Rosenberg diary, August 21, 1936.

一九三八年夏天，坎普納的某位友人寫信向他述說德國國內的情況，他說：任何有辦法離開德國的人，都正在準備出走。25

翡冷翠學院的師生們原本以為自己已經逃離了納粹魔掌。義大利的法西斯主義者不像納粹那樣堅持反猶太立場，墨索里尼甚至還曾私下批判第三帝國不該把種族的區隔當作立國基礎，還說希特勒的腦袋似乎裝滿了亂七八糟的意識形態，還有互相矛盾的哲學思想。

到了一九三六年，德、義兩國開始攜手合作。西班牙內戰爆發後，希特勒與墨索里尼一致支持佛朗哥（Francisco Franco）將軍與其麾下的國民軍，德國甚至還派出幾千名士兵、大炮與飛機去參戰。一九三七年四月二十六日，西班牙內戰期間最慘無人道的事件爆發，德義兩國的飛機轟炸掃射格爾尼卡村（Guernica），造成一千六百多人死亡。事後，畢卡索以此為靈感，創作出名為《格爾尼卡》的畫作。這場戰爭讓德、義兩國站在一起，與英、法對立，同時也讓兩個獨裁者為一時權宜的考量而建立起盟友關係。26 兩國很快就簽訂了一份密約，組成法西斯—納粹軸心國聯盟，接著當墨索里尼於一九三七年九月造訪德國時，納粹也以盛大軍禮和大批搖旗群眾歡迎他。

隔年，墨索里尼也投桃報李。希特勒於一九三八年五月三日抵達羅馬，與義大利國王共乘馬車穿越歷史悠久的聖保祿門（St. Paul's Gate），經過塞斯提伍斯金字塔（Pyramid of Caius Cestius），進入了市中心。一位義大利記者寫道，羅馬城四處都點上了誇張的燈光，充滿宗教典禮的氛圍，整個城市「搖身一變成為了巨大舞台」。27 羅馬「好像重回了尼祿（Nero）皇帝的年代，羅馬競技場的一個個拱門都點上了火焰，松樹閃爍著黃綠燈光，讓樹木看來晶瑩剔透，君士坦丁凱旋門（Arch of Constantine）顯得光彩耀眼，古羅馬廣場的廢墟則是銀光閃閃」[28]。

接下來的一週，希特勒將會沉醉在義大利古代建築的輝煌榮光裡，欣賞仔細安排過的軍事演練，也花了很多時間在該國的博物館與美術館。後來他說，「羅馬是個讓我心醉神迷的地方。」

訪義的最後一天，希特勒旋風式造訪佛羅倫斯。兩位獨裁者共乘一輛黑色敞篷車，在一旁機車的護衛之下，領著二十輛車組成的車隊於市區街道上穿梭。城裡的鐘聲大作，義國空軍以緊密的隊形飛越佛羅倫斯上空。高聲歡呼的義大利群眾夾道歡迎希特勒，城裡四處懸掛著卐字旗。他們倆一起造訪聖十字大教堂（Basilica of Santa Croce），那裡是米開朗基羅、馬基維利（Machiavelli）與伽利略的埋骨處。在佛羅倫斯小號隊演奏預告後，他們一起走進維奇歐宮（Palazzo Vecchio），站在陽台上對著下方廣場上的歡迎群眾微笑揮手致意。他們在烏菲茲美術館漫步賞畫，到梅迪奇宮（Palazzo Medici）去用膳，接著欣賞一場威爾第（Giuseppe Verdi）歌劇的演出。[29]

在前往火車站的路上，只見絢爛的煙火分別把他們的尊號拼了出來，希特勒是「Führer」（元首），而墨索里尼則是「Duce」（領袖）。

---

25 原註：Unknown friend in The Hague to Kempner, June 4, 1938, Kempner Papers, Box 2.
26 原註：Evans, *Third Reich in Power*, pp. 638–41.
27 原註：有關希特勒義大利之行，係引自：Baxa, "Capturing the Fascist Moment," pp. 227–42。
28 原註：Leo Longanesi，轉引自：Baxa, *Roads and Ruins*, p. 150。
29 原註：Deirdre Pirro, "The Unwelcome Tourist," *The Florentine*, May 7, 2009.

希特勒的訪義行程就此結束，他登上防彈的火車車廂，告別墨索里尼和義大利。

希特勒總共只在佛羅倫斯待了十個小時。不過，翡冷翠學院的猶太教師與他們的妻子，還有二十一名男學生，加上坎普納的年邁岳母，卻全都在監獄裡待了三週。「囚禁我們也是他們的歡慶活動之一，」其中一位學生寫道，「我們是人質，因爲他們希望來訪的貴客能夠毫髮無傷地返家，所以我們也就落入這種奇怪的處境。」[30]

一九三六年，爲了掌握境內潛在的「危險分子」，德、義兩國警方開始分享情報與各種文件。到了一九三八年，爲了做希特勒拜訪義大利的準備工作，蓋世太保與義國警方密切合作，有系統地針對義國境內的德國、奧地利與波蘭流亡分子進行身家調查。[31]納粹的國安官員進駐二十幾個義國警察局，並且準備了詳細的流亡人士清單，分別把他們標記爲「危險」、「可疑」或者沒有威脅。

後來，到了四月，也就是希特勒預計到訪的前一個月，大批納粹親衛隊與蓋世太保的官員先行湧入義大利進行偵訊工作，也搜索了許多住家。四月二十日與五月一日，分別有大批猶太移民遭到逮捕。

他們把男女分開關押。過了一段時間，獄警才發現這些猶太移民的確不是牢裡常見的雞鳴狗盜之輩或娼妓。男性必須把皮帶交出去，以防他們想要自殺。不過，當時德國所有的監獄都是集中營，所以他們雖被關押，但相較之下義大利人對他們好多了。有個好心的神父會幫他們把消息傳遞到監牢裡，或是用自己的黑袍幫他們把信件夾帶出去，白天時他們也可以在監牢四周放風，而且等到希特勒安全通過勃倫納隘口（Brenner Pass）、進入德國領土後，所有人也都被釋放了。

不過，就像滲透作用似的，反猶太風潮也漸漸越過國界，進入義大利。[32]納粹官員把大批猶太人都關進牢裡之後，似乎也讓墨索里尼相信他的國家跟德國一樣，也有猶太人的問題。一九三八年夏天，就在希特勒走後幾個月，人稱「領袖」的墨索里尼開始如法炮製盟友德國的做法。「如果欠缺清楚、明確而且無所不在的種族意識，任何帝國都無法維繫下去，」他在一篇刊登於報上的文章裡寫道。他宣稱，他的祖先具有最純正的北歐血統。到了七月，該國政府發布了「種族科學家宣言」（Manifesto of Racial Scientists），藉此醞釀要讓猶太人無法在義大利過正常生活。

一九三八年九月，第一道法令通過，翡冷翠學院馬上就面臨了無可迴避的生存問題，因爲依法猶太人再也不能於義大利的任何學校（從幼稚園到大學，不分公私立）上學、教書或工作。

此外，在一九一九年以後移居義大利的猶太人，都必須在六個月內離境。

坎普納早就料到會有這一天，而且這次他並未猶豫耽擱。幾個月前，他就已經知道自己再也不能繼續待在義大利了。[33]整個夏天他都可以看到許多警訊紛紛出現。柏林的德國官員開始質問翡冷翠學院是否有反納粹的傾向，同時也禁止家長把學費匯往義大利。義國官員也屢屢造訪學院，提出警告。[34]八月二十二

30 原註：*Dial 22-0756, Pronto*, pp. 50–52.
31 原註：Felstiner, *Refuge and Persecution*, pp. 12–14.
32 原註：Bosworth, *Mussolini*, pp. 334–44; Zimmerman, *Jews in Italy under Fascist and Nazi Rule*, p. 3; Felstiner, *Refuge and Persecution*, p. 15.
33 原註：Kempner, *Ankläger einer Epoche*, p. 147.
34 原註：Ruth Kempner to Otto Reinemann, August 13, 1938, Kempner Papers, Box 95.

日，政府要求校方把老師與學生的血統資料呈報上去。「整個學校都籠罩在恐懼與不祥的氛圍裡，」一位學生寫道，「我們知道過去那種無憂無慮的日子就要一去不返了。」[35]

某天，一位義國官員現身，要求培舍簽署一份文件，「供稱」他的翡冷翠學院是一間具有自由主義與社會民主主義傾向的學校。培舍問道，如果簽署的話，他是否會被逮捕？對方給的答案是肯定的。

培舍與坎普納可不想又被關進義大利監牢，更不想遭引渡回德國。「有人偷偷告訴我們，」後來，坎普納在寫給友人的信件裡表示，「我們最好馬上離開義大利，不要等到最後一刻。」[36]

結果，在九月三日，校方收到了早已可預見的訊息：義國政府下令將翡冷翠學院關閉，因為「就政治與意識形態的角度而言，它的創校理念違反了法西斯黨的宗旨」。[37]

當時，全校師生都待在博爾迪蓋拉放暑假。坎普納與培舍連夜趕回學院去進行種種安排，「透過適當的人選」把孩子們帶到家人身邊。接著他們就越過義、法邊界，逃往法國尼斯，身邊除了他們的老婆、幾位老師，還有十位簽證仍有效的學生。

九月四日清晨，學校老師嘉碧莉耶・薛佛里希（Gabriele Schöpflich）走進洲際飯店的餐廳裡，她跟大家說坎普納與培舍都走了，「也帶走了學費是用外國貨幣支付的學生。」

這對於留在飯店裡的十幾名學生來說，不啻是「晴天霹靂」。[38]薛佛里希與一位同事必須負責收拾爛攤子。飯店的員工已經有一週沒有收到薪水，所以就集體請辭了。許多店家也都找上了門，因為還有大批帳單沒付款，其中包括肉鋪、雜貨店、五金行老闆，還有賣牛奶的。接下來的十天內，薛佛里希與她的同事負責帶著所有剩下的學生與他們的監護人團聚。她寫道：「那十天內我們倆都沒怎麼睡。」[39]她必須親自陪著兩名學童到佛羅倫斯火車站去找他們的母親，讓他們搭火車返回維也納。

他們留下爛攤子的謠言四處流傳著。坎普納的祕書是來自法蘭克福的二十四歲猶太女性瑪歌·李普頓。不久後，她接到一封自家姐妹蓓雅特·戴維森（Beate Davidson）從羅馬寄過來的信。

戴維森在信中寫道，她聽到了翡冷翠學院被迫關閉後的種種傳聞，對整個過程感到厭惡不已。[40]他們怎麼可以在一夜之間就把學校給關掉？據說他們還把某些學童留下來給當地人照顧，是真的嗎？「畢竟，學院必須負責照顧那些未成年的孩子，」她寫道，「在那種情況下，把身無分文的孩子丟在異國，實在是令人髮指。」她曾聽說，坎普納命令孩子們不能跟爸媽討論學院關閉的過程中發生了哪些事。她也聽說，坎普納堅持不肯透露自己要去哪裡。她還聽說，坎普納隨身帶著別人的護照，以備不時之需。據聞學院還留下了一屁股債。戴維森說，這種種行徑跟犯罪有什麼兩樣？瑪歌·李普頓知道這些事嗎？

戴維森很快就收到一封來自坎普納與培舍的回信。他們覺得自己很冤枉，既然戴維森認識他們倆，怎可指控他們是騙子？他們說，所有的指控都是那兩個「猶太女人」[41]的惡意中傷，純屬八卦。[42]

---

35 原註：Moura Goldin Wolpert，轉引自：*Dial 22-0756, Pronto*, p. 86。
36 原註：Kempner to Erich Eyck, October 21, 1938, Kempner Papers, Box 2.
37 原註：Closure decree, Kempner Papers, Box 94.
38 原註：*Dial 22-0756, Pronto*, p. 95.
39 原註：Ibid., pp. 89–92.
40 原註：Beate Davidson to Margot Lipton, October 23, 1938, Kempner Papers, Box 2.
41 譯註：指嘉碧莉耶·薛佛里希與另一位女老師。
42 原註：Peiser and Kempner to Beate Davidson, October 26, 1938, Kempner Papers, Box 94.

他們已經聘了一位義大利律師來幫他們處理債務。之所以會欠債，是因爲有些家長並未付清所有學費（坎普納與培舍寄了一份通知函給家長，除了說明閉校時的狀況，也列出積欠學校超過三千里拉學費的「不肖債務人」）。43更何況，他們會欠錢難道不該怪義大利政府嗎？難道他們不是因爲情勢所逼，才會無法變賣所有家具來償債？各國的猶太人怎麼可以「罵他們是騙子」呢？他們只是在義大利政府再把他們關回監牢前就逃走，怎麼有人敢批評他們？「你以爲我們會願意讓義大利人像四、五月時那樣，再把我們給關起來，讓我們的老婆、小孩跟娼妓與罪犯一起住三週？……敬告戴維森女士，門都沒有，因爲我們不是笨蛋，也並非被虐待狂，所以就算損失許多金錢與珍貴物品，也不容自己的自由與性命被奪走。」

至於那些學生，坎普納與培舍則是表示：幾個月前，他們倆早已跟家長預告說學院遇上麻煩，必須趕快爲孩子尋找新家。他們只能盡力把一些學童救走。

坎普納與培舍在寫給其他朋友的信件裡表示，許多學生都不想回波蘭、匈牙利或德國去找爸媽，有些則是無法安全回國。「如果只有我們兩個人，無論如何是都不會被抓走的……因爲我們大可以開車離開就好，」坎普納寫信給一位住在巴黎的朋友表示，「但我們不能丟下孩子們不管。但話說回來，我們也不可能把一百個孩子都帶在身邊，因爲那需要太多錢了，而他們的爸媽……肯定會說我們的做法根本沒必要，所以不打算付錢給我們，因爲一般來講小孩是不會被逮捕的。」44

其實，坎普納的人生早已變成旁人無法想像的複雜。他在信裡向一位友人表示，他不太相信法國「會是逃亡之旅的終點站」，因爲西方民主國家似乎「完全無視於第三帝國與其他軸心盟國的手段有多可怕。」45他必須照顧十個學生，此外還有他的老婆、岳母，以及祕書。

在此同時，他還必須跟他老婆透露三件難爲情的事：他跟瑪歌．李普頓早已發生了婚外情，而且當時瑪歌有孕在身，孩子的爸爸就是他。

坎普納的十五歲兒子魯西安未能跟著父親一起到法國。魯西安曾在翡冷翠學院讀了兩年書。當時，他那並非猶太人的母親海倫．維林格曾經把坎普納告上法院，說孩子的爸未經許可就把他帶出國去，但並未打贏官司。

到了一九三七年底，在坎普納的安排之下，前妻得以與魯西安「在某個義大利山區的度假勝地或者類似的地方」共度兩週時光。[46]坎普納幫她買了一張第三等車廂座位的來回火車票。海倫與魯西安每天都出去散步很長一段時間，直到某天晚上，坎普納驚覺他們母子並未回去。除夕夜那一天，海倫向魯西安表示，說他爸允許他們到義大利的其他地方去滑雪，但沒想到卻把他帶回德國去。後來，魯西安表示自己是被拐帶回國的，納粹與法西斯政府都是他母親的幫兇。[47]當時他甚至並未持有任何有效護照。

身爲猶太人之子，魯西安算是所謂的「Mischling」，也就是混血兒。當時，納粹政府內部還在爭辯到

---

43 原註：由培舍和坎普拉發出的訊息告示，係引自：Kempner Papers, Box 94。
44 原註：Kempner to Carl Misch, November 28, 1938, Kempner Papers, Box 2.
45 原註：Kempner to Rudolf Olden, December 12, 1938, Kempner Papers, Box 2.
46 原註：Robert Kempner to Helene Kempner, November 20, 1937, Kempner Papers, Box 71.
47 原註：Lucian Kempner application to company commander, September 29, 1945, Kempner Papers, Box 71.

底哪一種混血兒才該跟猶太人一樣，受到種種歧視性的法律規範。坎普納不能為了與前妻爭奪兒子而冒險回國，但他向法院提出告訴，聲稱海倫沒有資格當家長。48 他出示一些信件，證明前妻有酗酒及吃止痛藥成癮的紀錄，而且也曾動過服藥自殺的念頭，此外她還患有性病，有一位醫生曾要她徹底改變生活形態，好好做人。坎普納主張，他跟前妻不同，因為他的財務狀況穩健，而且魯西安可以在自己經營的學校裡讀書。海倫則是反駁道，那間學校的辦校風格「充滿馬克斯—布爾什維克主義的精神，而且深受猶太人的不良影響」學校還教學生要「培養出反對德國的態度」。49

儘管法院判決坎普納勝訴，但魯西安還是不能離開。後來，他說自己不能辦護照，而且納粹政府還允許母親保有他的監護權。她把魯西安送往摩拉維亞弟兄會（Moravian Church）創辦的辛贊多夫中學（Zinzendorfschulen）就讀，那是一所位於德國黑森林山區克尼格斯費爾德（Königsfeld im Schwarzwald）的寄宿學校。

「母親讓我承受了很多苦難，」後來他寫道，「其他德國人對我的虐待更是不在話下。」50

坎普納能做的不多，只能寫信回德國給兒子。逃往尼斯不久後，他在信中對兒子說：「我真怕你忘了我這個老爸還在。」51 為了讓魯西安感到安心，他在信裡說，「今天我已經把這裡的一切都安頓好了，」完全不提自己是匆匆逃走，而且學校被迫關閉了。「我們仍在風景宜人的尼斯。你去年還跟我們來過這裡，所以應該還有印象，」一週後他又在信裡寫道，「這裡還是那樣溫暖，天氣非常好……你還會跟那些義大利工人用義大利語交談嗎？還是你已經忘得一乾二淨了？你學過的其他語言呢？像是法語、英語呢？你知道自己必須把那些語言都學好，因為你媽雖然是雅利安人，但你爸是猶太人，所以你特別需要把外語學好。

你年紀夠大了，應該懂這個道理，也該時時牢記。」[52]

他在信裡附上回郵，要魯西安寄一些照片給他。「請趕快回信給我。」

---

48 原註：Kempner memorandum in response to letter from lawyer Adolf Arndt, March 17, 1938, Kempner Papers, Box 2.

49 原註：Villingen district court ruling, July 1, 1939, Kempner Papers, Box 71.

50 原註：Lucian Kempner to Robert Kempner, January 9, 1946, Kempner Papers, Box 71.

51 原註：Robert Kempner to Lucian Kempner, September 29, 1938, Kempner Papers, Box 71.

52 原註：Robert Kempner to Lucian Kempner, October 7, 1938, Kempner Papers, Box 71.

12

「我已經贏得整個納粹黨的人心」

紐倫堡市長曾說這城市「是全國最具德國風味的城市」。一九三七年九月六日，爲了歡迎希特勒來此主持納粹黨年度集會的開幕式，整個紐倫堡的教堂鐘聲持續響了半小時。這肯定是該黨創黨以來的最大規模集會，總計有數十萬人與會，爲期八天的集會包含各種演說、表演、隊伍遊行，還有足以展現可怕軍威的演練活動。1

集會場占地廣大，很多空地被用來搭建帳篷與臨時營房，與會人數多到必須動用三百五十萬件炊具，而且要是天公作美，大家還可以好好享受一下露營般的閒情逸致。因爲住處實在太難找，從柏林搭乘專用火車南下的美、英兩國黨員必須住在火車上。黨政高層人士則是住飯店，用餐地點爲紐倫堡當地較爲著名的餐廳，例如位於葛略克萊恩斯巷（Glöckleinsgasse）的德國香腸名店「金郵號」（Goldenes Posthorn），這是一間創立於一四九八年的老店，是紐倫堡文藝復興時期知名畫家阿爾布雷希特·杜勒（Albrecht Dürer）的最愛。還有不少人也會趁此機會去紐倫堡的紅燈區光顧，只是必須設法穿越納粹親衛隊布下的警衛，偷偷溜到附近去尋花問柳，那裡大約有一百位性工作者可供他們挑選。2

集會期間，羅森堡並非只是講者之一，他也是集會的貴賓。十八年前，他才第一次在慕尼黑啤酒館與一小群反猶太人士聚會，如今卻已經被奉爲國家社會主義意識形態的奠基者。在這納粹黨年度集會專用的會場上，矗立於正中央的是宏偉的紐倫堡大會堂（Congress Hall），當初動工興建時，希特勒的自傳《我的奮鬥》與羅森堡的代表作《二十世紀的神話》被象徵性地深埋在地基裡。這座圓形大會堂完工後，會比羅馬競技場還要龐大。

此時羅森堡當然還無法預見，但是這週他會在紐倫堡成爲焦點人物，而且這也將會是他黨政生涯的最高峰。

希特勒之所以欽點紐倫堡爲納粹黨年度集會的固定地點，是著眼於該市的象徵性，他想藉此讓大家聯想到古代德國的光榮歷史。六百年前，紐倫堡曾是中世紀大城，是當時歐洲最富庶也最重要的城市之一。[3]當年用來防禦外敵的厚實城牆仍然矗立著，古城四周被全長三英里的護城河包圍住，城裡仍然處處可見最正統日耳曼風味的建築，特色包括充滿古味的哥德式山牆、雕琢精細的門廊，還有一座傳統市集廣場，許多華麗教堂，以及一座矗立在高地頂端、固若金湯的古堡，過去多位神聖羅馬帝國皇帝都曾住過。對於訴諸神話般民族傳統的政黨來講，紐倫堡是最完美的

一九三四年納粹黨文化大會在紐倫堡的阿波羅劇院內舉行，當時羅森堡坐在第一排座位希特勒的身旁。（圖片來源：SZ Photo/Scherl/The Image Works）

1 原註：Burden, *The Nuremberg Party Rallies*, pp. 137–47.
2 原註：Vice squad report，轉引自：Täubrich, *Fascination and Terror*, p. 76。
3 原註：Burden, *Nuremberg Party Rallies*, pp. 3–9.

集會地點。羅森堡主持的《人民觀察家報》發文宣稱：「很少有城市能像紐倫堡這樣，如此精確地表現出過去與現在的對比，這裡的角塔、厚實的高牆與塔樓，在在都散發著英雄氣概與奮戰精神。」4

在紐倫堡舉辦的年度集會並不只是一般的政治會議。集會的許多儀式都充滿神祕色彩，一切安排都是為了用來展現納粹群眾運動的力量，並且強化元首的個人崇拜。5

接下來幾天內，大家會聽到戈培爾猛烈抨擊布爾什維克主義，外交使節們會在希特勒下榻的飯店與他喝茶，而國家社會主義婦女聯盟的領袖會為德國婦女示範納粹黨眼中最標準的持家方式。一九二三年發動啤酒館政變失敗時，曾經飄揚在慕尼黑街頭的那一面「血旗」（Blood Banner，沾有幾位納粹黨員鮮血的卐字旗），每年都會像聖物一樣被請出來碰觸新的黨旗，彷彿具有加持效果。親衛隊與突擊隊隊員以整齊隊形在紐倫堡街頭行軍，穿越一條條鋪著圓石的狹窄街道，兩旁的住戶全都開窗欣賞此一壯觀景象。希特勒會站在下榻的德意志霍夫飯店（Hotel Deutscher Hof）陽台上，對著德國群眾揮手致意，陽台下方的牆面上打著「希特勒萬歲！」字樣的燈光。根據一位記者回憶，大家「仰望他的表情，就像把他當成救世主」。儘管當時全世界都普遍害怕戰爭，但納粹卻特別安排了令人望而生畏的閱兵遊行，藉機展示德國的最新軍備：自走炮、裝甲車、機車、坦克、偵察機與轟炸機。在新式戰鬥機以時速三百七十英里高速俯衝會場之際，地對空高射炮也同時往前伸出炮管，好像在對飛機示威。

集會期間最令人震撼的畫面，就是數十萬納粹黨員全都井然有序地立正站好在齊柏林集會場（Zeppelin Field）上。這場景給人一種個體性完全泯滅的強烈感覺。集會場觀禮台的特色，是後面矗立著一百七十根白色石柱，而希特勒總是站在觀禮台的正中央。到了夜裡，幾百盞聚光燈打在集會場上，其中一部分燈光聚焦天空，形成納粹建築師亞伯特・史佩爾（Albert Speer）所謂的「光之大教堂」（cathedral of light），那空中的燈光連在西邊一百英里遠的法蘭克福都可以看到。

希特勒會大聲說：「大家好！」

群眾則會喊著：「元首好！」

那一週大部分時間都在下雨，有時稍停。希特勒與隨從們風光抵達紐倫堡之後，當天下午他們的黑色賓士車車隊往東移動，經過一條條擠滿支持者的街道，前往舉辦開幕式的路易特珀爾德大會堂（Luitpoldhalle）。[6]「半英里外都能聽見迎接他蒞臨的歡呼聲，」《紐約時報》特派記者佛列德里克・伯查爾寫道，「歡呼聲愈來愈大，直到他走進大會堂之後，裡面的會眾也高聲歡呼了起來，氣氛熱烈瘋狂。」大會堂入口是一片純白的石造建物，左右兩側各垂掛著十面巨大紅色納粹黨旗，所有黨代表都會從那裡齊步走進去。大會堂內部彷彿一座教堂，正中央的走道通往一座高聳的講台。懸掛在講壇後方的，是彷彿歪斜十字架的巨大納粹卐字標誌。掌旗人員把一幅幅黨旗拿往會堂前頭。會堂裡很快就潮濕了起來，在電弧燈的照射之下，講者們都開始流汗了。

---

4 原註：Ibid., p. 8.
5 原註：Evans, *The Third Reich in Power*, pp. 123–24.
6 原註：Frederick T. Birchall, "Duty Is Stressed at Nazi Congress," *New York Times*, September 8, 1937.

這開幕式實在太過浮誇，因此就連往常以挖苦別人爲樂的西方媒體記者都激動不已。美國駐德特派記者威廉·夏伊勒在日記中寫道：「那不只是一場華麗的秀，甚至讓人覺得好像置身哥德式大教堂，會場裡瀰漫著復活節或耶誕彌撒時那種熱烈的神祕主義式宗教氛圍。」[7]他問道：如此看來，德國人會把希特勒的每句話都奉爲聖經福音，難道會很奇怪嗎？

那天晚上，希特勒與羅森堡聯袂前往集會場裡的歌劇院聆聽華格納歌劇作品〈諸神進入華海拉殿〉（Entry of the Gods into Valhalla）。如同記者伯查爾在《紐約時報》的文章裡寫道，羅森堡在劇院裡發表了一場演說，內容「引用了他自己書中的大量文字」，接著戈培爾起身宣布羅森堡期待已久的大事。他說，納粹黨的意識形態大師將成爲德國國家藝術與科學獎的得主。[8]

劇院裡「掌聲如雷響個不停」，羅森堡在日記裡寫道，「可以感覺到整個劇院都震動了起來。」[9]

一九三六年，在坎普納的反戰友人卡爾·馮·奧西茨基被蓋世太保囚禁三年後，諾貝爾委員會決定將諾貝爾和平獎頒贈給他，而納粹政府爲了反制此事，才會創設了德國國家藝術與科學獎。諾貝爾委員會盛讚奧西茨基是「一位世界公民，其職志是爭取思想自由、言論自由與觀念領域的自由競爭權利。」[10]納粹黨對此怒不可遏。某位納粹人士對訪問他的《紐約時報》記者表示，「這實在是荒謬透頂，令人髮指。」[11]希特勒祭出的反制措施是，往後任何德國人都不得領取諾貝爾獎，同時創設了這個想與諾貝爾獎分庭抗禮的獎項。獲獎者都會獲頒十萬馬克獎金，還有一枚上面鑲滿了鑽石的華麗勳章，勳章外圍以四隻納粹的老鷹標誌爲飾邊，中間則是戴頭盔的雅典娜女神的黃金浮雕像。羅森堡寫道：「要佩戴一枚如此珍貴的勳章，幾乎都要讓我感到不好意思了。」[12]

「羅森堡透過其著作取得卓越地位，因爲他殫精竭慮地想要努力維持國家社會主義世界觀的純粹性，」戈培爾向會眾朗讀的獲獎理由是這樣說的，「只有未來的世世代代，才能精確評斷他對國家社會主義的精神樣貌與世界觀造成多麼深遠的影響。如今，元首把此一獎項頒給了追隨他最久、也最親密的戰友，國家社會主義運動陣營與所有德國人民都感到歡欣鼓舞。」[13]

羅森堡在日記中寫道，任誰都看得出來這個獎項並非只是肯定他的「學術成就」，還有他對「羅馬教廷的激烈奮戰」。有人曾向他轉述，梵蒂岡當局認爲就連教宗本人都深受打擊。「我總是堅守立場，而元首即使身爲言行必須有所保留的一國之尊，但也總是放手讓我去奮戰，」羅森堡寫道，而且愈寫愈起勁，也愈狂妄自大。[14]儘管希特勒曾向大家保證，《二十世紀的神話》裡的種種激進主張不過是羅森堡的個人意見，但他現在很清楚，他的主張如今顯然已經與第三帝國的政策合而爲一。它們等於是「元首所領導的整個革命之基礎」。

大家對於羅森堡的貢獻能夠受到肯定，也都很感動，或者至少，羅森堡是這麼認爲。希特勒本人在

---

7 原註：Shirer, *Berlin Diary*, pp. 18–19.
8 原註：Frederick T. Birchall, "Labor Has Its Day at Nazi Congress," September 9, 1937.
9 原註：Entry titled "After the party congress. 1937," Rosenberg diary, September 1937.
10 原註：Stephen Kinzer, "Exonerations Still Eludes an Anti-Nazi Crusader," *New York Times*, January 13, 1996.
11 原註："Germany Enraged by Ossietzky Prize," *New York Times*, November 25, 1936.
12 原註：Rosenberg diary, January 31, 1938.
13 原註：Bonney, *Confronting the Nazi War on Christianity*, p. 247, n. 47.
14 原註：Entry titled "After the party congress. 1937," Rosenberg diary, September 1937.

宣布這個消息時，也是強忍著淚水。他說：「只有你有資格領取本帝國的最重要大獎。畢竟，你是不二人選……」在歌劇院裡，羅森堡的朋友也都啜泣了起來。歐登堡區長卡爾・略佛是羅森堡的親密盟友，他走過去跟希特勒說，那天是**他**畢生最高興的一天。「現在我能**確定**，我已經贏得整個納粹黨的人心，」羅森堡寫道，「因爲元首大動作肯定我，所以如今大家好像都已經不再對我有所顧忌。」

讓他感到最高興的是，獲獎理由是從政敵戈培爾口中說出來的。「過去，他曾經企圖用自己掌控的新聞媒體，**不擇手段**地使出各種陰謀詭計來除掉我。」戈培爾曾經跟全國人民說，在教廷屢屢激烈抗議之下，羅森堡的《二十世紀的神話》一書註定會被歷史遺忘。「他的這種看法，跟他對於各種深刻問題的見解一樣，都是錯的，」羅森堡曾在日記中自誇，「如今他卻必須大聲對會眾表示，只有未來的世代才能完全了解羅森堡對於國家社會主義的建制有多大貢獻。」

此一名聲讓他陶醉不已。羅森堡在獲獎消息正式宣布一個月後，前往旗海飛揚、鮮花處處的弗萊堡大教堂廣場（Münsterplatz），向不斷歡呼的群眾發表演說，矗立在他身前不遠處的是有數百年歷史的哥德式天主教大教堂。後來他在日記中寫道，弗萊堡向來是樞機主教的駐地，因此肯定未曾有任何「像我這種徹底反對羅馬教廷的異端，能夠像國王一樣被**人民**歡迎擁戴」。[15]

一九三八年一月，希特勒在羅森堡四十五歲生日那天，造訪了他位於柏林精華地段達勒姆（Dahlem）地區的新家。[16]跟其他納粹高層人員一樣，這新家也是從猶太屋主那裡搶來的。元首帶來一尊狄特里希・埃卡特的半身雕像，他在一九一九年介紹羅森堡與希特勒認識。希特勒也送了一張自己的照片給羅森堡，照片裱在銀質相框裡，上面寫了一句讓羅森堡深受感動的話：「送給追隨我最久也最忠心耿耿的戰友羅森堡，祝你四十五歲生日快樂。你的老朋友，阿道夫・希特勒。」

儘管是宣傳部長戈培爾把獎項交到羅森堡手上，但他們之間的爭鬥尚未停歇。一九三三年以來，戈培爾變得愈來愈有錢，他的西裝都是訂製的，舉辦的宴會也都極盡奢華。[17]戈培爾遷居布蘭登堡門附近的一座豪華宅邸，還在首都柏林北邊一座私人湖畔買了避暑別墅與一艘遊艇。他大力攬權，除了控制媒體、廣播與戲劇界之外，還有他個人最偏愛的電影業。戈培爾自以爲是影壇大亨，很喜歡下令修改劇本，電影毛片都要他先看過，同時他也跟電影明星混在一起，與漂亮女演員亂搞男女關係。一九三六年，他在柏林奧運期間於某座小島辦了一場豪華派對，把小島布置得像電影場景。現場有柏林愛樂交響樂團表演助興，三千名賓客從一座掛著燈籠的浮橋走進會場。除了整夜歌舞品酒之外，中間還穿插了一場壯觀的煙火秀。

戈培爾的權力能夠影響幾千個工作，所以許多人即便討厭他，卻不敢質疑他。他們不想被戈培爾的怒火燒傷。羅森堡抱怨道：「我在孤軍奮戰，大家都袖手旁觀。」[18]

儘管羅森堡屢屢批判戈培爾把文化建設工作做得「漏洞百出」，但希特勒還是沒有動戈培爾。在羅森堡眼中，他的所有施政作爲都是有問題的。紀念海德堡大學創立六百五十年的三天週年慶活動期間，爲了

---

15 原註：Entry titled "At the beginning of October," Rosenberg diary, October 1937.
16 原註：Undated entry, Rosenberg diary, January 1938.
17 原註：Read, *The Devil's Disciples*, pp. 384–85.
18 原註：Entry titled "At the end of July 1936," Rosenberg diary, July 1936.

反駁外界指控，證明納粹黨對於學術界並無敵意，帝國文化院特別安排了一些舞蹈表演活動。但是據羅森堡在日記中所載，讓他感到憤怒的是，文化院安排的卻是匈牙利的查爾達什舞（czárdás）與波蘭舞蹈，以及他所謂的「黑鬼舞（Niggerstep）」！[19]他寫道：「多年來我們都在努力遏止黑鬼文化的滲透，但現在他們卻把黑鬼舞拿來當**我們的**慶典舞蹈！」

在另一則日記裡，羅森堡問道：戈培爾爲什麼不用那些關於猶太人的納粹黨理論，來教育德國人民？現在的德國人都沒讀過像是特奧多・富里緒（Theodor Fritsch）的《猶太問題手冊》（*Handbook of the Jewish Question*）等重要著作。羅森堡同意某位同志對他所說的：「再這樣下去，我們的下一代會說我們實在愚不可及，爲什麼要那麼擔心猶太人的問題！」[20]令他憂心忡忡的是，德國的未來世代將不會明白納粹黨曾經阻止猶太人毀掉德國以及掌控全世界。

羅森堡認爲，戈培爾的問題在於，他太過爲所欲爲、太自戀，只會要別人幫他拍照。他是個演員，「一個**扮演部長**角色的平凡人。」[21]也許希特勒看不出這一點，但納粹黨由上到下肯定都看得很明白。

羅森堡在日記中宣稱，差不多在這段時間，他曾與戈培爾一起去參加某次黨務會議，結果與會者對戈培爾「不斷發出噓聲」，對他的態度「冷淡而沉默」。「面對這種道德淪喪的狀況……黨員與國人都不會容忍戈培爾爲了自吹自捧而瀆職的醜聞。」得意洋洋的羅森堡寫道，反觀他自己，他的所有言論都「不斷受到與會者的歡呼」。大家都認爲他與戈培爾剛好相反。「相較於有時候對抗好大喜功並荼毒著整個納粹黨的G博士的無助情況，贏得整個納粹運動陣營的人心委實讓我高興不已。」[22]

讓羅森堡非常雀躍的是，戈培爾的政治生涯就快要陷入重大危機了。起因與羅森堡對戈培爾的許多指控沒有關係。導火線是戈培爾的婚姻狀況。23

戈培爾性好女色，他曾經求老婆瑪格達（Magda）容許他在外與女人交往，她拒絕了。但戈培爾卻在一九三六年發現她與一位納粹官員有染。戈培爾當然生氣，但讓他更憤怒的是，這件事他居然是從羅森堡那裡得知的。那一年稍晚，戈培爾愛上了芳齡二十二的捷克女星莉妲・芭洛娃（Lída Baarová），兩人就此公開出雙入對。後來他們被她丈夫逮個正著，丈夫離開了她，戈培爾也被瑪格達趕到客房去睡。

他們搞外遇兩年後，戈培爾向老婆建議，如果要解決他們的婚姻危機，她就應該接受「三人行」。瑪格達跑去找戈林的老婆艾美抱怨，說那傢伙根本是「衣冠禽獸」。戈林幫瑪格達約見希特勒本人，因爲希特勒不但是戈培爾夫婦婚禮的伴郎，而且在他們婚後也與夫婦倆都很親近。瑪格達告訴元首，說她要離婚。希特勒不答應，他召來戈培爾，要他跟莉妲分手，否則就把他開除。希特勒不希望黨政高層成員發生醜聞，但戈培爾詭計多端，特別擅長政宣工作，希特勒也不能失去他。結果戈培爾不甘願地同意與莉妲斷絕關係。「人生眞是艱難又殘酷，」戈培爾在日記中抱怨道，「但職責比任何事都重要。」24

瑪格達並未就此罷休。一九三八年十月，她再度懇求希特勒允許她離婚，而希特勒也再次介入調停。

19 原註：Entry titled "At the end of July 1936," Rosenberg diary, July 1936.
20 原註：Fritz Sauckel，轉引自：Rosenberg diary, July 20, 1938。
21 原註：Rosenberg diary, July 29, 1943.
22 原註：Ibid., November 25, 1937.
23 原註：戈培爾的婚外情與婚姻問題之描述係引自：Read, *Devil's Disciples*, pp. 421–22, 443, 484, 491–92。
24 原註：Quoted ibid., p. 492.

在柏林政壇，戈培爾的政敵都意識到，他的仕途也許就這樣完蛋了。一九三八年底，親衛隊首領希姆萊去見羅森堡，表示蓋世太保那邊接獲了「好幾十宗」關於戈培爾的性侵指控。見面前，他已經把其中一些資料交給希特勒，也勸元首開除戈培爾。「現在他是全德國最討人厭的傢伙，」希姆萊說他向希特勒表示，「以前，我們曾經批評那些性騷擾員工的猶太經理。如今做那種事的人卻是G博士本人。」25 羅森堡樂於把這些謠言與指控都散布出去，讓愈多人知道愈好。

羅森堡不明白為什麼希特勒不把那傢伙開除了事。他應該被關進監獄，不適合再擔任政府的部會首長。「G博士如今在黨內已經陷入道德困境，」羅森堡在日記中寫道，「大家都鄙視他。」但羅森堡可以感覺到戈培爾在打什麼算盤：他不會受到任何不良影響，「無論如何，他都會化險為夷，整控全局。」

儘管羅森堡不願承認，但他也知道戈培爾可能是對的。

兩個月後，戈培爾受邀參加一場歡迎外交官的宴會，據說他在會上宣稱，假使希特勒不認同他的生活風格，早年納粹還在打天下時，希特勒就不該把他納入自己的小圈圈裡。私底下，每個人都有選擇生活方式的權力。「儘管我知道G博士講話向來下流無恥，」羅森堡在提到此一傳聞時寫道，「但聽見他講話那麼直接，還是令我感到驚訝不已。」26

羅森堡寫道，一九二四年戈培爾還是個青年作家時，曾短暫反抗過希特勒的領導，當時希特勒早就該趁機把他趕出去。如果那樣，納粹也不會遭逢此時的種種傷害。戈培爾一輩子最擅長的就是往政敵身上「潑髒水」，如今他也開始汙衊黨內的忠心同志了。

「因爲對於這個傢伙始終抱持著容忍的態度，」羅森堡抱怨道，「我們的革命陣營也開始腐敗墮落了。」

在這關鍵的一九三七年，戈培爾事件可說微不足道，眞正的大事，是希特勒終於決絕地把德國推向世界大戰。

一九三七年底，他命令將領們做好入侵捷克斯洛伐克與奧地利的準備。他已奪回薩爾蘭與萊茵蘭這兩個本來就屬於德國的地區，如今他覬覦的對象是德國東邊那些以德語爲母語的國度。一旦發生戰爭，那些地區對於第三帝國來說，在戰略上有緩衝作用，同時也能提供人力與物料。在一九三七年十一月某個會議上，希特勒向德國的軍事與外交高層表示，「我國的政策目標是要確保與擴大種族人口。因此我們必須有足夠的領土。」[27]這意味著德國要發動侵略戰爭了，也許，最早會在隔年動手。

將領們都卻步了，如果想用武力併吞鄰國，那就等於要和英、法開戰。儘管德國已經重整軍備多年，但實力卻還不足以再度和西歐列強交戰。

但隨著事態發展，希特勒很快就沒必要擔心這種內部的雜音。興登堡時代留下來的外交部長康斯坦丁．

25 原註：Undated entry, Rosenberg diary; Matthäus, in *Alfred Rosenberg: Die Tagebücher von 1934 bis 1944*, dates this entry to late November or December 1938.
26 原註：Rosenberg diary, March 1, 1939.
27 原註：Evans, *Third Reich in Power*, p. 359.

馮·諾伊拉特屢屢憤怒地對他提出警告，最後終於被希特勒撤換掉，不過繼任者並非羅森堡，而是比較圓滑的約希姆·馮·里本特洛普（Joachim von Ribbentrop）。

然後，希特勒又利用兩則醜聞，趁勢把軍界高層全都撤換掉。

一九三八年一月初，時任戰爭部長兼國防軍總司令的維爾納·馮·勃洛姆堡（Werner von Blomberg）元帥與他的祕書瑪格烈特·古魯恩（Margarethe Gruhn）結婚。勃洛姆堡是個鰥夫，瑪格烈特則比他年輕三十五歲。他們搭機前往卡布里島（Capri）度蜜月時，有匿名舉報者要政府調查瑪格烈特的背景，結果她曾是個妓女，還拍過色情照片。戈林把調查結果呈報上去，希特勒氣炸了。希特勒後來雖然平靜下來，但還是把勃洛姆堡給撤職。

在此同時，雖然最可能的繼任人選是陸軍總司令威爾納·馮·弗里奇（Werner von Fritsch）將軍，但希特勒想起他曾看過一些指控弗里奇的文件。根據希姆萊所屬的祕密警察搜集後呈報給希特勒的檔案，弗里奇被人發現是個同性戀，而且多年來都付錢給勒索他的人，事情才沒曝光。弗里奇聽到那些指控時大聲抗議：「那都是一些醜陋的謊言！」結果還是被迫辭職。

希特勒趁勢換掉其他十二位將軍，重新指派五十一人擔任將軍，然後自己擔任國防軍總司令。

很快的，他就把軍事力量當成恐嚇工具，與鄰國進行外交談判。一九三八年二月十二日，希特勒召見奧地利總理庫爾特·馮·許士尼格（Kurt von Schuschnigg），兩人見面的地點是鄰近巴伐利亞南部小鎮貝希特斯加登（Berchtesgaden）的貝格霍夫（Berghof），因為希特勒在那裡的山區有一座度假用的宅邸。許士尼格發現希特勒像瘋子一樣激動。[28]他威脅許士尼格總理，如果不把政權交出來，就會派兵入侵奧國。

總理最初是屈服了，但他在三月九日舉辦了一次直選，藉此決定奧地利是否要繼續獨立於德國之外。盛怒之下，希特勒派兵揮軍邊境，許士尼格旋即垮台。三月十二日，元首就此以征服者的英雄姿態回到自己的祖國。

到了四月，德、奧兩國都針對德、奧合併問題進行選舉。在奧國，只要是拒絕投票或是投了反對票，就會被騷擾、毆打，被人在身上掛上標語遊街，讓大家知道他們是叛徒，甚至也有人被關到精神病院裡。因爲恐嚇與作票手段雙管齊下，選舉結果是百分之九十九點七五的奧國民眾都希望能併入德國。[29]

這兵不血刃的占領行動讓希特勒食髓知味，接著他把矛頭指向捷克斯洛伐克，該國西部的蘇台德地區（Sudetenland）有三百萬德裔人口。在德國納粹黨的慫恿之下，蘇台德日耳曼黨的黨主席開始鼓吹政府讓步。一九三八年初，他提出等於是脫離捷克斯洛伐克的要求。在此同時，希特勒要的不只是蘇台德地區，而是要整個國家，於是他要求將領們做好入侵的準備，至於他則是要找出一個完美的出兵藉口，以免在國際間成爲眾矢之的。

到了五月，他在一個非公開場合告訴將領們：「我的心意已決，一定要讓捷克斯洛伐克這個國名消失在地圖上。」

但對外他則表示，自己不過是要讓蘇台德地區的人民都能受到第三帝國的保護，並且堅稱那些德裔居

---

28 原註：Shirer, *Rise and Fall*, p. 326；也可以參閱：Schuschnigg, *Austrian Requiem*, pp. 12–19.
29 原註：Evans, *Third Reich in Power*, pp. 111–13.

民都受到其他捷克斯洛伐克國民的恐嚇威脅。英、法兩國並未反對。他們認爲避免開戰比較重要，因此不想與希特勒發生衝突。兩國代表與愈來愈失控的希特勒在慕尼黑進行了好幾週的密集談判，結果在九月底，英、法讓步了，同意希特勒占領蘇台德地區。

英國首相張伯倫（Neville Chamberlain）在唐寧街十號官邸對著窗外宣布：「我相信這能爲我們這個時代帶來和平。」30

五週後，納粹德國開始向國內的大敵痛下毒手，對於國際社會的公論已無任何顧忌。

截至此時，他們用來對付猶太人的手段主要還是法律措施，而非暴力攻擊。一九三八年，德國政府又祭出一系列歧視猶太人的新措施，進一步剝奪他們在國內的生計。根據規定，他們的所有資產都必須登記。接著，他們也不能從銀行提領出太多錢，而且提款也得獲得政府允許。他們必須在店頭清楚標示自己的商店是猶太人所有。政府還要求他們得幫自己取「一眼就能辨認出來的」猶太名字，否則女性的正式名字裡就必須加上「莎拉」（Sara），男性要加上「以色列」（Israel）。31

在一連串的法律規定之後，公開的暴力行徑終於上場了。導火線是一九三八年十一月七日，賀薛・葛林斯潘（Herschel Grynszpan）這名波蘭人走進巴黎的德國大使館，向一名外交官開槍。32行兇動機是他的雙親被德國驅逐出境。那名德國外交官在兩天後去世，當天戈培爾、希特勒與其他納粹高層都在慕尼黑，參加一九二三年啤酒館政變的週年紀念會。他們不想錯失此一大好機會。

希特勒立刻下令對德國的猶太人展開報復行動，燒毀猶太會堂、摧毀他們的財物，在人力容許的範圍內，盡量把猶太男性都逮捕起來。但重點是，要讓整個情況看起來像是猶太人犯了眾怒，所以才會引發民眾的自發性暴動。

戈培爾把黨的高層召集起來，宣布那位外交官的死訊。

「同志們，」他大聲疾呼，「我們不能讓這次外國猶太人發動的攻擊事件就這樣算了，一定要進行反制。」[33]

很快的，這一道命令就透過電話下達到全國各地，從黨的高層、各區域總部、各地突擊隊到地方黨部都知道了。

十一月九日晚間十一點五十五分，全德國各地警政首長都收到一則來自希特勒的電傳訊息。很快就會發生民眾攻擊猶太人房屋、店鋪等財物的事件。警方不得阻止這次暴力行動，除非有人趁火打劫，或者「有其他過火的舉動」。

納粹黨員如潮水般湧入街頭，大都身穿便衣而非制服，開始攻擊全國的一千多個猶太會堂。他們不以此爲滿足。群眾四處尋找猶太人的商店，砸了門窗之後也摧毀店內的一切東西。猶太人的房舍也一樣不能幸免。有些地方甚至連猶太墓園都遭人刨開洩憤。有一家猶太孤兒院被洗劫一空，孤兒們沒有任何物資可

---

30 原註：Evans, *Third Reich in Power*, p. 674.
31 原註：Meyer, Simon, and Schütz, *Jews in Nazi Berlin*, pp. 98–100.
32 原註：On Kristallnacht, see Evans, *Third Reich in Power*, pp. 580–86.
33 原註：Read, *Devil's Disciples*, p. 510.

以過活。許多身穿睡衣的猶太人被迫在一所猶太會堂外面跳舞，同時遭納粹黨員用水管淋水。數以百計的猶太人遭到謀殺。

在一個叫作上魯斯塔特的小鎮（一九三七年，大屠殺紀念博物館檔案組主任亨利．梅耶的祖父從此地逃離），納粹分子用一根挖馬鈴薯的鋤頭把猶太會堂的前門給毀掉。手執斧頭的群眾湧入，開始把櫃子裡的猶太經書都拿出來，連同拆毀的椅子丟進院子裡燒掉。有幾個人把那些寫在羊皮紙上的經書打開，假裝自己在朗誦希伯來文，同伴們則是在熊熊大火的周圍跳起舞來，嘴裡念著：「天靈靈，地靈靈！」村子裡的一位警官在通往練唱室的台階下面淋上汽油，整間會堂在點火後很快就陷入一片火海。然後，暴民在鎮上遊行，打算要對當地的小型猶太聚落下手。34

梅耶的祖父海因里希．邁耶的表親薩洛門．法蘭克與妻子埃麗絲就住在那裡。他們家外面聚集著一堆村民，其中有些是來自希特勒青年團與德國少女聯盟的青少年，他們把百葉窗與窗戶都砸爛。持斧頭的納粹人士衝進去，毀了家具與鍋碗瓢盆，把法蘭克一家都趕到街上去，接著用棍棒把薩洛門打成殘廢。

那一天，薩洛門的兄弟雅各（Jacob Frank）本該在家與兩個女兒依兒瑪（Irma）和瑪塔（Martha）一起替他老婆慶生。但當天早上警察帶走了雅各，所以他的妻女必須獨自保衛家園。瑪塔試著要把大門關起來，不讓入侵者進去，但門還是被用力打開了，她被撞得掉了幾顆牙齒。瑪塔只能往家裡逃，大批暴民在後面追她。

破門而入後，納粹人士把沙發的椅腳都砍斷，徹底破壞室內裝潢，把桌椅都劈壞。他們把燈都扯了下來，將床單丟到外面，儲藏室裡的蔬果全都被拿走。雅各的妻女恐懼不已，只能在各個房間之間躲來躲去，最後終於被迫逃走。她們躲到薩洛門的穀倉，在那裡找到一輛馬車。大家把薩洛門弄上車，推著他到火車站，搭車逃往卡斯魯爾。

到了早上，上魯斯塔特的猶太男性全都被逮捕。除了老人以外，盡數被送往慕尼黑附近的達豪（Dachau）集中營。那一週有三萬人被關進了各地集中營。[35]達豪的新囚犯被迫在寒風中站著，完全不能動。只要有人越線，就會被毒打一頓。他們的新住處沒有床鋪，只能睡在鋪著草席的地板上。

這就是史上有名的「碎玻璃之夜」，人在慕尼黑的戈培爾還特地爲此大肆慶祝。「在我驅車前往飯店的路上，」戈培爾在日記中寫道，「只見到處都是碎玻璃。太棒了！太棒了！」[36]幾天後，他對外界宣稱那都是民眾自發性的反猶太行動，政府已經竭盡所能阻止那一晚的暴力事件。

納粹政府跟以往一樣殘忍無比，不准猶太人領取任何損害保險金，而且爲了報復巴黎外交官之死，他們必須償付一筆集體的罰金，戈林所訂下的金額是十億帝國馬克。因爲維持德國的經濟繁榮是他的職責，令他感到懊惱的是，納粹所毀損的猶太人店鋪貨物價值多到數百萬帝國馬克。

「眞希望你們沒有造成那麼多財物損失，」他說，「爲什麼不打死兩百個猶太人就好了呢？」[37]

---

34 原註：關於「碎玻璃之夜」在德國小鎮上魯斯塔特的狀況係引自美國大屠殺博物館的伊爾瑪．吉戴翁檔案（Irma Gideon collection）。其中一份文件是蘭道法官（Moshe Landau）於一九四八年主審的刑事案件檔案，被告是五位帶頭攻擊猶太人的德國人，另一份則是證人伊爾瑪．吉戴翁的證詞。

35 原註：Evans, *Third Reich in Power*, p. 591.

36 原註：Ibid., p. 590.

對於「碎玻璃之夜」，羅森堡也是抱怨連連。當然，他並不同情那麼多猶太人流離失所，失去了會堂與自由，甚至性命不保，但他認爲此一集體迫害之舉太過誇張，而且沒有必要，只是一時的情緒發洩，無助於達成納粹黨要幫德國擺脫猶太人的這個目標。他也擔心暴民任意毀損財物會帶來財政危機，並且把這件事都歸咎於他最常怪罪的那個人。

「毀損公共財物！那六億馬克幾乎可以用來實施兩次冬季援助計畫！」他在日記裡寫道。所謂「冬季援助計畫」是用來爲貧民提供食物與衣服的年度募款計畫。「G博士的所作所爲都會讓我們付出代價。太可怕了。」[38]

在「碎玻璃之夜」以後，第三帝國的猶太人認爲自己能繼續待在德國的希望終於幻滅了。忍耐的時間已經過去了。他們的同胞並不會推翻希特勒，過去德國社會對於猶太人的容忍態度也一去不回了。他們不能再將羅森堡的惡毒言論與戈培爾的演講當成空話。納粹人士希望猶太人消失，如果他們不自己走，納粹就會用強迫的手段逼走他們。

接下來的十個月，超過十萬名猶太人逃離德國。

但是繼續留下來的猶太人口卻是這個數字的兩倍。

---

37 原註：Evans, *Third Reich in Power*, p. 593.

38 原註：Undated entry, Rosenberg diary; Matthäus and Bajohr, in *Alfred Rosenberg: Die Tagebücher*, dates this entry to late November or December 1938；也可以參閱：Lang and Schenck, *Memoirs of Alfred Rosenberg*, pp. 171–72。

13 逃亡

翡冷翠學院的師生們待在尼斯尋找自己的出路，這段時間他們都非常沮喪。如同其中一人所說，當時他們眞的很需要抱持務實的態度，還有伸出援手的朋友，以及運氣。[1]「無論男女，所有人都拿著手錶等待著，直到可以前往另一個國家，」學校被迫解散後才發現自己失業的老師瓦特·赫許（Walter Hirsch）在寫給朋友的信中這麼表示。他的狀況暫時還「可以忍受」。擔任家教的收入讓他還能買菸，鞋底破了也還可以換，但未來讓他感到憂心忡忡。

「最近我實在是失望太多次了，」他寫道，「就在我希望有人能體諒我時，卻有太多人拒絕我，或是對我漠不關心、有所誤解，甚至卑劣的對待我，這令我感到悲苦懊惱。」[2]

一九三八年十月二十一日，坎普納夫婦在使用短期簽證來到法國七週後，正式失去了德國公民身分。[3]他們不能返回柏林，也無法永久居留於尼斯。所以他們開始找能讓他們遷居美國的工作。坎普納與海外的同事聯絡，看能否找到大學的職務，也希望能夠從朋友與政治盟友那邊取得一些推薦信。他把自己定位為警

1 原註：Henry Kahane，轉引自：*Dial 22-0756, Pronto*, pp. 28–29。
2 原註：*Dial 22-0756, Pronto*, p. 92。赫許老師沒能逃過一劫，他最後在奧斯威辛集中營遇害。
3 原註：List published in the official government newspaper, *Deutscher Reichsanzeiger*, October 21, 1938, Kempner Papers, Box 41.

政管理專家、學院等級的行政法講師，還有作家。某位前同事寫給坎普納的推薦信盛讚他是「挺身面對國家社會主義挑戰的勇士」。4

坎普納寫的許多信件裡，其中一封是寄給賓州女子醫學院的院長，他母親曾短暫在那裡任教，後來才回到柏林，在微生物學家羅伯．柯霍手下工作及結婚，她的肖像仍掛在微生物學的系館裡。院長把他轉介給賓州大學地方與中央政府研究所的主任史蒂芬．史維尼（Stephen Sweeney）。史維尼回信表示，他很樂意聘請坎普納去該所任教，但坎普納必須「在不對該所造成任何負擔的前提下，前往美國」，並願意接受僅僅幾百美元的「微薄報酬」。5

坎普納在十二月回信接受教職。他在信中表示，真正領多少薪水「並不太重要」，因爲此時他的經濟仍可自給自足。大約與此同時，他也在另一封信裡表示自己手裡有「幾十萬法郎」，相當於現在的十萬美金。6他只需要一封信來證明該研究所會付錢給他，這樣他就可以去申請不受移民名額限制的美國簽證，不用跟其他人去搶每年給予德國人的簽證限額。「若無此一非限額簽證，我就要等好幾年才能前往美國，因爲想要申請簽證的德國人實在太多了，」坎普納寫道，「我眞心希望您能給我一個機會……等待您的答案令我心焦如焚。」7

在此同時，坎普納夫婦也找了一位住在費城的家族友人奧托．萊納曼（Otto Reinemann）幫忙，他早在一九三四年就從德國移民美國，並在費城地方法院體系找到工作。萊納曼承諾，他會在費城幫忙奔走，遊說各界人士。

在等待的同時，坎普納不想把雞蛋都放在同一個籃子裡，所以也另尋出路。如果一切都能夠如他所

一九三九年九月一日，坎普納夫婦搭乘新阿姆斯特丹號駛進美國哈德遜河經過帝國大廈時，他們拍下了這個景像。(圖片來源：U.S. Holocaust Memorial Museum, courtesy of Robert Kempner))

願，他最想要的是繼續待在蔚藍海岸地區，而非到人生地不熟的美國展開新人生。一九三八到三九年之間，他和培舍整個秋冬都把心力投注在復校事宜上，希望翡冷翠學院能在尼斯重新開張。他們向簡稱「聯合會」的美國猶太人聯合分配委員會（American Jewish Joint Distribution Committee）尋求資金援助，因爲該會的設立宗旨，就是要募款來幫助生活陷入困境的歐洲猶太人。[8]在記者庫爾特・葛羅斯曼（納粹掌權之前，他曾於柏林當過反戰團體德國人權聯盟的祕書長）的幫助之下，該校獲得兩萬一千法郎的補助，剛好用來照顧那十個跟著他們一起逃出義大利的

4 原註：Copy of recommendation letter from Hans Simons at the New School for Social Research, undated, Kempner Papers, Box 76.

5 原註：Stephen B. Sweeney to Roland Morris, December 1, 1938, Kempner Papers, Box 95.

6 原註：Kempner to AlexAndré Besredka, September 8, 1938, Kempner Papers, Box 2.

7 原註：Kempner to Stephen B. Sweeney and Kempner to Martha Tracy, December 19, 1938, Kempner Papers, Box 95.

8 原註：Peiser and Kempner to American Jewish Joint Distribution Committee, September 13, 1938, Kempner Papers, Box 2.

學童。[9]

由於德國、波蘭、捷克斯洛伐克、奧地利與義大利的情況危急，如果有辦法能把自己的孩子送往尼斯讀書，許多猶太家長都會不計一切代價並且感激涕零。但是問題在於學生無法取得簽證，申請法國簽證需要好幾個月的文書作業時間。[10]坎普納寫信給巴黎的人權聯盟（Human Rights League），希望該組織能夠「幫助那些不幸的孩子們取得簽證，其中許多人的爸媽都被關在集中營，或者受到各種最可怕的殘酷虐待」。[11]

坎普納與培舍發現，想幫那些孩子取得簽證顯然是困難重重，或者根本不可能，所以他們把招生的目標放在已經逃到法國的兒童。他們在法國與瑞士的報紙刊登招生廣告。接著在一九三八年十二月，法國外交部長喬治·博內（Georges Bonnet）宣布，法國政府將會設立一個專責組織來照顧孤苦無依的德國猶太兒童，因此坎普納也請葛羅斯曼幫忙牽線，把翡冷翠學院介紹給該組織。「動起來吧，」他在信裡寫道，「我們的付出一定會有所回報的！」[12]坎普納向一位反戰的前海德堡大學數學教授艾米爾·古恩貝爾打聽消息。古恩貝爾在先前被迫辭去教職後，移民法國里昂，此時正在經營一個難民援助委員會。古恩貝爾提醒坎普納，沒有人會因爲他教猶太難童讀書而付錢給他。[13]坎普納不爲所動，寫信給英、法兩國的一些難民援助委員會，表示他的學院能以每個月六百法郎的代價提供教育服務，大約相當於現在的三百五十美元。坎普納向一個設在尼斯的難民委員會提出解釋，他知道該市有很多猶太富人，其中一些是流亡人士，也有的是從美、英兩國去短暫居留的，也許可以遊說他們捐出大筆資金來解決難童的教育問題。[14]

在坎普納與培舍爲了招生而努力的同時，英國的一些有志之士也動了起來，爲了幫助歐洲難童逃離納粹魔爪，他們發起了「難民兒童運動」（Kindertransports）。但是從坎普納信件內容的語調看來，與其說他想要爲解決即將發生的人道危機出力，不如說他只是想要設法謀生，而且在一九三九年初，一旦外國的工作機會有了點眉目，他立刻就不再爲了復校而聯絡各界，反而開始找人代替他照顧那些從博爾迪蓋拉一起逃來尼斯的學生。「目前我這裡有十位來自不同國家的猶太學童，[15]住處的生活條件相當不錯，而且經營規模也非常可能會繼續擴充。您有興趣接手我的管理工作嗎？」他寫信給一位人在巴黎的前同事表示，「培舍博士與我都在等待美國那邊的工作機會。」[16]

一九三九年春天，就在坎普納持續爲自己找出路的同時，德國的鄰國一個個都被併吞，歐洲已經開始戰雲密布了。

---

9 原註：Grossman to Kempner, November 25, 1938, Kempner Papers, Box 2.
10 原註：Kempner to Carl Misch, November 28, 1938, Kempner Papers, Box 2.
11 原註：Kempner to Milly Zirker, December 6, 1938, Kempner Papers, Box 2.
12 原註：Kempner to Grossman, December 16, 1938, Kempner Papers, Box 2.
13 原註：Kempner correspondence with Emil Gumbel, November 8–December 19, 1938, Kempner Papers, Box 2.
14 原註：Kempner correspondence with Jewish Assistance Committee in Strasbourg, France, Assistance Medicale aux Enfants de Refugies in Paris, and Alliance Israélite Universelle in Paris, December 1938, and with the British Committee for the Jews of Germany, January 12, 1939, Kempner Papers, Box 2.
15 原註：關於這十位學生的身分與後來有何發展，並沒有明確的資料。根據一份翡冷翠學院的回憶錄，至少四個該校學生於大屠殺期間遇害，但絕大部分校友都安全逃抵美國、英國、以色列與南美。請參閱：*Dial 22-0756, Pronto*。
16 原註：Kempner to Ernst Hamburger, February 17, 1939, Kempner Papers, Box 2.

首先，在納粹的精心籌畫與鼓動之下，斯洛伐克人決定要脫離捷克斯洛伐克，改由德國保護他們。然後，捷克人民某天一覺醒來也發現自己被出賣了。[17]前一天深夜，希特勒與該國總統伊米爾・哈卡（Emil Hácha）會面，哈卡得知德國陸軍已經展開入侵行動，空軍也會在幾個小時內攻下捷克的各個機場。希特勒給哈卡兩個選擇：投降，否則就要付出血腥的代價。哈卡因為壓力太大而昏倒，在希特勒的醫生幫他注射針劑之後才醒來，接著就簽署了把捷克讓渡給德國的文件。那一天是一九三九年三月十五日，晚上希特勒就住在布拉格古堡（Hradčany Castle），那裡向來是該國歷代君王、皇帝與總統等統治者的寢宮。

接下來，希特勒開始把魔爪伸向了波蘭。[18]他的宏大目標是為了德國人擴展所謂的「Lebensraum」，亦即「生存空間」，因此東方鄰國波蘭必須讓步。他再次找到了入侵的藉口。一戰結束後，波蘭的領土多了一條通往波羅的海的「廊帶」，但德國的普魯士邦也就此被切成兩半。此時，東普魯士彷彿一座孤島，被波蘭、立陶宛與波羅的海給包圍了起來，與德國本土分開了。還有，但澤（Danzig，也就是今天的波蘭格但斯克〔Gdańsk〕）這個本來隸屬於德國，而且居民大都為德國人的港市，則是變成受到國際聯盟管轄保護的「自由市」。

納粹政府認為這是令人無法接受的安排，於是要求波蘭把但澤給交出來，同時允許德國人興建能夠通往東普魯士的高速公路及鐵路。波蘭人拒絕後，英相張伯倫在三月三十一日宣稱英國將會幫波蘭維護主權，而希特勒對此怒不可遏，在總理府的辦公室裡私下咆哮道：「我想親自燉菜給他們吃，讓他們都噎死！」幾天內，他就同意了攻打與奪取波蘭的入侵計畫。

三週後，在一九三九年四月二十八日，希特勒前往國會，在議員們面前答覆美國羅斯福總統打給他的電文，羅斯福要他承諾絕不會攻打鄰國。在舉世矚目的演講中，希特勒還是堅稱德國只想與其他國家和平共處，沒打算與任何國家開戰。「我只是幫第三帝國把那些在一九一九年被偷走的國土都要回來而已，」他激動表示，「我讓數以百萬計的德國人得以重回祖國懷抱，讓他們不再因爲與同胞分離而悲慘度日……而且，羅斯福先生，我所做的一切都是兵不血刃，沒讓我的人民、也沒讓其他國家的人民承受戰爭的痛苦。」

他是這麼說的。但情勢即將改變。整個一九三九年夏天，希特勒的陸軍都在備戰，馬上要發動一種前所未見的全新攻勢：閃電戰（Blitzkrieg）。

到了一九三九年春末，坎普納的美國大學教職仍無下文。五月，坎普納寫信給賓州大學的史維尼主任，說他感到愈來愈絕望，他在法國的臨時簽證快過期了。「如果我在短期內無法前往美國，就會陷入困境。」[19] 幫坎普納寫信給史維尼的，除了在杜克大學工作的坎普納之弟瓦特以外，還有培舍。因爲亞特蘭大那邊有人提供教職，所以培舍已經先一步於五月離歐赴美了。

坎普納也不斷寫信給萊納曼，希望他能多多幫忙。坎普納與家人沒多少時間可以等待了。法國政府並

---

17 原註：Shirer, *The Rise and Fall of the Third Reich*, pp. 444–48.
18 原註：Ibid., pp. 462–75.
19 原註：Kempner to Stephen B. Sweeney, May 1, 1939, Kempner Papers, Box 95.

未善待坎普納，只願意讓他們的臨時簽證效期延長一小段時間，而且之所以能爭取到這一點餘裕，還是因為他老婆動了切除盲腸的手術，必須在醫院休養十二週。

問題在於，史維尼提供的薪水太少，只有區區幾百美元。但若要符合非限額簽證的規定，坎普納必須證明該學院給的薪水足以讓他過活，也就是未來兩年內都有至少兩百美元的月薪。

為了符合這個規定，坎普納在金錢方面動了一點手腳。他在五月寫信給史維尼，表示該研究所可以在文件上把他的薪水金額灌水，然後「我的朋友們」就可以把「差額回存」，將多出來的薪水退回給賓州大學。[20]事實上，坎普納的打算是先把他的錢匯給他與校方以外的第三方，透過第三方捐給學校，如此一來學校就能多給他「薪水」。史維尼說他願意接受這種非正統的操作方式，因此坎普納就必須要找一個「受委託人」來接受匯款，並且處理捐款事宜。他們的朋友萊納曼詢問賓州女子醫學院的院長，但她拒絕了。她說如果要她幫這種忙，對方最好是個女性。

所以他們找上了威爾伯．湯瑪斯（Wilbur Thomas），他所屬的卡爾舒爾茲紀念基金會（Carl Schurz Memorial Foundation）是一個促進德、美民間友好關係的組織。[21]他同意幫忙，所以在六月九日，在各方的同意之下，萊納曼發電報給人在尼斯的坎普納，要他匯款。

隔天早上，坎普納拍電報到費城：**「已經匯款感激不盡。」**[22]

萊納曼回信表示，教職聘書已經寄出。「多虧了你，我們才有機會重獲新生，」坎普納在回信中感謝他朋友如此盡心盡力幫他奔走。[23]聘書在六月二十一日寄到了。隔天，坎普納夫婦到領事館去申請簽證。

為了讓一切順利進行，坎普納甚至把他要講的重點用打字機打在一張紙上：「您好，我獲得了費城賓州大學的教職，懇請貴館核發非限額簽證給我。所有必要文件都在我手上，我想應該都沒問題。」[24]

五天後，除了他們夫妻倆，還有坎普納的岳母，以及他的情婦瑪歌·李普頓都取得了簽證。生命不再受到威脅後，他們寫給萊納曼的信件除了語氣歡欣愉悅，也帶著一點緊張，因爲接下來要面對許多實際問題。

歐洲的收音機可以在美國使用嗎？在找到公寓以前他們必須投宿他處，萊納曼可以幫忙推薦飯店嗎？

若要在費城城裡環境較好的地區找一間兩房或三房公寓，要花多少錢？會有陽台嗎？

他們不能把佛羅倫斯的家具帶去，有哪裡可以租得到家具嗎？

萊納曼需要什麼東西嗎？他們可以從歐洲帶去給他。

但這是一段悲喜參半的歲月。在歡慶重生之餘，他們必須忍受些許苦澀滋味。從柏林到費城這段曲折路程，坎普納可說是徹底變了個人，他再也不是往日那個富裕而且與各界關係良好的政府官員了，而是變成一個從德國移民美國、生活拮据而且沒沒無聞的大學研究人員。他不但失去了工作、房子、家具，大多數存款也都沒了。納粹幾乎奪走了他的一切，只差沒要了他的命。

---

20 原註：Kempner to Stephen B. Sweeney, May 1, 1939, Kempner Papers, Box 95.
21 原註：Reinemann to Kempner, May 29 and June 6, 1939, Kempner Papers, Box 95.
22 原註：Cables between Reinemann and Kempner, June 9–10, 1939, Kempner Papers, Box 95.
23 原註：Kempner to Reinemann, June 21, 1939.
24 原註：Talking points, Kempner Papers, Box 76.

如今，就在坎普納終於要逃往美國之際，他仍然被迫有所割捨：兩個兒子他都無法帶走。瑪歌在三月間產下安德烈，但是因爲來不及幫他辦簽證，他們決定把他交給尼斯的兒童之家照顧，希望他能一切平安無事。[25]在此同時，魯西安仍被困在德國，而且坎普納知道他的處境很危險。雖然像魯西安這種混血兒並不會受到紐倫堡法案的種種歧視性限制，但如同一九三八年某位友人寫給坎普納的信件中所說：「長期看來，第三帝國的猶太混血兒是沒有未來可言。」[26]

一九三九年七月，坎普納在取得簽證不久後，寫了一封語氣沉重的短信給人在德國的兒子。信是這樣開始的，「親愛的魯西安，」然後他寫著，「你就要滿十六歲了，我要先祝你生日快樂，而且最重要的是要預祝你有幸能夠像別人那樣過著自由平等的生活。到時候你想在哪裡工作都行，不會因爲種族或宗教的因素而受到種種限制。我確信我的願望有一天肯定能實現，到時候我會很高興地讓你回到我的懷抱。這個願望能否實現將會影響你的一生，相較之下，比較微不足道的是那些我想提供給你，但現在卻辦不到的種種物質享受，你也知道，我跟其他非雅利安人或政治犯一樣，都已經被第三帝國逼得幾乎身無分文。我不知道今年你會在哪裡慶生，也不知道這封信是否會被人偷偷攔截下來，但那些都不重要。我的精神仍與你同在，而且儘管我歷經了那麼多不幸遭遇，但我對於你的想法與情感至今仍然未變。別忘了，我是爲了愛你才會打這一場仗，並不是因爲我自私自利。跟那些決定任由你在第三帝國渾渾噩噩度日的傢伙相較，我這個爸爸更加了解身爲一個猶太人，一個非雅利安人與一個猶太混血兒有何意義。」[27]

到了八月底，坎普納一行人前往位於英吉利海峽旁邊的法國北部港市濱海布洛涅（Boulogne-sur-Mer），登上荷美航運公司（Holland America Line）所屬的遠洋客輪「新阿姆斯特丹號」（SS Nieuw

Amsterdam）。[28]那是一艘全長七百五十八英尺，開往美國的快速豪華郵輪，前一年才下水服役，兩根上面漆著綠金相間條紋的煙囪不斷噴出黑煙，船上的坎普納不知道自己何時才能與兩個兒子重逢，他甚至不確定這願望是否得以實現。

一週後，郵輪緩緩駛進紐約港，停靠在霍博肯（Hoboken）第五街盡頭的碼頭邊。港邊旅客中心裡，擠滿了卯起來對著船上的家人朋友揮手歡呼的迎客美國人。坎普納一行人拿起行囊下船，搭上跨越哈德遜河的巴士進入曼哈頓。離開柏林三年後，他們終於來到了一個安全的國度。

這一天是一九三九年九月一日。當天早上，希特勒命令麾下部隊同時對歐洲各國展開攻擊，就此發動一場有史以來戰況最爲慘烈血腥的世界大戰。

---

25 原註：Margot Lipton deposition in *Lipton v. Swansen*, June 23, 1999.

26 原註：Carl Misch to Kempner, December 10, 1938, Kempner Papers, Box 2.

27 原註：Transcript of handwritten Robert Kempner letter to Lucian Kempner, July 1939, Kempner Papers, Box 71。信件看似是由他的前妻為了他們爭取兒子的監護權而寫。

28 原註：Kempner to Immigration and Naturalization Service, July 1, 1969, Kempner Papers, Box 76.

第三部

AT WAR

1939-1946

開戰

14

「即將降臨在德國人身上的沉重壓力」

羅森堡並未事先預見希特勒的行動。他跟其他德國人一樣，都是在一九三九年八月二十一日午夜前不久，才從收音機聽到這個震撼全世界的新聞：羅森堡摯愛的元首打算與羅森堡最痛恨的敵人蘇聯進行和談。希特勒派外交部長約希姆·馮·里本特洛普率團前往莫斯科簽署「德蘇互不侵犯條約」。

此時，那可憎的里本特洛普大概正在克里姆林宮裡，跟蘇聯領導人史達林（Joseph Stalin）用玻璃杯喝伏特加、把酒言歡吧？光想到這個畫面，羅森堡就覺得反胃。

這個消息公諸於世後，整個第三帝國大概沒有任何人比羅森堡更崩潰吧？過去二十年來，他都在提醒德國人要當心共產黨人，還有「猶太共黨分子所犯下的罪行」。[1]這是他一生的職志。無論過去或未來，這都會是他整個政治世界觀的核心。現在他該怎麼辦？硬逼自己接受一切，與元首站在同一陣線嗎？

希特勒的舉動當然違背了他在《我的奮鬥》中的種種說法，他曾寫道，唯有消滅蘇聯，奪取其領土，德國人才能取得更多生存空間，而且他還說，與布爾什維克主義者結盟是很愚蠢的一件事。「別忘了，如今俄國的統治者都是一些手染鮮血的卑鄙罪犯，他們都是一些人渣，但卻在時勢的幫助之下，才得以趁著時代的悲劇竊國。」[2]希特勒變了，因為他也曾大聲疾呼，提出警告：「要對抗猶太人想把整個世界布爾什維克化的陰謀，就必須對蘇聯採取明確的態度。想要找鬼王來幫忙驅逐惡魔是不可能的事。」[3]元首的確變了，因爲才不過幾年以前，他曾跟羅森堡說，納粹黨絕對不可能跟彷彿賊窩的蘇聯站在同一陣線上，「因爲納粹黨不可能同時要求德國人不能偷東西，但卻又和小偷當朋友。」

納粹黨派里本特洛普到莫斯科去談和，「從我們過去二十年的奮鬥史看來，這無疑是丟臉失德的，」羅森堡在日記中怒道，「也許未來有一天，歷史會爲我們澄清，這只是順應情勢的做法。」[4]他只能期盼這又是元首的另一個策略性妙計，德蘇只是暫時性的權宜聯盟，而德國將會回到羅森堡一直以來想像中的那個長期願景：不是和共產黨當朋友，而是要消滅他們。

他必須見希特勒。他必須把狀況給搞清楚。

羅森堡四十五歲生日時，在他柏林達勒姆的家裡邀請希特勒作客。（圖片來源：SZ Photo/Scherl/The Image Works）

德蘇和約是因爲希特勒想要入侵波蘭而衍生出來的。在麾下將軍們進行沙盤推演時，元首也開始先在外交上幫軍事行動鋪路。他還不想與西方的英國開戰，現在

1 原註：Rosenberg diary, August 22, 1939.
2 原註：Hitler, *Mein Kampf*, p. 660.
3 原註：Ibid., p. 662.
4 原註：Rosenberg diary, August 22, 1939.

還不想，而與東方的蘇聯爲敵的後果他也承擔不起。

希特勒苦思對策，想要擺脫此一地緣政治的困境，於是找外交部長里本特洛普來諮詢，偏偏除了希特勒之外，沒有任何人認爲這名外交部長有處理問題所需的外交敏銳度與政治判斷力。儘管羅森堡自己也不是老謀深算的人，但就連他也看得出這一點。「那傢伙常被自己的自負與傲慢給打敗……這已經是個公開的祕密了，」他在一九三六年寫道，「我曾在寫給他的信中對他直言不諱，直接告訴他，打從太陽開始照到他身上那一刻起，他就是那種人了。」[5]

里本特洛普的成長背景深受文化薰陶。[6]他母親死後，父親娶了一位貴族之女。他自己並非貴族，之所以成年後獲准在自己的姓氏裡面加上一個代表貴族身分的「馮」（von），是因爲他花錢請一位遠親收養他。里本特洛普從小就打網球，也會演奏小提琴，青少年時期曾經暫住過瑞士的阿爾卑斯山區，在倫敦讀過一年書，十七歲時與朋友一起駕船前往加拿大，接下來四年內，他除了跟某個女人談戀愛，也開了一間進口紅酒的公司。

他因爲一戰而回國。停戰後，他靠著紅酒與烈酒的成功事業而致富。一九三二年，他加入納粹黨，隔年年初發現自己有能力幫助希特勒與人達成協議，進而取得政權。[7]一戰時，里本特洛普曾和法蘭茲．馮．巴本一起駐守在君士坦丁堡，後來馮．巴本在一九三二年當上總理，而且在一九三三年一月對德國命運帶來可怕影響的那幾週裡，也是可以跟興登堡總統講得上話的人。那一整個月，馮．巴本與希特勒都在進行權力分配的談判，而里本特洛普就在兩人之間扮演穿針引線的角色。一些關鍵祕密會議的舉行地點，就在里本特洛普那棟位於柏林精華地段達勒姆地區的別墅裡，馮．巴本總是搭乘里本特洛普的加長禮車到別墅去，希特勒則是不走大門，而是從花園悄悄地溜進去。「他曾在一九三二年當過中間人，元首認爲這是他能掌權的關鍵，」後來羅森堡在日記中寫道，「他覺得自己欠了里本特洛普很大的人情。」[8]

里本特洛普初次與元首談話的場合，是在一九三二年某場他所舉辦的派對上，他們倆聊了很多關於英國的事。里本特洛普旅居英國的時間不長，但那一席對話肯定深深烙印在希特勒的心裡，因爲從那之後，他就把酒商里本特洛普誤認爲英國問題專家。「因爲我們倆對於英國的看法有許多不謀而合之處，」里本特洛普回憶道，「所以我們共度的那一晚，可說是在希特勒與我心中種下了互信的種子。」[9]

第三帝國創立之初，里本特洛普利用自己在納粹黨裡的權位，常與英、法官員見面。希特勒不知道的是，各國外交官都認爲他是個無能的傢伙。他沒受過外交政策協議的訓練，是個拙劣而且會騙人的談判者，他雖無能，卻又偏偏很傲慢。但希特勒完全不在意，還是讓他組了一個叫作「里本特洛普辦公室」（Büro Ribbentrop）的外交團隊，到倫敦去跟英國人交涉關於海軍的重要協議，而且里本特洛普居然完成了任務，讓包括羅森堡在內的許多政敵都感到意外，後來希特勒也在一九三六年任命他爲駐英大使。[10] 儘管他努力改正缺失，但英國人就是不吃他那一套，認爲他實在太過粗鄙，並且幫他取了「拆台先生」（Herr von

---

5 原註：Rosenberg diary, August 12, 1936.
6 原註：里本特洛普的早年生活係引自：Read, *The Devil's Disciples*, pp. 392–98。
7 原註：Ibid., pp. 246, 264–70.
8 原註：Rosenberg diary, August 12, 1936.
9 原註：Read, *Devil's Disciples*, p. 379.
10 原註：Ibid., pp. 400–3.

Brickendrop）[11]、「里本臭屁普」（von Ribbensnob）[12]這兩個綽號。令希特勒感到印象深刻的是，里本特洛普似乎認識英國政界的所有要角，但對此戈林的回應是：「沒錯，但問題就在於他們太了解里本特洛普了。」[13]因爲無法贏得英國人的尊敬與信任，里本特洛普乾脆斷然地對付他們。

一九三八年，希特勒任命里本特洛普爲外交部長，一年後里本特洛普告訴元首，儘管執行入侵計畫，別擔心英國人的反應。里本特洛普打包票，就像先前他們對捷克斯洛伐克的事睜一隻眼、閉一隻眼，這次他們也不會因爲波蘭而開戰的。[14]

希特勒被嚴重誤導，聽從了此一危險的建議，接著便希望能與東邊的蘇聯結盟。

到了一九三九年春天，眾所皆知的是，英、法兩國正在與蘇聯談判，希望能組成一個防堵納粹入侵波蘭的同盟。儘管希特勒多年來都在痛批蘇聯，但就在入侵波蘭的計畫箭在弦上之際，此刻又面對著西方的兩大強敵，決定要不擇手段地讓史達林跟自己站在同一陣線上。所以，隨著入侵日期逼近（時間訂在九月一日，否則入秋後就會遇到土地泥濘的問題），納粹黨也加快腳步，想與蘇聯達成協議。[15]

史達林對西方民主國家向來抱持懷疑態度，而且他跟希特勒一樣都是冷靜的務實派，所以本來就不排斥與納粹攜手。他認爲，若與英、法結盟，恐怕只會讓自己捲入一場世界大戰，而且他必須付出的代價也會多於英、法兩國，因爲在長長的東邊戰線上，蘇聯會淪爲唯一能與納粹對抗的孤壘。

德、蘇雙方經過幾個月的會談與電文往來，最後的攤牌時刻終於在八月二十日來臨，希特勒寫信給史達林，表示他想要盡速搞定和約，因爲波蘭的「危機」隨時會爆發。[16]「德國與波蘭之間的緊張關係，」他寫道，「已經強烈到令人無法忍受。」

隔天晚上九點三十五分，史達林發出他的同意電文。「德國政府同意互不侵犯協約的結論，」他寫道，「不但就此消除了兩國政治上的緊張關係，也爲和平與合作奠立了基礎。」納粹政府立刻透過廣播宣布此一消息，里本特洛普於兩天後飛往莫斯科去討論細節。17

儘管實際上已經沒有什麼需要化解的歧見，就連瓜分土地的密約也都已經有了共識，但他仍在下午與蘇聯官員會晤了三小時，然後於隔天回國。蘇聯將會取得立陶宛以北的整個波羅的海地區，兩國以波蘭的幾條大河爲界，瓜分其國土。事實上，當晚大部分時間都不是用來敲定技術性細節，而是針對國際情勢進行意見交流，而且在熱絡的氣氛中，頻頻舉杯互相敬酒。「我知道德國人都非常敬愛元首，」輪到史達林發言時，他說，「因此我該舉杯祝他身體健康。」然後大家也舉杯祝史達林與里本特洛普身體健康，並且祝第三帝國國運昌隆，也希望雙方的新關係可長可久。

在會談將要結束的凌晨時分，史達林把里本特洛普拉到一旁去，告訴他蘇聯一定會認眞看待兩國之間的新協議。史達林還以自己的名譽擔保，蘇聯絕對不會毀約。

---

11 譯註：Brickendrop：指他只會「drop the diplomatic bricks」（破壞外交關係）。
12 譯註：snob 有自負傲慢、臭屁的意思。
13 原註：Read, *Devil's Disciples*, p.413.
14 原註：Ibid., p. 555.
15 原註：Evans, *The Third Reich in Power*, pp. 691–95.
16 原註：Shirer, *The Rise and Fall of the Third Reich*, pp. 520–28.
17 原註：Ibid., pp. 538–44.

身爲第三帝國反共立場最堅定的人，納粹政府從進行祕密談判一直到達成協議，羅森堡肯定都被蒙在鼓裡。他始終還是希望德國能與英國達成權力分配的協議。同爲雅利安人的國家，英、德應該攜手合作，而非兵戎相見。這兩國應該站在一起，成爲稱霸世界的共主。但羅森堡幻滅了，而且認爲這都應該歸咎於他稱爲「世界史的笑柄」的里本特洛普，怪他在英國時把事情給搞砸了。[18] 里本特洛普並未促進兩國友好，反而讓關係惡化。「這位R先生雖然號稱是因爲『跟各界關係良好』才被派去倫敦，但卻惹毛了所有人，」羅森堡在日記中寫道，「無疑的，這有很大部分是跟他自己的個人性格有關係。」羅森堡顯然早已忘記，他自己在多年前也曾被派往英國去改善兩國關係，結果同樣是一場災難。

「我深信，到了英國，他的行徑還是跟在國內一樣愚蠢傲慢，」羅森堡想起自己今年稍早曾經這樣跟戈林說。「所以英國人才會那麼不喜歡他這個人。」

戈林答道，這位外相在德國實際上只有一個朋友，那就是元首。「里本特洛普到底是小丑還是蠢蛋？」[19]

「眞的很蠢，」羅森堡咕噥地說，「而且一向傲慢。」

「他曾跟我們吹噓，說他自己的『關係』有多好。但如果仔細看看（他認識的）那些法國伯爵與英國貴族，其實都只是香檳、威士忌與干邑白蘭地的酒廠老闆，」戈林說，「如今，那蠢蛋認爲自己應該到各地去扮演『鐵血宰相』的角色。不過，那個笨蛋會慢慢地害死自己。只有他**有能耐**讓大禍降臨。」

如今，跟莫斯科簽了協議後，大禍眞的降臨了。儘管羅森堡對希特勒忠心耿耿，但內心卻有一種衝突感，因爲他確信元首這下眞的犯了一個悲慘的天大錯誤。如果只是暫時的同盟關係，羅森堡也能了解，他宣稱自己甚至曾跟戈林談過，應該佯裝與蘇聯達成類似協議。但此一德蘇互不侵犯協議聽起來可不像是暫時的。各大報都宣稱德、俄兩國傳統以來，原本就是好友與盟國。「說得好像我們過去與莫斯科之間的對抗都是誤會一場，布爾什維克分子都是眞正的俄國漢子，其中又以蘇聯猶太人爲最！這小小的友好關係不只是讓我們立場尷尬而已。」

羅森堡向來把希特勒視爲英雄，也爲他的睿智折服，於是他試圖說服自己，希特勒是別無選擇，必須搶先在英、法之前與蘇聯達成這種協議。這是一種自保之舉。「元首的確改弦易轍了，」他在日記中表示，「但從**現況**看來，這可能是有必要的。」不過羅森堡還是覺得不對勁，他認爲希特勒正在豪賭。

「我的感覺是，與莫斯科的協議最後將會爲國家社會主義帶來險峻的後果，」他在日記中寫道，「我們是身不由己的，因爲被情勢逼迫才會採取這種行動，導致我們的革命陣營領袖必須向另一位革命領袖低頭懇求……若是向摧毀歐洲的國家乞援，那我們哪還有臉奢談解救與重塑歐洲呢？」[20]

「此時，問題又再度浮現了：我們眞**有必要**把情況搞成這樣嗎？波蘭問題是**現在**就**非**解決不可，而且一定要用這種方式解決嗎？」

他認爲，沒有任何人可以解答這些問題。

---

18 原註：Rosenberg diary, September 24, 1939.
19 原註：Ibid., May 21, 1939.
20 原註：Ibid., August 25, 1939.

「把你們的同情心收起來！」入侵波蘭的十天前，希特勒跟手下的指揮官們這麼說。「粗暴一點！……殘酷一點，不要手軟！只要有任何憐憫的跡象出現，你們都要狠下心來！」他不是只要陸軍打敗波蘭軍隊，而是要「摧毀敵軍……我已經派第三骷髏裝甲師（Death's Head）打頭陣，命令他們把身上有波蘭血統、講波蘭語的男女老幼全都格殺勿論，絕對不能同情他們，憐憫他們。」21

希特勒的殘暴行徑跟往常一樣，還是源自於他的種族偏見，他讓所有德國人從小就養成一個觀念：波蘭人都是沒有秩序的原始人，應該由剛毅堅強的主人來統治他們。在此同時，地理要素也與這次侵略行動有關，波蘭剛好擋住德國往東擴張的途徑。而且，希特勒屢屢粗暴地要求波蘭要割讓土地，但都被華沙的領袖們拒絕了。

所以，德國部隊於九月一日從南、北、西三個不同方位火速穿越邊境，總計有一百五十萬人參戰、有三十萬匹馬拖著大炮與軍需品，還有一千五百輛坦克與幾百架德國空軍的新飛機。22面對這種「閃電戰」，波蘭人毫無勝算可言。他們的戰線遭到戰鬥機的猛烈轟炸掃射，也被裝甲坦克摧毀。波蘭空軍完全被殲滅。城市被夷為平地。成千上萬的老百姓搭乘汽車、馬車、腳踏車，或徒步逃難。他們往東邊逃，但是被東邊的蘇聯人擋了下來。最後有十二萬波蘭士兵在戰鬥中捐軀，是德軍的十倍。有一百萬人成為戰俘。

一戰投降促使納粹黨誕生，到此時已經將近二十年。在這段時間裡，德國已經打造出全世界最令人膽寒的鐵血雄師。「與一九一四年相較，如今德軍的兵力已經不可同日而語，」羅森堡在日記中用勝利者的驕傲口吻寫道，「軍事領袖與部隊之間的凝聚力完全不同，每位將軍都跟弟兄們在同樣的食堂吃飯，將軍也會親上前線指揮。當他們看著部隊往前推進時……絕對都會有一個想法：這樣優秀的人類肯定會是空前絕後的。」[23]

二次大戰爆發那一天，羅森堡可說是「無用武之地」，因爲整個八月與九月他都因爲長期的腳踝問題而臥病在床。一直以來，羅森堡都深受健康不佳所擾。一九三五、三六與三八年，他都曾因爲關節發炎、痛到幾乎不能動彈，而前往柏林北邊郊區，住進親衛隊所屬的候恩利宣（Hohenlychen）療養院接受治療。「我腳上嚴重關節炎的老毛病又犯了，疼痛難耐，背部肌肉又再跟我鬧脾氣了，」他在一九三六年的日記裡寫道。[24] 療養院院長卡爾·蓋伯哈特（Karl Gebhardt）診斷出羅森堡的關節炎對於氣候變化很敏感，而且因爲長期久坐不動，也導致他體重太重，對關節不好。[25] 蓋伯哈特也認爲羅森堡「精神上的孤僻」對健康不好，因爲他沒幾個能夠交心談天的朋友。

一九三九年，他用悲涼的語氣在日記中寫道，即便他並未臥病家中，發動侵略的頭幾天關鍵日子裡，希特勒還是不會找他。因爲德國剛剛與蘇聯結盟，偏偏他這位黨內的頭號意識形態大師就是以痛批蘇聯而聞名。

「現在圍繞在元首身邊的人都換了，已經不是早年跟他一起奮鬥的同志們。」[26]

---

21 原註：Shirer, *Rise and Fall*, p. 532; Evans, *The Third Reich at War*, p. 11.
22 原註：Evans, *Third Reich at War*, pp. 3–8.
23 原註：Rosenberg diary, September 29, 1939.
24 原註：Ibid., August 19, 1936.
25 原註：Piper, *Alfred Rosenberg*, p. 310.
26 原註：Rosenberg diary, September 24, 1939.

戰爭爆發當天，羅森堡蹣跚地走進國會大廈，去聽希特勒說明開戰的理由。希特勒堅稱，波蘭人才是罪魁禍首。[27]長期以來，波蘭一直不理會他的種種合理提議。他們拒絕了和平解決的方案。他別無選擇，只好發動攻擊。「如果有人誤把我對於和平的愛好，把我的耐性當成軟弱，甚或膽怯，那就是大錯特錯了，」他說，「因此，我才決心用過去幾個月波蘭對待我們的方式來回報他們。」儘管並非事實，但他宣稱，曾有德國士兵被波蘭人槍擊，因此陸軍只是報復而已。「從現在開始，」他說，「有誰向我們丟炸彈，我們就只會以炸彈回應。」[28]

演講開始前，羅森堡遇到戈林，他們在中庭邊等希特勒抵達邊聊天。「我有一種感覺，」羅森堡說。「有人故意低估了英國。」[29]

他說的沒錯。開戰前幾天，英國的領導人還設法想把德、波兩國帶到談判桌上。希特勒向人在柏林的英國大使奈佛·韓德森（Nevile Henderson）保證，他只想與英國和平相處。德國只是跟不肯妥協的波蘭有爭議而已。一旦他把波蘭的問題都處理好之後，他就會永遠不再動武。但是，在奧地利、捷克斯洛伐克都被併吞，而且還簽了同意德國占領蘇台德地區的「慕尼黑協定」之後，倫敦當局終於學乖了，不再一廂情願地聽信希特勒的承諾。八月二十五日，英國與波蘭簽署了一份共同防禦條約。里本特洛普認為英國人只會袖手旁觀，顯然他誤判了情勢。

經過幾天的外交協商都沒有成果，開戰前幾個小時，英使韓德森與戈林一起喝茶，發現戈林跟往常一樣健談。他向韓德森大使解釋道，如果波蘭人不願妥協，德國大可以「把他們像蝨子一樣捏死」，而且如果英國介入的話，「就太不明智了。」[30]

九月三日早上，韓德森前往德國外交部去提交英國的正式宣戰聲明。在這關鍵的日子裡，里本特洛普並未親自接見韓德森。只有他的翻譯接下了那簡短的聲明，馬上就衝往希特勒的辦公室，發現元首坐在桌邊，里本特洛普則是站在窗前。他們倆靜靜地聽著，過了很久以後（那位翻譯人員後來寫道，「我還以爲他們永遠不會開口」），「滿臉怒容的」希特勒轉身問他的外長，「接下來該怎樣？」[31]

威廉．夏伊勒此時已經是CBS電台的駐柏林特派員，他站在總理府外面的廣場上，跟大批德國民眾一起聆聽擴音器播出新聞：希特勒已經把德國帶往另一次世界大戰。「那是個晴朗美好的九月天，空氣溫和宜人，是柏林人喜歡到森林裡或附近湖畔去遊山玩水的日子，」他在日記中寫道。等到廣播結束了，「大家開始竊竊私語。都只是站在那裡，並未離開，每個人都震驚不已。」[32]

法國跟英國同一天對德宣戰，但兩國都沒有做好交戰準備，也沒有祭出任何阻止德國蹂躪波蘭的措施。接下來的幾週，納粹屢屢想邀英、法和談，但都沒有成功。羅森堡無法理解英國爲何如此頑固，即使他關注英國高層的動向已經有六年之久，但此時他跟柏林的所有人一樣困惑，搞不清楚英國到底想做什麼。[33]「我

---

27 原註：英國與德國的談判經過詳情係引自於：Shirer, *Rise and Fall*, pp. 548–49, 574–76。
28 原註：Ibid., pp. 598–99.
29 原註：Rosenberg diary, September 24, 1939.
30 原註：Shirer, *Rise and Fall*, p. 592.
31 原註：Ibid., p. 613.
32 原註：Shirer, *Berlin Diary*, p. 200.
33 原註：Rosenberg diary, September 24, 1939.

們已經盡了一切努力，」他在日記裡寫道，「但英國卻被一小群瘋狂的猶太人牽著鼻子走，張伯倫是個意志不堅定的老傢伙。看來他們是不見棺材不掉淚。」34

在帝國總理府中，希特勒也漸漸看出納粹沒辦法勸服英國讓步。他告訴羅森堡，該是用武力逼他們就範的時候了。

「如果英國人不希望和平相處，」羅森堡於開戰後一個月寫道，「他就會用一切手段攻擊並摧毀他們。」35

在此同時，納粹的極端世界觀不再只是說說而已，他們用它來對付波蘭的老百姓。36 執行者是希姆萊。一九三四年的「長刀之夜」事件中，是希姆萊編造證據誣指羅姆要叛變，而且當希特勒下令清黨，負責殺人的大都也是他麾下的親衛隊。37 自從那一夜之後，親衛隊已經漸漸蛻變成一支令人膽寒的部隊。他們的軍官身穿黑色制服，衣領上面都繡了一個看起來很像古代北歐閃電符號的標誌。38 軍帽上面則是有一個銀色的「骷髏頭與十字骨頭」標誌。「我知道很多人看到我們的黑色制服就想吐，」希姆萊曾說，「我們能了解，而且本來就知道沒有多少人會喜歡我們。」他把親衛隊當成某種宗教會社，實行的種種異教儀式與教規，都是納粹黨心目中的古代雅利安民族成員，包括條頓人與維京人所流傳下來的。39 羅森堡並非黨內高層中唯一的叛教者。希姆萊一樣也認爲，「與基督宗教的對決」是他們肩負的重責大任。他的親衛隊並不慶祝耶誕節，而是慶祝夏至。

奧地利被合併之後，親衛隊隨著德國駐軍的腳步進入該國，好幾萬人被逮捕，而且他們以各種殘酷的方式羞辱猶太人。夏伊勒曾前往維也納進行採訪報導，令他感到震驚的是，猶太人被迫跪在人行道上清除塗鴉，或者清洗廁所，還要遭受身邊暴民的嘲弄。「許多猶太人都選擇自殺，」夏伊勒寫道，「納粹的虐待手法可說是罄竹難書。」[40]

入侵波蘭後，希姆萊在波蘭境內成立了一個叫作親衛隊國家安全部的警察機關，人員以殺人不眨眼的親衛隊爲骨幹，並任命萊茵哈德·海德里希爲部長。[41] 海德里希是個沒有道德觀的狠角色，而且十分講求效率，許多人對他都是既討厭又害怕。[42] 他的父母分別來自歌劇與戲劇界，他自己也很會拉小提琴，後來則變成一個很厲害的擊劍手。他原本在海軍官拜上尉，但後來因爲一位重要實業家的女兒被他搞大肚子，他在軍界也就混不下去了。希姆萊把他帶到親衛隊，負責針對政敵與納粹同志搜集情報。他很快就成爲希姆萊的愛將，到了一九三六年，他已經晉升爲蓋世太保與刑事警察機構的負責人。三年後，所有的警政業務都開始歸他們管轄。

---

34 原註：Ibid., November 1, 1939.
35 原註：Ibid., September 29, 1939.
36 原註：Evans, *Third Reich at War*, pp. 9–23.
37 原註：Read, *Devil's Disciples*, p. 371.
38 原註：Burleigh, *The Third Reich: A New History*, p. 192；也可以參閱：Heinrich Himmler, *Die Schützstaffel als antibolschewistische Kampforganisation* (Munich: Franz Eher Nachfolger, 1937)。
39 原註：Evans, *Third Reich in Power*, pp. 50-52, 252.
40 原註：Shirer, *Berlin Diary*, p. 110.
41 原註：Read, *Devil's Disciples*, pp. 608–11.
42 原註：Evans, *Third Reich in Power*, pp. 53–54.

陸軍摧毀波蘭的防線後，海德里希派出五個「特別行動隊」（Einsatzgruppen）在波蘭境內執行殺人任務，凡是未來有可能組織反抗軍的人物全都被槍斃或吊死，受害者包括知識分子、貴族、商界領袖與教士。

等到戰事告一段落，波蘭被畫分成三個部分。東西邊領土分別併入蘇聯與德國，而且就像入侵前幾天希特勒對將領們所說的，波蘭西部「的人口將會被清空，改由德國人移居該地」。[43]中間的土地，包括華沙、克拉科夫與盧布林（Lublin）等城市，全都變成德國殖民地，交由波蘭總督府（General Government）管轄。總督由殘忍的納粹黨人漢斯・法蘭克擔任，這個人口高達一千一百萬人的地方將會變成納粹政府的「垃圾場」，所有不受歡迎的人物都會被流放到那裡。

到了十月，希特勒在希姆萊的履歷裡又加了一項新職：強化德意志民族性國家專員部的行政長官。他即將執行一項非常複雜的任務，除了安排德裔人口移居各個新殖民地，也要負責消除「所有可能會帶來有害影響，進而危害第三帝國的他族人口」。

接下來的一年，希姆萊以殘忍的手段強制驅離了一百多萬波蘭人與猶太人，逼他們遷居波蘭總督府管轄的地區。他們離鄉背井，被塞進沒有暖氣的火車車廂裡，在沒有任何生活用品的地方被丟下車。許多人在路上就病死或者死於饑寒交迫，到達目的地之後又得忍受漢斯・法蘭克的殘忍統治手段，被迫住進貧民窟、強迫勞動、三餐不繼。「我壓根就對猶太人沒有任何興趣，」他於一九四〇年春天時表示，「誰管他們有沒有東西吃？那是我最不關心的一件事。」[44]

其他波蘭人則是被運往德國去當奴工，薪資微薄，而且工作環境通常很惡劣。他們住在非常擁擠的工寮裡，衣服上面都繡有寫著「OST」（德文的「東邊」）字樣的標牌，藉此提醒德國人別對他們太友善，以免有損自己的身分。許多家庭的爸媽被納粹帶走後，孩子們住進波蘭的孤兒院，後來這些孤兒全都被送往德國，交由德國籍的夫妻收養。

在此同時，原本住在愛沙尼亞、拉脫維亞、羅馬尼亞與其他地方的德裔人口，則是被遣送回祖國，搬進原本是波蘭西部，如今已經併入德國，而且原居民都已經被清除掉的地區，波茲南（Poznan）與羅茲（Lodz）這兩個城市都在這個地方。

希特勒曾經短暫造訪過這個剛剛奪來的地區，據羅森堡表示，元首的見聞印證了他自己過去對於波蘭人的悲觀看法。「波蘭人表面上看起來與德國人有幾分相似，但骨子裡卻還是爛透了，」在一九三九年九月那個不幸月份的尾聲，他在與希特勒的某次會面後於日記中寫道，「猶太人是最爛的。他們把這些城市搞得烏煙瘴氣。過去幾週他獲得了很多新資訊。最重要的是，他發現如果第三帝國的那些舊有土地再繼續讓波蘭人統治個幾十年，就會變成一個到處是蝨子而且墮落不堪的地方。能夠治理這個地方的，只有能幹的主人。」[45]

在歐洲陷入一片混亂之際，羅森堡試著找東西來平穩心緒。「今天又開始作畫，距離上一次已經好久

43 原註：Evans, *Third Reich at War*, p. 11.
44 原註：Longerich, *Holocaust*, p. 154.
45 原註：Rosenberg diary, September 29, 1939.

了，」他在日記中寫道，「二十一年前我用來練習筆法的那些作品，今天從日瓦爾運來了。我把它們拿來繼續畫，但並沒有變得更好看。」[46]生日那天，他收到的來信令他很雀躍。「這眞是一種奇怪的感覺，我發現，漸漸地已經有千百萬人的思想，因爲我的作品而被改造了。許多人的內心甚至因此感到安詳舒適，而且在過往的人生意義消失後，他們又找到新的**意義**。許多男男女女，不分老少都在寫給我的信裡面這麼說。有些人寫詩，許多人都描述了自己進步的狀況。」[47]

他心裡想著正在進行的戰爭，還有未來即將降臨的許多戰爭，也想著他自從一九一九年開始寫作以來的那些讀者們，也就是德國的人民。他們眞的知道接下來自己要面對什麼命運嗎？眞不知道他們是否有足夠的力量能夠忍受「即將降臨在自己身上的沉重壓力」，他這麼寫道。

46 原註：Rosenberg diary, January 7, 1940.
47 原註：Ibid., January 19, 1940.

15 雄心勃勃

從濱海布洛涅市啓程一週後，羅伯·坎普納與妻子露絲等一行人抵達紐約市，住進紐約第七大道賓夕法尼亞飯店（Hotel Pennsylvania）一〇六三號房，往街道另一側望過去，就是賓州火車站那古典又美輪美奐的布雜藝術風格[1]門面。露絲拿了一張飯店的明信片，在照片背面草草寫了幾句話，寄給幫他們移民來美國的萊納曼。她的情緒到現在還是無法平復，除了因爲旅途勞累與令她大開眼界的曼哈頓之外，最重要的是，她簡直不敢相信他們會那麼好運。[2]

從報上新聞得知，假使他們隔一週才上船，船長也許會被迫在暗夜中關燈開船，因爲怕遭到德國的U型潛艇攻擊。爲此，荷美航運公司決定讓坎普納一家剛剛搭過的「新阿姆斯特丹號」暫時停駛，因爲戰時行駛在北大西洋的海域實在太冒險。坎普納的許多朋友和政治盟友都還被困在德國與法國，他們很快就會寄信給坎普納，驚慌地請求援助。

露絲的老母親與瑪歌·李普頓也一起來到紐約。坎普納與瑪歌的婚外情或許已經讓他的婚姻關係開始有點變質，但露絲肯定是接受了現狀，所以瑪歌後來才

1 譯註：Beaux Arts：是一種混合型的建築藝術形式，建築特點為融入古羅馬、希臘等建築風格，強調宏偉、對稱及秩序性，主要流行於十九世紀末及二十世紀初。
2 原註：Ruth Kempner postcard to Otto Reinemann, September 2, 1939, Kempner Papers, Box 95.

會搬進坎普納家裡。瑪歌的雙親都還留在法蘭克福，他們即將被遣送到特雷津（Theresienstadt）集中營（位於原捷克斯洛伐克境內），下場只有死路一條。[3] 她的手足都逃出了德國，在英國、美國與以色列等地定居。最後，瑪歌也會開始把坎普納夫婦當成她的家人，坎普納夫婦對她想必也有同感。

啓程前的那幾個月，坎普納夫婦努力苦讀英語。除了英語之外，他們對於這個國家幾乎一無所知。據坎普納後來表示，最重要的是，他們來到了一個「富庶而且能享有政治自由的大國。」[4]

坎普納深知移民的日子不會太好過。他再也無法重拾過去在柏林的那種生活了。以前，他曾是普魯士邦內政部的高官，也就是所謂的「Oberregierungsrat」（高階顧問），但這個官銜在美國沒有任何意義。他深諳德國法律與警政的各種門道與訣竅，但這無法幫他了解美國的體制。就算他曾是高官又怎樣？他還是很可能給人一種古怪的第一印象。一九四〇年代期間，有人曾經爲了研究那些被迫流亡的學者而訪問過他，據那個人表示，他「的穿著相當隨性」，而且「整個人癱坐在椅子裡」，睜大眼睛死盯著訪問他的人。「他講的一些事，還有回應問題的答案聽起來不像是眞的，」那一位訪問者這麼寫著，「我的印象是覺得他這個人腦子不太清醒。」[5]

就算他獲得的工作再怎麼不像樣而卑微，至少他現在已經是賓州大學地方與中央政府研究所的研究人員。他也知道，有些比他早來的德國人原本是小有名氣的法官、生意人或教授，但一開始也只能當洗碗工或記帳員。並非每個移民都像愛因斯坦那麼厲害，也不是每個人都能擠進紐約社會研究新學院特別爲流亡學者創立的「流亡大學」（University in Exile）。過去在德國的名聲與學位不見得能派上用場。許多新移民都必須自謀生路，爲了適應新環境而學習新技能，並且透過難民報紙的求職欄找工作。

坎普納來到美國最初幾年，工作地點就在賓州大學校園附近位於華爾納街上的布蘭查廳。（圖片來源：University of Pennsylvania）

但坎普納可不是一般難民，光靠看報找工作無法滿足他。他開始設法讓自己的名字登上新聞版面，如此一來也許就有機會找上門。令人驚訝的是，在九月結束以前，坎普納眞的設法找人寫了一篇關於他來到美國的報導，也許這是萊納曼幫忙的，因爲他在費城的政府部門工作，可能認識一些記者。

九月二十九日，費城的《公共分類晚報》（*Evening Public Ledger*）刊登了這樣一則新聞標題：「前德國警政顧問赴美展開新生活」。短短的報導裡，提及坎普納之母曾在賓州女子醫學院任職，還有他如何逃離納粹德國。他告訴記者，他打算在美國定居了，在歐洲他已經一無所有，但他並未提及魯西安與安德烈。「如果要重新展開新生活，」他解釋道，「這個國家是比較好的選擇。」

他特別強調自己過去在柏林的警政工作，與蓋世太保沒有任何關係。他只是個在納粹執政前，負責法

3 原註：Kempner, *Ankläger einer Epoche*, p. 143.
4 原註：Kempner interview, Records of the Emergency Committee in Aid of Displaced Foreign Scholars.
5 原註：Ibid.

律與行政工作的官員。

「請寫說我在大學只是個學生，」他總結，「還有請寫我不是個政治人，所以不能討論政治。」6

後來，坎普納在他的自傳裡曾說明自己爲何要特別小心。大戰期間，美國人的心裡都有一個簡單的公式：「無論如何，德國人就是德國人。」7民眾就是害怕有納粹分子到美國去搞破壞或當間諜，而且他們相信，無論是不是猶太人、是不是被希特勒奪去了公民身分、是不是曾與納粹對抗過，移民都同樣不值得信任。

所以，《公共分類晚報》的報導讓坎普納有了曝光的機會，讓他開始在這個陌生的土地上享有一點小小的可信任度。

坎普納一行人剛開始先遷居費城歐薩傑大道（Osage Avenue）的一間連棟紅磚透天厝，與賓州大學校園相距不遠。坎普納的辦公室位於布蘭查廳（Blanchard Hall）頂樓，這是一棟坐落於核桃街（Walnut Street）的古雅三層石造樓房，哥德式風格的門面爬滿了常春藤，屋頂是曼薩爾式8的，每扇門都是相當顯眼的胡桃木材質。

他的新職必須負責寫報告、教課、在學術期刊上發表論文。他自己也修了政治科學的課，並爲某個每週播放一次的費城電台反納粹節目訪問德國難民，並引來許多政治訪談的邀請。他把自己塑造成希特勒暴政的倖存者。坎普納宣稱，因爲他在一九三五年遭到蓋世太保逮捕後，差一點性命不保，所以甚至有些歐洲報紙發布了他被槍決的死訊。他在當地各個俱樂部、中學、學院進行演講時，往往會用一些聳動的標題：

「我所認識的希特勒、戈林、希姆萊與戈培爾」、「在獨裁國家談情說愛」，當然還有「剪貼簿的第一頁貼著我的死訊」。[9]

一九三九年，坎普納自掏腰包支付自己的薪水，但他在後來幾年陸續取得一些獎助金，例如外國流亡學者緊急援助委員會（Emergency Committee in Aid of Displaced Foreign Scholars）曾給他一筆津貼。他也從紐約的卡內基企業（Carnegie Corporation）拿到一千美元獎助金，用來研究第三帝國的警政措施與行政管理方法。他解釋道，如果訂購一些從納粹德國寄去美國的研究材料，他都必須略施小計：「因爲我的名字已經登上納粹的所有黑名單，被當成流亡海外的國家公敵，我寫的書也都被納粹焚毀，所以我必須改用桑佩爾（Cemper）或桑本（Cempen）等假名。」[10]

有時候他會做一些奇怪的研究。他曾寫信給一位華盛頓大學的教授，詢問有關納粹青年團成員與親衛隊軍官的「新納粹體相學問題」。「在某些政府措施的塑造之下，」坎普納寫道，「新世代的納粹分子都有一張彷彿『凍結』的臉。有鑑於此一事實，我想問問您是否知道過去曾有相同或類似的研究，例如，關

6 原註："Ex-Advisor to Germany's Police Comes Here to Begin New Life," *Evening Public Ledger* (Philadelphia), September 29, 1939.
7 原註：Kempner, *Ankläger*, p. 158.
8 譯註：盛行於十九世紀中葉的屋頂建築形式，特色為屋頂成兩段式傾斜，上坡平緩，下坡較陡，故又稱複折式屋頂。
9 原註：Kempner speaker's profile, Kempner Papers, Box 1.
10 原註：Kempner to FBI, March 16, 1942, Kempner Papers, Box 1.

於長期坐牢或者移民之後，面相發生改變的狀況之類。」[11]

逃離納粹德國的歷程雖然幾經波折，但坎普納的大部分藏書還是跟著他飄洋過海來到美國，他也讓那些書發揮了很大效用。他自費出版了自己於一九三〇年與人合寫的報告，藉此確立納粹黨的犯罪本質，他將報告重新取名為《德國警方機密報告中所記錄的納粹地下犯罪藍圖》（*Blueprint for the Nazi Underground as Revealed in Confidential Police Reports*）。[12]

他也試著遊說出版社出版《二十世紀的神話》註釋英譯本，他說那本書堪稱「羅森堡這位現代版諾斯特拉達姆士[13]的預言」。坎普納寫了很多遊說的信件給諾普夫（Knopf）、麥克米蘭（Macmillan）、牛津大學等多家出版社，宣稱英語世界應該閱讀「這本關於納粹哲學、新宗教觀與政治理論的唯一官方基本著作」。

他認為《二十世紀的神話》肯定會變成暢銷書，還建議出版社應該把收益拿來幫助被奪走所有財產的流亡德國人。[14]

出版社陸續有禮貌地拒絕了他。「我想那本夸夸而談的作品在美國書市恐怕會賣不動，」某位編輯回信表示。「而且百分之九十九的美國讀者也會認為那是一本毫無意義的書。」

坎普納在研究、寫作與演講之餘，其實有一個更遠大的目標。他想要效力於世界最知名的執法機構。一九三八年十二月，坎普納還在尼斯時，就寫了第一封信給美國聯邦調查局的胡佛局長。儘管他的英文還不是很流利（過去他在高中時花比較多時間學希臘文，而非英文），但還是能清楚表達論點。

他自稱是一位「犯罪學專家」，當過警政顧問，曾在柏林擔任「德國內政部警政署一等祕書」。坎普納問胡佛是否能在他麾下效力，還說，「我保證，我對貴國肯定能有所貢獻，因爲我非常了解當前美國社會最重要的各種犯罪問題。」[15]

因爲被好萊塢塑造出追捕知名銀行搶匪與兇手的硬漢形象，胡佛早已是家喻戶曉的人物。[16] 第一次世界大戰爆發三個月後，胡佛進入美國司法部服務，當時老百姓都緊張兮兮，深恐有敵國間諜與破壞分子滲透進入美國。美國參戰那一天，在美的德國人有將近一百名遭到追查逮捕，另外大概有一千兩百名被監控。「一九一七年間諜法」（Espionage Act of 1917）特別規定，不效忠於美國是有罪的。就連公開宣稱反戰也一樣。司法部所屬調查局（當時尚未改名爲聯邦調查局）負責追捕德國間諜，也掃蕩了反戰的勞工團體「世界產業工人」（Industrial Workers of the World），幾萬人因爲有躲避徵兵的嫌疑而遭到逮捕。

戰後，胡佛成爲司法部新成立的總情報部門主管，調查局派了六十一位探員供他指揮調度，他很快

---

11 原註：Kempner to F. P. Foley, October 8, 1941, Kempner Papers, Box 1.

12 原註：後來這份報告被刊登在學術期刊《華盛頓州立大學研究報告》（*Research Studies of the State College of Washington*）上，但標題略有更動。

13 譯註：諾斯特拉達姆士（Nostradamus），十六世紀猶太裔法籍預言家，曾出版以四行詩體寫成的預言集《百詩集》（*Les Propheties*），對不少歷史事件及重要發明精準預言。

14 原註：Kempner to Knopf, December 10, 1941, and Curtice Hitchcock to Kempner, November 11, 1941, Kempner Papers, Box 1.

15 原註：Kempner to Hoover, December 21, 1938, Kempner Papers, Box 43.

16 原註：有關胡佛的資料係引自：Weiner, *Enemies*, pp. 3–6, 13–46, 60–70。

就建立起數以千計的人物檔案，把他們視爲有顚覆美國政府的嫌疑。探員們滲透進入美國的共產黨組織，逮捕黨員，迫使美國共產黨轉爲地下組織。許多批評者提出他踐踏人權與公民自由的質疑，等到大家發現探員們甚至會監控美國的國會議員，柯立芝（Calvin Coolidge）總統才出手約束他們。「祕密警察系統可能會對自由國家的政府與各種體制造成威脅，」柯立芝新任命的司法部部長哈倫·菲斯克·史東（Harlan Fiske Stone）表示，「因爲祕密警察本來就有可能會濫權瀆職，而且並非總是很快就會被發現。」史東部長將調查局局長開除，改聘胡佛上任，並且開出一個條件給他：監控工作不能繼續下去。胡佛口頭表示同意，但接下來還是設法偷偷進行。

一九三八年，二戰即將爆發之際，美國人對納粹與法西斯感到恐慌。德裔美國人同盟（German-American Bund）在雜誌上與街頭鼓吹民眾支持納粹。在戰前的幾年內，密西根州皇家橡木市（Royal Oak）的查爾斯·考夫林（Charles Coughlin）神父透過廣播節目培養出四千萬名聽眾，他大聲疾呼要對付「猶太的陰謀者」還有共產黨分子。「等到我們把那些猶太人都處理掉了，」他在紐約布朗克斯區（Bronx）的某次演講中呼籲，「他們會覺得自己在德國遭受的待遇根本不算什麼。」[17]辛克萊·路易斯（Sinclair Lewis）甚至寫了一本叫作《不會在這裡發生》（*It Can't Happen Here*）的暢銷小說，故事中一位剛剛當選就任的美國總統宣告要實施獨裁體制。

在這整個社會都對納粹間諜與破壞者感到焦慮與驚慌的氛圍中，剛剛上任的總統向胡佛請求幫助了。一九三六年八月二十五日，羅斯福總統對胡佛局長下達密令（因爲是最高機密，他甚至並沒有以文件的形式通知胡佛），針對在美國的納粹與共黨分子進行情蒐。胡佛把密令執行得更爲徹底，他往上呈交的，不只是關於外國間諜與滲透者的情報，也涉及羅斯福的政敵，例如舉世聞名的飛行員林白（Charles Lindbergh），他去了幾次德國，希特勒與第三帝國都讓他有很好的印象。羅斯福向某位閣員表示：「我百分之百確定林白是個納粹分子。」[18]

一九三八年二月，探員們偵破一起德國間諜集體滲透進入軍方與國防部承包廠商的案子。他們已經臥底十年，設法竊取了新式飛機與戰艦的設計圖。此一間諜案讓社會大眾內心深處更是感到不寒而慄：納粹分子眞的來到了大西洋對岸，想要對美國不利。[19]

胡佛很快就說服了羅斯福，讓他獨攬大權，控制美國所有的情報偵蒐與反間諜活動。總統也偷偷授權他監聽任何有間諜嫌疑或可能顚覆政府的人，無視於最高法院所頒布的禁令。聯邦調查局製作了一份可能的叛徒清單，建議一旦美國開戰就應該逮捕或至少監視他們。

自由派人士對於胡佛的種種侵犯人權之舉深感憂慮，其中又以後來當上司法部長的羅伯・傑克遜（他也是戰後紐倫堡大審期間美國起訴團隊的主任檢察官）爲最。當總統夫人愛蓮娜（Eleanor Roosevelt）發現探員居然在調查她祕書的身家背景時，她親自寫了一封信給胡佛：「在我看來，這種調查方式實在是跟蓋世太保的手段太過相似了。」[20]

---

17 原註：Olson, *Those Angry Days*, p. 240.

18 原註：Charles, *J. Edgar Hoover and the Anti-Interventionists*, p. 30.

19 原註：Weiner, *Enemies*, pp. 78–79.

20 原註：Ibid., pp. 83, 106.

一九三八年夏天，坎普納想要效力的胡佛局長與調查局就是這個模樣。

然而，坎普納的信件卻並未讓他有機會與胡佛局長親自會面。局長辦公室回了他一封短信，並且附上一份怎樣才能當上特別探員的說明手冊。但局長本人並未對這個沒沒無聞的德國難民給予鼓勵。[21]

坎普納不屈不撓，到七月時繼續寫信，表示他已經找到了工作，即將前往美國，並且問道：如果他剛好前往華府，是否能順道去拜訪胡佛局長？他說他想透露一些「目前貴局會特別有興趣的資訊」。胡佛的回覆是，坎普納想去當然可以，而且「將會有專人帶他參觀調查局的各種設施與展覽，並且詳加解說」。

但就算是如此輕忽的態度也沒讓坎普納放棄。一九三九年九月二十五日，流亡律師坎普納寫了一封信給胡佛，表示他已經來到美國。「我認爲，能在美國生活與工作眞是三生有幸，我也希望憑藉著多年來在柏林與其他地方累積的知識，貢獻微薄的一己之力。希望很快就有機會到華府去，我將會非常樂於拜訪您，與您一起討論我們倆都感興趣的話題。」

坎普納似乎已經對自己新來乍到的國家有所了解：想要在美國成功，必須要有一點唬人的本領。

21 原註：Hoover to Kempner, January 16 and July 24,1939, and Kempner to Hoover, July 10 and September 25, 1939, Kempner Papers, Box 43.

16 洗劫巴黎

第三帝國各地陸續爆發出有人想要暗殺希特勒的事件。陸軍的鐵蹄踏過波蘭後，元首又計畫立刻要部隊揮軍西歐，對法國發動攻擊，此時一群將軍驚覺情況不妙，私下聚集起來密謀起事。他們堅稱陸軍尚未做好準備。憤怒的希特勒宣稱他們是一群意志薄弱的軍人，還暗指他們也許有叛國的嫌疑。此後，想暗殺他的人開始遍布陸軍各部隊。[1]

一九三九年十一月八日是慕尼黑流產政變的十六週年紀念日，希特勒前往貝格勃勞凱勒啤酒館發表演說，當年他曾在此持手槍朝著天花板開槍，並且把巴伐利亞的政界領袖們脅持起來當人質。每年，曾參與那場政變的資深納粹黨人都會回到慕尼黑街頭遊行，重現一九二三年的政變場景，只不過此刻他們的身分是貴賓，來此接受群眾的歡呼，被奉爲民族國家的英雄。希特勒非常喜歡這壯觀的活動。某一年，他曾對著站在遊行隊伍前頭第二排的羅森堡微笑著說：「如果當年你繼續信天主教的話，就沒辦法見識這種場面了。」[2]羅森堡喜歡將這一年一度的遊行稱爲「日耳曼版的基督聖體聖血節遊行」（Germanic Corpus Christi procession），意思是這場納粹一年一度的神聖節慶，等同於教宗在基督聖體聖血節帶著信眾於羅馬街頭遊行一樣。

1 原註：Kershaw, *Hitler: A Biography*, pp. 541–43.
2 原註：Rosenberg diary, November 14, 1936.

希特勒在貝格勃勞凱勒啤酒館的演說已經變成一種年度傳統，而且他通常是在晚間八點半到十點之間對群眾發表演說。這一年，講壇後面的一根柱子被安裝了定時炸彈，預計要在演講進行到一半時，也就是在九點二十分把他炸死。3

但希特勒改變了固定的形成。才剛過九點沒多久他就結束演說，而且也沒像往常那樣跟大夥兒聚一聚，他直接衝進座車裡，朝火車站疾馳而去。

三天後，羅森堡在日記中寫道：「當時他告訴我，他非趕回柏林不可。」4他要召開一個關於入侵法國的重要會議。會議本來是要在十一月七日召開，但因為天候不佳而延後。「簡短的演說過後，本來大家要他留在啤酒館裡敘舊。他問身邊的人幾點了。九點十分……他想要去趕火車，以免遲到……所以很快就離開了。要不是他提早離開，我們可能都會被埋在變成一片廢墟的啤酒館裡。」

炸彈按照設定好的時間爆炸了，把那根柱子還有正上方的屋頂都炸掉了。六十三人身受重傷，甚至斷手斷腳，八人被炸死。隔天羅森堡掌管的《人民觀察家報》把元首能夠脫身這件事奉為「奇蹟」。

希特勒懷疑這是英國特務機構幹的，羅森堡一樣也在日記裡痛批：這肯定是那些外國人「想要把我們都除掉」的陰謀詭計。這次暗殺事件促使羅森堡仔細檢查自己的住處，以免有什麼安全漏洞。「在四周人煙稀少的夜裡，如果想要丟一顆炸彈進我的臥室，把我炸死，應該不是太難的事。」但在此同時，他也試著從比較哲學性的角度去思考這件事。凡是偉人都必須面對一些大風大浪。一九二三年慕尼黑流產政變不就是這麼一回事嗎？「說到底，如果沒有因為魯莽而大幹一場，我們永遠也沒辦法開始。」

差一點送命之後，他也開始思考德國民眾心裡的想法。一如往常，羅森堡還是覺得這整件事都要怪戈

納粹把掠奪得來的珍品堆疊在巴伐利亞埃林根的一間教堂內。（圖片來源：National Archives）

培爾。羅森堡認爲是戈培爾毀掉了民眾對於納粹的信任，要不是他，「國內民眾也不會像這樣充滿積怨……戈培爾博士的傲慢與其他黨人的好大喜功到底毀掉了本黨的多少威信？這實在難以估計。少數人虛榮浮誇，自命不凡……結果我們都要付出代價。」

羅森堡當時還不知道，但他的猜測的確有幾分正確。啤酒館爆炸案是喬治・艾爾塞（Georg Elser）這名木匠自己一個人幹的。他花了好幾個月的時間，趁啤酒館關門後，把柱子的一部分鑿空，裝設了炸彈。

爆炸案發生時，他已經被逮捕了。他因爲打算違法穿越邊境前往瑞士，而被逮捕。

偵訊時，他表示自己很怕會再有一次世界

3 原註：Kershaw, *Hitler: A Biography*, pp. 544–47.
4 原註：Rosenberg diary, November 11, 1939.

大戰爆發，對於希特勒正把德國帶往那個方向，他深感不滿，也因爲納粹戕害民權與自由，而爲國家前途感到很擔心。所以他才決心除掉希特勒，還有戈培爾與戈林。

一九三九年底到一九四〇年初之間，英、法兩國加速整軍經武，爲即將爆發的大戰進行準備。在此同時，納粹則是把目光轉往丹麥與挪威。5

北歐各國向來保持中立，但兩個戰略要素導致柏林當局決定要出手。因爲德國的海軍高層不希望重蹈一戰覆轍，讓船艦被英國在北海布下的封鎖線給擋住。還有，他們也提醒希特勒，英國人想要占領斯堪地那維亞半島，藉此阻止德國從瑞典取得鐵礦。在冬天的那幾個月期間，因爲瑞典到德國之間的水道冰封，鐵礦必須從挪威的某個港口運往德國。

羅森堡發現自己能夠幫助解決這個戰爭衍生的問題。一九三三年以來，他一直都與一個叫作維德孔·吉斯林（Vidkun Quisling）的挪威右翼政客保持盟友關係，吉斯林所屬的國家統一黨向來都想要在挪威實施納粹主義。6 一九三九年八月，在羅森堡的安排之下，吉斯林的一小群支持者前往德國接受訓練。到了那一年稍晚，柏林政界已經開始盛傳德國要出兵斯堪地那維亞半島，此時羅森堡傳話給德國海軍，表示吉斯林其實正在計畫進行政變，也許海軍可以跟吉斯林合作？

一九三九年十二月，吉斯林三度與希特勒見面，簡述他的政變計畫，並且保證他已經取得挪威軍方的支持。希特勒不願介入政變，表示他希望挪威能保持中立，但如果英國想要動手奪取該國港口，藉此阻止鐵礦輸入德國，那他也不會袖手旁觀。此時他只承諾吉斯林，德國可以爲他的行動提供金援。

離開柏林前，吉斯林造訪羅森堡，衷心感謝他的幫助。

羅森堡表示，他很期待有一天能夠以貴賓身分造訪斯堪地那維亞半島。他在日記中寫道：「我們緊緊地握了一下對方的手，心裡都知道，直到吉斯林的行動成功，變成挪威首相以前，我們倆很可能不會再見面。」

接下來的幾個月，希特勒開始對於占領斯堪地那維亞半島感興趣了，於是在一九四〇年四月九日，德國陸軍揮兵丹麥與挪威。丹麥人立刻投降了，但是德軍遭到英國海軍與挪威陸軍的激烈抵抗。

在挪威遭到入侵那一天，吉斯林透過廣播宣布自己是挪威的新領導人，並且呼籲國人放棄抵抗德軍。「今天是德國史上偉大的一天，」羅森堡在日記中寫道，「丹麥與挪威都被我們占領了。恭喜元首的重大成就，而我自己也有從旁促成的功勞。」7

挪威國王與合法政府的首長們全都逃往北方，並於隔天向納粹政府傳話：他們不會支持吉斯林，並且要繼續奮戰。但抵抗行動沒有太大成效，英國人的軍援也是。德軍很快就占領了首都奧斯陸與其他大城。

羅森堡因爲幫助侵略有功而洋洋得意。四月底時，他在日記裡寫道：無可否認的，此次軍事行動的根基，是由他所領導的納粹黨外交政策處所奠立的，因此該處可說是「完成了一項歷史任務」，他還說「占

---

5 原註：Evans, *The Third Reich at War*, pp. 117–22; Shirer, *The Rise and Fall of the Third Reich*, pp. 673–83, 697–712.

6 原註：Rosenberg diary, December 20, 1939.

7 原註：Ibid., April 9, 1940.

領挪威也許是此次戰爭的關鍵」。8

實際上，這並非關鍵，但德國在斯堪地那維亞半島取得的勝績也許帶來了一個重要後果。這件事導致英相張伯倫被國會痛批。在奧地利被合併，捷克斯洛伐克、波蘭陸續遭占領之後，挪威也陷落了，直接導致張伯倫的內閣政府垮台。

他在五月十日辭職，上台的新首相是眾所皆知，向來與第三帝國對立，毫不手軟的邱吉爾（Winston Churchill）。

一九四〇年四月，羅森堡前往德國西部進行巡迴演說，也趁機前往薩爾布魯根（Saarbrücken），去參觀該市南端高地上的德軍防禦工事。在德、法邊境沿線上，德國蓋了所謂的「齊格菲防線」（Westwall），法國則是有馬其諾防線（Maginot Line），雙方都部署了難以攻破的一層層防禦網絡，有用來阻擋坦克的厚重石柱、一排又一排頂端有倒鉤的鐵絲網、地底碉堡，還有裝甲炮塔。一九三九年九月以來，法國已經正式向德國宣戰，但雙方都還沒準備好要發動攻勢。然而，到了一九四〇年春天，這種所謂「假戰」（phony war）的狀態還是結束了，戰火正式引燃。羅森堡去勘查「齊格菲防線」的數週前，德、法雙方就開始以重炮互轟了，雙方的空軍戰機也在空中交戰。德軍的巡邏部隊前往盟軍的防禦陣地去刺探軍情，往往都會有血戰爆發。9 情勢愈來愈緊張。

羅森堡在荒涼的地景中漫步，在日記中寫下他的一些印象。「一些村莊都已經沒人，只剩斷垣殘壁。老舊的法軍戰壕已遭棄守，墊子與毛毯散落一地。有一家法國小餐館被擴建為小型堡壘。一眼望去，只見一間間地底碉堡綿延不絕。」[10]他去探望的德軍軍官與士兵似乎都鬥志高昂，但薩爾布魯根已經被炮彈夷平，打得只剩一堆堆瓦礫碎石。

「如果有一天整個西方世界都淪落成**這個模樣**，」羅森堡寫道，「那將會是場噩夢！」

一九四〇年五月十日，「最後決戰展開了，」羅森堡寫道，「這將會決定德國往後千秋萬世的命運，或至少幾百年內的命運。」[11]

盟軍爲此準備了好幾年，但希特勒還是靠著西侵計畫把他們打得措手不及。[12]本來盟軍以爲德國會揮軍穿越荷蘭與比利時南下。沒想到希特勒選擇了一個大膽的進攻計畫，讓大批坦克與裝甲部隊重兵穿越阿登地區（Ardennes），從更南邊發動攻勢。阿登是個濃密森林遍布的多霧丘陵區，往往給人一種荒涼、冷酷的感覺。盟軍認爲那裡的地勢過於崎嶇不平，不可能以裝甲部隊發動攻擊，所以並未部署重兵。

這天衣無縫的作戰計畫奏效了。在德軍炮轟鹿特丹之後，北邊的荷蘭很快就在五月十四日投降了。盟軍一開始還守住比利時北邊的陣線，把重兵都擺在那裡，以爲德軍主力會從那裡進攻。

就在此時，在阿登南部的德軍坦克與裝甲車排成四列，一百多英里長的隊伍慢慢地往西穿越阿登的森

8 原註：Rosenberg diary, April 27, 1940.
9 原註：G. H. Archambault, "'Violent' Nazi Fire Pounds Key Points," *New York Times*, March 31, 1940; Torrie, *"For Their Own Good": Civilian Evacuations in Germany and France*, p. 33.
10 原註：Rosenberg diary, April 11, 1940.
11 原註：Ibid., May 10, 1940.

林。在沒有遭到任何抵抗的情況下，德軍開抵馬士河（Meuse River），在五月十四日突破盟軍陣線，接著以最快速度穿越曠野，勢不可擋。到了五月二十日，他們已經抵達英吉利海峽的海岸區，很快就在敦克爾克（Dunkirk）把英法盟軍給包圍起來。儘管三十四萬盟軍部隊設法安全逃脫，越過英吉利海峽後回到英國，但第一輪戰鬥已經結束了。大批德軍往南橫掃，在完全沒有遭遇抵抗的情況下，於六月十四日抵達巴黎。

法國政府的領袖們要求和談。一週後，他們在巴黎附近的康比涅森林（Compiègne）被招降。[13]一九一八年十一月，德軍就是在這裡向盟軍投降。希特勒帶領著德軍代表到一片林間空地去展開會談，當他抵達時，刻意走到一片紀念一戰終結與德國戰敗的大理石臥式紀念碑旁，碑上銘文是這樣寫的：「德意志帝國的驕兵原本企圖奴役自由國家的人民，犯下戰爭罪行，最終在一九一八年十一月十一日這一天，原本它想要奴役的人們粉碎了它的美夢。」他在閱讀銘文時臉上帶著明顯的不屑表情。美國特派記者威廉·夏伊勒在場見證，並且報導了此一歷史時刻，他仔細觀察著元首。「在他一生的許多偉大時刻裡，我曾屢屢看過他臉上那種表情，」後來夏伊勒在日記裡寫道，「但今天不一樣！我看得出他很激動，臉上夾雜著不屑、憤怒、厭惡等情緒，還有復仇與獲勝後的得意。」

隔天，法國人簽下一份有損國格的和約。兩天後，德軍摧毀了那座紀念碑。

自從被希特勒任命為納粹黨的意識形態大師以來，這六年之間，羅森堡眼見自己的種種思想與學說慢慢滲透德國人日常生活的每個角落。納粹黨喊出所謂「一體化」（Gleichschaltung）的精神口號，藉此控制了所有工會、商會、教師會、學生會、青年會，還有從中央到地方的其餘各種社會與社群團體，像是射擊俱樂部、歌友會與運動俱樂部。[14]

每一天，所有德國公民幾乎時時刻刻都在接受意識形態教育，而且無可避免的都會接觸到羅森堡那些激進思想。

到了一九三九年，希特勒青年團已經有八百七十萬名團員。[15] 羅森堡固定會在該團的幹部面前演講。在希特勒眼裡，青年團是未來德國士兵與忠貞黨員的訓練場地。除了實施持續性的體能鍛鍊與健行、露營活動，還有體育訓練（另外，隨著戰事愈來愈激烈，還會教他們更多士兵必學的技能，例如摩斯密碼、辨認方位以及行軍）之外，年紀小小的團員們還必須接受一點思想教育。他們唱歌讀書，並且會上一些精心設計的課程，內容都與元首、日耳曼神話與民族血統的純粹性有關。《二十世紀的神話》也是青年團教官們必讀必教的教材之一。

那本書在第三帝國境內似乎隨處可見，中學教師若要通過認證考試，就必須學會那本書裡提出的種種理論。一九三五年，國家社會主義教師聯盟發行的一份出版品宣稱，「每一個為了心智與靈魂的自由而奮鬥的德國人都該讀那一本書。」「《二十世紀的神話》是羅森堡送給所有德國人的武器，讓我們得以重返榮耀，並且獲得充滿自我決斷力的精神。」[16] 老師、大學生、公務員，甚至生意人都必須去參加納粹的思

12 原註：Evans, *Third Reich at War*, pp. 122–36.
13 原註：Shirer, *Rise and Fall*, pp. 741–46.
14 原註：Evans, *The Coming of the Third Reich*, pp. 386–90.
15 原註：Evans, *Third Reich in Power*, pp. 271–81.
16 原註：Anonymous, *The Persecution of the Catholic Church in the Third Reich*, p. 360.

想教育營隊，透過學習《我的奮鬥》與《二十世紀的神話》這兩本書的內容，來了解民族血統純粹性的重要性。[17]「國家社會主義是一種意識形態，也是羅森堡《二十世紀的神話》一書的精髓，」一九三五年九月，一位納粹黨所屬思想訓練教官對一群大學生表示，「我們必須消滅那些並未與我們抱持相同信念的人，還有那些因為種族血統比較差，而沒辦法與我們抱持相同信念的人。」[18]

希姆萊的手下則是透過親衛隊所屬的官媒《黑色軍團週報》（*Das Schwarze Korps*）來吸收羅森堡的思想，同樣會刊登他的文章的還包括《親衛隊領導月刊》（*SS-Leitheft*），這是一本專供親衛隊幹部閱讀的思想教育刊物，封面顏色非黑即紅，同時中間往往擺著親衛隊的閃電標誌。

即便羅森堡應該也能看出他的哲學思想已經滲透德國文化的每個層面，但為了強化希特勒在德國民眾心中的權威性，他還是持續四處為元首發聲。羅森堡希望希特勒可以為他提供一個更大的發聲平台，讓他可以把思想灌輸給人民。二戰爆發後，他更是主張希特勒需要他幫忙大聲疾呼，讓黨內與國內所有人都能服膺於納粹的思想教條。

在這個過程中，他的主要政敵戈培爾的龐大影響力之所以會漸漸削減，並非巧合，而是因為羅森堡的計謀奏效了。

「人民想要把往日的那個納粹黨找回來，」一九三九年九月的某一天，他在日記中複述自己對著副元首魯道夫·赫斯所說的一席話。[19]人民對納粹黨投下了信任票，但黨的領袖們卻背叛了他們的信任。戈培爾所屬的帝國文化院已經墮落了。他還抱怨道，我的手下羅伯·萊伊本來是專門幫我準備黨部思想教育訓練教材的，如今也企圖「背著我毀掉我畢生的思想成就」，「所以本黨才會失去黨魂，有些人像暴發戶一樣鋪張浪費，也有人像孔雀一樣虛榮而阻礙其他同志，還有人處處展現出小布爾喬亞的軟弱與猶豫。」他說，「所以成千上萬個頭腦清楚的國家社會主義同志們持續問道：『難道元首還不管一管他們嗎？他還要讓G博士繼續危害我們嗎？難道黨的組織再也無法恢復？』他們抱持著信念，持續工作，一如往昔，因爲他們努力**奮鬥**，而這是任誰也不能放棄的理念之爭。但是他們的心裡面，再也沒有抱持我們過去曾經擁有過的**那種**信念了」。

羅森堡認爲，因爲欠缺他那強而有力的意識形態引導，納粹黨正走上四分五裂的道路。第三帝國之所以能繼續維繫下去，都是因爲希特勒擁有不可懷疑的權威。一旦元首辭世，他的副手們會彼此爭鬥不休，就像古希臘亞歷山大大帝死後，他麾下的將領們也曾爲了爭奪他的領土而交戰。該是在黨內進行「改革」的時候了，而且他是改革領導人的不二人選。

一九三九年稍晚，羅森堡把他的想法告訴希特勒。他表示，戰爭不只是爲了爭奪領土。他們進行的也是一場靈魂之戰。他擔心，人民會受到新領袖與那些「新潮哲學家」的誘惑。[20]教會的顛覆力量愈來愈強大，在對抗教會的過程中，納粹黨可不能示弱。教士會堅持認爲自己才能讓德國人民獲得健康的精神狀態，而不是納粹黨，也不是羅森堡。甚至還有某位神學家厚顏無恥地表示，納粹黨進行的思想教育工作，應該

17 原註：Cecil, *The Myth of the Master Race*, p. 143.
18 原註：Anonymous, *Persecution of the Catholic Church*, p. 364.
19 原註：Rosenberg diary, September 24, 1939.
20 原註：Ibid., November 1, 1939.

要交由教會來負責才對。「寫那一份備忘錄的人可說毫無羞恥心可言，字裡行間充滿天真而狹隘的傲慢，但也顯示出那些被《舊約聖經》洗過腦的基督宗教人士，在面對德國的生活時，有多不智而浮誇，」羅森堡寫道。「那些落後的傢伙完全不曾懷疑自己的思想有多過時。」在某些地區，教士甚至宣稱納粹與英、法開戰是遭到天譴。在他看來，基督宗教人士正在腐蝕人民的靈魂，而若是像戈培爾那樣，只會用一些「神話、騙人的政宣手法與雜耍把戲」來對付基督宗教，那是絕對沒有勝算的。[21]

「這段時間，為了贏回人民對黨的信任，我深信自己已經努力奮鬥過了，」他宣稱，「如果我們不嚴陣以待，未來肯定會輸掉我們的鬥爭。」[22]

羅森堡把他的理念形諸文字，並且將其融入納粹的政策體系中，為了讓他的政敵也能夠接受，做了許多讓步與妥協。但是到了一九四〇年春天，希特勒突然對他的思想投下反對票，而且居然為此歸咎墨索里尼。[23]在這位義大利獨裁者眼中，羅森堡就是個異端，所以如果希特勒讓羅森堡登上一個高調的新職位，肯定會在篤信天主教的羅馬政界引發激烈批評。希特勒告訴羅森堡，他能了解墨索里尼的憂慮。希特勒表示，「在這大戰即將爆發的時刻，」如果他讓羅森堡升官，「無疑就像投下震撼彈。」[24]以後納粹黨可以為所欲為，但現在還不宜對那些剛開始與納粹唱反調的教士們下重手。「教會現在還抱有一線希望，覺得自己可以永遠生存下去，」希特勒解釋道，「如果我給你升官，他們終將幻滅，並且毫無顧忌地反撲。」

但元首對他最忠心的副手很快又有了其他想法。

接下來的五年內，因為懷有極度強烈的企圖心，再加上權力欲望從來未能獲得滿足，羅森堡終將帶領著納粹政府犯下一些最令人髮指的罪行，成為幾位元兇之一。

羅森堡的人生開啓了新的篇章，不過是要負責打造一間乍聽之下似乎無害的新學院。25在希特勒的指示之下，羅森堡爲納粹黨設計了一間「高等學院」（Hohe Schule），他們希望該黨的種種學說能在學院裡世世代代傳遞下去。學院校園將坐落在巴伐利亞南部基姆湖（Lake Chiemsee）的湖光山色之間。在羅森堡心中，他希望學院的主建物是一棟二百六十二英尺高的宏偉建築，外觀彷彿一大塊石板，簡樸的線條能充分展現出納粹風格，頂樓的部分矗立著一根根霸氣的石柱，最上面還有一對彷彿守護者的石鷹。26

高等學院即將在該黨意識形態教育體系中，扮演著只有精英才能進去就讀的最高學府角色。27德國的青少年如果有志於未來進入黨的領導階層，就必須進入剛剛成立的某間希特勒學校（Adolf Hitler School）分校就讀。這些學校由希特勒青年團經營，強調軍事與體能教育。畢業成績名列前茅者可以進入所謂的「騎

---

21 原註：Rosenberg diary, November 11, 1939.

22 原註：Ibid., November 1, 1939.

23 原註：羅森堡並未獲准負責德國士兵的思想教育工作。他的辦公室會為戰區士兵提供政治正確的文學書籍，並且派講者到前線去宣傳主要的納粹思想主題。不難預想的是，戈培爾認為羅森堡的工作表現沒什麼了不起的。「那些從髒兮兮、油膩膩的潛水艇機房出來的船員真的會喜歡閱讀《二十世紀的神話》嗎？負責本黨思想教育業務的某些人員的確認為他們會，」戈培爾在日記中寫道。「這當然純粹是無稽之談……戰後我們可以再來談談思想教育問題。目前我們生活在一個納粹思想無所不在的環境裡，不需要進行思想教育」。請參閱：Lochner, *The Goebbels Diaries*, p.122。

24 原註：Rosenberg diary, March 3, 1940.

25 原註：Weinreich, *Hitler's Professors*, pp. 98–99.

26 原註：Hermand, *Culture in Dark Times*, p. 49.

27 原註：Evans, Third Reich in Power, pp. 285–86.

士團學院」（Ordensburgen）繼續深造，這種學院造價昂貴，只有在萊茵蘭地區、巴伐利亞與波美拉尼亞（Pomerania）這三個地方各蓋了一間，入選的少數學生將會鑽研種族生物學，接受進階體育訓練與思想教育。現職的納粹黨幹部如果要接受訓練與繼續教育，也是到騎士團學院去。至於希特勒學校與騎士團學院的教官則都是由高等學院訓練出來的，這也讓羅森堡的影響力足以擺布整個黨的教育體系。

除此之外，羅森堡創設的高等學院也會負責訓練黨的思想教育人員，並且成爲一家納粹研究中心。高等學院也會在全國各地設置分院，分別研究共產主義、神學、「種族優生學」、日耳曼神話與藝術等等。第一家分院在法蘭克福開張，納粹學者們在那裡所研究的，是當時最急迫的猶太人問題。

有學院就需要圖書館，要設置圖書館就需要藏書。於是在一九四〇年一月，希特勒一聲令下，所有黨政官員都必須協助羅森堡，爲高等學院蒐集藏書。[28] 羅森堡勸服法蘭克福把所有關於猶太人的資料都貢獻出來，也開始爲其他圖書館添購藏書。

但是在大戰爆發前夕，羅森堡預見了一個新契機。六月十八日，在巴黎陷落四天後，羅森堡的一個手下發現一些位於巴黎的猶太學院與共濟會學院都已經人去樓空，對於羅森堡的研究機構來講，他們的檔案庫與金礦無異。

羅森堡趁此良機請求希特勒允許他組織一支特別任務小組，負責蒐集猶太人逃走後留下的資料，以便讓學者能於未來進行研究。希特勒很快就同意了，於是「羅森堡特別任務小組」（Einsatzstab Reichsleiter Rosenberg）這個很快就會惡名昭彰的單位就此誕生。過沒多久，在蓋世太保、親衛隊保安處、便衣憲兵隊與祕密戰地警察（Geheime Feldpolizei）的幫助之下，他的手下們開始洗劫荷蘭、比利時與法國各地的圖書館、檔案室與私人收藏品。

巴黎的兩大猶太機構，也就是全球猶太人聯盟（Alliance Israélite Universelle）與猶太教士學院（École Rabbinique）都成爲洗劫的目標，總計有五萬本書被拿走。位於巴黎，規模相當大的猶太書店利普舒茨書店（LipSchütz）則是有兩萬本書被任務小組沒收充公。他們也劫走了原本屬於羅斯柴爾德家族（Rothschild）的大量私人藏書。對於羅森堡來講，共濟會無異於「反抗組織」，而該會所屬的一些會所也都被任務小組給占領了。[29] 因爲羅森堡的個人背景，他們也把心力聚焦在各個西邊占領國的俄文與烏克蘭文圖書館。特別任務小組必須面對激烈競爭，最大敵手就是希姆萊手下的親衛隊國家安全部，因爲該部也正打算成立一間祕密的大型圖書館，藉此來針對納粹敵人進行研究與調查。[30] 但羅森堡很快就設法橫掃了幾十萬本書。一九四〇年八月，他搜括到的一千二百二十四箱書籍要運回德國時，居然要動用高達十一個火車車廂。[31]

「我的任務小組在巴黎沒收的東西，」羅森堡在日記中寫道，「無疑都是獨一無二的。」[32]

羅森堡想要把他剛在法蘭克福成立的猶太問題研究中心，打造成全世界最大的猶太教圖書館，裡面會

---

28 原註：圖書館與檔案館遭洗劫情況的描述係引自：Collins, "The Einsatzstab Reichsleiter Rosenberg and the Looting of Jewish and Masonic Libraries During World War II," pp. 24–34, and Grimsted, *Reconstructing the Record of Nazi Cultural Plunder*, pp. 25–35。

29 原註：Rosenberg interrogation, September 25, 1945, 14:15–16:30, National Archives, M1270, Roll 17.

30 原註：Starr, "Jewish Cultural Property under Nazi Control," pp. 45–46; Grimsted, "Roads to Ratibor," pp. 409–10。納粹德國國家安全部（RSHA）的祕密圖書館估計約有兩百萬冊藏書。

31 原註：Petropoulos, *Art as Politics in the Third Reich*, p. 128.

32 原註：Rosenberg diary, March 28, 1941.

有數十萬冊他們洗劫而來的書籍。他希望學者們能夠透過這些資料，針對德國最大的敵人進行巨細靡遺的研究。「未來無論任何人要研究猶太問題，」他在日記中寫道，「都必須去一趟法蘭克福。」[33]

但是，過沒多久，羅森堡所屬特別任務小組的使命將會徹底擴大。在剛剛征服而來的國度裡好好研究一番之後，第三帝國的高層開始把目光聚焦在書籍以外的東西上面，其價值遠遠勝過塵封已久的圖書館藏書。

希特勒夢想著在他長大成人的奧地利的林茲興建一座宏偉的博物館。[34]一九三八年旋風式造訪佛羅倫斯時，烏菲茲與博爾蓋塞（Borghese）兩大家族的收藏品美術館讓他深信：夠資格擺進林茲那間博物館的，非得是世界級作品不可，但德國沒有那種東西。如今情況要改變了。蓋世太保在德國境內以「代爲保管」爲由，把猶太人的藝術品與其他有價值的東西都沒收充公。其中的極品都會被標上記號，預留給林茲或其他德國的博物館，其餘則是賣掉或銷毀。

隨著藝術作品開始大量流入希特勒的儲藏室，他在一九三九年指派藝術史學家漢斯．波瑟（Hans Posse）針對充公藝術品進行鑑定分類，選出可以擺進元首博物館（Führermuseum）的物件。由於幾乎沒有預算限制，而且也獲得授權，不管花多少錢都要搶下那些極品，所以波瑟也開始從公開市場上取得一些非充公而來的作品。

波瑟的競爭對手是全德國最會奪取藝術品的戈林。[35]戈林自認是個「文藝復興人」。他在柏林的宅邸裡，掛滿了從德國各大美術館借來的畫作，甚至還用一幅魯本斯（Rubens）的巨幅畫作，把家裡的電影銀幕遮住。自從納粹上台掌權後，他就開始蒐集，因此累積了大量的藝術收藏品。後來在一九三六年，他被希特勒任命爲經濟部長，手裡開始掌握著巨額政府資金，因此想做生意的人無不私底下拿出奢華禮物來送他。帝國元帥戈林在柏林北五十英里處的紹爾夫海德森林（Schorfheide Forest）興建了一座豪奢莊園，名爲「卡琳宮」（Carinhall），許多外國訪客都覺得那裡不只是龐大宏偉，鋪張炫耀的程度也令人咋舌。訪客除了可以欣賞到數以百計的畫作，還有巨大的獅子、野牛標本。戈林還在書桌上擺了一碗鑽石，如此一來，與人開會時才有東西可以把玩。

併吞奧地利後，納粹也洗劫了維也納。[36]許多豪門世家都有收藏品被奪走，也有些猶太人則是乖乖交出自己的財物，只求獲准移民。象徵王權的權杖與寶球，還有查理曼大帝用過的禱告書，上面全都飾有寶石，每一件皆爲神聖羅馬帝國最珍貴的文物。[37]這些東西本來收藏在維也納，也被紐倫堡市長搶走，理由是它們原本擺在紐倫堡長達四世紀的時間，後來是以安全保存爲由，才會在一七九四年移往維也納，從此再也沒有歸還紐倫堡。

入侵波蘭後，納粹在隔年也從克拉科夫的聖母教堂奪走日耳曼雕刻家維伊特・史托斯（Veit Stoss）的

---

33 原註：Rosenberg diary, February 2, 1941.
34 原註：Nicholas, *The Rape of Europa*, pp. 41–46; James S. Plaut, "Hitler's Capital," *The Atlantic*, October 1946.
35 原註：Nicholas, *Rape of Europa*, pp. 35–37; James S. Plaut, "Loot for the Master Race," *The Atlantic*, September 1946.
36 原註：Nicholas, *Rape of Europa*, pp. 37–41.
37 原註：Ibid., p. 40.

傑作：一座全世界最大的哥德式聖壇。同樣被偷走的還包括林布蘭、拉斐爾與達文西等人的作品。

在荷蘭，即便當盟軍被包圍在敦克爾克時，戈林手下的幹員還是設法四處洗劫藝術品。納粹似乎想要一網打盡所有東西，有些東西的主人已經被逮捕，也有人是在德國入侵前就逃離，他們把藝術品留在美術館裡，或是在把財物運往其他國家前被攔截下來。[38]

但並非所有東西都是直接被偷走的。爲了讓洗劫行動看起來具有合法性，有時候他們會購買收藏品。[39] 但所謂購買只是幌子，實際上都是威脅原來的主人賤價出售，否則就要沒收充公。「如果此時你沒有辦法決定，」戈林曾向一位猶豫不決的比利時藝術交易商提出警告，「那我只好被迫撤銷我的出價，然後一切就公事公辦，就連我也阻擋不了。」[40]

有時候，賣家則是爲了取得離境的簽證，而於情急之下把東西賣掉。某位交易商爲了解救兩位猶太員工，賣掉了四幅布勒哲爾的油畫。另一位則是爲了幫二十五位親人取得簽證，而拿出林布蘭一六三四年的畫作《拉曼家族某位成員的肖像》（*Portrait of a Man of the Raman Family*）作爲交換。最大筆的這類交易之一，是猶太裔荷蘭交易商雅克・古斯提克（Jacques Goudstikker）留下來的那些古代大師作品，數量極其龐大。一九四〇年五月，古斯提克搭船逃離荷蘭，但失足跌進船上一個沒有加蓋的艙口，斷頸身亡。古斯提克死後，兩個員工設法說服他的遺孀同意賤價出售那些藝術品，否則東西會全都被充公。結果這樁交易便宜了戈林，他買走了六百幅畫，其中有九幅是魯本斯的作品。

一九四〇年夏天，剛被征服的法國成爲納粹眼中的肥羊。希特勒下令將藝術品加以「妥善保管」，於是里本特洛普手下一位叫作奧托・阿貝茨（Otto Abetz）的大使立刻接下這樁差事。他派人洗劫各個銀行保險庫、美術館與猶太人的住家，把戰利品堆在大使館裡。但德軍軍官深信應該是他們要負責把那些藝術珍寶弄到手，而不是阿貝茨大使，因此對他的侵略性手法非常有意見，於是試著阻擾他把東西運出法國。洗劫行動的競爭對手甚多，其中也包括戈培爾，而他是以帝國文化院領導人的身分加入這場競爭的。

但這次羅森堡打敗了所有敵手。希特勒委託他把那些所謂「沒有主人的猶太財物」都弄到手，由特別任務小組負責此事。[41] 羅森堡跟戈林不一樣，他自己並未搜集藝術品。所以元首可以信賴他，只有他能夠謹慎行事，完全聽命。

當然，戈林的手下已經開始在法國動手了，所以羅森堡立刻寫信給戈林，表示他希望戈林能夠完全配合。戈林元帥回信時口氣很熱情，還提議要幫羅森堡解決如何把藝術品運回德國的問題。徵用火車是很困難的，但戈林把德國空軍的飛機提供給羅森堡使用，並且幫忙打包、準備、保管與運送等工作。

這兩位納粹領袖之間的關係很複雜。一九二三到二四年之間，羅森堡曾短暫代理希特勒的黨魁職務，當時戈林因為在流產政變時受到槍傷而流亡海外養傷，所以被羅森堡開除黨籍，這件事一直讓戈林耿耿於懷。十年後，戈林當上了普魯士邦內政部部長，當時蓋世太保首領魯道夫·迪爾斯除了提供忠誠度可能有

---

38 原註：Nichols, *Rape of Europa*, pp. 101–2.
39 原註：Ibid., pp. 104–9.
40 原註：Ibid., p. 107.
41 原註：Keitel order, September 17, 1940, reproduced as 138-PS in Office of the U.S. Chief of Counsel for the Prosecution of Axis Criminality, *Nazi Conspiracy and Aggression*, vol. 3, p. 186.

問題的該部員工名單給戈林之外，也把其他納粹黨員的情資呈報上去。迪爾斯在回憶錄中宣稱，蓋世太保逮捕了一名叫莉賽·科拉烏胥（Lisette Kohlrausch）的猶太女性後，發現了一些羅森堡寫給她的情書。[42]他寫道，羅森堡曾經設法營救她，但這對他來講是有失體面的一件事。戈林馬上就可以把這件事呈報給希特勒，羅森堡的政治生涯也會就此毀掉（我們不知道迪爾斯提及的信件是否真的存在，但至少它們並未流傳下來）。

但是在一九四〇年中，戈林爲羅森堡提供的幫助可說像是及時雨。[43]各方競爭對手很快就開始聽命於特別任務小組。戈林所屬的外匯保護部（DevisenSchützkommando）還幫羅森堡執行洗劫藝術品的工作，甚至還會把找到的藝術品轉交給特別任務小組。納粹似乎不需詢問當地人就知道最重要的美術館、博物館、銀行、倉庫與有錢人的私宅在哪裡。常有搬家用的大台廂型車出現在猶太富人的家門口，而且如同一位女姓目擊者在日記裡所說的：「漂亮的掛毯、地毯、半身塑像、大師的傑作、瓷器、家具、毛毯、床單，全都被拿回德國去了。」[44]

協和廣場上有一間規模不大的網球場美術館（Jeu de Paume），羅森堡把那裡用來當作中央倉庫，很快的，各種各樣的藝術品全都被送過去保存，數量多到藝術史學家們幾乎應付不來。「我們不擇手段，使用一切資源，發現與查獲猶太人收藏的大量藝術品，有些原本藏在他們家中或鄉間城堡裡，也有藏在倉庫或其他存放地點的，」羅森堡向希特勒報告工作狀況，「那些已經逃走的猶太人真的很厲害，往往能把藝術品藏得很隱祕。」[45]法國羅斯柴爾德家族已經把他們的知名收藏品都送往巴黎、波爾多與羅亞爾河地區等地方，藏了起來。

九月初，某次在和希特勒吃午餐時，羅森堡很興奮地報告他們在巴黎某間羅斯柴爾德家族豪宅裡的發現。隱祕地窖裡有一扇暗門，下面藏著六十二個裝滿文件與書籍的箱子，還有一個小櫃子裝著普魯士腓特烈大帝用過的一批陶瓷扣子。[46]

戰後遭到偵訊時，羅森堡被問到洗劫藝術品與骨董的罪行，他只用很簡單的一句話來爲自己辯護：「反正主人都已經離開了。」[47]

羅森堡很快就會發現，與戈林合作是要付出代價的。

戈林與駐巴黎的特別任務小組人員建立起很密切的關係，尤其是庫爾特．馮．貝爾。沒錯，五年後就是這個馮．貝爾帶著盟軍去找到羅森堡藏在邦茲古堡的文件。跋扈與虛榮的馮．貝爾生於一個貴族家庭，他曾經領導過德國紅十字會。[48] 儘管他在一戰後就離開了軍方，但卻設法動用關係，讓巴黎的軍政府授予

---

42 原註：Diels, *Lucifer Ante Portas*, p.76；也可以參閱：Lüdecke, *I Knew Hitler*, pp. 650–51。由於缺乏確鑿證據，因此歷史學家不全相信迪爾斯的證言。請參：Piper, *Alfred Rosenberg*, p. 699, n. 360。

43 原註：Petropoulos, *Art as Politics in the Third Reich*, pp. 133–34.

44 原註：Rosbottom, *When Paris Went Dark*, p. 71.

45 原註：Rosenberg letter and report to Hitler, April 16, 1943, reproduced as 015-PS in Office of the U.S. Chief of Counsel, *Nazi Conspiracy*, vol. 3, pp. 41–45.

46 原註：Rosenberg diary, September 6, 1940.

47 原註：Rosenberg interrogation, September 25, 1945, 14:15–16:30, National Archives, M1270, Roll 17.

48 原註：Dreyfus, *Nazi Labour Camps in Paris*, pp. 9–10.

他中校軍階。他會說法語，常常身穿軍服趾高氣揚地四處晃蕩，與高層培養關係，並且舉辦豪奢派對。他老婆是個討厭祖國的英國人。其他特別任務小組成員曾抱怨道：馮．貝爾「是個魯莽的自大狂」，完全不了解藝術，行徑就像是個幫派分子。雖說當時德國人的貪婪可說已是史無前例，但馮．貝爾夫婦的行徑在德國人之中，可說是特別令人髮指。

根據美國戰略情報局在戰後所做的一份調查報告顯示，在羅森堡的強盜帝國裡面，特別任務小組巴黎辦公室是個特立獨行的單位。主事者往往公開和女祕書搞七捻三。有個女祕書「幫自己弄了許多貴重物品，像是皮革、珠寶與銀飾」，並且與一位同事素有積怨，「彼此激烈毀謗對方，互相指控。」[49] 還有人懷疑另一位員工為了自己的主管而監視其他同事。後來，軍政府終於發現馮．貝爾是個討人厭的傢伙，特別任務小組巴黎辦公室也令人憎惡。

到了十一月初，戈林到巴黎去「購買」藝術品。[50] 他的手下已經幫他調查出還有哪些私人收藏品尚未被沒收，也告訴他，大多數極品都已經被送往網球場美術館。

馮．貝爾特別在網球場美術館裡，幫戈林精心安排了一場展示活動。現場提供了香檳，還用棕櫚樹、優雅家具與精美地毯來裝潢整個美術館。身為貴賓，戈林在美術館裡逛了一整天，兩天後又回去，好好考慮有哪些藝術品相對優秀。他幫自己保留了二十幾件作品，有林布蘭、范戴克（Anthony van Dyck）的畫作各一幅，一組花窗玻璃和幾張掛毯，工於心計的他還特別幫希特勒的元首博物館預留了一些作品，其中最有名的莫過於維梅爾（Johannes Vermeer）的畫作《天文學家》（*The Astronomer*）。

巴黎之行結束前，儘管戈林並非特別任務小組的頂頭上司，也不是巴黎洗劫行動的負責人，他還是肆無忌憚地越權下令，指定那些贓物的分配方式。

根據戈林的命令，首先，希特勒派來的代表們可以挑走任何他們想要擺在元首博物館裡的東西。其次，爲了「充實帝國元帥府的收藏品」，他也會拿走自己需要的藝術品。接著，羅森堡也可以挑選任何他想要讓「高等學院」收藏的物品。最後，德國與法國各地的博物館與美術館也能夠從贓物挑選收藏品。戈林甚至還做了一個順水人情，展現自己的仁慈，他宣稱，所有剩餘的藝術品（如果還有剩的話）都可以拍賣掉，所得全都留給德軍陣亡將士所留下來的孤兒寡婦。

戈林去巴黎瘋狂「採購」三週後，羅森堡也去了這個連納粹都捨不得轟炸的城市。

一九四〇年夏天，就在德軍的鐵蹄橫掃法國之際，希特勒曾說：「我並不打算攻打美麗的法國首都。」[51] 這個決策的理由之一是具有戰略性的。納粹知道，如果他們像摧毀其他城市（例如鹿特丹）那樣蹂躪巴黎，肯定會激怒英國人，所以才有所顧忌，因爲在打敗法國之後，緊接著他們希望能與英國進行和談。不過，希特勒的確也仰慕巴黎的美麗與雅致。他說巴黎是「歐洲的珠寶之一」，並且誓言保護巴黎。德軍兵不血刃地進入巴黎，兩週後元首坐上他的賓士敞篷車在城裡兜風。街頭幾乎都是空蕩蕩的，看

49 原註：OSS Art Looting Investigation Unit Consolidated Interrogation Report No. 1, Activity of the Einsatzstab Rosenberg in France, August 1945, National Archives, M1782, Roll 1.
50 原註：Nicholas, *The Rape of Europa*, pp. 127–28.
51 原註：Rosbottom, *When Paris Went Dark*, pp. 30, 66–67.

起來非常沒有眞實感，因爲有將近四百萬人逃離巴黎。他在巴黎歌劇院逗留，美輪美奐的建築令他嘆爲觀止。他還到巴黎傷兵院（Hôtel National des Invalides）後方的圓頂教堂裡，憑弔拿破崙的陵墓。有一件事是每位旅客前往巴黎時都會做的，他也不能免俗：站在艾菲爾鐵塔前面拍照。

雖說納粹並未摧毀巴黎，但還是讓每個巴黎人時時刻刻都能感覺到他們的存在。法國投降後，巴黎人陸續返家，他們發現城裡到處都是穿著軍服的年輕士兵。家家戶戶的陽台幾乎都垂掛著納粹的卐字旗。主要路口都矗立著剛畫好的路標，上面寫的是德文。過去那些用來紀念知名猶太人士的道路，也都換上了新路名。香榭麗舍大道上，原本空蕩蕩的巴黎大皇宮（Grand Palais）被德軍徵用，變成軍用卡車調度站。納粹的行政機構占用了城裡一家家知名的豪華飯店與宮殿。如果把他們霸占的地方列出來，地址可以寫滿六百頁。52

納粹黨人盡情享受城裡的娛樂，他們光顧餐廳、咖啡廳與夜店，還有巴黎賭場（Casino de Paris）與女神遊樂廳（Folies Bergère）。用比較優惠的匯率換得高額法郎後，許多時尚商店與路邊市場讓他們趨之若鶩，大手筆採買。宣傳部曾事先下達指令，務必要「讓巴黎維持原有風味」，而他們也樂於遵命。德軍進駐一個月後，有一本薄薄的德文旅遊手冊問世，許多士兵無論是駐紮在巴黎或者放假來訪，全都靠那手冊按圖索驥。「對於我們大多數人來講，巴黎是一片陌生的樂土。前往巴黎時，我們可說是百感交集，除了優越感與好奇心，也在緊張中充滿期待。巴黎這個名字往往能引發某種特別的情懷，」那手冊這樣寫道。53某些士兵的祖父曾於一八七〇年的普法戰爭時去法國打仗，對他們來說，巴黎聽起來「神祕又獨特」，但如今年輕的士兵們只覺得自己可以在那裡「盡情享樂」。

羅森堡前往巴黎波旁宮（Palais Bourbon）演講，那裡本來是法國下議會的所在地，如今也已經被納粹占領了。波旁宮裡的半圓形議場宏偉無比，在場的聽眾有六百人，包括空軍元帥胡戈·施佩勒（Hugo Sperrle）與其他軍事將領。

「法國總理克里蒙梭（Georges Clemenceau）與普恩加萊（Raymond Poincaré）都曾在這裡痛批第三帝國，世界各國對於德國的積怨也都屢屢源自於此，因此在這裡演講實在有種奇怪的感覺，」後來羅森堡在他的日記裡回顧道，「我是史上第一個能在法國大革命的墳墓裡，闡述國家社會主義革命理念的人。」[54]羅森堡將他的演講定名爲「鮮血與黃金」，巴黎的許多媒體都進行了大篇幅報導。「據說，當天演講的主題讓許多法國人都議論紛紛，」後來羅森堡在日記裡寫道，「法國人向來都被圍困在教會與民主體制之間，處處左支右絀，但他們終於看見一條新的精神道路。不過，就現在而言，我們還沒辦法預見法國會出現一種內在的改變……法國人還無法體會他們這次落敗的重大意義。」

當晚，羅森堡參加了一場在麗池酒店舉辦的派對，然後就前往盧森堡宮（Palais du Luxembourg），去拜訪施佩勒元帥剛剛改建過的豪華住所。戰勝法國後，德國空軍就開始轟炸英國的飛機場、基礎建設與城市，並且準備要橫越英吉利海峽，發動兩棲登陸作戰。英國用噴火戰鬥機與颶風戰鬥機跟德國空軍的梅塞

---

52 原註：Rosbottom, *When Paris Went Dark*, p.101。這個數字是史家塞西兒·德佩雷希（Cécile Desprairies）統計出來的。
53 原註：Ibid., p. 11.
54 原註：Rosenberg diary, February 2, 1941.

施密特戰機（Messerschmitt）打了幾個月空戰，到了一九四〇年九月，希特勒已經放棄兩棲登陸作戰的計畫。但德軍的閃電戰仍持續著，他們每天晚上都轟炸倫敦、利物浦與其他城市，讓英國人急忙躲避，找地方掩護。羅森堡造訪時，施佩勒元帥把英國各地的空照圖拿給他看，到處都是滿目瘡痍。

停留巴黎期間，羅森堡也造訪了當地的特別任務小組組員，他們都在網球場美術館裡忙碌著。爲了歡迎他的到來，還特地用菊花布置美術館。「舉目所及都是各種稀世珍寶，」他在日記裡寫道，「過去一百年來，羅斯柴爾德、威爾（Weill）、塞利格曼（Seligmann）等家族靠股票賺取暴利，用來購買林布蘭、魯本斯、維梅爾、布雪（François Boucher）、福拉歌那（Jean-Honoré Fragonard）、哥雅等人的大量畫作，還有古代雕刻作品、戈布蘭家族（Gobelin）製作的掛毯等等，如今全都得交出來。根據藝術鑑賞家們的估計，那些作品的價值幾乎高達十億馬克！」

但羅森堡的擔心不無道理，因爲其中某些藝術品已經被戈林預訂走了。

從巴黎返回柏林的路上，羅森堡本來有可能性命不保的。55 他去看了一場戲劇演出，然後趕往機場，搭上陸軍元帥格特．馮．倫德施泰特（Gerd von Rundstedt）的專機，返回柏林的六百英里航程隨即展開。等到飛機駕駛返回巴黎時，飛機儀表板被凍壞了，因此不得不返航。飛機著陸時，因爲駕駛太過焦急，結果一邊機翼砸在地面上。「當施佩勒元帥聽到這件事時，」據羅森堡的轉述，「他氣到抓住那可憐機長的領子，幾乎把他提了起來。」

回到柏林後，羅森堡開始試著讓他在法國的洗劫行動擺脫戈林的控制。56

羅森堡還沒動手，戈林元帥那裡就先寄了一封信過來，他在信中表示完全支持特別任務小組的職權。但他說的沒錯，許多藝術寶藏都是透過他的手下與情報資源而追查取得的，他還說自己想要保留的物件不多，「只占一小部分，」而且還承諾，等到他離世後，肯定會把東西都留給第三帝國。

羅森堡派出柏林的一位藝術顧問羅伯・休爾茲（Robert Scholz）去巴黎視察特別任務小組的工作狀況。休爾茲回來後報告，戈林已經計畫好「要把大批藝術品」移往卡琳宮。這讓羅森堡驚覺情況不妙。那些洗劫而來的藝術品要怎樣分配，不是該由希特勒決定嗎？羅森堡希望找元首介入此事。他吩咐休爾茲寫信給總理祕書，建議立刻把那可以裝滿十五節火車車廂的藝術極品運出法國，然後再拆封分類造冊，全數移交給希特勒。

十二月三十一日，希特勒從法國的那些藝術品裡，挑選了要送往元首博物館收藏的東西，包括四十五幅畫作，還有幾張掛毯以及幾件十八世紀的法國家具，大都是從羅斯柴爾德家族那邊沒收充公的，裡面有維梅爾的《天文學家》、兩幅哥雅的畫、魯本斯與布雪的畫各三幅。一九四一年二月，戈林用帝國元帥的專用火車把那些藝術品都運往慕尼黑，存放在元首行館（Führerbau）的防空避難設施裡。至於戈林自己，則是拿走了五十九件作品。

但對於納粹而言，這只是剛剛開始而已。

---

55 原註：Rosenberg diary, February 2, 1941.

56 原註：OSS Consolidated Interrogation Report No. 1; Nicholas, *Rape of Europa*, pp. 130–32.

等到洗劫行動結束時，全法國民間收藏的藝術品總計被他們搶走了三分之一。

光是特別任務小組本身，就從兩百多批猶太人個人收藏的藝術品裡面奪走將進兩萬兩千件作品，裡面有油畫、水彩畫、素描、青銅雕像、掛毯、硬幣、陶瓷、珠寶與骨董花瓶。從一九四一到四四年之間，納粹總共運了二十九批藝術品到六個德國城堡去存放，其中一個就是宛如童話故事場景，位於慕尼黑西南方崎嶇山區的新天鵝堡（Neuschwanstein Castle）。被納粹奪走的，包括布雪畫的《龐巴度夫人肖像》（*Portrait of Madame Pompadour*）與帕尼尼（Giovanni Paolo Panini）畫的《畢士大池》（*Christ at the Pool of Bethesda*）。他們還搶走一幅弗蘭斯・哈爾斯（Frans Hals）的女性肖像，韋爾內（Claude Joseph Vernet）的一幅海港風景畫，以及貝爾赫姆（Nicolaes Pieterszoon Berchem）的一幅河邊風景畫。

法國人提出抗議，但根本沒用。羅森堡的手下聲稱，德國的使命是摧毀猶太人要在全世界推行的陰謀。德國人之所以把法國的那些無價之寶充公，不過是為了補償自己而已，因為「第三帝國已經為了歐洲人民而犧牲了龐大人力與物力」。

戈林總計曾經造訪網球場美術館至少二十次，拿走的藝術品少說也有六百件。某次造訪時，特別任務小組給他看了從羅斯柴爾德家族鄉間別墅抄來的二十二箱珠寶，那裡面甚至有幾件是十六世紀流傳下來的墜飾，戈林看過後挑選了其中六件絕品，直接放進口袋裡。

羅森堡痛恨戈林插手過問他的洗劫行動。身為忠貞不二的納粹黨員，羅森堡深信那些財寶不屬於任何個人，而是應該由全黨所有，因為「為了與猶太人鬥爭，本黨已經付出了二十年的心血。」

後來，羅森堡堅持他的立場，「嚴令禁止任何一位行動參與者動手腳，就算拿個小東西來當紀念品也不行。」[57]但羅森堡自己也沒有立場阻止戈林拿走想要的東西。因爲到了後來，事實證明羅森堡也無法抗拒誘惑。他自己也拿了三幅在荷蘭搜括到的珍貴畫作回柏林，掛在自己家裡，其中一幅是荷蘭畫家弗蘭斯・哈爾斯的作品。[58]

到最後，他們倆可說是各取所需，戈林分得了洗劫而來的大批藝術品，而羅森堡所掌控的任務，則成爲史上規模最大的藝術品洗劫行動之一。

爲了把已經歸德國所有的財物都記錄下來，羅森堡的特別任務小組將它們都拍照存證，並且製作成皮革封面相簿。某一年四月，羅森堡送了幾本那種相簿給希特勒，表示「衷心祝願元首生日快樂。」[59]他解釋道，那種相簿在他那裡還有很多本，如有必要他可以親自送過去，「希望這些深受元首鍾愛的美麗藝術品在您心中短暫駐足之後，能夠讓您的心情變得美好而愉悅。」

至於那些違反納粹美學標準的「墮落」畫作，包括法國印象派與其他現代派藝術品，則是全數被拿去交換古代大師的作品。美國的調查人員發現，某次戈林曾經同意與巴黎的德國交易商古斯塔夫・羅許利茨（Gustav Rochlitz）進行交易，結果羅許利茨挑選了十一幅由竇加（Edgar Degas）、馬諦斯、畢卡索、雷諾瓦與塞尙等人所畫的作品，換來「一幅提香（Tiziano Vecelli）的肖像畫，其眞實性很有問題，還有一幅揚・

57 原註：Rosenberg interrogation, September 25, 1945, 14:15–16:30, National Archives, M1270, Roll 17.
58 原註：請參 Davidson, *The Trial of the Germans*, p.139。羅森堡說它們是贈品。
59 原註：Rosenberg letter and report to Hitler, April 16, 1943, reproduced as 015-PS in Office of the U.S. Chief of Counsel, *Nazi Conspiracy*, vol. 3, pp. 41–45.

維尼克斯（Jan Weenix）的平庸之作」。

後來，其他現代派作品，像是畢卡索、米羅（Miró）與達利的畫作則是被拿掉畫框，全都擺在網球場美術館的花園裡跟垃圾一起燒掉。60 特別任務小組列了一張巨細靡遺的清單，每一幅遭逢不幸的畫作全都被打了叉叉，註記上「Vernichtet」，意思是「已銷毀」。

一九四一年春天，羅森堡的注意力將會轉移到另一種更爲邪惡的銷毀任務。這次銷毀的並非藝術作品，而是人命。

60 原註：Nicholas, *Rape of Europa*, p. 170.

17

「羅森堡，你的偉大時刻已經來臨」

一九四一年三月底，德國人打開收音機後，會聽見納粹意識形態大師羅森堡那振振有詞的聲音。羅森堡的演講主題是猶太人，而且儘管他的語調非常正式且拘謹，但就算只是不太認眞地隨便聽聽，任誰都能發現他的一字一句無庸置疑地都暗藏殺機。

「我們深信，這次世界大戰將會引發一場進行種族清洗的世界革命，」這位帝國領導高層表示。[1]「如今我們認爲，猶太問題是我們在歐洲所面對的最重要政治問題，一個必須解決、也肯定會被解決的問題。沒錯，我不但希望、同時也已經可以預見，最終歐洲各國都會攜手合作進行這個清洗行動。」

那個週末，在中古時代就已建成的法蘭克福市政廳裡，納粹黨冠蓋雲集，大家都來慶祝羅森堡一手擘畫的猶太問題研究中心成立了。來自全歐十個國家的反猶太記者、作家與低階官員群聚於此，共謀要如何讓猶太人從歐洲大陸上消失。[2]大家都知道這個時間點是恰當的，因爲此刻歐洲已有一大部分落入納粹手裡，而

---

1 原註：Report on Rosenberg speech in *Völkischer Beobachter*, March 29, 1941, reproduced as 2889-PS in Office of the U.S. Chief of Counsel for the Prosecution of Axis Criminality, *Nazi Conspiracy and Aggression*, vol. 5, pp. 554–557

2 原註：這些外交官都是來自挪威、丹麥、荷蘭、比利時、羅馬尼亞、保加利亞、匈牙利、斯洛伐克與義大利的納粹支持者。其中也包括比利時一家反猶太報社的編輯、占領國荷蘭的檢察總長，還有配合參與納粹入侵挪威的挪威政治人物維德孔·吉斯林。

這個把猶太人視爲仇敵的政黨，終於有能力把過去的言論付諸致命的行動了。[3] 羅森堡一開始還有參加那場會議，但隨後因爲希特勒緊急召見而到柏林去，由於趕不及在會議結束前回到法蘭克福，所以他就把本來要在會上發表的演說，透過廣播的方式，從柏林往全國各地播送。

這場戰爭將會消滅「像細菌一樣具有傳染性的猶太血統與被汙染的雜種」，他對廣播的聽眾表示，「所有國家都想要解決此一問題，而在此，我們必須用最熱切的情感宣布：我們再也不能眼睜睜看著那些有錢的猶太人，用他們油膩膩的手指，來染指與危害德國或歐洲其他國家的**群衆**利益。我們也不願意再看到，在德國的城鎮與村莊裡跑來跑去的不是德國的兒童，而是猶太人與黑人的雜種。」

唯一的問題是：「該把那些猶太人擺到哪裡去？」猶太人獨立建國的理念已經衰亡了，錫安主義其實只不過是個幌子，想要幫猶太人打造出陰謀總部，讓他們能夠從那裡操控全球。羅森堡提議把猶太人都驅逐到一塊保留地，交付給「經驗老練的警察來監控」。

無論需要多少後勤資源，「我們身爲國家社會主義的支持者，對於所有問題都只有一個堅定不移的答案：德國人認爲，猶太人問題的唯一解決之道，就是讓所有猶太人都從如今德國占據的廣大領土上消失，」他說，「對歐洲來說也一樣，只有歐洲大陸上的所有猶太人都消失無蹤，問題才算解決。」

羅森堡在說這些話時已經知道，在針對猶太問題侃侃而談那麼久之後，這是他畢生第一次有機會採取實際的行動。

最終，希特勒將會把足以改變世界史的權力，交付給羅森堡。

到了一九四〇年七月，希特勒已經把目光焦點轉移到他的終極目標蘇聯。一直以來，羅森堡的看法都是正確的。儘管希特勒和莫斯科簽訂了深具歷史意義的互不侵犯條約，但他還是偷偷盤算著要把蘇聯滅掉，而且愈快愈好。

他不相信史達林會遵守他們的協議。一九四〇年五、六月間，德國入侵西方各國，殘酷的蘇聯領袖史達林也趁機攫取自己的新領土。首先，史達林出兵占領了愛沙尼亞、拉脫維亞與立陶宛，然後羅馬尼亞也依照他的要求，乖乖交出東部的兩個省份給蘇聯。接著，史達林開始與德國討價還價，希望能取得東歐的更多土地（除了控制芬蘭，也與保加利亞簽約，允許蘇聯軍隊進駐達達尼爾海峽與博斯普魯斯海峽這兩個戰略重地），此時希特勒立刻就讓他的戰爭計畫開始動起來。

軍方起草了一個代號叫作「巴巴羅薩行動」（Operation Barbarossa）的軍事計畫。德軍將會重創蘇聯部隊，在拿下莫斯科後，繼續往東邊挺進，最遠可以抵達烏拉山脈。當德國部隊越過邊境時，希特勒囂張地咆哮：「我們要讓全世界都屏氣凝神。」[4]值得一提的是，生性多疑偏執的史達林在接獲德軍即將壓境的報告時，還不敢相信希特勒居然會這樣背叛他。

在這之前，羅森堡領導的納粹黨外交政策處，已經努力研究蘇聯問題將近十年之久。在他的日記裡，

---

3 原註：Rosenberg diary, March 28, 1941.

4 原註：Dallin, *German Rule in Russia 1941–1945*, pp. 13–19

他是於一九三六年八月首度提及此一研究工作：「這已經是元首第二次要我準備報告，以防蘇聯對我們發動攻擊。」[5]他的手下都是東歐問題專家。他們非常注意東歐的情勢發展，也對該地區人口的種族結構與政治傾向瞭若指掌，並且與各地的反共領袖保持密切聯繫。[6]他們也研究在占領蘇聯之後，可以怎麼瓜分該國。一九四〇年，整個秋天他們每兩週都會準備一份黨內通訊給納粹幹部閱讀，藉此讓大家了解蘇聯國內的狀況。

他們也都很清楚，自從被併入蘇聯之後，烏克蘭、白俄羅斯與俄國西部等地區民眾這幾年有多痛苦。[7]

一九三〇年代初，蘇聯境內所有農場全都被收歸國有，實行集體化經營方式，全都整合成一個個土地面積龐大無比的耕種區域。此一做法的構想，是要讓國家的農場變得更有效率，才有剩餘的穀物可以出售，藉此為全國的現代化工作提供資金。

第一個步驟就是先打倒富農。蘇聯全國都瞄準著他們，用聽起來充滿納粹風味的政宣攻勢抹黑他們：這些富農泯滅人性，都是一些貪婪的人猿。將近兩百萬名富農被逮捕，遣送到各地勞改營。這殘酷的蘇聯農業政策產生強烈衝擊，受害最深的是烏克蘭人。集體化政策的成效悽慘無比，並未如預期那樣有剩餘的穀物。就算全國有五百萬名農民餓死，史達林還是堅持推動他的計畫。

城市居民為了買麵包而大排長龍，身旁那些乞討的小孩個個腹部腫脹，望之令人感到不忍，而且諷刺的是，這些小孩若仍留在農場上，肯定活不下去。農田要有人輪流警戒，以防遭竊。如今所有集體化農田都是國家財產，想採收一點東西來給自己或家人吃，就等於是犯罪。只要收成的數字未達到要求，農夫就會被官方指控爲破壞分子，衝進他們家中將所有食物洗劫一空。在許多地方，已經開始有吃人的案例出現。

史達林刻意忽略民眾因爲大饑荒受苦，在一九三二年夏天搭乘豪華火車到蘇聯南部的索契（Sochi）去度假。

五年後，該地區於「大恐怖時期」（Great Terror）又被政府的新措施搞得人心惶惶。史達林再度下令肅清富農，這次的目標是居住在烏克蘭與白俄羅斯境內的波蘭人與其他少數族裔民眾。獨裁者史達林大聲疾呼，他們都是想要推翻共產政權的外國間諜。他說：「要把我們的敵人，包括他們自己與親人全都毀滅掉！」[8]

在肅清富農的行動中，有七萬多名烏克蘭人遭到處決，通常是由三人小組（troika）草草開完祕密聽證會後，就在他們的後腦杓開一槍。數以萬計波蘭裔烏克蘭人與白俄羅斯人被用黑色卡車載走，最後被送往勞改營或墓園。他們的妻子被迫流亡，小孩全都送往孤兒院，確保他們長大後，不會覺得自己是波蘭人。

令人吃驚的是，這些人死得不明不白，但卻並未引發國際社會的眾怒。幾乎沒有人注意到這些事件。

如今，到了一九四〇年，希特勒意圖染指東方時，他打的如意算盤仍是要讓無辜百姓受到恐怖手段殘

---

5 原註：Rosenberg diary, August 12, 1936.

6 原註：Kay, *Exploitation, Resettlement, Mass Murder*, pp. 18–22.

7 原註：有關於一九三〇年代共黨統治蘇聯的狀況係引自於：Snyder, *Bloodlands*, pp. 21–105。

8 原註：Ibid., p. 72.

害。[9]他看著地圖，只見到一片彷彿烏托邦的空白樂土，可以用來執行他所謂的「千年計畫」。藉由驅逐、槍殺或餓死，甚至像後來那樣以毒氣處死等手段，把納粹不喜歡的居民全都清除掉之後，就有許多龐大的領土可以空出來。然後，他們就能安排忠誠的純種雅利安人移居那裡。第三帝國可以把那些領土打造成有穀物與石油、可以自給自足的地方。「在那開墾土地的德國人，應該住在漂亮而寬闊的農場上。德國政府將會設在一棟棟宏偉的大樓裡，殖民地總督們的官邸則彷彿皇宮，」希特勒宣稱。「就像英國有印度，我們也會有俄國的土地可以殖民。」[10]

一九四一年三月，希特勒在召見羅森堡時就已經決定了，等到陸軍部隊長驅直入蘇聯，摧毀對方部隊後，當地的統治工作很快就會移交給一個新的德國人政權。元首賦予羅森堡的重責大任，是在占領東方的蘇聯領土後，要他規畫政治重建的工作。但羅森堡很晚才被拉進這個計畫裡，許多重要決策都已經定案了，而且他的政治計畫從一開始就是次要的。那些已經討論了好幾個月的軍事與經濟目標，才是重頭戲。

戈林將負責監督榨取當地原料，以供戰事使用，而且同樣重要的是，他也要讓那裡生產出多餘的糧食給德國本土的民眾。即便在承平時期，德國本來就是需要仰賴進口糧食的國家。如今，任何開往第三帝國的船艦都會遭英國海軍攔下搜索，將所有重要供給品、原料與糧食都充公，此一封鎖政策已經開始在德國造成物資短缺的危機了。讓希特勒感到擔憂的是，他可能必須為了食物而向史達林求助。如果蘇聯用這一點來控制他，該怎麼辦？如果蘇聯威脅要讓德國人餓死，就像他們曾在一九三二年讓大批烏克蘭人餓死那樣，該怎麼辦？[11]德國已經開始出現麵包、水果、蔬菜短缺的問題，眼看著肉類供應也要改採配給制了。

戈林害怕因爲塡不飽德國人的肚子，而導致他們失去戰鬥意志。

因爲有了這一層考量，在一九四〇到四一年間的冬天，才會有糧食與農業部祕書長赫伯特・巴克（Herbert Backe）所想出的計畫，而且德國軍方所屬戰時經濟與軍備署署長喬治・托瑪斯（Georg Thomas）將軍也幫他背書。一九四一年二月，托瑪斯將軍在寫給希特勒的報告裡指出，只要能奪下向來有「蘇聯糧倉」之稱的烏克蘭，德國的穀物短缺問題可望獲得解決。

根據他的估算，理論上來講，只要稍稍減少蘇聯人口的食用量，就可以省下數百萬噸的穀物給德國人吃。入侵蘇聯的前夕，巴克在寫給手下的一道指令裡面表示，就算蘇聯人只獲得少量的配給食物，也不用爲他們擔憂。他說他們是「次等民族」，而且，反正「幾百年來，俄國人始終長期忍受著饑貧交加與惡劣的生活條件，不也都活了下來？他們的胃是很有彈性的，所以我們就不用假惺惺地同情他們了！」[12]

但是到了五月間，戈林手下的經濟規畫專家們在簡述他們所草擬的「饑餓計畫」時，就沒那麼樂觀了。他們認爲，戰時「蘇聯人民將會面對最可怕的饑荒」。納粹會封鎖莫斯科、列寧格勒與其他北部城市，讓它們無法獲得南部城市的食物補給。那些食物可以餵飽入侵的德國陸軍部隊，剩下的就全部運回西部，讓

9 原註：納粹政府對於占領蘇聯後的詳細計畫係引自於：Kay, *Exploitation*, pp. 68–95, 120–98, and Dallin, *German Rule*, pp. 20–58。
10 原註：Trevor-Roper, *Hitler's Table Talk 1941–1944*, p. 21.
11 原註：Kay, *Exploitation*, pp. 39, 141.
12 原註：Dallin, *German Rule*, pp. 39–40.

德國與其他歐洲占領區的人民享用。「數以百萬計的該地區居民將會成為過剩人口，如果不想餓死，就得移居西伯利亞，」該份報告寫道。德國已經出現食物短缺問題，如果想打贏戰爭就一定得這麼做。「就這一點而言，我們必須把事情講得一清二楚。」[13]

軍方高層對於此一計畫並沒有雜音，他們也認為這是部隊戰略的關鍵要素。如果他們能夠就地取得糧食，就能夠移動得比較快，並且奪下火車軌道來運送彈藥、燃料與其他補給物品。跟當初攻打波蘭一樣，速度也是這次行動的關鍵。

德軍認為在十週內就能夠消滅紅軍。

在美國特派記者威廉．夏伊勒筆下，羅森堡是個「擅長誤讀歷史的納粹笨蛋」[14]，等到這個「笨蛋」加入計畫團隊時，他又開始做自己最拿手的事了：撰寫備忘錄。

四月二日，他帶著第一份備忘錄去跟希特勒共進晚餐。元首想要離開嘈雜的辦公室，與他私下會談，所以他們才會回到威廉大街的舊總理府（現在是他的私人住處）的餐廳吃晚餐。餐後他們到隔壁的溫室去休息，那裡的窗戶可以眺望綠草如茵與樹木林立的庭院。

在呈交給希特勒的計畫裡，羅森堡主張應該以毫不手軟的方式對待原本屬於俄國的地區。納粹應該消滅莫斯科的「猶太布爾什維克」政府，並且避免他們以另一個合法政府取而代之。他們應該讓該國的工業癱瘓，破壞運輸網絡。他們應該把廢物都丟到那裡去，將那裡當成「垃圾場，用來棄置所有不受歡迎的人物」。[15]

至於波羅的海地區、白俄與烏克蘭，羅森堡的想法就不一樣了。他認爲他們在這些地方必須聰明行事。政治考量是必要的。到了戰後，德國必須與這些國家結盟，一起防堵莫斯科。

羅森堡認爲，必須把波羅的海三小國都納入德國，但首先「必須滅掉」拉脫維亞的知識分子，並將立陶宛人民中的「次等民族」驅逐出境，他所謂的次等民族是指一九四一年時，仍住在那裡的一百萬猶太人。

至於烏克蘭，羅森堡主張應該讓當地人民保持文化與政治上的獨立性，但同時他也認爲，無論在戰時或戰後，該地區都應該爲德國人民提供原料與穀物。

白俄羅斯則是無可救藥了。那是個有大量猶太人口的落後地區，它永遠不可能保持獨立。

羅森堡簡述他的想法後，希特勒把他的備忘錄收下來，並在當天深夜讀過一遍。「我想要爲整個俄國的問題成立一個辦公室，由你來領導，」希特勒對他說，「你負責草擬各種全面性的指導方針。無論你需要多少錢，我都給。羅森堡，你的偉大時刻已經來臨。」[16]

他們倆一起觀看新聞影片，然後又回到溫室，談論俄國人的心理狀態以及猶太人在蘇聯所扮演的角色

---

13 原註：*Trial of the Major War Criminals*, vol. 36, p. 145; Kay, *Exploitation*, p. 134.
14 原註：Shirer, *The Rise and Fall of the Third Reich*, p. 832。夏伊勒繼續寫道：「羅森堡的大批文件檔案後來完整地被盟軍截獲；跟他寫的書一樣，那些文件也不好讀，如果加以引用的話，反而會妨礙我們對這一段歷史的了解」。
15 原註：Rosenberg memorandum, "The USSR," April 2, 1941, reproduced as 1017-PS in Office of the U.S. Chief of Counsel, *Nazi Conspiracy*, vol. 3, pp. 674–81.
16 原註：Rosenberg diary, April 2, 1941.

直到深夜。「我沒必要用長篇大論的文字來表達此刻的心情，」飄飄然的羅森堡當晚回家後，在日記中這樣寫道，「與布爾什維克奮戰了二十年，如今終將在政治與世界史的層面上產生一些後果了。我將會決定數以百萬計人口的命運。幾個世紀以來，德國始終受到各種形式的牽制與束縛，如今就要解脫了。如果未來偉大的德國將會對我採取的這些必要行動讚譽有加，那我就算被千百萬世人咒罵又有什麼關係！」

關於當晚在溫室裡的一席對談，羅森堡還寫了另一個令人不解的註記。他寫道，希特勒早已非常詳細地闡述過自己對於東方問題的看法。但元首到底對羅森堡說了些什麼，讓他覺得太過敏感，甚至不願意寫在日記裡？

「我不想把那些話寫在今天的日記裡，」他寫道，「但我永難忘懷。」17

顯然，有一件事希特勒並未告訴羅森堡。那就是，他並不打算聽從羅森堡關於東方領土的建議。

後來，某位史家曾這樣評價羅森堡在這些年間的表現：「他伸出雙手攫取權力，表現得如此貪婪，如此孩子氣。」18

入侵蘇聯的時間愈來愈接近，任誰都看得出羅森堡不會只是負責規畫出一個殖民政府的架構，用來監督東部領土。希特勒已經決定，一旦戰火點燃，德國占據了蘇聯領土之後，他忠貞的副手羅森堡將會被他指定爲占領區的民政首長。似乎沒有人覺得羅森堡是最佳人選，尤其這個職務在名義上看起來是大權在握。如同戈培爾所說，羅森堡「只懂理論……組織並非他擅長的」。19

羅森堡的幾個政敵幾乎立刻就開始找他麻煩，讓他的政府無法順利運作。其中權勢最大、也最殘忍的，莫過於先前一年半以來用暴力手段凌虐波蘭人民的希姆萊。身爲親衛隊首領，希姆萊之所以會被派往東部，是因爲希特勒想要他跟隨陸軍的腳步，在後面陸續把猶太人、共產黨人與領袖和其他政敵，無論是眞實存在或潛在的，全都清理掉。「親衛隊是元首親自派來的代表，他們的特別任務是爲政治管理進行準備工作，也就是要與納粹的敵對政治體系進行必要的鬥爭，」一九四一年三月十三日的一道軍令上面寫道，「只要是在這任務的範圍內行事，親衛隊可以不受干擾，擁有自己的獨立職權。」[20]

有了這道軍令當作護身符，希姆萊拒絕讓他的警察部隊受制於羅森堡新成立的民政府。

羅森堡退卻了。他在四月間向漢斯·蘭馬斯（Hans Lammers）表示，「如果是這樣，那我就不能接受任命。」[21] 禿頭歪眼的蘭馬斯曾是個律師，後來當上了希特勒總理府的祕書長，所有政令都透過他傳達。羅森堡抱怨道，原本他就已經必須跟軍方和戈林的經濟管制單位分享權力了。如果希姆萊也能夠爲所欲爲，那羅森堡的民政府幾乎可以說是完全被架空。

---

17 原註：Ibid。後來羅森堡並未在日記中詳述這一點，因此史家必須自行猜測希特勒在這一場會議上到底有沒有提及要消滅猶太人。對於納粹打算要把數以百萬計斯拉夫人民餓死的計畫，羅森堡照理應該也會感到震驚不已。請參閱：Piper, *Alfred Rosenberg*, p. 510.

18 原註：Dallin, *German Rule*, p. 26.

19 原註：Goebbels diary, May 9 and June 16, 1941，轉引自：Kay, *Exploitation*, p. 81.

20 原註：Keitel top-secret order, March 13, 1941, reproduced as 447-PS in Office of the U.S. Chief of Counsel, *Nazi Conspiracy*, vol. 3, p. 409.

21 原註：Rosenberg diary, April 20, 1941.

「不能讓警察也另外成爲一個獨立部門，」羅森堡向蘭馬斯怒道，「他們採用的殘酷手法，有可能阻礙我們想要達成的政治目標。」

蘭馬斯同意隔天早上找希姆萊來談一談。隨著會談的時間持續延長，羅森堡已經知道希姆萊肯定死守權力，毫不退讓。到了十二點十五分，蘭馬斯終於回來了。

「我眞是絕望，」羅森堡在日記裡寫道，「H先生宣稱戈林可以爲所欲爲，**他**自己也有獨立的行政權，而我應該是負責扮演**顧問**的角色。我爲了解決一個問題而奮鬥了二十年，到頭來可不願意只是幫希姆萊先生當個顧問。就這件事情而言，他完全沒有自己的想法，而且他對於烏克蘭等地方的有限了解，也都是借助於**我**在過去十五年來的研究結果。他那些年輕手下不知道搞砸了多少事，那可不怎麼光榮。」

羅森堡一怒之下匆匆離開，心裡焦躁不安。先前，他在一九四一年初買了一座位於奧地利蒙德塞（Mondsee）的小農場，「是個人間仙境裡的美好地方」，除了農舍之外還有果園、一些牲口、一小片樹林，還有半英里的湖畔土地，風景如詩如畫，就位於薩爾斯堡郊區。22 他到那裡去思索自己面臨的困境。又一次，希姆萊還是「只想奪取，」不想爲任何理想或目標而付出。他只是想要緊緊抓住更多權勢。「原則上，他所負擔的重責大任已經夠多了，夠他用餘生去完成。」

羅森堡好像看見一部自己主演的電影在眼前上映：眼看自己就要成就偉大功業，但卻無法跨越斷崖，就要掉下去了。

他在日記中寫道：「眞希望這件事能有不一樣的結局。」23

一九四一年五月二日，羅森堡主持了一場重要會議，與會者都是即將在東方領土負責執行經濟剝削任務的高階領導人。[24]他們巨細靡遺地討論了德國的殘忍計畫：如果德國陸軍入侵那些領土後，奪走了當地必要的糧食，「無疑的將會有x百萬人」被餓死。[25]這餓死的數百萬人將會包含蘇聯士兵，因爲德軍也不會爲他們準備必要的糧食。

散會後，羅森堡在日記中寫道：那一場會議是「很完善的一般性幕僚作業」。[26]

他在當天向希特勒做簡報，長談後，兩人的會面時間持續拉長，討論起羅森堡肩負的任務。他感謝元首相信他。過去一個月內，他已經開始覺得自己的工作壓力會很大，但也很興奮。他即將掌管一個從波羅的海延伸到裡海的廣大地區。[27]看著軍用地圖，那片將由他主政的土地是如此廣袤無垠，令他感到畏怯。他很可能得面對混亂的局面。「我愈是去思考那些問題，」羅森堡說，「就愈覺得自己任重道遠。」

---

22 原註：Rosenberg diary, February 2, 1941.
23 原註：Ibid., April 20, 1941.
24 原註：Kay, *Exploitation*, p. 125。羅森堡是否參加了這場會議？這是史家們向來抱持不同看法的問題，但無論如何，從他的備忘錄看來，他的確把會議結論融入了自己的計畫。請參閱：Browning, *The Origins of the Final Solution*, p. 237。
25 原註："Memorandum on the Result of Today's Discussion with the State Secretary Regarding Barbarossa," May 2, 1941, reproduced as 2718-PS in Office of the U.S. Chief of Counsel, *Nazi Conspiracy*, vol. 5, p. 378。；也可以參閱：Kay, *Exploitation*, p. 124.
26 原註：Rosenberg diary, May 6, 1941.
27 原註：Ibid., April 11, 1941.

「但你正要執行的，是一個正面的偉大任務，」希特勒說。[28]他接著說，無論你的表現怎樣，「我都必須為了選擇你，而承擔責任。」希特勒說到這裡已經眼眶含淚，羅森堡事後在日記裡如此寫道。

六月二十日，在「巴巴羅薩行動」開始的兩天前，羅森堡跟納粹政府高層的同僚暢談他的計畫：他想要把莫斯科以西的蘇聯領土都奪走，並且讓這片土地裡的各國都與德國建立盟邦關係。重要的是與東部領土的各國建立友善關係，並且贏得民心。「這關係到幾年後我是獲得四千萬人民的自願合作，或是得派出士兵去對付每一個農民。」弔詭的是，他卻同時為「饑餓政策」背書，羅森堡說，餵飽德國人可說是戰時的第一要務，但他們可沒有責任餵養東部領土的民眾。

「我們知道這是非常殘酷的現實，沒有任何情感可言。無疑的，我們必須大規模地把人口撤走，」他說，「而且俄國人民肯定將面對好幾年的困苦日子。」[29]

一九四一年五月十日，羅森堡已經約好要在週六晚間面見副元首赫斯，向他報告新計畫。前一天，赫斯的助理打電話給羅森堡，說是要把行程往前改到週六早上。副元首有要事在身，必須提前離開。

助理並未講清楚，羅森堡也察覺情況有異，但很快他就會知道，這天將會是赫斯副元首畢生的大日子。羅森堡是在二戰結束前，少數幾個最後與赫斯見面的納粹領袖之一。

如果羅森堡還是從柏林搭火車去找赫斯，時間就會來不及，所以赫斯派了一架飛機來接他去慕尼黑會面。早上十一點半，赫斯接見羅森堡時，「蒼白的臉看起來病容滿面，」不過這也沒什麼好奇怪的。[30]從一開始，赫斯就是希特勒的死忠追隨者。他曾在黨內握有大權，但自從二戰開打以來，他卻連見希特勒一面都很難。[31]赫斯的幕僚長馬丁・鮑曼（Martin Bormann）反而愈來愈受到元首重視。

羅森堡與赫斯坐下來，討論即將成立的東部領土民政府的人事問題。但是等到羅森堡打算深入談論細節時，赫斯卻揮手阻止他。赫斯只想談最重要的事。他心事重重，凡是小事都聽不進去。

午餐前，赫斯三歲的兒子下樓來，他們倆聊了一會兒。

「事後回想起來，我覺得情況很明顯，」羅森堡在日記中寫道，「他想要跟他親愛的兒子道別，至於他兒子，則是往後一輩子都必須爲父親的所作所爲付出代價。」

顯然他並未跟羅森堡說自己在煩惱什麼，但對於希特勒即將開闢另一個戰場的做法，他似乎感到很驚恐，因爲他跟羅森堡一樣，都覺得應該把英國拉到納粹的陣營裡。如果他能與英國談和，那麼希特勒與德國想要怎樣對付蘇聯都可以。

赫斯在與羅森堡共進午餐後幾個小時，於晚間駕駛戰機從慕尼黑郊區的一個飛機場飛走了。大概在晚上十點，他在格拉斯哥附近跳傘，掉在田裡，他的梅塞施密特戰機則是墜落燒毀。

---

28 原註：Rosenberg diary, May 6, 1941.

29 原註：Speech by Rosenberg, June 20, 1941, reproduced as 1058-PS in *Trial of the Major War Criminals*, vol. 26, pp. 610–27.；也可以參閱：Kay, *Exploitation*, pp. 171–72; Dallin, *German Rule*, p. 109.

30 原註：Rosenberg diary, May 14, 1941.

31 原註：赫斯的飛行細節，係引自：Evans, *The Third Reich at War*, pp. 167–70。

赫斯在田裡遇到一位農夫，表示自己要與皇家空軍某一聯隊的指揮官漢彌爾頓公爵見面，他還宣稱自己在一九三六年的柏林奧運期間，與公爵有過一面之緣。赫斯告訴漢彌爾頓，他想要來跟英國談和。其他官員深入偵訊他之後，英國政府發現希特勒並不知道赫斯的行蹤，也不知道他要來勸英國人放下武器，以免後悔。

赫斯的話聽起來顛三倒四。英國決定要把他當戰俘囚禁起來，直到戰爭結束。

赫斯飛走後，希特勒在隔天收到一封他留下來的信。信件概述了赫斯的計畫，並且表示，如果元首不認同他的這次豪賭，那就把他當成精神不正常的瘋子。根據羅森堡所說，希特勒在看完赫斯的信之後覺得「厭惡至極」，而且的確認爲他瘋了。

週日晚上的某個廣播節目中，納粹政府把赫斯飛往英國的新聞公諸於世，並且表示赫斯患了精神疾病。羅森堡跟黨內任何人士都一樣震驚。即便在赫斯做出驚人之舉的那一天他們還共進午餐，但他實在看不出異樣。「這件事實在**太過**奇幻，超乎我們對於政治的正常想像，所以一開始大家都瞠目結舌，」羅森堡在日記中寫道，「但我想赫斯應該患了憂鬱症。他等於是沒有任何事可以做，他已經脫離黨的領導階層，所以覺得不知道該如何自處……一事無成的感覺讓他患了憂鬱症，最後以沒有人能預期的形式爆發出來……赫斯一直都住在自己幻想的世界裡。他向來喜歡用靈擺來問卜，也愛和占星術士與治療師等人物攪和在一起，顯然這一切已經根深柢固到足以決定他的**行動**……總有一天，魯道夫・赫斯這種有如天馬行空的幻想，將會被劇作家改編成一齣悲喜交加的歷史劇。」

他認爲，赫斯的離開至少就某方面來講是個好消息。第三帝國的人民再也不用擔心未來的元首是個「病懨懨的傢伙」。

但羅森堡沒能預見麻煩即將降臨。取代赫斯的，是他那討人厭的幕僚長馬丁·鮑曼，脖子粗短的他向來被稱爲「辦公桌的馬基維利」。[32] 赫斯只是他名義上的頂頭上司，其實在赫斯出走前，他就已經是黨內的實際掌權者。沉默而嚴肅的鮑曼是典型的幕後黑手，他似乎永遠都待在希特勒身邊。「顯然赫斯早就惹毛了元首，所以才會由鮑曼來幫元首處理大小事，執行任務，」戰後，羅森堡在監獄的回憶錄裡寫道。「他就此開始扮演不可或缺的角色。晚餐談話時，如果有人提起某件事，鮑曼總會拿出筆記本做紀錄。或是如果元首對於某人講的話、某個措施、某部電影表達不悅之情，鮑曼也會記下來。如果有什麼事大家都搞不清楚的，鮑曼會起身離開餐廳，過沒多久就回來。但他已經向辦公室幕僚下令，要求進行深入調查，用電話、電報或者電傳打字機聯絡。接下來，有時候在晚餐結束前，鮑曼就已經能把問題給解釋清楚了。」[33]

假以時日，鮑曼將會成爲羅森堡執行計畫時的最大絆腳石。

入侵蘇聯的計畫持續飛快地進行著。戈培爾在日記中寫道，羅森堡的言行舉止已經恍如「俄國沙皇；他要的東西永遠一樣：權力的地盤」。希姆萊還是盡一切可能，不讓羅森堡順遂如意，但是戈林卻已經對

---

32 原註：Fest, *The Face of the Third Reich*, p. 127.
33 原註：Lang and Schenck, *Memoirs of Alfred Rosenberg*, p. 192.

希姆萊的手下大將海德里希（同時也是即將受命解決「猶太人最終處置問題」的人）下達明令：必要時應該與羅森堡的民政府配合。[34]

於是，在「巴巴羅薩行動」進行的幾個月前，海德里希讓希姆萊與羅森堡達成某種協議。何不向希特勒提出建言，指定希姆萊麾下親衛隊與警察機關的高階幹部在每一個占領地區擔任總督，領導羅森堡的民政府？這種「雙重身分」在第三帝國政府機關是常見的。有些官員的確會在兩個不同機構任職，這樣一來的確可以讓兩個機構相互配合，但一樣也很容易導致棘手的利益衝突問題。[35]就這個提議而言，這樣等於是讓希姆萊成爲占領地區民政府的地下首長，把羅森堡給晾在一邊了。

「這樣不是等於讓警察來進行政治領導嗎？」羅森堡大聲拒絕。[36]不過他提出另一個建議，要希姆萊指派某位親衛隊首領進駐羅森堡的辦公室，聽命於他這個民政府首長。幾天後，這個問題仍未能解決，所以他寫信給希姆萊，提議兩人一起合作。羅森堡說：「我對他的反應充滿期待。」[37]

那封信並未能改變希姆萊的心意。羅森堡想知道希姆萊爲了東部占領區的工作做了哪些準備，於是叫他提出報告。他還想知道希姆萊打算指派哪些人到占領區任職，因爲那些人選必須先經過他的同意。從親衛隊首領的角度看來，希姆萊認爲這實在是太過分了。希姆萊請鮑曼命令羅森堡不要再干涉親衛隊。「元首曾向我表示……我在執行任務時，並不用受命於羅森堡，」他在信裡告訴鮑曼。「羅森堡處理這個問題的方式，還是讓人幾乎不可能與他一起合作……不要說是在羅森堡手下做事了，光是要跟他合作，就已經是納粹黨裡面最困難的一件差事。」[38]六月間，鮑曼站在希姆萊那一邊，幫他向總理府的蘭馬斯祕書長疏通：「尤其是在開始占領之後的頭幾週與幾個月，爲了執行他們那些特別艱難的任務，在任何情況之下都必須讓警方能夠放手去做，不要因爲管轄權的爭議而受到阻礙。」39

但管轄權的爭議還是持續延燒著。希姆萊甚至開始主張，不應該只讓他手握警察權，而是該讓他同時負責占領區內的政治事務。

羅森堡說，這實在「讓人完全無法忍受」，到時候肯定會「天下大亂」。40

一九四一年六月二十二日凌晨，德軍正式對蘇聯展開攻擊行動，但管轄權爭議的問題仍未解決。41

德國攻其不備，蘇聯所屬各國就這樣被攻下。德軍以炮火發動猛攻，一千英里長的戰線從芬蘭往下綿延到黑海。這是史上規模最大的一次陸軍侵略行動：在七十萬門大炮與將近三千架飛機的支援下，五十幾萬輛卡車與坦克載著三百五十萬士兵發動攻擊。德軍的鐵蹄踏遍了波羅的海周邊各國與烏克蘭，紅軍在他們的眼前瓦解。在第一波正面衝突中，紅軍士兵若非陣亡，就是撤退或者逃亡進森林裡，抑或是集體投降。才幾天

---

34 原註：See Longerich, *Holocaust*, pp. 260–61, and Kay, *Exploitation*, p. 109.
35 原註：Mulligan, *The Politics of Illusion and Empire*, p. 22.
36 原註：Rosenberg diary, May 1, 1941.
37 原註：Ibid., May 6, 1941.
38 原註：Dallin, *German Rule*, p. 37.
39 原註：Breitman, *The Architect of Genocide*, p. 160.
40 原註：Kay, *Exploitation*, p. 168.
41 原註：Evans, *Third Reich at War*, pp. 178–90.

光景，德軍將領們已經宣告他們獲勝了。人在莫斯科的史達林沒有立場可以反駁。到了六月底，他離開克里姆林宮，前往莫斯科郊外昆茨伏地區（Kuntsevo）的鄉間別墅。他跟助手們說：「一切都完蛋了。」[42]

數以十萬計的蘇聯士兵遭德軍俘虜（最後，被俘的有幾百萬人），但德軍不打算把他們關起來，事實上也沒有打算饒他們一命。希特勒下令把共產黨派駐在紅軍部隊裡的政委全都槍斃。投降的蘇聯部隊以凌亂的隊形前進，德軍對他們棍棒交加，而且在前往德國戰俘營的路上，他們往往因為食物而被迫爭吵打架，而在一九四一年秋天，那些所謂的戰俘營，通常只是用鐵絲網圈起來的一片片曠野而已。「他們看起來就像快餓死的動物，不像人類，」一位目擊者在戰後出版的日記裡寫道。[43] 如果是用火車運送戰俘，德軍會把蘇聯士兵一個個擠進載牛的車廂裡，直到每個人都只剩下站立的空間。

許多蘇聯士兵別無選擇，被迫在摩肩接踵的人群裡面排放屎尿。某個戰俘營的總部失火了，那些倖存的戰俘想要逃，但全都被槍斃。[44] 另一間戰俘營則是有戰俘自己要求德軍殺了他們，以求解脫。許多德軍衛兵都說他們發現吃人肉的慘況。到了那一年年底，戰俘營的死亡人數已經高達三十萬。在戰爭結束前，總計將會有三百多萬蘇聯戰俘死掉。

隨著戰爭的進行，羅森堡在日記中寫道：歷史是殘酷的。他說，數以十萬計的德裔人口曾在俄國遭人殺害或流放，「為了那些死者，整個俄羅斯民族都必須付出代價。」[45] 他將德國的行徑予以合理化：這算是俄國人自作自受。他們根本就不該讓共產黨上台掌權。

言下之意，羅森堡等於是把俄國人民比喻為囚犯，他們寧願跟禁錮自己的共產黨和平相處，但是等到德軍要來解放他們時，卻要反抗德軍。

入侵三週後，時間來到了七月中旬，針對占領區掌控權而進行的官僚鬥爭，來到了最後的緊要關頭。此時希特勒可說是志得意滿。有一大片蘇聯國土已經要落入德國手裡，現在該來討論怎麼幫這個占領區進行全面性的重建工作。第三帝國的高層領導人全都來到希特勒位於普魯士東部的指揮總部：「狼穴」（Wolfsschanze）。他們享用了一些午餐與啤酒後，耗時許久的一場會議就此展開。[46] 羅森堡也在場，此外還有戈林、鮑曼、蘭馬斯，以及德軍最高統帥部總長威廉·凱特爾。

希特勒宣稱，德國人進入蘇聯的任務是要解放蘇聯人民。他們至少該把這套說詞傳達給當地人。至於德國實際上到底在打什麼算盤，元首則是要大家絕對保密。此時還沒有人看出他們正在準備「一個最終解決方案」。真正重要的是，對於要採取哪些必要手段，像是「槍殺、人口遷移等等」，這些領袖們都應該要達成共識。希特勒說，他們都必須了解一件事：「我們絕對不會離開這些地區。」

「現在我們眼前的要務是，」希特勒告訴他們，「要根據我們的需要來切蛋糕，然後才能夠先對那些領土加以宰制，再來是統治，最後則是好好剝削利用。」

大家都看著地圖，聽希特勒解釋新領土的畫分方式。他要把列寧格勒「夷為平地」，整塊地就送給芬

---

42 原註：Evans, *Third Reich at War*, p. 187.
43 原註：Zygmunt Klukowski，轉引自：Evans, *Third Reich at War*, p. 183.
44 原註：Snyder, *Bloodlands*, p. 179.
45 原註：Rosenberg diary, September 12, 1941.
46 原註：Ibid., July 20, 1941; Martin Bormann's minutes of the meeting, July 17, 1941, reproduced as L-221 in Office of the U.S. Chief of Counsel, *Nazi Conspiracy*, vol. 7, pp. 1086–93; Kay, *Exploitation*, pp. 180–85.

蘭人。芬蘭與蘇俄素有積怨，曾於一九三九到四〇年間跟蘇俄打過一場短暫卻血腥的戰爭，失去了一部分領土，因此他們選擇加入德國的巴巴羅薩行動，藉此要回領土。波蘭的比亞維斯托克市（Bialystok）則是劃歸東普魯士。波羅的海諸國則成爲第三帝國的一部分。將克里米亞地區加以肅清後，可以讓許多德國裔人口遷居那裡。

希特勒已經開始接到一些報告，有身穿便裝的蘇聯游擊隊員在占領區裡抵抗德軍，但他並不感到擔心。這些零星的抵抗可說微不足道，但卻給了納粹最完美的藉口。希特勒說，「正好趁機把所有反對我們的人都消滅掉。」

元首也問大家：德軍應該使用裝甲車嗎？

戈林答道：沒必要。如果占領區的人民眞的笨到敢進行暴動，空軍可以投彈逼他們投降。「這一片廣大的占領區當然應該盡快加以平定，」鮑曼所草擬的會議紀錄裡面寫道，「最佳的解決方案，就是把看起來鬼鬼祟祟的人都槍斃。」

會議進行時，羅森堡還是囉囉唆唆地重彈老調，至少應該試著贏得占領地區的一部分民心，但戈林打斷了自說自話的羅森堡。打仗需要原料，德國人民則是需要糧食。他可沒時間去擔心未來要跟誰建立盟友關係。

等到大家開始討論手邊的實際問題時，羅森堡的處境變得更糟了。他們討論的是各占領地區總督的任命問題，這些人等於是羅森堡在東部領土的副手。烏克蘭是最重要的地方，羅森堡希望把那裡交給自己的盟友。但希特勒駁回他的提議，指派了埃里希·科赫（Erich Koch）這名納粹黨高層。羅森堡提出抗議。

科赫做事向來講求實效，但手法也失之於殘暴粗糙，所以他在柏林的支持者幫他取了「史達林第二」的綽號，因此羅森堡怕他不肯聽從命令。但希特勒揮手打斷羅森堡。「所有的命令都只是理論，」希特勒說，「如果命令無法配合實際需求，那就必須改變。」不過，希特勒還是接受羅森堡的推薦，同意讓辛里希·洛澤（Hinrich Lohse）掌管波羅的海諸國與白俄羅斯。

等到會議結束時，羅森堡與戈林握手。戈林說：「祝我們合作愉快啊！」但羅森堡看得出來，為了管轄權，他得持續跟那些人周旋鬥爭。

希姆萊並未參加那場會議。他早已在東部占領區建立起他的勢力範圍。希姆萊曾於六月表示，因為希特勒已經要他負責把德裔人口遷移到那些剛剛占領的地區，所以他應該手握大權，如此一來才能「平定與鞏固東部地區的政治情勢」。入侵兩天後，希姆萊甚至命令他的一位助手開始幫他擬定東部占領區的一般性重建計畫。

對於希姆萊這樣毫不掩飾地侵犯他的管轄領域，羅森堡大聲提出抗議，而且似乎也吵贏了，不過只是就文件上的結果而言。希姆萊並未取得各個占領區的正式管轄權，但他還是可以在羅森堡的地盤裡，隨心所欲地獨立行動。47 羅森堡在名義上是各區總督的頂頭上司，大家將會聽命於他，但是在處理警政保安業務時，他們也必須聽命於希姆萊。如果遇到緊急狀況，希姆萊甚至不需要知會羅森堡，就可以直接向他的總督下令。親衛隊與警察部隊的首長被指派到各個層級的民政主管手下，但他們也一樣，都是聽命於希姆萊，而非民政長官。

占領地區廣大無比，這一點也對希姆萊較爲有利。羅森堡決定留在柏林辦公，不前往占領地，但希姆萊卻在占領地區四處巡視監督各地的情況，以便下達命令。因爲他在現場，所以做起事來也是遊刃有餘。

身爲占領地區的民政府首長，羅森堡本來以爲自己占了上風，但事實不然。在那場會議上爭取到希特勒的支持後，怎麼才三個半月的光景，他的民政府就變成一場災難了呢？希特勒到底在打什麼算盤？難道這個民政府只是個幌子，功能是用來掩飾納粹政府在占領地區，偷偷採取的種種剝削與殘殺手段？難道民政府眞的只是一塊遮羞布，用來粉飾德國政府所下達的命令？[48] 在接下來的幾十年間，這些問題將會讓史家們爭論不休，終究無法歸結出一個令人滿意的答案。希特勒針對官僚組織所下的決策，並不總是有道理。

羅森堡會被任命爲民政府首長，也許在背後的確有暗盤存在。令人訝異的是，他居然贏得了鮑曼的支持。鮑曼討厭羅森堡，但是在占領行動即將展開前，鮑曼認爲他是民政府首長的適當人選：因爲他可以被控制，或至少是個可以被忽略的人。[49] 因此鮑曼偷偷使力，把羅森堡送上民政府首長之位，只不過沒有如羅森堡所願，讓他獲得能夠不受牽制的完整權力。

於是希特勒正式簽署文件，任命羅森堡擔任東部占領區民政府首長，三天後他在日記中寫道：「一個艱巨的任務交付到我的身上，這也許會是第三帝國史上最重大的任務，也就是在未來的幾世紀內，負責保護歐洲的獨立性。」[50] 羅森堡希望希特勒能讓他「全權負責此一任務」，而且他也不打算向他的政敵們豎白旗投降。

他手裡掌握著一個中央政府，而且他打算把它的功效發揮到極致。

接下來的三年，納粹政府開始把過去那些反猶太的言論都予以實踐。那些語帶威脅的言論大都出自於羅森堡一次又一次的激憤演說，例如，那年三月，他就曾透過廣播，呼籲要發動「一場進行種族清洗的世界革命」，論述清晰無比，令人膽寒。而且，接下來羅森堡即將確保自己的民政府會在這場革命中，有機會做出貢獻。

47 原註：Kay, *Exploitation*, p. 184.

48 原註：Ibid., pp. 191–93; Mulligan, *Politics of Illusion*, p. 10.

49 原註：Dallin, *German Rule*, p. 35.

50 原註：Rosenberg diary, July 20, 1941.

18「特別任務」

帝國總理府裡的餐桌旁，前來參加日常餐會的每個人似乎都心情大好。[1] 羅森堡也在席間，還有鮑曼、赫斯與蘭馬斯。此時是一九四〇年一月，一年半之後巴巴羅薩行動才會進行，納粹高層們討論的都是一般大事：與英國之間的戰爭，還有正在波蘭進行的種族清洗行動。但最後大家的談話都轉成黑色幽默。

他們聊起了猶太人，而羅森堡預測，如果蘇聯人民覺醒，把反猶太怒火完全釋放出來的話，「就會發生猶太人被集體屠殺的可怕事件。」

說到這裡，希特勒也插一腳。

元首微笑地說，如果蘇聯爆發大屠殺事件，也許歐洲各國會請求**他**揮軍殺進蘇聯，保護蘇聯西部的猶太人。

納粹高層們哄堂大笑了起來。

在哄笑聲中，希特勒接著說，也許他跟羅森堡可以共同發起一個特別協會，與大家一起討論當時最急迫的問題：「如何以人道的方式對待猶太人。」

一九四一年三月底，羅森堡因為來不及再趕回去參加法蘭克福猶太問題研究中心開幕式後的那場會議，把原來要在會上發表的話透過廣播放送出去。他說：只有歐洲大陸上的所有猶太人都消失無蹤，問題才算解決。要把他講的這些話付諸行動，必須仰賴兩個人：希姆萊，還有他手下的親衛隊國家安全部長海德里希。

一九四一年初，納粹政策制定者們的共識是，要把猶太人都驅逐到某一片遙遠而偏僻的土地上。非洲外海的馬達加斯加島是位於五千英里外的法國殖民地，本來有被列入考慮，但因爲運送困難而又被否決了。如果巴巴羅薩行動能成功，似乎就可以在德軍即將征服的蘇聯境內，找到一塊適合的猶太人保留地。但在那一年年底時，入侵行動陷入僵局，所以納粹政府對於猶太問題的思考便有了一百八十度大轉彎。他們開始構思徹底消滅猶太人的計畫。

執行殺人任務的特別行動隊隊員於文尼察（Vinnitsa）準備射殺在土坑裡的一個烏克蘭猶太人。（圖片來源：U.S. Holocaust Memorial Museum, courtesy of Sharon Paquette）

波羅的海諸國、白俄與烏克蘭的猶太人，將會成爲納粹政策致命轉向的第一波受害者，羅森堡與他的民政府將會在大屠殺行動中，扮演關鍵的輔助角色。[2]

長久以來，羅森堡心裡一直都存著某個重要偏見，此時透過巴巴羅薩行動，那個偏見將會融入德國在蘇聯西部的戰略，成爲關鍵要素。早從一九一九年開始，羅森堡向來都主張，猶太人就是蘇聯與其他地方

1 原註：Rosenberg diary, January 27, 1940.

2 原註：See Matthäus, *Alfred Rosenberg: Die Tagebücher von 1934 bis 1944*, p. 61; Browning, *The Origins of the Final Solution*, pp. 293–97, 301; Lower, *Nazi Empire-Building and the Holocaust in Ukraine*, pp. 139–42; and Lower, "On Him Rests the Weight of Administration," p. 239.

共產黨運動的幕後黑手，這個觀念經過不斷誇大扭曲，最後納粹開始認定，**所有**猶太人都是共黨同路人。所以，爲了遏止共產黨的威脅，德國必須消滅猶太人。

希特勒對這個乖僻的結論深信不疑，因此在入侵行動前的準備階段，此一思想也被灌輸給所有要揮軍蘇聯西部的士兵們。軍方告訴他們，這不是一般的戰爭，而是兩種無法相容的世界觀之間的衝突，是納粹主義與布爾什維克主義的對決，是雅利安人和猶太人之間的決鬥。[3]出兵前，希特勒也屢屢對部隊指揮官進行精神講話，敦促他們「在這一場生死存亡之戰中」，務必要「使出最殘暴的力量」。發給德軍士兵的指導手冊宣稱，蘇聯人就是與他們不共戴天的死敵。「在這場戰爭中，我們必須以無情而有力的手段，來對付布爾什維克主義的煽動者、非正規軍、破壞者與猶太人，並且把各種形式的抵抗活動，無論是積極或消極的，全都徹底消滅掉。」

傳達給親衛隊、警察部隊與希姆萊麾下「特別行動隊」的訊息差不多也一樣，而他們將會緊跟著陸軍部隊進入並橫掃東部占領區，執行「綏靖任務」。以一九四一年德國軍方所用的冰冷暗語來說，這就是元首交付給希姆萊的「特別任務」。[4]

戰爭初期，「特別行動隊」開始肆虐東部占領區，海德里希命令他的部下可以先斬後奏：只要是共黨分子、黨裡或政府中的猶太人，或者其他「激進人士，包括搞破壞的、進行政治宣傳的、狙擊手、刺客與煽動者等等」，生殺大權都握在他們手裡。[5]希姆萊對著一群即將開赴前線的親衛隊隊員表示，他們必須面對「一億八千萬人口，他們身上流著各種不同種族的血統，很多人的名字連念都念不出來，槍斃他們時根本不用懷有同情與憐憫之心……這些人都深受猶太人影響，變成只信奉一種宗教與意識形態，那就是布爾什維克主義。」[6]

一開始，「特別行動隊」與希姆萊麾下保安部隊只殺男人。他們想要營造出一種假象，就是納粹只會槍殺反抗軍成員、蘇聯間諜、共黨煽動者，還有猶太知識分子。死者都會被冠上打劫、破壞滋事、散布政宣思想或者傳播瘟疫等罪名。[7]

但過沒多久，納粹就開始殘殺婦孺，並且以計畫性的方式屠殺新占領區的平民，死亡人數超過十萬人。一般而言，他們都會把猶太人集合在某個中央廣場，然後集體帶往小鎮外的偏僻地點。如果掩埋大批屍體的土坑還沒挖好，首批抵達的人就會被逼掘坑。他們一個個站在坑洞邊緣被槍殺，有些人則是躺在已經被殺的人身上被擊斃。有些人在泥土開始往他們身上堆的時候，甚至還沒斷氣。

一九四一年九月底，烏克蘭首府基輔郊外發生了規模最大的屠殺事件，此舉顯然是爲了報復俄國反抗軍，用炸彈與地雷毀掉德國占領軍的總部。憤怒的納粹政府把這件事算在蘇聯祕密警察頭上，也遷怒基輔的猶太人。德軍在城裡四處張貼海報，要所有猶太人必須在九月二十九日當天，前往某個路口集合。他們必須帶著證件、財物、行李與珠寶，因爲要讓他們移居其他地方。隔天就是猶太教的「贖罪日」。[8]

---

3 原註：Longerich, *Holocaust*, pp. 198–99; Steinberg, "The Third Reich Reflected," p. 634.
4 原註：Keitel top-secret order, March 13, 1941, reproduced as 447-PS in Office of the U.S. Chief of Counsel for the Prosecution of Axis Criminality, *Nazi Conspiracy and Aggression*, vol. 3, p. 409.
5 原註：Longerich, *Holocaust*, p. 190.
6 原註：Breitman, *The Architect of Genocide*, p. 177.
7 原註：Browning, *Origins*, p. 261.
8 譯註：Yom Kippur：約在九到十月間，是猶太人每年最神聖的日子，當天會全日禁食並恆常祈禱行贖罪禮，以求在上主面前潔淨。

抵達集合地點後，猶太群眾並未看到要運送他們的火車，而是被帶往某個猶太墓園外面的檢查站。不久後，排隊的群眾就知道是怎麼一回事了，因爲有一陣陣槍聲開始從遠處傳來。

他們在檢查站把私人財物交出來，連婚戒與衣服都不例外。他們被以十個爲一組，分批帶往名爲娘子谷（Babi Yar）的溝壑，一路遭到拳打腳踢。接下來幾天內，總共有三萬三千七百六十一人遭到槍斃。「這個數字其實只包括還有殘骸的人，」史學家提摩西·史奈德（Timothy Snyder）寫道，「因爲他們之後會把屍體挖出來，擺在柴堆上燒掉，至於燒不掉的骨頭則是被砸碎，跟砂土混在一起。」[9]

一九四一年下半年發生了許多大屠殺事件，娘子谷的案例只是其中之一。那一年八月，有兩萬三千多名住在匈牙利的外國猶太人被驅逐出境，他們大都是俄國籍或波蘭籍，然後在烏克蘭西部的卡緬涅茨—波多利斯基（Kamenets-Podolsk）被集體屠殺。到了十月，又有一萬名猶太人在烏克蘭聶伯城（Dnipropetrovsk）被槍斃。在此同時，從波羅的海到黑海，許多城鎮鄉村都有少數的猶太人失蹤。人在柏林的羅森堡則是常常接到占領區裡各個城市的回報，表示當地已經「完全沒有猶太人」。

猶太人不只是從各個城市消失，甚至還有整個國家的猶太人全都被清理掉。第一個是羅森堡的故鄉愛沙尼亞，所有猶太人都被處決，總計一千五百名。九月時，兩位民政府的官員去拉脫維亞與愛沙尼亞視察，帶著好消息回來。他們說，當地居民（當然是指沒被納粹殺掉的那些人）都很高興被德軍解放，因爲殘暴的蘇聯部隊曾於一九四〇到四一年間占領波羅的海諸國，愛沙尼亞、拉脫維亞與立陶宛總計有好幾千人被處決或驅逐。

「猶太人不只荼毒他們的心智，還分化他們，」與那兩位官員討論後，他在日記裡寫道，「他們的遭遇如此悲慘，所以覺得德國人是解救他們的主人。如今猶太人與共黨分子都被清除掉了，當地人民也重獲新生。」[10]

在許多地方，納粹的屠殺行動變得比較複雜，因爲德國人希望能夠把猶太人當奴工使用，派往工廠、店鋪與工地去工作。那些「有工作能力的」猶太人發現自己暫時被饒了一命，但人間煉獄彷彿就在他們眼前，因爲常常得看著鄰居被警察拖走殺害、送上黃泉路。

白俄羅斯的首府明斯克（Minsk）就是個很好的例子。開戰六天後，明斯克就淪陷了。七月初時，所有年紀在四十五歲以下的男子都被逮捕，帶往一個曠野上的勞動營。[11]超過十四萬名戰俘與平民全都被擠在一個只有城市廣場大小的空間裡。食物與水都很有限。這些人遭到橡膠棍子毒打，只要有一點點藉口就會被槍殺。七月時，羅森堡收到一份報告，描述了那個勞動營的狀況。「衛兵的人力有限，他們常有好幾天不能換班，而且在語言不通的情況下，只能用武器跟囚犯溝通，溝通的方式往往殘酷無情。」[12]過了一陣子，這些囚犯被按照國籍與種族區隔開來，俄國人與波蘭人獲釋，只剩猶太人。

某天早上，衛兵要求所有受過專業教育的猶太人（包括工程師、醫師與會計師）出來登記，要安排工

---

9 原註：Snyder, *Bloodlands*, pp. 201–3.

10 原註：Rosenberg diary, September 14, 1941.

11 原註：Mikhail Grichanik account in Rubenstein, *The Unknown Black Book*, pp. 235–43; Arad, *The Holocaust in the Soviet Union*, pp. 151–158.

12 原註：Arad, *The Holocaust in the Soviet Union*, p. 152.

作給他們。兩天後，他們被帶離勞動營，全部遭到槍殺。剩下的人則被帶回明斯克，跟城裡的其他猶太人一樣，都住到猶太貧民區去，並且爲占領軍工作。明斯克的猶太貧民區人口至少有七萬人，可說是整個蘇聯占領區裡規模最大的。

猶太人靠蕁麻與馬鈴薯皮果腹，根本吃不飽，而且生活在恐懼之中。米海爾・葛里查尼克（Mikhail Grichanik）是明斯克一家服裝工廠的裁縫師，曾在那個貧民區待了幾個月才逃走，據其表示：「蓋世太保會突然開著卡車進入貧民窟，開始抓男人。」他的母親、妻子、三個小孩與其他三個親戚都慘遭納粹殺害。「他們會闖進公寓，用橡皮棍子毒打住戶，把他們帶走，說是要去泥煤田等地方工作。但那些被帶走的人就再也沒出現過了。」透過「特別行動隊」的許多書面報告，我們可以精確了解大屠殺行動的數字。八月十六日：六百一十五人被處死；八月三十一與九月一日：一千九百一十四人；九月四日：兩百一十四人；九月二十三日：兩千兩百七十八人。

九月某天，據說科瓦斯基家（Kovarsky）的爸爸帶著某個兒子躲在家中某處，眼睜睜看著衝進家裡的警察殺了他另外兩個兒子，還有兩個女兒，以及孩子們的祖母。年紀較大的女兒被處死前，警察還命令她脫掉衣服，站上餐桌跳舞給他們看。[13]

每天晚上，開始有一輛輛窗戶被遮起來的黑色廂型車在街上巡邏，逮捕猶太人、游擊隊員與無家可歸的孩子。令貧民區居民驚恐不已的是，他們發現那些車輛是某種毒殺猶太人的實驗裝置：它們經過改裝，把引擎廢氣直接排進廂型車後面的載貨區，裡面的乘客就會窒息而死。猶太人把那種車稱爲「靈魂毀滅車」。

一九四一年十一月七日，警方把明斯克猶太貧民區的所有居民趕到街上。名爲索菲雅·歐澤斯卡雅（Sofia Ozerskaya）的女老師是這次大屠殺的倖存者，據其回憶：「許多人驚恐地嚎叫，因爲絕望而放聲哭喊，婦孺啜泣流淚……整個城裡都能聽到他們的聲音。」[14]這一天是具有象徵性意義的，往常蘇聯都會在這一天慶祝共產革命。納粹政府故意安排一次嘲諷共產主義的假遊行，命令某些猶太人穿上最好的衣服，在一個紅旗旗手的帶領之下，在街頭遊行與誦唱愛國歌曲。遊行結束後，所有猶太人都被丟進卡車裡，載往附近某個集中營，關進穀倉裡去等死。接下來幾天內，他們被分批拖到壕溝旁，一個個被槍斃。這次行動中有一萬兩千人遇害。

兩週後，又有七千人被逮捕槍斃。猶太理髮師勒文（Levin）因爲技術很好，受到幾位認識他的納粹軍官保護，不過他也苦苦哀求指揮官放了他的妻女。德國指揮官同意了，但只能饒過一人，要勒文自己挑選。

「勒文挑了他女兒，」裁縫師葛里查尼克說，「等到工人們被帶到工廠時，他們個個臉色慘白，無法言語。」

德國人將會用這種方式繼續統治明斯克三年。

除了希姆萊的手下大規模屠殺無辜猶太人，羅森堡手下七位總督的其中兩位，也在蘇聯占領區裡動了起來：埃里希·科赫負責烏克蘭，而包括波羅的海諸國與一部分白俄羅斯的奧斯蘭（Ostland），則是交由

---

13 原註：Rubenstein and Altman, *The Unknown Black Book*, p. 244.
14 原註：Ibid., pp. 250–51.

辛里希・洛澤進行。

一九四一年七月底，洛澤被派往立陶宛的考那斯，臨行前曾與許多柏林官員進行會談，包括希特勒本人在內。洛澤在那裡也跟希姆萊碰過兩次面，藉此了解已經進行得如火如荼的屠殺猶太人行動。七月間，整個立陶宛有一萬五千名猶太人被逮捕，帶往郊外槍斃，然後埋進土坑。[15]幾千名立陶宛人自願幫助希姆萊的「特別行動隊」。八月一日，洛澤返回柏林向羅森堡與民政府的其他高官報告當地情況。他向大家描述立陶宛猶太人被屠殺的狀況，表示死亡人數為一萬，還說他們都是被「立陶宛百姓」殺掉的。洛澤說，每一晚都有人被殺。「根據元首的決策，」他說，「我們必須除掉這個地區的所有猶太人。」[16]

會報的隔一天，洛澤找上當地的親衛隊首領，要一起合作執行猶太人政策。那一年春天，羅森堡曾勾勒出東部占領區民政府的施政方針，洛澤也照著做：「逼猶太人工作、創造猶太貧民區等等」，可以當成猶太問題的「暫時解決方案」。[17]但洛澤的規定更為詳細，他要把鄉間的所有猶太人都「清除掉」。若無政府允許，他們不能隨意行動。「如果有必要的話」，他們隨時可能會被逮捕。猶太人身上必須配戴黃色星星，也禁止走人行道、開車與搭乘大眾運輸工具。他們不可以去劇院、圖書館、博物館、美術館、游泳池、遊樂場或體育場館。他們的財產都要被充公。

儘管這些規定聽起來如此嚴苛，但對親衛隊來講卻還不夠，而且他們有一種地盤被人入侵的感覺。

弗朗茨・瓦特・斯塔列克爾（Franz Walter Stahlecker）是奧斯蘭總督轄區暗殺部隊的指揮官，這個暗殺部隊也就是「特別行動隊」。在斯塔列克爾看來，洛澤忽略了一個事實：這是有史以來第一次「可以用極端的手段來處理猶太人問題」。他召開會議，要大家深入討論此事，因爲洛澤的施政方針是「遵循政府高層的一般政令……所以討論時不能形諸文字」。[18]

洛澤的回應方式是，將他的命令加以修改，並且強調他設定的限制只是「影響力最小的……暫時性措施，」而且民政府的官員不得干涉希姆萊麾下保安部隊的工作。[19]這一道新命令下達後，斯塔列克爾寫信給他的「特別行動隊」幹部，向他們保證洛澤會完全支持親衛隊，配合進行猶太人問題的解決工作。[20]

斯塔列克爾說的沒錯。這一次發生在親衛隊與奧斯蘭總督轄區民政府之間的爭議，跟雙方在一九四一到四二年間的許多爭議一樣，主要都是管轄權之爭。關鍵問題在於，東部占領區的猶太政策到底應該是個警政保安問題，因此必須由希姆萊處理，抑或是一個政治問題，因此必須由羅森堡來督導？羅森堡還沒放棄，仍然希望讓他的民政府成爲東部占領區的最高主權機關。他的助手奧托．布羅伊蒂加姆（Otto Bräutigam）認爲這不是明智之舉。布羅伊蒂加姆認爲，如果是要處理猶太人問題，「讓親衛隊與警察部隊首領來插手，應該不會不恰當。」[21]

15 原註：Arad, "The 'Final Solution' in Lithuania," p. 241.
16 原註：Browning, *Origins*, p. 284.
17 原註：Memorandum, "General organization and tasks of our office for the general handling of problems in the Eastern territories," April 29, 1941, reproduced as 1024-PS in Office of the U.S. Chief of Counsel, *Nazi Conspiracy*, vol. 3, p. 685.
18 原註：Browning, *Origins*, pp. 285–86.
19 原註：Memorandum, "Provisional directives on the treatment of Jews in the area of Reichskommissariat Ostland," reproduced as 1138-PS in Office of the U.S. Chief of Counsel, *Nazi Conspiracy*, vol. 3, pp. 800–5.
20 原註：Browning, *Origins*, p. 287.
21 原註：Steinberg, "The Third Reich Reflected," p. 647.

但是，一九四一年時，當希姆萊的部隊在他的地盤裡殘殺猶太人之際，羅森堡可不想被人晾在一邊，變成局外人。

一九四一年九月，羅森堡開始採取一個重大措施。22 柏林當局得知，史達林已經把蘇聯境內窩瓦河（Volga River）沿岸的六十萬德裔人口，用牛車載往西伯利亞與哈薩克。「莫斯科當局的恨意還是一樣衝著我們所有人而來，而且怨念比以往更強烈，」羅森堡在日記中寫道。23 他說，驅離那些德裔人口，等於是謀殺。「我命人草擬了一份措辭強硬的聲明給元首看，結果被他改得更爲強硬。昨天我要手下準備一份廣播演說的稿件，好把訊息傳給俄國與英、美，讓他們知道，如果這種大規模謀殺繼續進行下去，德國將會要中歐的猶太人爲此付出代價。」在寫給希特勒的備忘錄裡，羅森堡建議的報復措施是，立刻把「所有中歐猶太人」都驅逐到東部占領區。

先前，在大家呼籲驅逐猶太人之際，希特勒曾經拒絕過。當時他的盤算是，等到很快地以壓倒性的勝利擊垮蘇聯後，再來驅逐猶太人。但史達林的紅軍在戰爭初期慘遭痛擊，驚魂未定之後，又振作了起來，於是入侵三個月後，連柏林當局也已看出：顯然，莫斯科政府不會很快就被擊垮並宣布投降。

經過與里本特洛普、希姆萊的一輪討論之後，希特勒拍板定案：德國政府不能再等待，於是他在九月十七日命令希姆萊，開始動手把德國、奧地利與捷克的猶太人驅逐出境。

戈培爾興奮不已，人在東部占領區的他，早在一個月前就於日記裡寫道，猶太人「即將受到極度殘酷的對待」。

數以千計的猶太人陸陸續續被送往奧斯蘭總督轄區，拉脫維亞的首都里加與白俄羅斯的明斯克也開始興建新的集中營，但這並非當地民政府官員所樂見的。[24] 後來，羅森堡終於傳話給他們，表示這只會是暫時性的措施，猶太人不會待太久。羅森堡的種族問題顧問艾爾哈德・威澤爾（Erhard Wetzel）草擬了一封回函給洛澤，表示應該在拉脫維亞的里加設置「毒氣設施」，用來處理被驅逐的猶太人中，那些「沒有工作能力者」。[25] 維克托・布拉克（Viktor Brack）曾經把數萬有精神疾病的德國人給安樂死，其中許多人都是用致命毒氣。布拉克應該非常樂於把手下的技師派往里加，幫洛澤興建用來處理猶太人的設施。

沒有證據顯示這封信的確送了出去，這個提議也沒有下文（因為後來有好幾個死亡集中營都是興建在波蘭的占領區裡），但值得注意的是，羅森堡的民政府認為，「如果在布拉克的幫助之下，可以把沒有工作能力的猶太人清除掉，我方並不反對。」[26]

到了十月四日，海德里希與羅森堡麾下的民政府總督見面，敦促他們合作。[27] 他告訴大家，他不想要爭辯，而且無論如何，「如果想要執行處理猶太人的任務，在各方面都需要保安警察的配合。」但是在

22 原註：Kershaw, *Hitler: A Biography*, pp. 683–84.
23 原註：Rosenberg diary, September 12, 1941.
24 原註：Browning, *Origins*, pp. 303, 332–33.
25 原註：Ibid., pp. 304.
26 原註：Ibid. 史家並未發現這份文件有簽署並發送出去的證據。
27 原註：Ibid., p. 301.

一九四一年秋天，洛澤手下的民政府官員開始對希姆萊的保安部隊提出抗議，表示他們的屠殺行動實在太無法無天。

他們反對的並非屠殺行動本身。在面對猶太問題時，沒有任何納粹官員會想要表達出軟弱的一面。他們有意見的地方是，保安部隊往往沒有事先諮詢他們，或者是選擇在光天化日之下殺人，導致城裡人心惶惶，又或者是他們希望能赦免一些猶太人，讓他們當奴工。

洛澤手下的地區長官海因里希·卡爾（Heinrich Carl）表示，十月二十七日早上，有位警官帶隊前往白俄羅斯的斯盧茨克（Slutsk），宣稱他的部隊奉命把全城的猶太人都處理掉。28 卡爾寫了一份抗議的備忘錄，送達總督洛澤手裡，表示他並未事先獲得照會，而且有些猶太人是工匠，像是皮革匠、木匠與鐵匠之類。如果所有猶太人都被處決了，那城裡的工廠立刻就要關門大吉了。但那位警官對卡爾表示，他收到的命令是「把全城的猶太人都處理掉，不得有例外」。

行刑槍手的手法「殘暴至極，無法言喻」，已經接近「虐待狂的行徑」。已經開始有一些槍手會去工作的地方把猶太人拖出來，丟上卡車後，運往郊區槍殺。很多人被他們用橡皮棍棒與槍托毒打。「城裡到處都能聽見槍響，」卡爾在備忘錄中寫道，「許多街道上，都看得見被槍殺的猶太人，屍體枕藉。」

有些猶太人被活埋。有一位女孩在城裡四處奔走，想要籌錢解救父親。

警察把受害者的手錶、戒指搶走，打家劫舍，把靴子、皮件、黃金與一切可以攜帶的東西搶走。城裡的非猶太居民都「被嚇得目瞪口呆，」他寫道，「失去民心後，我們要花很多時間才能重獲信任。」

大約在同一時間，另一位地區長官表示，位於波羅的海海岸地區的拉脫維亞利耶帕亞（Liepaja），因爲殘殺猶太人的行動而被搞得天翻地覆。「已經有官員問我，眞的有必要連小孩都清理掉嗎？」[29]洛澤出手干預，要他們暫停利耶帕亞的行動。他也反對把里加某個猶太貧民區的居民都清除掉，結果希姆萊立刻派人傳話，要他不得干涉：「告訴洛澤，這是我的命令，所以也等於是實現元首的願望。」[30]

親衛隊向羅森堡的民政府提出抗議，要求洛澤解釋他爲何那麼做。

「我之所以禁止他們繼續在利耶帕亞處決猶太人，是因爲他們的手法毫無道理可言，」洛澤回覆道，「我想要問清楚的是，你們在十月三十一日提出的問題，是不是等同下令，要我們把東部占領區的所有猶太人都清除掉？」[31]洛澤並不覺得清除猶太人有什麼好內疚的，但那些人的確有留下來的必要。「將東部占領區的猶太人予以清除當然是必要的任務，但清除的手法不應該妨礙戰爭物資的生產活動。」在替代人力尚未訓練之前，洛澤不想失去如此寶貴的人力資源。

十二月時，羅森堡的民政府寄發一封加密文件給他，表示這個問題先前已經在柏林討論過並且解決了。「透過口頭的討論，目前我們可以說猶太人問題已經大致上澄清了，」那一封公文寫道，「在解決猶太人問題的過程中，基本上應該不用考慮經濟問題。」[32]如果洛澤還有問題的話，可以去諮詢親衛隊。

---

28 原註：Heinrich Carl memorandum to Wilhelm Kube, October 30, 1941, reproduced as 1104-PS in Office of the U.S. Chief of Counsel, *Nazi Conspiracy*, vol. 3, p. 785.
29 原註：Arad, "'Final Solution' in Lithuania," p. 249.
30 原註：Breitman, *Architect*, pp. 208, 217.
31 原註：Arad, "'Final Solution' in Lithuania," p. 250.
32 原註：Letter dated December 18, 1941 from Rosenberg's ministry to Lohse, reproduced as 3666-PS in Office of the U.S. Chief of Counsel, *Nazi Conspiracy*, vol. 6, pp. 402–3.

顯然他並沒有。他並未繼續爭論此事。

前述那些釐清猶太人問題的討論，是在一九四一年十一月中進行的，爲此羅森堡與希姆萊還見面開會。[33]十一月十五日週六，兩位納粹首領在下午兩點一起吃午餐，爲了解決羅森堡手下各占領區總督與希姆萊那些警察部隊之間的爭議，兩人在餐後談了四小時。

爲了加快清除歐洲的猶太人，希姆萊所執行的計畫愈來愈極端，但我們不清楚會談時，他有沒有把那些計畫內容詳細告知羅森堡。八月時，希姆萊曾在明斯克親眼目睹一場屠殺猶太人的行動，自此就開始積極尋找各種更爲有效的殺人手法。震驚不已的他認爲，如果要那些槍手每次都要負責槍殺數以千計的猶太人，他們的心理健康很難不受到影響。所以，當他與羅森堡在十一月會面時，在波蘭東南部的貝爾賽克（Belzec）滅絕營中，已經開始興建第一個設備完善的毒氣室。

會議結束的三天後，羅森堡召開了一個祕密記者會，表示要用「生物性的手法消滅猶太人」，在希姆萊跟他提及的所有手法中，這個「生物性手法」是最佳選擇。[34]

十一月十八日週二下午，一群德國媒體代表受邀到羅森堡的民政府總部去參加一場記者會。他的總部是一棟石灰岩外牆大型建築，位於柏林提爾公園的西南端。這是羅森堡第一次以東部占領區民政府首長的身分現身。其實這個人事案也才剛剛公告沒多久，因爲希特勒認爲，在巴巴羅薩行動進行後的頭幾個月，最好能夠嚴守機密，不讓這個占領區政府機關的計畫曝光。

羅森堡身穿一件條紋西裝，衣領上戴著納粹別針，聚集在他面前的都是忠於納粹政府，而且行動受到宣傳部監督的德國記者。他說，之所以召開記者會，是希望大家能了解東部占領區的現況。但他們不能報導他的談話內容，至少不能把情況描述得太清楚。這只是一次背景簡報，因此他即將說的一切都是最高機密。

媒體並未報導他的談話內容，但他的講稿於戰後出現在他的那些文件裡。首先，他談的是要永久將那些原本屬於蘇聯的占領區予以瓜分，並且剝削其天然資源，接著就談起了猶太人問題。

「在東部占領區，」羅森堡向記者們表示，「大約還有六百萬名猶太人存活著，如果想要解決這個問題，就必須以生物性的手法消除歐洲的所有猶太人。對於德國而言，只有全部猶太人都從境內消失，這個問題才算是獲得解決，而對於歐洲來講，則是應該要讓烏拉山以西都沒有任何一個猶太人存在。這是我們命中註定應該承擔的任務。」他提起德國於一九一八年十一月九日投降，「那一天也是命中註定，而且具有關鍵影響。在當時，猶太人已經顯露出想要毀滅德國的企圖心。但多虧了元首，還有德意志民族的堅強性格，猶太人並未得逞。」但只要猶太人還住在歐洲大陸，風險仍在，同情猶太人的歐洲人還是有可能讓他們再度興盛。這就是爲什麼有必要把他們都驅逐，有必要「把他們驅逐出烏拉山以西的地區，或者用其他方式清除」。

他的話說得再清楚不過了。所謂「驅逐後移往東部占領區」其實是委婉的說詞。到了一九四一年底，這句話的意思就等於是要把他們殺光。

---

33 原註：Arad, "Alfred Rosenberg and the 'Final Solution' in the Occupied Soviet Territories," pp. 279–80.
34 原註：Browning, *Origins*, p. 404.

十月與十一月間，雖然有洛澤與其他幾位民政府官員針對技術性問題提出反對意見，但那些都只是少數的例外。從羅森堡以降，東部占領區民政府的所有官員都爲這些屠殺行動背書，並且與希姆萊的警察部隊配合無間，爲殺人的工作鋪路。[35]

民政府官員負責列出猶太人的財產清單，也幫忙逮捕受害者，甚至跟著到現場去目睹殺人的狀況，還有一些官員開槍殺人。

到了十一月底，洛澤獲得的指示是，希姆萊下令清除里加猶太貧民區的所有人口，而這也等於是元首下的命令，所以他不再反對，只能眼睜睜看著希姆萊的手下與拉脫維亞警察，將一萬四千名猶太人帶往里加郊區六英里外的倫布拉森林（Rumbula Forest）。[36]首批從柏林被帶往東部占領區猶太人有一大部分都在半路上凍死了，但剩餘的倖存者這次一樣也被帶往那個森林。所有受害者都把衣服脫掉，躺在壕溝裡，慘遭槍斃。用泥土把壕溝填起來後，再用壓路機把土地給壓平。[37]

希姆萊旗下「特別行動隊」還有一個分支單位被稱爲「立即執行小組」（Einsatzcommando），而卡爾·葉格（Karl Jäger）是該小組駐立陶宛部隊的首領，一九四一年十二月，他曾以赤裸裸的文字描述了自該年夏天以來，他在立陶宛所執行的工作內容。「立陶宛已經沒有任何猶太人了，」他寫道，「除了那些可以工作的猶太人與他們的家人之外。」他們活了下來，但都成爲奴工。根據葉格的統計，占領行動之前，該國有超過二十五萬猶太人口，此刻大概只有三萬五千人倖存。

他還說，要不是因爲那一點點礙事的經濟利益，他很樂於把所有猶太人都殺掉。[38]

到了那年年底，百分之七十的立陶宛猶太人都已經死亡，等於是十七萬七千人。他們幾乎都是在洛澤來到占領區**之後**被殺的。[39] 至於在拉脫維亞，全國的七萬五千名猶太人則是有百分之九十死亡。就整個東部占領區而言，已經死掉的猶太平民已經高達八十萬人。[40]

一九四一年下半年，在大屠殺進行的同時，許多天主教教士又開始在演講或撰文時，批評納粹政府，希特勒對此甚感不悅。「看來，某些『禿驢』似乎有頭痛問題。我看只有讓他們掉腦袋，才能消除頭痛。」[41] 他口中的「禿驢」指的就是天主教教士，因爲他們爲了表達虔誠獻身的精神，必須把頭髮剃掉。

「顯然，」羅森堡在日記裡面又加了一句，「這些天主教的紳士們還不太了解他。」

但教士們抗議的大屠殺並不是在東部占領區所進行的那種，而是在國內進行的所謂「T4」計畫，之所以被簡稱爲這個名字，是因爲納粹打算偷偷把許多身心障礙兒童與成人安樂死，這個計畫在柏林的總部就位於提爾公園大街四號（Tiergartenstrasse 4）。[42] 一九三九年，希特勒發起這個計畫，算是納粹黨爲了淨化雅利安民族的血統而採取的諸多措施之一。因爲許多機構都接受通知，要它們針對所屬病人塡寫問卷，消息才就此傳開。許多受害者都是在教會所屬組織裡接受照護。儘管宗教界領袖驚覺情況有異，悄悄地四

35 原註：Longerich, *Holocaust*, pp. 345–56.
36 原註：Gerlach, "The Wannsee Conference," p. 768.
37 原註：Breitman, *Architect*, p. 219.
38 原註：Arad, " 'Final Solution' in Lithuania," p. 252.
39 原註：Ibid., p. 247.
40 原註：Matthäus, "Controlled Escalation," p. 219.
41 原註：Rosenberg diary, October 1, 1941.

處奔走，想要阻止「T 4」計畫，但卻未能公開呼籲政府就此終止，唯恐遭到納粹報復。

不過，在一九四一年八月三日，明斯特的克萊門斯．馮．蓋倫主教終於決定要在講道時，公開批評納粹的殺人罪行。「根據可靠消息指出，」他向聖朗伯教堂（St. Lambert's Church）的教友們表示，「西發里亞地區（Westphalia）的許多醫院與養護之家都開出了清單，把一些病人列爲『沒有生產力的國民』，而且他們即將會被帶離那些機構，不久後就會被殺害。這週就會有第一批病人離開明斯特附近馬里恩塔爾（Marienthal）的某家精神病院。」他說，很快那些受害者的骨灰就會被送交給近親，並且謊稱他們是自然死亡。

馮．蓋倫主教說，這是謀殺行徑。在納粹高層的眼裡，那些人不再「具有生產力」，所以才會被害死。如果任由這種充滿偏見的原則被接受，「那麼等到我們老了、病了，災難就會降臨我們身上……災難不只降臨在身心障礙者身上……也降臨在那些英勇的士兵身上，因爲他們有些人返家時，也是身體帶著重大傷殘、行動不便，或是變成病人！」主教接著表示，根據此一政策，「任誰的生命都沒有保障，將會有某種委員會可以把任何人名列爲『不具生產力』，因此被斷定爲『沒有存活的價值』。警察不會保護他們，他們被殺了也不會有法庭幫他們報仇，將兇手繩之以法。」

他的演講引燃國人的怒火，於是希特勒在八月二十四日偷偷地中止安樂死計畫，就像當初他偷偷地啓動計畫那樣。除了輿論壓力之外，也許還有其他一些理由促使希特勒如此決定。首先，「T 4」計畫清除的人數已經達到當初設定的數字：七萬人。而且，就像羅森堡的顧問威澤爾在那份惡名昭彰的信件草稿中對洛澤總督所說的，「T 4」計畫負責人維克托．布拉克的那些「助手們」即將被派往東部占領區，因爲納粹政府預計要在那裡毒殺數量遠遠超過七萬的猶太人。

四個月後，也就是在一九四一年十二月，羅森堡與希特勒仍在討論這次由天主教引發的騷亂。希特勒感到大惑不解。「如果教會堅持要留下那些白痴，」羅森堡在日記中寫道，「他可以把所有笨蛋都交給他們，讓笨蛋當教士，當他們的信徒。」[43]英國ＢＢＣ廣播電台也播出了那些講道內容，並且被翻譯成其他語言，印製成小冊子，由英國政府空投到德國、法國、荷蘭、波蘭與其他被德軍占領的歐洲地區。其他教士也加入反對陣營，透過寫信或演講來表達意見。

「元首說，這些紳士們想當『烈士』，希望光榮地遭政府逮捕，」羅森堡寫道。而且就某方面來講，他們的確如願以償了：散播馮．蓋倫主教講道內容的人，都遭到蓋世太保逮捕，送往集中營。但主教自己倒是沒事。儘管許多納粹高層要求把馮．蓋倫處以絞刑，但希特勒害怕國內政情掀起波瀾，而且也不想讓他變成烈士。[44]他決定等到戰後再找主教算帳。就像羅森堡在日記中所寫的那樣，無論如何，「明斯特的主教總有一天必須挨子彈。」

儘管「Ｔ４」計畫取消了，在德國還是有身心障礙兒童繼續遭人以毒氣殺死。

還有，屠殺猶太人的行動仍未停歇。等到德國的猶太人也開始被驅逐出境時，馮．蓋倫並未說些什麼，至少他並未公開發表意見。[45]

---

42 原註：Greich-Polelle, *Bishop von Galen*, pp. 78–80; Evans, *The Third Reich at War*, pp. 95–101.
43 原註：Rosenberg diary, December 14, 1941.
44 原註：Greich-Polelle, *Bishop von Galen*, pp. 89–92.
45 原註：Ibid., p. 92.

一九四一年十二月十二日，在日本偷襲珍珠港的五天後，德國對美國宣戰的隔天，希特勒邀請黨內高層領導人前往他在柏林的私宅，告訴他們：該是讓猶太人問題一了百了的時候了。「元首決心要徹底排除障礙，」聽過那一席祕密演講後，戈培爾在日記中寫道，「他早就警告過猶太人了：如果他們引發了另一次世界大戰，那就是自取滅亡。如今世界大戰已經爆發……那些引發這場流血衝突的人，必須用自己的命來贖罪。」46

當月稍晚，羅森堡必須要去柏林體育宮發表一場演說，他本來會提及納粹將對猶太人採取新的報復措施，只因盟國海軍持續封鎖德國海域，不讓船隻進出。原本他打算說：「紐約猶太人」以陰謀詭計「在全世界煽動反德情緒」，「為此德國也會對居住在東部占領區的猶太人採取相應的措施。」47在東部占領區，有六百萬猶太人生活在納粹的控制之下，而他們是「全世界猶太人權力的來源與泉源」。德國必須開始「毀滅紐約那些猶太人能夠取得權力的來源」，手法是著手「將那些寄生蟲般的猶太分子予以消滅」。他擬定的演說內容，很像一個月前他在德國記者面前說的那席未公開談話。

但是，既然美國宣戰了，羅森堡認為現在的時機並不適合發表如此爆炸性的言論。納粹之所以不斷拿猶太人的性命出來威脅美國，理由之一是希望能藉此阻止美國參戰。但既然美國已經參戰，那他的威脅言論好像也沒必要了。

十二月十四日，他與希特勒見面討論該怎麼做。「就猶太人問題而言，」在一份關於這次與元首會面的備忘錄裡，羅森堡寫道，「我說，既然已經有了決定，那麼我那些關於紐約猶太人的言論現在也許必須更改了。」所謂「決定」，應該是指美國參戰的決定。「我的立場是，不應提及猶太人將會被消滅之事。」48希特勒也同意，還表示，他認爲沒有必要對柏林體育宮裡的群眾說那些話，因爲畢竟大家都很清楚，消除猶太人本來就是羅森堡整個政治生涯所追求的最重要志業。既然猶太人引發了這一場戰爭與帶來毀滅，那他們就該成爲最先嘗到苦果的人。

在同一天，希特勒又召開了另一場會議，與會者除了羅森堡，還有希姆萊以及菲力浦・鮑赫勒（Philipp Bouhler），他也是「T4」安樂死計畫的最高負責人之一。49

雖說納粹黨尚未準備好要公開討論消滅猶太人之事，但是在希特勒私底下對黨內高層發表那一席談話之後，有許多天，這個話題一直是高層領導人之間的主要話題。波蘭占領地的總督漢斯・法蘭克就是其中之一。聽過希特勒那一席話之後，他回到自己的地盤時，滿腦子都在想要如何消滅猶太人。「至於猶太人，嗯，我可以坦白告訴大家，我們終究是要把他們都消滅掉的……他們就要從這世上消失了，」他對著占領地的一群納粹官員說。「我們必須擺脫猶太人。」50

---

46 原註：Gerlach, "Wannsee Conference," p. 785。Gerlach 主張這是希特勒決定把所有猶太人滅絕於歐洲的一個宣告，但其他歷史學者並不認同。

47 原註：Ibid., p. 784.

48 原註：Rosenberg, "Memorandum about discussions with the Fuhrer on 14 December 1941," reproduced as 1517-PS in Office of the U.S. Chief of Counsel, *Nazi Conspiracy*, vol. 4, p. 55。也可以參閱：Browning, *Origins*, p. 410。也有人主張羅森堡在這裡提及的是一個不久前才做出的政策決定，也就是要開始實施最後解決方案，請參閱：Gerlach, "Wannsee Conference,"。

49 原註：Trevor-Roper, *Hitler's Table Talk 1941–1944*, p. 112. See Piper, *Alfred Rosenberg*, p. 589。他們完整的討論紀錄並沒有被保存下來。

50 原註：Gerlach, "Wannsee Conference," p. 790.

五週後，在一九四二年一月的某個週二，十五位納粹高官驅車前往柏林郊區萬湖鎮，在親衛隊的會館前面下車。萬湖鎮是個高級住宅區，有非常美麗的湖光水色，還有一大片湖畔水岸，每到夏天就會變成有錢人與權貴的避暑勝地。但這天早上，從窗外看過去，只見雪落湖面。坐定後，高官們以干邑白蘭地暖身。

桌邊的官員有外交、內政、司法與經濟等各部會的祕書長、副祕書長，還有波蘭占領地民政府的高官。負責處理猶太人問題的親衛隊首領來了七位。後來，坎普納將會這樣描述那一群人：「這些先生們知道的事情，都是我們必須知道的。」51 跟其他部會首長一樣，羅森堡也沒有親自與會。不過他派了兩名東部占領區民政府的要員代表他：民政府副首長阿佛烈・邁耶（Alfred Meyer），還有民政府政務處處長喬治・賴布蘭（Georg Leibbrandt）。會後，他們當然也都把會議內容向羅森堡報告了。

召開這場會議的人是海德里希，不過很特別的一點是，會議通知上面對於要開會討論些什麼，可說是保密到家。阿道夫・艾希曼負責在會後草擬會議摘要並寄發給與會者和其他官員，他在海德里希擔任部長的親衛隊國家安全部裡擔任猶太人事務處處長，負責籌畫並執行歐洲各地所有猶太人的驅逐與遣送事宜。艾希曼的會議摘要內容可說是罪大惡極，難怪三十個收到摘要的人，有二十九個把它銷毀了，而且從僅存的一份摘要看來，這一個半小時的會議即將成爲歷史的分水嶺，對於納粹所規畫的猶太人問題解決方案而言，也是個關鍵會議。

在擬定最終解決方案的藍圖之後，海德里希想讓各個部會針對此一藍圖達成共識。他提醒與會官員，他所肩負的任務是要幫歐洲擺脫猶太人，而且還特別指出，過去他們已經用十年的時間，以各種方式刺激猶太人移民海外，攻擊他們、逮捕他們，還有歧視他們，但問題都未獲解決。所以希特勒已經批准了一個新的解決方案：「把猶太人疏散到東部占領區。」

海德里希是這個計畫大綱的擬定者。從西歐到東歐，所有猶太人都會被一個個找出來，如果體力足以做苦工的，就讓他們做工做到死。「我們將會把適合工作的猶太人，組織成一批批人數龐大、清一色是男性的苦力隊伍，讓他們修築通往東部占領區的道路。在逐漸往東邊移動的過程中，肯定會有大批猶太人自然死亡，」艾希曼的摘要如此寫道，「無疑的，最後的倖存者就是那些反抗性格最爲強烈的。我們必須適當地處理這些人，斬草除根，否則這些經過天擇之後留下的猶太人，有朝一日肯定能讓猶太人重新復興起來（別忘了歷史的教訓）。」[52]

儘管海德里希以如此赤裸裸的方式，描述了一個終究會把所有歐洲猶太人處死的政策，但後來與會者全都否認他曾在會上說到要毀滅整個猶太民族。不過，根據艾希曼的自白，會議紀錄有必要以較爲委婉的措詞寫成，所以他用暗語做紀錄，把萬湖會議十五位與會者的談話內容給模糊化，但其實他們談的並非疏散猶太人，而是要徹底消滅他們。

在如此恐怖的大屠殺事件中，這個會議非常具有象徵性，它點出了整起事件中最令人困惑的一個問題：像德國這種如此開化而先進的國家，怎麼會退化成如此殘酷的野蠻狀態？「那優雅別墅位於歐洲最先進首都郊外的高級住宅區，室內的氛圍是如此高雅，」史學家馬克・羅斯曼（Mark Roseman）寫道，「而

51 原註：Roseman, *The Villa, the Lake, the Meeting*, p. 57.
52 原註：Ibid., p. 113.

且與會的十五位官員全都是接受過高等教育的文明人，來自一個開化而文明的社會，所有人都會遵守各種恰當的禮節。但卻有一件涉及消滅整個種族的事在會上進行討論，並且無異議通過。」[53]

萬湖會議召開的幾個月前，希特勒曾經思索過他爲了隔離德國猶太人，而採取的種種舉措。他的腦海浮現一個令人不寒而慄的比喻：猶太人就像細菌。這個比喻讓他把一九二〇年代的某句邪惡競選口號，跟知名細菌學家羅伯・柯霍（坎普納會被命名爲羅伯就是因爲他，而且他也是坎普納的教父）聯想在一起。

「我覺得自己就像政界的羅伯・柯霍，」元首對某位同志表示。[54]他們倆在黎明前聊天，東方的天空已經開始有亮光出現。希特勒解釋自己的話是什麼意思：「他發現了結核桿菌，藉此把醫學研究帶往新的道路。我則是發現猶太人是導致社會腐化瓦解的細菌與酵素。他們就像酵素。

「而且我也證明了一件事：任何國家都可以在沒有猶太人的狀況下，繼續存活運作。」

---

53 原註：Roseman, *The Villa, the Lake, the Meeting*, pp. 87–88.
54 原註：Kershaw, *Hitler, 1936–45: Nemesis*, p. 470.

19

「猶太人特有的悲慘命運」

二戰開打當天，住在柏林的猶太人馬克斯·萊納赫（Max Reinach）與妻子芙麗妲（Frieda Reinach）打開了一本小小的黑色格紋筆記本來寫日記。[1] 夫婦倆的成年子女都已設法逃出德國，日記就是寫給他們看的。半世紀後，這本日記的黑色封面已經破破爛爛，用3M膠帶修復過，最後拿到它的是華盛頓大屠殺紀念博物館的檔案組主任亨利·梅耶，他算是萊納赫夫婦的孫輩遠親。

「在這本小簿子裡，我想把往後的日子記錄下來。親愛的孩子們，這日記是為你們而寫的，這樣有朝一日，你們才會了解我們生活的這個時代，還有我們蒙受的苦難，」馬克斯寫道，「爸媽相信，過去我們在生活困苦時，曾受到上帝庇護，往後祂一樣會庇護我們。所以才會有這麼一段話：『汝為永生之主的兒女。若天父對兒女生氣，還是不會讓他們蒙受毀滅之厄運。』我們是清白之身，沒做過虧心事，唯一能讓我們畏懼的，只有天父。」

二戰前，芙麗妲是個老師，馬克斯在賣雪茄。兩人都丟了飯碗後，就改到猶太社區中心的慈善廚房去當志工。但日子一天天過去，戰爭沒完沒了，戰火日益猛烈，芙麗妲也變得愈來愈憂鬱。他們家的宗教信仰並非特別虔誠，但馬克斯又重新擁抱信仰，開始用堅忍不拔而且帶有哲學性的態度，去看待猶太人在第三帝

1 原註：Frieda and Max Reinach diary, United States Holocaust Memorial Museum。

國所遭逢的種種試煉。他誓言會跟芙麗妲一起爲自己的生命奮鬥到最後。那些失去信仰的人都變軟弱了，但他們不會。「我們都已經快要被無法言喻的苦難和悲傷給壓垮，所以需要磐石一般的堅定信仰與信念，篤信天主，才能夠通過現在的種種試煉，」他對孩子們說，「爸媽的意志力堅定，可以撐過這個充滿恐怖的時代，迎向不同的未來，還能過幾年安詳平和的日子。」

「法律規定我們身上必須配戴六芒星……星星下面寫著**猶太人**，」馬克斯於一九四一年九月寫道。法律還規定六芒星必須繡在衣服胸口的左側。那種六芒星標誌是布料材質，總共生產了將近一百萬個，剪下來之後賣給猶太人，每個要價十芬尼。[2]規定猶太人衣服繡上六芒星的目的，是爲了讓蓋世太保隨時可以盤問他們。沒繡上六芒星的人有可能會被逮捕。馬克斯驚恐地寫道：「我做夢也沒想到會發生這種事。」

相關規定每一年都變得更嚴格。[3]猶太人若未獲准，不能走進火車站。他們不可以進入柏林中央政府林立的地區。他們甚至不可以開車。一份納粹手冊寫道：「在德國，猶太人再也不能夠坐進駕駛座了！」政府命令他們必須遵守宵禁規定，晚間八點後禁止外出，週末則是九點。他們不能持有公司股票、珠寶與藝術作品。他們的家中不能裝電話，也不能持有收音機，而且政府命令他們在整年最神聖的一天，也就是贖罪日當天，交出收音機。甚至於他們獲得的食物配給量也比隔壁的雅利安人鄰居少，而且每天只能在比較晚的時候去店裡購物，可是那時候貨架上幾乎已經沒有東西可以買了。

「過去六十年來，」馬克斯悲嘆道，「我們總是覺得應該要讓自己看起來跟別人盡量沒有太大差異，如今小孩卻以在街上數猶太人爲樂。我們不再是與別人平等的公民。」

馬克斯與芙麗妲·萊納赫抱著他們的女兒楚德，當時他們尚能安享天倫之樂。（圖片來源：U.S. Holocaust Memorial Museum, courtesy of Ilana Schwartz）

宣傳部到處貼海報，上面印著希特勒於一九三九年一月三十日在德國國會所宣告的「預言」：「如果歐洲各國與歐洲以外地區的猶太裔國際金融家再次成功引燃另一次世界大戰戰火，結果不會是全世界都被布爾什維克化，猶太人也不會就此取得勝利，而是歐洲的猶太民族會遭遇滅絕的厄運！」4

一九四二年五月，馬克斯思索著猶太人這個民族，以及「猶太人特有的悲慘命運」。驅離作業已經開始了。一九四一年十月十八日，第一批火車離開柏林，從這一天開始，政府再也不准猶太人移民了。5

馬克斯在日記中表示，他們夫妻倆的兄弟姐妹們都

2 原註：Meyer, Simon, and Schütz, *Jews in Nazi Berlin*, p. 111。（譯註：pfennig，一百芬尼等於一馬克。）
3 原註：Ibid., pp. 102–4.
4 原註：Kershaw, *Hitler: A Biography*, p. 469.
5 原註：Meyer, Simon, and Schütz, *Jews in Nazi Berlin*, pp. 184–85.

已經先被「疏散」了：馬克斯、茱爾、摩里茲、瑪塔、里安娜、愛黛兒與伯恩哈德。「我們在這裡的朋友也大都被帶走了，生活變得非常寂寥。」不過他仍相信自己會再跟孩子們見面。他寫道，如果他錯了，那麼大家也不該感到悲慟。「直到夜幕降臨，直到黑夜籠罩我們四周，你們還是可以照亮我們，」他寫道，「你們的童年過得快樂歡娛，也感染了我們，所以那些記憶會持續留存著。」

幾天後換芙麗妲開始寫日記，看得出來她隱藏不住自己的怒氣。「自從一九四一年十月開始，已經有幾千個猶太人被『疏散』了？」她寫道。「他們說，從德國『疏散』。他們用了一個比較委婉的措辭，『疏散』……我一想到『疏散』這兩個字就害怕，而且我們無時無刻想著自己很可能會被『疏散』，爲此心懷恐懼。每當我想到這件事，我就驚惶失措，而且我很清楚，如果我不得不走上這條路，親愛的孩子們，那我們就再也無法見面了。」

有一段時間，即便他們自己也沒有多少東西可以吃，身體瘦了一大圈，但還是會寄食物和錢到波蘭羅茲的猶太貧民區給親戚們。後來，政府開始不許他們用配給票購買肉、魚、奶油、蛋、水果、咖啡與菸酒。他們也不能購買鞋子、香皀或柴火。6

到公園裡時，他們只獲准坐在猶太人專用的長凳上。「那些長凳都被漆成黃色的，」芙麗妲寫道，「我們拒絕坐在那種長凳上。」接著政府則是完全禁止他們進入公園。

過沒多久，政府命令猶太人把寵物都交出來。「違反此規則者，」政府的通告寫道，「將會有警察找上門。」

一九四二年五月二十四日，與他們共住在一間公寓裡的婦女被迫遷出她的房間。馬克斯寫道，「在把人帶走之前，他們總是會先這麼做。」

到了六月，有一件事開始讓他們感到很掙扎：馬克斯應該去幫納粹工作嗎？他們不需要錢，因爲政府幾乎不讓他們買任何東西。但工作也許能讓他們免於被「疏散」。因爲在猶太社區中心工作，他們暫時無安全之虞。但如果馬克斯能夠到彈藥工廠去工作，對戰爭做出貢獻，那他們的安全就會更有保障。[7] 但話說回來，如果想要工作，就要去登記，那麼納粹也許就會想到要把他們夫妻倆都送走。「要做決定好困難，也好複雜，」芙麗妲寫道，「因爲無論做什麼決定，結果可能都會發現是錯誤的。」

那些親戚被送往東部占領區之後就音訊全無。「他們在哪裡？」她寫道，「他們過得怎樣呢？」他們必須把所有家電都交出去，包括吸塵器、熨斗、熱敷墊和電爐。他們不能上理髮廳。他們被迫交出家裡的打字機、腳踏車、照相機與望遠鏡。「很『美好』吧？」芙麗妲寫道，「不過，實際上這也不算太糟。每天都會發生的事包括：有人被逮捕、被槍斃、被處決。我很害怕，但這有什麼奇怪的嗎？……只有奇蹟發生我們才能獲救，而且奇蹟不能太晚降臨。否則我們都要沒命了。」他們還抱著德國會戰敗的一線希望，但那似乎是太過一廂情願了。「現在並不是可以做夢的時候。」

當時是夏天，但是多雨，他們很冷。那年年初，政府就已經命令他們交出皮毛與羊毛衣服了。

6 原註：Meyer, Simon, and Schütz, *Jews in Nazi Berlin*, p. 107.
7 原註：Ibid., p. 187.

六月二十九日，馬克斯去登記，表示要幫政府工作。他們要他回家去等消息。一週後，消息來了，他們即將要被「疏散」，而且奉命要在四個月內向政府機關報到。他們倆都感到驚駭莫名，但有些時候馬克斯「內心有一種更爲平靜的奇怪感受」。

「如你們所見，我去進行求職登記是錯誤的決定，」他寫道，「但只要是人類就會有自己的命運。保護我的主將不會在我感到恐懼、受到折磨時離開我，因爲祂總是與我們同在。」

三個半月後，芙麗妲與馬克斯接獲通知，要他們在十月二十日早上七點前往奧拉寧堡大街（Oranienburger Strasse）的猶太社區中心辦公室。他們跟該組織其餘一千五百名員工一樣，在恐懼中等待蓋世太保的人出現。

一年前，柏林的猶太領袖們被迫成爲納粹幫兇，協助處理把猶太人運往東部占領區的相關事宜。[8] 提爾公園地區某家已經關閉的猶太會堂被改建成「集合營」，由猶太社區中心的員工幫忙，替被選中的猶太人處理相關程序。根據一位戰後還倖存的猶太人表示，「儘管內心滿是憂慮」，猶太領袖們還是乖乖配合。此時，他們還不知道只要被驅離，就意味著踏上死亡之路。他們想要讓火車乘客們在路途中能夠有足夠的衣服可以穿，也有食物與用品。他們認爲，只要他們未把所有事情都交由蓋世太保來處理，那麼整個過程就會比較沒那麼殘忍。

但現在蓋世太保連他們也不放過了。[9]

在猶太社區中心的會議室、辦公室與走廊上，員工們等了好幾個小時。警察來了之後，宣稱其中五百人要被開除了，而且立即生效，他們必須在兩天內前往集合營報到。只要有一個猶太人沒有去報到，就會有一個猶太領袖被槍斃。

驅離名單已經擬好了，萊納赫夫婦的名字也在上面。

震驚不已的他們於當天下午三點返家。

芙麗妲在午夜時提筆，爲孩子們寫下最後幾句話，希望總有一天日記會流傳到他們手裡。「猶太人的宿命害了我們，我們失去了國家、家園與財物。一切都失去了……繼續在我們溫馨的家裡待兩天後，我們就會變得一無所有了。」她希望子女與孫兒們能夠一生過得快快樂樂。「我知道你們永遠不會忘記我們，但我只有一個願望：別讓我們的宿命妨礙你們的人生。」

兩天後，馬克斯留下他自己最後的遺言。他說自己絕對不會帶著恐懼離開。無論即將發生什麼事，都是應該發生的。「我們所有的財物都沒了，而且馬上就要離開我們猶太人已經居住超過四百年的國家，身上連足夠的衣服都沒有，」他寫道，「我們還不知道自己會去哪裡，但天主無所不在，無論我們在哪裡呼求祂，都能找到祂。」

驅離工作早已變成例行公事。十月二十二日，芙麗妲與馬克斯前往集合營。他們把剩餘的財物交出來

8 原註：Meyer, Simon, and Schütz, *Jews in Nazi Berlin*, p. 321.
9 原註：Ibid., p. 327.

登記，然後就被充公了。他們的行李袋被檢查，確認已經沒有貴重物品。[10]四天後的一大早，他們離開集合營，步行前往北邊兩英里處的火車貨運站。在其餘將近八百名猶太人中，有八十八個十五歲以下的兒童，所有人都走上了三等車廂，踏上前往東部占領區的路途。

行李並未跟著他們一起去。他們留在柏林的公寓則是很快就被別人接收了。

十月二十九日，馬克斯夫婦與其他即將被處決的猶太人抵達拉脫維亞里加郊區的一個火車站，那裡與柏林相距七百多英里。下車後，他們被帶進森林裡，直接槍斃。[11]

不久後，定居在以色列的女兒楚德（Trude）收到爸媽寄的一封短信，是在他們被驅離的幾天前，由德國紅十字會柏林分會幫忙寄出的。「珍重再見，這一句誠摯祝福的話來自我們內心深處。願天主保佑你。」

短信上面署名處只簽了幾個字：「你悲傷的爸媽。」

一個月後，納粹開始讓火車直接從柏林開往奧斯威辛集中營。在戰爭結束前，被驅離柏林的猶太人一共有五萬名。能在戰後倖存的柏林猶太人只有八千人。[12]

如同某位史學家後來寫道，納粹的所作所為，無非是「仔細地把被驅離者在社會上留下的蹤跡，全都徹底抹除」。[13]

但在萊納赫夫婦離開前，跟他們住同一棟公寓大樓的某位婦女同意幫他們保留日記，並且試著交給他們的孩子。[14]這位婦女非常看重這個使命，甚至一直把日記繫在腰際。她在戰後把日記交給一位美軍士兵，還有萊納赫家親戚們在美國的住址。士兵返國後，把日記交給萊納赫夫婦住在波士頓郊區的女兒莉莉安。

多年後，楚德把日記翻譯成英文，因爲她的孫兒們都看不懂德文。她不只希望他們去閱讀那本日記，她還有「更深層的動機」。如果能把日記傳給下一個世代，這樣她才能讓世人永遠記得她爸媽，也可以藉此紀念她的公婆，紀念數百萬因爲納粹而死去的人。

她用兩行詩句來結束自己寫的信，她說那是猶太裔德國作家阿佛烈·克爾（Alfred Kerr）[15]的作品：

> 只有那些被遺忘的人
> 才是真正死去了

---

10 原註：Meyer, Simon, and Schütz, *Jews in Nazi Berlin*, p. 185.

11 原註：Bundesarchiv memorial book for the victims of Nazi persecution of Jews in Germany (1933–1945), bundesarchiv.de/gedenkbuch.

12 原註：Meyer, Simon, and Schütz, *Jews in Nazi Berlin*, p. 189.

13 原註：Longerich, *Holocaust*, p. 288.

14 原註：Trude and Walter Koshland to their grandchildren, December 1972, letter on file with the Reinach diary.

15 原註：非常巧合的是，克爾的本名是阿佛烈·坎普納（Alfred Kempner），是羅伯·坎普納的遠房堂親。坎普納曾於一九四二年寫信給克爾，克爾的回信帶著一點詩意：「時局艱困，及時行樂。在審判日，吊死匈奴人」。請參閱：Kerr to Kempner, July 13, 1942, Kempner Papers, Box 1。

20 美國本土的納粹分子

抵達紐約後，有一半的德國移民都決定待下來，至少就坎普納所知是這樣。許多人最後都在該市的華盛頓高地（Washington Heights）定居下來，所以後來那裡才會被取了一個外號，叫作「第四帝國」。坎普納在費城落腳，但他實在不想過都市生活，所以在財務狀況允許之後，就搬到費城郊區的蘭斯唐恩，那個只有一平方英里的小鎮老樹林立，到處都是維多利亞時代風格的大房子。[1] 那裡讓他覺得自己好像置身柏林老家，以前他住的利希特費爾德地區就是這樣綠樹如茵。他在一個靜僻的角落買了一間樓房，常常邀請城裡的朋友南下來找他，一起在陽台上眺望公園與穿越其中的小溪。

儘管這小小的世外桃源讓人覺得非常詩情畫意，但因爲美國剛對納粹德國宣戰，新近才移民美國的德國人都覺得生活已經開始變得比較複雜。「我到底是不是來自外國的敵人？美國人對我的疑慮仍未消除。」坎普納寫信向政府單位提出抗議，因爲他必須將自己的短波收音機破壞，以免他用來收聽歐洲的德語電台節目。[2]「希特勒政權已經發布特別命令將我驅逐了，所以我再也不是德國人，而是無國籍人士。我不需要效忠於任何外國政權，只會效忠於美國。」儘管收音機的事情他吵贏了，但從這件事，也可以看出他與其他德國移民來到新家之後，必須打另一場辛苦的戰役。

「所有移民都有一個嚴重的缺陷，」坎普納說，「我們說英語時都帶有濃厚的口音。」這會讓美國人心生疑慮：「那傢伙是德國人嗎？我們是不是該找人監視他？因爲他曾經是希特勒的間諜，搞不好現在還是？」[3]

這些剛好是坎普納可以幫美國人回答的問題。事實上，當他在一九三九年秋天抵達紐約時，他就是要讓人相信他有回答這些問題的本領：他可以幫忙找出納粹派來滲透美國社會與政府的間諜。

他是個資料狂，甚至設法帶著七箱德國政府的正本文件跟他一起橫越大西洋。他說那些東西是他的「工具」，所以可不能夠白白送給別人。

多年後，坎普納說出當年是怎麼開始幫美國司法部工作的經過。某天，兩位年輕的聯邦檢察官去賓州大學拜訪他，也許是因爲他一直寫信給華府各單位官員，表示他想要爲美國政府效勞。在這之前，美國司法部已於一九四〇年成立了一個特別防衛處，職責是針對納粹政治宣傳在美國進行的情況蒐集情報，設法找出起訴那些宣傳人員的法律依據。該處將會「成爲政府用來消滅各種顛覆活動的控制塔台」，主要的手段是監視以及取締支持法西斯主義的媒體。[4] 到了一九四一年夏天，坎普納已經跟該處搭上線了。[5]

根據坎普納的說法，兩位來訪的檢察官很親切地稱呼他爲鮑伯[6]，問他能幫特別防衛處做些什麼事。

1 原註：Kempner, *Ankläger einer Epoche*, pp. 177–79.
2 原註：Kempner to Gerald Gleeson, January 5, 1942, Kempner Papers, Box 1.
3 原註：Kempner, *Ankläger*, p. 183.
4 原註：Gary, *The Nervous Liberals*, p. 199.
5 原註：Special Defense Unit prosecutor Charles Seal to Kempner, July 29, 1941, Kempner Papers, Box 1.

「你可以幫我們弄到各種文件嗎？」7

他跟往常一樣率直，劈頭問道：「價碼怎麼算？」

「這有一點困難，」其中一人答道，「事實上，你仍是來自外國的敵人。」

「聽好了，」坎普納聳肩說道，「如果貴處沒有經費可以用來做這種事，那這整件事根本一點價值都沒有。」

兩位檢察官微笑以對。

「當然有，」其中一人說，「想做什麼都有經費。」

把話講開後，坎普納就把他的一部分檔案拿給他們看。其中的文件涉及恩斯特・威廉・波勒（Ernst Wilhelm Bohle）所掌管的外國組織處。該處的職責是協調統合住在外國的納粹黨員，在各地進行活動，因此美國政府懷疑外國組織處領導著一支由線人與滋事分子組成的第五縱隊8，而坎普納給檢察官們看的文件，是該處使命與策略的概述。

波勒原本是「新德國之友」協會的支持者，一九三四年在麥迪遜花園廣場鬧事的就是這個反猶太組織。但「新德國之友」辦事不力，很快就丟盡了納粹黨的臉。由於正值德、美兩國關係緊張之際，柏林的納粹黨總部生怕「新德國之友」這個非正式的外圍組織發言過於赤裸裸，會讓德、美關係火上加油，因此選擇公開與「新德國之友」畫清界線，隨後該協會也很快就解散了。接著取而代之的是「德裔美國人同盟」，但這個組織的領導人弗里茲・庫恩（Fritz Kuhn）卻在坎普納於一九三九年抵達美國不久後，就因挪用公款與偽造文書兩項罪名鋃鐺入獄。

坎普納作為一位律師，以其具侵略性的質問方式惡名昭彰。（圖片來源：U.S. Holocaust Memorial Museum, courtesy of Robert Kempner）

不過，在美國還是有很多打著希特勒旗號的納粹同路人。華府的檢察官與政府官員很擔心一個正在醞釀中的法西斯陰謀會危及國家社會，他們的手段是用激發種族仇恨的方式，來推翻美國的民主政府。這些信仰國家社會主義的心戰高手們，會不會像厲害的廣告撰稿人一樣，設法控制民眾的心理，然後把美國搞得天下大亂呢？[9] 有鑑於希特勒麾下政宣機關的成效驚人，讓人無法完全排除那種可能性。

德國政府爲了在美國製造麻煩做了很多努力，但後來卻被坎普納評斷爲荒謬可笑。「納粹的手法愚蠢

---

6 譯註：Bob 為坎普納之名羅伯（Robert）的暱稱。
7 原註：Kempner, *Ankläger*, pp. 149–50.
8 譯註：fifth column，指在內部進行破壞，與敵方裡應外合，不擇手段意圖顛覆、破壞國家團結的團體。現泛稱隱藏在內部、尚未曝光的敵方間諜。
9 原註：Gary, *Nervous Liberals*, pp. 175–79.

而缺乏吸引力，非常粗糙，」他說，「我的意思是，他們用一些獨立的小團體來搞破壞，爲納粹宣傳，進行情蒐……這支第五縱隊想爲德國執行的任務眞是可笑。他們眞的以爲待在柏林操控一切，就能在美國建立起一個德國的戰線，然後藉此阻止美國參戰。」

但是到了戰時，美國本土的納粹同路人可就沒那麼好笑了，而且坎普納跟很多提出警告的人一樣，認爲他們對美國的國安構成嚴重威脅。

美國司法部開始著手監控宣傳納粹意識形態的人，要他們緘口或者加以逮捕。羅伯・傑克遜與法蘭西斯・比德爾（Francis Biddle）這兩位前後任司法部長起訴了好幾十名納粹支持者，罪名是因爲煽動民眾而違反了剛剛通過的「史密斯法」（Smith Act），或者是未向美國政府登錄自身爲外國政權代表這種比較平淡無奇的罪名，這就像是用逃稅的罪名去起訴黑社會老大一樣沒有意義。

坎普納很快就變成司法部付錢聘請的獨立專家，常常幫忙處理這類案件。10 檢察官都很感謝他的幫忙，因爲他親眼目睹納粹崛起的過程，因此可以清楚指出美國的納粹同路人用了哪些納粹黨慣用的宣傳伎倆。看來，唯一的問題就只有他的穿著風格了。他很喜歡穿顏色鮮豔的外套與褲子。他們勸他改採美國商務人士與政府人員的風格：深色西裝與白襯衫，搭配素色的絲質領帶。

在坎普納的幫助之下才被起訴的人包括：德國公司「越洋新聞服務」（Transocean News Service）的員工，這公司與遠在柏林的德國外交部和宣傳部都有關係；前哥倫比亞大學教授弗里德里希・恩斯特・奧哈根（Friedrich Ernst Auhagen），他也是「美國之友論壇」（American Fellowship Forum）這個支持納粹組織的負責人；還有卡爾・鈞特・歐格爾（Carl Günther Orgell），他的「海外德國人民聯盟」（Volksbund für das Deutschtum im Ausland）其實受納粹黨外交政策處資助，負責幫忙傳播納粹福音，而該處處長正是羅森堡。11

至於美國歷史上規模最大的煽動罪案件，是一九四四年的「美國政府控告麥克威廉斯」（United States v. McWilliams）一案，據檢察官約翰．羅格（O. John Rogge）所說，坎普納「幫政府設法找出法律根據，完成一個非常困難的起訴案」。12 結果，有二十九名在美國大張旗鼓，為德國進行宣傳的人被逮捕，集體遭到起訴。他們都是一些粗暴吵鬧的傢伙，審判進行時，有好幾天法庭都差點變得跟戲院一樣，上演鬧劇。一直坐在華府法庭裡旁聽的某位記者寫道：「很難得看到有那麼多眼神兇暴、神經質又瘋狂的邊緣人物齊聚一堂。」13

檢方主張，被告與納粹共謀，企圖推翻全世界所有的民主政府。他們也違反了一九四〇年通過的「史密斯法」，因為他們配合德國黨政官員，印製散布書籍、報紙與小手冊，藉此有效地鼓動「我國武裝部隊人員不服從、不效忠政府」。他們的政宣手段似乎已經讓部隊裡的某些人相信，美國的民主體制「不值得他們保衛，也不值得他們為之戰鬥」。14

羅格向陪審團表示，這些密謀者打算完全跟隨著納粹的劇本走。他們想要培養出一個美國本土的希特

---

10 原註：Thomas G. Spencer memorandum to FBI special agent in charge, October 28, 1942, Kempner Papers, Box 43.
11 原註：*Report of the Attorney General to Congress on the Foreign Agents Registration Act, 1942–44* (Washington, D.C.: Department of Justice, 1945), www.fara.gov/reports/Archive/1942-1944_FARA.pdf.
12 原註：Rogge to U.S. Immigration and Naturalization Service, January 10, 1945, Kempner Papers, Box 76.
13 原註：James Wechsler, "Sedition and Circuses," *The Nation*, May 6, 1944.
14 原註：羅格的開場陳述重製於聖喬治和勞倫斯，請參：*A Trial on Trial*, p. 129。

勒，並且鼓動美國人反猶太人。他們把暴力革命、流血衝突掛在嘴邊，甚至說「要把人吊死在路邊燈柱上。」他們希望美國陷入大屠殺的慘況，「讓希特勒殘殺猶太人的行徑變成小巫見大巫。」就像納粹當年所做的那樣，美國的法西斯主義者也想在美國先打贏一場宣傳戰，然後把民主體制連根拔起，接著在部隊叛徒的幫助之下奪權。辯方則是嚴詞否認他們參與了任何陰謀，其中一人高喊：「我是共和主義者，不是納粹！」接著就在法庭上掀起一陣騷動，讓審判時程一拖再拖。在案子根本還沒有接近尾聲時，承審法官就心臟病發了，這案子就此被斷定審判無效。

羅格與坎普納試著讓這案子死灰復燃，但因爲戰爭結束了，他們的重審要求也就此被駁回。美國的自由派民權團體擔心這種起訴行動會帶來不好的影響，但是坎普納才剛剛以顛覆分子的罪名被國家驅逐，這讓他很想幫美國人民毫不手軟的把潛在敵人都連根拔起。重點在於，他又有辦法與納粹對抗了，並且藉此成名。從紐約港下船後才沒幾年光景，坎普納就已經開始周旋在美國的政界要角之間。像是宿命一般，那些負責起訴納粹同路人的檢察官後來都能更上層樓，事業有成。過沒多久，他們就會把坎普納拉來合夥，讓他也遇上一個千載難逢的好機會。

坎普納一邊幫司法部的檢察官打官司，另一方面也持續寫那些語氣奉承的信件給胡佛局長，想要獲得他的青睞，而且事實上，如果與胡佛打擊潛在顛覆分子的業務規模來看，特別防衛處根本就不夠看。[15] 到了一九四一年五月，胡佛麾下聯邦調查局的「潛在敵人名單」（之所以有這份名單，是因爲五年前羅斯福總統偷偷授權胡佛進行監控國內人士的龐大計畫，藉此蒐集了許多資料）上面已經有一萬八千個人名。[16]

坎普納寄信給胡佛建議，爲了戰後歐洲做準備，應該針對一些基本的警政保安問題進行研究，像是「人員、地區、現有總部地點、當地部隊特色等等……」。他還說：「我會非常樂意爲某些重要問題準備一份備忘錄，也許可以有多種不同用途。」

他還表示自己可以與調查局分享有關納粹警察首長庫爾特・達呂格（Kurt Daluege）的情報。達呂格向來有「危險人士」之稱，後來被升任爲捷克斯洛伐克占領區的副總督。

他還會寄禮物給胡佛。例如在一九四二年，他寄給胡佛一本自己用筆名艾克・馮・瑞普柯（Eike von Repkow）寫的《正義的黎明》（*Twilight of Justice*），這本關於納粹的著作在一九三二年出版。他宣稱，如今世上只剩下兩本。其他都被希特勒下令燒毀了。坎普納還有一次寄給胡佛他在一九三〇年於普魯士內政部任職時所寫的報告。他說那份關於納粹黨的原始報告「深具歷史價值，也預言了很多事，」是他自己「冒險從德國帶出來的」。他還向胡佛保證，那份報告肯定會是聯邦調查局博物館裡的絕佳收藏品。

後來坎普納才發現，儘管胡佛的回信內容總是那麼短，寫得客客氣氣，感覺沒有半點人情味，但對他一定都會有所幫助。[17] 雖說寫了那麼多信，卻還是沒辦法讓他與美國最有名的法律人，也就是胡佛局長見上一面，但局長確實曾經把其中一封信轉寄給費城分局的某位特別幹員，吩咐要進行後續調查。[18] 所以坎

15 原註：Kempner to Hoover, January 1, May 30, October 28, and December 19, 1942, and February 21, September 2, and September 26, 1943, Kempner Papers, Box 43.

16 原註：Gary, *Nervous Liberals*, p. 201.

17 原註：在自傳中，坎普納提及他後來還是為了某個案子而跟胡佛局長見了一次面，結果胡佛建議他：在美國，最好別承認自己是律師。請參閱：Kempner, *Ankläger*, p. 180。

普納才會在一九四二年獲聘為研究人員與祕密線民。他只是個「特別雇員」，基本上就是個非正式編制內的人員，每天只需花調查局十四美元，再加上一些基本開銷，但他認為能夠幫調查局工作，無論任何職位都是「非常榮幸」，而且從他所投入的時間看來，這份工作每個月都可以幫他帶來相當不錯的收入。那年年底，坎普納寫信感謝胡佛讓他「為了對抗希特勒而付出些許貢獻，而且這次他是站在必勝者的這一邊，不像過去他在一九二八到三三年間，最後輸給了希特勒」。[19] 胡佛還是用非常簡短的信回覆坎普納，表示他的協助「令人感到非常振奮」。

在當時，擔任聯邦調查局的特別雇員，基本上就是意味著要對付共黨分子。甚至在二戰尚未結束前，胡佛就已經開始打冷戰了。他深信克里姆林宮早已在美國本土安排了共黨分子當間諜。

坎普納帶領一個小組，他們都是會德文的研究人員與譯者，負責蒐集德國共黨領導人的生平資料，監控費城的共黨團體，發現了可疑的共黨外圍組織就向調查局回報。[20] 他提供有關賓州德國人協會的情報，還有德拉瓦河流域的船隻航行情況。[21] 他的小組把倫敦、墨西哥市、布宜諾斯艾利斯與紐約等地德國共黨分子發表在報上的文章翻譯成英文。他每個月都會前往曼哈頓購買共產主義著作，用來寫分析報告給調查局。

一九四三年二月，他甚至向負責相關業務的特別幹員提議，由他監控調查那些「來自中歐，目前住在紐約的共黨相關人士，」他們都是已經準備好在戰後要回歐洲去接管當地政府的人。他表示，「作家要對某個『主題』侃侃而談，就必須進行戰後計畫的科學性研究。」

他也針對少數幾個人進行情蒐，把結果回報給調查局，裡面有名人也有無名小卒，有些住美國，有些住德國。例如本來在美國當教授，後來在一九三七年搬回德國教書的哈瑞・埃森布朗（Harry Eisenbrown）。還有公開聲援支持希特勒的美國詩人龐德（Ezra Pound），以及出生在愛荷華州迪比克（Dubuque）的美國人佛列德・卡爾騰巴赫（Fred Kaltenbach），戰時他在德國主持一些支持納粹的電台節目，鎖定美國本土居民爲目標聽眾。同時還包括德國女作家露絲・多米諾（Ruth Domino），聯邦調查局以爲她嫁給了共產國際在美國的要角格哈特・愛斯拉（Gerhart Eisler），但其實是搞錯了。

想當年，蓋世太保首領魯道夫・迪爾斯曾說過，坎普納「是個貨眞價實的祕密警察人才」，看來的確相當有道理。

聯邦調查局曾經監控過數百萬美國人的活動，爲此累積出數量龐大無比的祕密檔案資料，其中有一小部分就是出於坎普納的貢獻。

---

18 原註：Hoover to Kempner, June 10, 1942, Kempner Papers, Box 43.

19 原註：Kempner to Hoover, December 19, 1942, and Hoover to Kempner, December 28, 1942, Kempner Papers, Box 1 and Box 43.

20 原註：Kempner memorandum to FBI special agent in charge, January 8, 1945, Kempner Papers, Box 43.

21 原註：Kempner invoice memos, Kempner Papers, Box 43.

21 混亂的占領區政府

烏克蘭的民族主義分子以爲，德國於一九四一年入侵之後，他們可以順勢建立一個新的獨立國家，但終究還是幻滅了，並爲此痛苦不已。七月間，海德里希的保安部隊開始在利維夫市（Lviv）進行一連串的逮捕行動，立刻澆熄了曾經如曇花一現的獨立建國火苗。[1]夏天結束之前，希特勒已經開始忙著拆解瓜分烏克蘭。無論占領區裡四處可見的政宣手冊吹噓得再好聽，納粹可沒眞的打算要解放東部占領區的人民。

八月一日當天，希特勒決定把烏克蘭西部的加利西亞地區（Galicia）劃歸漢斯．法蘭克擔任總督的波蘭占領區。到了九月，納粹政府已經開始討論要把烏克蘭西南部一部分領土交給羅馬尼亞人，其中包括黑海海岸上的重要港市敖得薩（Odessa）。羅馬尼亞總理是揚．安東內斯庫將軍（General Ion Antonescu），決定與德國結盟，因此當德軍於一九四一年夏天進行巴巴羅薩行動時，他還派出該國士兵支援。他們可以說是所謂「最終解決方案」的殘暴幫兇，在大戰第一年，安東內斯庫的手下將會屠殺三十八萬猶太人，有些是槍斃或活活燒死，也有些人是被餓死的。

九月一日，羅森堡在日記裡寫道，元首「眞的很喜歡安東內斯庫，他的軍事才能與個人品德都很出眾」。

希特勒提議要把敖得薩送給羅馬尼亞時，安東內斯庫還猶豫了一下，因爲

一九四二年，羅森堡在基輔的機場準備前往烏克蘭。他的第三帝國駐東部占領區從來未能站穩陣腳。（圖片來源：Yad Vashem）

他沒辦法守得住這麼重要的港口。但羅森堡認爲安東內斯庫會改變主意。羅馬尼亞的部隊於八月圍攻敖得薩，結果在它於十月中投降之前，已經有一萬七千名羅馬尼亞士兵陣亡、七萬四千人受傷。「羅馬尼亞部隊圍攻敖得薩，正在浴血奮戰，」羅森堡在日記裡寫道，「安東內斯庫提供了十五個師的兵力。我想他會食髓知味的。」[2]

「瓜分」烏克蘭是個餿主意，羅森堡抱怨道。「顯然，此刻理性與愚昧正在進行一場拉鋸戰……我們本來打的算盤是用政治手段把烏克蘭人民動員起來，鼓勵他們反抗莫斯科政權。如果理性打敗仗，烏克蘭被瓜分了，那原來的計畫也就毀了。」[3]

1 原註：Dallin, *German Rule in Russia 1941–1945*, p. 121, n. 5.；也可以參閱：Berkhoff, *Harvest of Despair*, p. 52.
2 原註：Rosenberg diary, September 1 and September 7, 1941.
3 原註：Ibid., September 7, 1941.

儘管戰前希特勒曾向羅森堡與其他人說過，要讓東部占領區各國人民獲得民族自決的空間，但他顯然要食言了。如果讓烏克蘭重獲自由，壯大起來，未來有可能會變成德國的大敵。同樣的，羅森堡曾提出要在基輔設立一所新的大學，藉此讓斯拉夫文化與民族榮光得以復興，但希特勒也反對。「讓當地人接受教育是錯誤的，」希特勒曾在戰時的某場晚餐餐會上對好友這麼說，這些言論都被鮑曼記錄了下來，在戰後集結成冊出版。「我們能夠提供的知識都只是一知半解，但光是這樣，就足以讓當地人對我們發動革命！」4 他甚至還不想讓烏克蘭人學會識字。

結果，烏克蘭人並未從納粹那裡得到任何好處。

事實上，除了沒有得到好處，甚至還受到傷害。希特勒不顧羅森堡的強烈反對，還是把安東內斯庫想要的烏克蘭領土送了出去，那是位於聶斯特河（Dniester River）與布格河（Bug River）之間的聶斯特河沿岸地區（Transnistria）。5

一九四一年九月，羅森堡終於看出自己輸了：理性敗給了愚昧。「元首的看法是，既然這個人口如此龐大的民族能夠長期忍受俄國的壓迫，那麼就沒有資格獲得獨立的權力，」他在日記中寫道。6 在字裡行間，他掩藏不住自己的困惑。難道他是被自己崇拜的英雄給誤導了嗎？「這個立場……與我的看法相去甚遠，而且我也有理由認爲，這也與他以前的立場有所不同。」

但一如往昔，羅森堡總是能夠爲了追隨元首而改弦易轍。希特勒造訪了別爾基切夫（Berdychiv）與日托米爾（Zhytomyr）這兩個城市，結果更加深信烏克蘭人都很墮落。「這沒什麼好令人感到意外的，」羅森堡在日記裡寫道，「因爲這兩個地方都是猶太風格最濃厚的城市。」他的結論是，也許希特勒是對的。

他雖曾想要幫烏克蘭人復興自己的文化，但那也許是沒有意義的。讓他們維持原狀，「也就是說，維持目前的原始狀態」，可能還比較好。[7]「有鑑於當地土壤肥沃，物產豐隆，再加上德國人在這裡流了那麼多血，已經導致元首的態度改變，而且他的顧慮是要讓烏克蘭為全歐洲提供食物，這也促使他想要進行直接管理，好好保護那些天然資源。畢竟，征服烏克蘭的人是他。」

不過，羅森堡還是感到憂慮。他的民政府官員很快就會遭遇烏克蘭人的「消極抵抗」，而且暗殺事件頻傳。如果把烏克蘭人給惹毛了，搞不好需要一百萬名士兵才能夠讓當地不出亂子。烏克蘭人也許會跟俄國人結盟，「建立起一個泛斯拉夫民族陣線，這也就是我想用本來那個計畫避免的事。」如果不針對這種情勢想出對策，最終很可能導致反納粹革命的爆發。

烏克蘭人已經覺醒，並且認清一個事實：原先壓迫他們的人走了，現在又換成另一個。

希特勒為東部占領區勾勒的偉大願景是把它當成一個殖民地。德國人天生就是要當主人，要當統治者。「我們必須善用剛剛征服而來的東方領土，」他說，「把它打造成一個伊甸園。」[8]多年來他屢屢提及的「德

4 原註：Trevor-Roper, *Hitler's Table Talk 1941–1944*, p. 28.
5 原註：Dallin, *German Rule*, pp. 120–22.
6 原註：Rosenberg diary, September 1, 1941.
7 原註：Ibid., October 1, 1941.
8 原註：Lower, *Nazi Empire-Building and the Holocaust in Ukraine*, p. 99.

國人的生存空間」終於唾手可得了。

但等到納粹政府派人抵達新的殖民帝國時，情況卻混亂不已。羅森堡在柏林總部指揮，他的手下卻在千百英里之外。等到他的命令抵達那些邊陲地區時，多少都已經有點過時了。電話線路的通話品質不佳，郵政服務的速度又很慢，這讓羅森堡難以掌控政務。所以從每個總督到最低階的地區領導人，每個人對於來自羅森堡麾下民政府的政令都有很大的詮釋空間，或者乾脆加以忽略。就像戈培爾所說的，在東部占領區，「每個人都可以為所欲為。」9

羅森堡的管轄地實在是幅員過於龐大，而且民政府派往各地區的官員往往各自為政，所以戈培爾才會戲稱民政府為「Chaostministerium」（混亂的占領區政府）。「民政府所擬定的計畫都是為了未來幾十年著想，但事實上現在的問題都是迫在眉睫，不能再拖延，」戈培爾在日記中寫道，「這個民政府之所以那麼無能，是因為裡面有太多理論家，但實事求是的人卻太少。」10 羅森堡手下那些官員還被取了一個綽號：「Ostnieten」（東部占領區的小人物）。

羅森堡管不動希姆萊的親衛隊，但另一方面他還得義務配合執行戈林的任務，從烏克蘭各地搜括食物與原物料。

更糟的是，烏克蘭總督埃里希．科赫名義上應該接受羅森堡的領導，但那傢伙卻是個不受控制的暴君。11 當希特勒在七月任命科赫時，羅森堡早就料到這一點。四十五歲的科赫當過鐵路局官員，他曾說：要不是希特勒，他早就變成一個「狂熱的共黨分子。」他曾經寫過一本頌讚蘇聯的書，而且他過去還曾有許多年的時間，甚至主張納粹與布爾什維克黨人間應該建立更親近的關係，這在羅森堡眼裡，實在是很大的性格缺陷。戰時擔任德國情報官員的漢斯・伯恩德・吉塞維斯（Hans Bernd Gisevius）曾與科赫相熟，據其回憶，一九二八年，科赫在幾乎都是鄉下地方的東普魯士地區當上了納粹黨黨部領導人，當時他的表現就是以傲慢著稱，而且喜歡搞小動作。「第一流的煽動家，大膽的冒險家，不管是要他幹最高級或最低級的勾當，他都很在行，在所有黨部領導人之間顯得很突出。他有豐富的想像力，而且很喜歡用低語的方式，神神祕祕地講出一些非常荒唐的故事。」[12]他在東普魯士成立一家科赫企業（Erich Koch Institute），逐漸發展成一個體系龐大的貪腐帝國，擁有各種公司的控股權，有時候某些企業主會被迫把公司賣給他，否則就會被逮捕。企業的豐厚收入讓他得以奢華度日。

如果是在另一個國家，科赫「也許能夠做許多好事」，吉塞維斯寫道，「但因爲總是爲所欲爲，無可避免的結果，就是他把自己的各種才能拿來騙人。等到一九四一年被派往烏克蘭時，他已經變成一個誇大狂。」科赫住在東普魯士的柯尼斯堡（Königsberg），理所當然的也就過著帝王般的生活，因爲「Königsberg」原意即爲「國王城堡」。

科赫與羅森堡對於東部占領區的看法南轅北轍。科赫跟隨希特勒的錯誤論調，認爲德國人該像主人一樣進行統治，把烏克蘭人當奴隸。任誰也阻止不了納粹無情摧殘剝削他們。「我不是來這裡廣施恩惠的，」

9 原註：Lochner, *The Goebbels Diaries*, p. 409.
10 原註：Ibid., p. 229.
11 原註：Buttar, *Battleground Prussia*, p. 5; Berkhoff, *Harvest of Despair*, pp. 36–37; Dallin, *German Rule*, p. 125.
12 原註：Gisevius, *To the Bitter End*, pp. 200–201.

他在某次演講時說，「我是來這裡幫助元首。所有人都得工作、工作，一直工作。」[13]

科赫留著跟希特勒一樣的小鬍子，把頭髮往後梳，露出高高的額頭，而且對自己的各種極端想法也毫不掩飾，即便在他欺凌的人民面前也一樣。「如果讓我發現哪個烏克蘭人有資格跟我坐在同一張桌子，我一定會把他槍斃！」某次他說。「我們是個當主人的民族，」在另一個場合他又說。「我要這裡的人牢記，就算是最低賤的德國工人，他的民族性與血統也比你們優秀一千倍！」[14]他把烏克蘭人當成「下等人」（Untermenschen）。德國人應該盡量別與他們接觸，性交更是不可以。「這個民族必須用殘忍的武力來統治，才能幫我們贏得目前這一場戰爭，」他說。「我們可不是爲了賜福烏克蘭才解放它的，而是要爲德國創造出生存空間，並且取得食物。」

科赫在任內遂行恐怖統治。他的手段都是「強硬而毫不妥協」。不屈服的人一律會受到最嚴厲的制裁，最嚴重者包括死刑。科赫希望烏克蘭人「總是感到被威脅」，即便他們並未做出任何挑釁納粹的舉動。

簡而言之，就像科赫說的，對待烏克蘭人的方式必須「比照對待黑鬼的方式。」[15]他要讓烏克蘭人在廣大的農場上做苦工，提供餵養德國人的糧食，就像南北戰爭前美國南方的黑人一樣。烏克蘭將會成爲一個公開實施鞭刑的國度。羅森堡寫信向他抗議此事，要他別再動用鞭刑，科赫只是聳聳肩，不予理會。「的確有二十名烏克蘭人被警察施以鞭刑，」他在某件案子發生後寫道，「但那是因爲他們破壞了橫跨聶斯特河的重要橋梁。我不知道他們只做出這種處罰。要是我知道這件事會引發一連串批評，我可能會直接把那些搞破壞的烏克蘭人全部槍斃。」[16]

羅森堡把他的立場講得非常清楚，他之所以不能認同科赫，並非因爲在良心上過意不去，而是他認爲溫和的手段比較有效。納粹的確需要綏靖這整個區域，取得一切需要的東西，但是科赫「一方面非常情緒化，想怎樣就怎樣，另一方面常高聲挑釁，刺激當地民眾」，這根本只會帶來反效果，羅森堡直接在一封信中如此申斥科赫。[17] 科赫的公開言論毫無建樹，只會激化對立，刺激人民加入反抗軍。別讓民眾知道納粹對於斯拉夫人的眞實看法，當然還是比較好。科赫暴力統治手法只會帶來「各種破壞行動，讓游擊隊愈來愈多」。後來羅森堡在日記裡寫道，「人們可以忍受戰時的任何事，但就是不能忍受公開羞辱。」[18]

羅森堡找希特勒告狀，但科赫設法讓元首支持他。而且他可說是近水樓台先得月，因爲元首的軍事總部「狼穴」就在東普魯士，而那剛好就是科赫的地盤，但羅森堡的辦公室卻在四百英里外的柏林。馬丁·鮑曼是科赫的朋友兼政治盟友，在鮑曼的幫助之下，他可以常常直接向元首報告，而羅森堡卻必須從遙遠的柏林發出備忘錄給元首。[19]

有消息傳回羅森堡的辦公室，說他的政敵在「狼穴」毀謗他，批評他太軟弱。

要是戰爭在幾週或幾個月內就結束，此一歧異也許還不會帶來太大問題。但是到了一九四一年底，蘇

---

13 原註：Dallin, *German Rule*, p. 439.
14 原註：Berkhoff, *Harvest of Despair*, p. 47.
15 原註：Lower, *Nazi Empire-Building*, p. 131.
16 原註：Koch memorandum to Rosenberg, March 16, 1943, reproduced as 192-PS in *Trial of the Major War Criminals*, vol. 25, pp. 255–88。轉引自：Dallin, *German Rule*, p. 157.
17 原註：Rosenberg to Koch, May 13, 1942。轉引自：ibid., pp. 134–35.
18 原註：Rosenberg diary, December 18, 1942.
19 原註：Dallin, *German Rule*, p. 133.

聯人終於把他們的防線給鞏固了起來，擋住往東推進的德軍。三十餘萬德軍士兵在東部戰場戰死或受傷。然後，最前線的部隊撤退了，也開始下雪了，紅軍在莫斯科郊區對德軍發動攻擊。先前納粹所擬定的一切殘暴計畫與藍圖，還有烏托邦式的安排，全都是建立在一個前提上：他們必須迅速結束東方的戰事。

如今德國被捲入一場漫長的戰爭。

「有些人仍然搞不清楚狀況，」羅森堡在日記中寫道，「現在開始，我們必須另做打算了。」20

就在羅森堡力爭以懷柔手段對待烏克蘭人民時，他的民政府官員卻仍與希姆萊的親衛隊合作，在東部占領區對猶太人展開新一波的屠殺行動。一九四二年四月，海德里希造訪明斯克，接下來在五月中旬的五天內，該市猶太貧民區有一萬六千名猶太人被處決。白俄羅斯民政府最高領袖威廉·庫柏（Wilhelm Kube）向羅森堡麾下奧斯蘭轄區總督洛澤提出報告：經過春、夏兩季一連串槍殺猶太人的行動過後，「過去十週內我們清除了五萬五千名猶太人。」21同樣的故事也發生在烏克蘭，所有猶太人都難以倖免，民政府只饒過幾千名猶太奴工。一九四二年十二月二十六日，希姆萊接獲一份報告指出，在那一年的過去四個月以來，在烏克蘭與波蘭的比亞維斯托克市總共有三十六萬三千兩百一十一名猶太人被殺掉。

就在納粹派人於各地同時屠殺猶太人之際，納粹也失去了一位很重要的猶太劊子手。

九月，希特勒任命海德里希擔任波希米亞與莫拉維亞（Moravia）的總督（這兩個地方都是從捷克斯洛伐克分割出來的）。海德里希對當地反對分子又打又殺，毫不手軟，流亡倫敦的捷克領袖們也祭出反制之道，與英國政府聯手殺害他。一九四二年五月二十七日，兩位刺客用機槍與手榴彈攻擊海德里希的座車，他在一週後傷重不治。暗殺行動後，納粹政府也採取報復手段，捕殺了許多人。[22]當地的利迪策村（Lidice）因爲有窩藏刺客之嫌，整個村莊被燒毀，男性村民全遭殺害，女性則被關進集中營。村裡的孩童則是根據種族進行分類，有些交由德國的家庭領養，其餘全都處決。

海德里希的死當然無損於屠殺猶太人的行動，納粹並未放慢腳步。

納粹在波蘭海烏姆諾（Chelmno）建立了第一個滅絕集中營，從一九四一年十二月開始，猶太人陸續被關進毒氣廂型車後面，每次五十個，而這就是令明斯克市猶太人聞風喪膽的那種毒氣設備。至於第一間毒氣室則是建造於波蘭東部的貝爾賽克滅絕營，從一九四二年三月開始運作。毒氣室看起來就像用來清除汙染的大型淋浴室，但管子送進來的並非水，而是汽車廢氣。

那一年的春、夏兩季，波蘭北部的索比布爾（Sobibor）與特雷布林卡（Treblinka）也有類似的滅絕營開始運作，至於本來就已經存在的波蘭麥丹尼克集中營也興建了一間毒氣室。漸漸地，那看來像淋浴間的設備已經騙不了猶太人。特雷布林卡集中營的猶太人在脫光衣服後並未乖乖就範，因此守衛得要拳打腳踢，才能逼迫驚恐的他們從一個滑道進入毒氣室。親衛隊把這最後的路程稱爲「天堂路」。

最大的滅絕營之一是奧斯威辛—伯肯諾集中營（Auschwitz-Birkenau），位於維斯瓦河（Vistula

---

20 原註：Rosenberg diary, December 18, 1942.

21 原註：Kube to Lohse, July 31, 1942, reproduced as 3428-PS in Office of the U.S. Chief of Counsel for the Prosecution of Axis Criminality, *Nazi Conspiracy and Aggression*, vol. 6, pp. 131–33.

22 原註：Evans, *The Third Reich at War*, pp. 275–78.

River）西邊幾百英里處，從一九四二年二月開始運作，也成爲德國、法國、比利時、荷蘭、義大利、塞爾維亞、斯洛伐克、羅馬尼亞、克羅埃西亞、波蘭、丹麥、芬蘭、挪威、保加利亞、匈牙利與希臘等各國猶太人的人生終點站。納粹在那裡建立一個非常有效率的屠殺機制，設計人甚至還因此獲得了專利。他們把猶太人關進地下毒氣室後，裝有齊克隆B（Cyclon B，一種顆粒狀的氰化物殺蟲劑）的容器會從天花板降下。所有受害者死光後，由其他集中營收容人負責取下他們身上的金牙、義肢與頭髮，把屍體放進升降梯裡，送往樓上的焚化爐焚毀。

總計有三百多萬人在六個滅絕營中遭納粹處死，其中大都爲猶太人，約占戰時所有猶太人死亡人數的一半。[23]

在殺戮行動進行之際，某晚希姆萊在波蘭的波茲南市對著一群親衛隊高層幹部論及他們當前的任務，他直言不諱的表示：「眼看著一百具、五百具或一千具屍體在你們眼前遍地枕藉，我想你們大都可以了解其中的意義。因爲我們能堅持下去……才會變得更堅強。這是光榮的史頁，而且是空前絕後的成就。」[24]

一九四二年，德軍在蘇聯打了一連串勝仗，也燃起了希望。納粹揮兵克里米亞與高加索地區，經過德國空軍幾週的地毯式轟炸之後，九月十二日，弗里德里希·保盧斯將軍麾下的第六軍團殺進史達林格勒。[25]

這是個位於莫斯科與裡海之間，濱臨窩瓦河的重要城市。這是希特勒渴望已久的戰利品，他誓言要殺光城裡所有男人，把全部婦孺都驅離。史達林非常清楚這個城市在戰略上的重要性，同時它的名稱也別具象徵性，所以把全部人力物力都投進這一場保衛戰裡。紅軍拒絕投降，以斷垣殘壁爲掩護，襲擊德軍，並且在城裡廣設詭雷。十一月，紅軍發動大規模反攻，持續受到侵擾的德軍甚至毫不知情，因此有二十五萬德軍被困在城裡。納粹本想用空運的方式救人，也展開地面援救任務，但都失敗了，於是德軍士兵很快就開始挨餓受凍，身上長滿蝨子，彈藥缺乏。受困士兵寫了數百萬封信返鄉，因此德國人也發現這次危機。

希特勒拒絕允許保盧斯將軍突圍，因爲這意味著他們必須在敵軍面前撤退。他也不准德軍放棄作戰。但保盧斯將軍深知自己的處境艱困危急，終於還是在一九四三年一月三十一日向紅軍投降了。

這一場敗仗造成舉國震驚。整個第三帝國的民心士氣低落。輸掉史達林格勒之戰後，此刻國內某些圈子的人士甚至開始認爲德國敗象已露。

在此同時，羅森堡對於東部占領區的許多憂慮也一一成眞。因爲德國占領軍的殘酷行徑變本加厲，反抗軍的行動也愈來愈激烈。許多反對人士紛紛加入反抗組織，而搞破壞、暗殺與抗命的事件也頻傳。[26] 一九四二年五月，羅森堡前往奧斯蘭總督轄區視察，所幸他把行程縮短，因爲一列他本來要搭的火車由於鐵軌遭破壞而出軌。[27] 同一年稍晚，某個在基輔被捕的蘇聯間諜坦承，本來計畫要趁羅森堡的烏克蘭之行

23 原註：Evans, *The Third Reich at War*, pp. 282–302.
24 原註：Himmler speech, October 4, 1943, reproduced in Noakes, *Nazism: A History in Documents*, vol. 2, p. 1199.
25 原註：Evans, *Third Reich at War*, pp. 409–23.
26 原註：Ibid., p. 402.
27 原註：Cecil, *The Myth of the Master Race*, p. 213.

暗殺他。[28]另一次暗殺行動則是要把歌劇院炸掉，但因爲當天的烏克蘭民眾太多了，導致行動告吹。很多次暗殺行動則是因爲他更改行程而失敗。

羅森堡在日記中寫道，蘇聯的各個占領區盛傳，他因爲遭到游擊隊槍傷，「把自己關在家裡，屋外加裝雙層鐵窗與強化圍牆，所有窗邊也都架設著隱藏的機關槍。」[29]也有謠言指出，他去視察時都身穿防彈背心，並且由一大群安全人員保護著。這些全非事實。羅森堡不禁笑了出來。「現在我家裡沒有半個其他男人，也不曾讓親衛隊保護我的座車。」羅森堡覺得那則廣播報導的結尾，好像是要呼籲德國的共黨分子採取對付他的行動，「也就是說，煽動他們來殺我。」

納粹政府用殘暴手段四處抓人去當奴工，這也讓反抗運動愈演愈烈。[30]因爲幾百萬德國男人都上戰場去了，所以全國的工廠、農場與礦場都需要工人。一開始，納粹都是在東部占領區靠著宣傳手冊與海報徵人。電影院裡還會播放一支名爲《歡迎來到美麗的德國》（*Come to Lovely Germany*）的新聞影片。德國政府承諾會酬以高薪，並提供免費房屋和健康照護，甚至爲他們開設個人儲蓄帳戶。

樂觀的烏克蘭人一開始還會去報名，但很快就有許多可怕謠言傳回國內：工人搭乘的火車並未提供食物，連廁所都沒有。想走的人就會被送去集中營。到了一九四二年中，已經沒有人願意去報名了。有些人是擔心納粹會用處理猶太人的方式對待他們。根據一則廣爲流傳的故事，搭上勞工列車的人都被槍斃了，屍體變成肥皀的材料。

柏林政府把勞工的需求量愈拉愈高。在當地民政府官員的幫助之下，納粹在烏克蘭各大城的市場與電影院裡抓人。他們也會在午夜時衝進農村抓人。如果有居民逃逸，他們的房舍就會被焚毀，所有家畜充公。

許多家人在火車站被迫分開，因此暴動頻傳。還有一些報告指出，納粹非但不讓孕婦免除勞役，還逼迫她們墮胎。

最後，許多烏克蘭人都被抓去做工，已經沒有年齡的限制了。受害者紛紛表示：「烏克蘭被解放了，但烏克蘭人卻得被迫離開。」[31]

整個二戰期間，總計有三百多萬名占領區人民被運往西方的德國去做工，其中一百五十萬人來自烏克蘭。人在柏林的羅森堡對於此一強迫勞動計畫深感困擾。計畫負責人只想到這是解決問題的權宜之計，同時要顧及高層吩咐下來的勞工人數。隨著抓人的暴力愈來愈過分，後續的負面影響也日益增強，但這卻不在他們的考慮範圍內。「第三帝國的確需要兩百萬名勞工，」他寫道，「然而，這卻嚴重打擊了穩定東部占領區局勢的工作……本來把共黨分子驅離時，已經造成民眾的恐懼了，如果我們又開始爲了抓人去當勞工而包圍農村，恐懼感只會更加強烈而已，到最後讓大家都陷入艱難處境。」[32]

納粹爲了逼人做工而抓人，終究只造成了一個影響：讓整個國家的所有人都轉而與納粹作對。

羅森堡的民政府還遇到另一個問題。他有許多手下派駐在東部占領區，他們的住處都急需家具。

---

28 原註：Rosenberg diary, November 30, 1942.
29 原註：Ibid., November 20, 1942.
30 原註：Berkhoff, *Harvest of Despair*, pp. 255–72.
31 原註：轉引自 ibid., p. 264.
32 原註：Rosenberg diary, October 12, 1942.

為了改善此一「糟糕狀況」，羅森堡寫信向希特勒提出請求，建議把西歐占領區內原來屬於猶太人的「住宅家具」拿來使用，有些猶太人已經逃走了，另外一些也「很快就要離開了」。[33]猶太人逃走後，他們遺留在家裡的每一件寶貴藝術品早就都已被納粹奪走。如今，透這這一次所謂「家具行動」（Möbel Aktion），納粹要拿走的是他們那些日常用品，例如桌椅、廚具、毛毯與鏡子。[34]

馮．貝爾是這次行動的負責人，他找了一間原來屬於有錢猶太夫婦的五十房豪宅當作行動總部，開始聘請搬家公司幫他清空法國、比利時與荷蘭各地無人居住的猶太人公寓。接下來的兩年半之內，至少有六萬九千戶住宅的東西必須運走。[35]馮．貝爾在巴黎市中心準備了三個倉庫，用來進行整理、修理與重新打包的工作，並且從巴黎東北方郊區的德朗西集中營調用猶太工人來做事。其中一間倉庫本來是家具店。另一家位於城裡精華地段，本來是寬敞又優雅的豪宅。第三間則是鐵路旁的貨倉。

每天都有好幾千個木條箱運進那三個倉庫裡，箱子裡裝的不只是家具，還有地毯、保險箱、廚具、銀器、玩具、書籍、毛毯、燈具、各種儀器、衣服，甚至睡袍，總之就是任何一個家庭會用到的物品。

有時候，負責整理的工人會發現盤子上還有沒吃的食物。

還有寫了一半的信件。

令人驚訝的是，有時候工人會發現自己的東西。其中一位發現了女兒的照片。[36]

利用搶來的大量布料，倉庫的猶太女裁縫師幫納粹官員、眷屬縫製各種衣服，包括洋裝、手提包，還有馮．貝爾之妻的鞋子。

倉庫裡的猶太工人時時刻刻都籠罩在即將被驅離的威脅中。會被遣送回德朗西集中營的，不只是那些想逃走的男女工人，就算身上被發現有蝨子寄生也會。每當馮・貝爾來視察倉庫時，他都規定工人必須一直面對著他。要不是違反他的下場就是被他殺掉，否則這眞是一個荒謬可笑的規定。等驅離行動開始了，這些猶太人就會發現，一旦被送往運輸設施去等待搭乘交通工具，就再也不會回去了。

這些洗劫來的家用品不只會送到東部占領區的民政府官員家裡，也會送往親衛隊、蓋世太保成員的住處，送往戈林在貝希特斯加登的一間房屋，還會送往其他黨政關係良好的納粹分子那裡。猶太工人會將比較精美物件擦亮，擺在架上，並且由馮・貝爾親自接待納粹顯貴們，任他們挑選需要的東西，簡直就像在柏林萊比錫大街的威特海姆百貨裡購物一樣。倉庫也接受訂單，把預訂的物件寄給與納粹合作的法國賣國賊、納粹將軍與軍人，還有認識馮・貝爾夫婦的德國民間人士，甚至電影明星。

根據某位猶太工人表示，羅森堡自己就曾預訂過「數量驚人的床單、毛巾與其他配件」。[37] 某次有個女人自稱是他的姪女，替她老闆來巴黎購物，而她老闆位於柏林郊外精華地段達勒姆地區的家裡剛好需要家具。各界的需求量實在是太過龐大，導致在比利時列日負責進行「家具行動」的官員還要求多逮捕一些猶太人，這樣才能洗劫他們的家具與家用品。[38]

---

33 原註：Rosenberg memorandum, "Concerning: Jewish Possessions in France," December 18, 1941, reproduced as 001-PS in Office of the U.S. Chief of Counsel, *Nazi Conspiracy*, vol. 3, p. 1.
34 原註：Dreyfus, *Nazi Labour Camps in Paris*, pp. 1–33, 56–82.
35 原註：Ibid., p. 120.
36 原註：Ibid., pp. 66–67.
37 原註：Ibid., p. 69.
38 原註：Ibid., p. 32.

然而，大多數洗劫來的東西都給了德國老百姓。儘管此一行動最初開始的理由，是因爲羅森堡麾下民政府官員需要家具，但任務很快就改變了。在盟軍開始轟炸德國各個城市之後，數千名民眾的家具連同住家一起被炸毀了，所以家具就改送給那些另找地方落腳的民眾。39

在此同時，東部占領區的「羅森堡特別任務小組」則是聚焦在他們原來的任務上：掠奪藝術品與寶貴的檔案。40

這個小組在東部占領區還必須面對其他單位的競爭。俄國女皇凱薩琳二世（Catherine the Great）有間位於列寧格勒南方普希金市（Pushkin）的宮殿叫作琥珀廳（Amber Room），結果裡面那些已經是知名歷史文物的牆壁飾板（除了雕工精細之外，還點綴著金碧輝煌的琥珀與金箔），居然被德國陸軍某個特殊單位拆掉運走，運送到柯尼斯堡去供人欣賞。士兵們也搶走了原來屬於俄國沙皇的知名哥特普天象儀（Gottorp Globe），這一座九英尺高的天象儀表面畫著非常精細的星座圖，包括獅子座、大熊座與天鵝座。

德軍把想要的東西洗劫一空之後，馬上著手大肆破壞那些對俄國人來講別具意義的宮殿與古蹟。41他們劫掠了偉大文學家普希金（Alexander Pushkin）的故居。大作曲家柴可夫斯基（Peter Ilyitch Tchaikovsky）的舊宅外也被用來停放機車。他們在托爾斯泰（Leo Tolstoy）生前擁有的亞斯納亞－博利爾納莊園（Yasnaya Polyana）發現珍貴手稿後，將其焚毀。

在此同時，親衛隊則是洗劫了明斯克、基輔等城市，把珍貴物品送往希姆萊的韋沃爾斯貝格古堡（Wewelsburg），當作裝飾品，或者送往他設置的考古研究機構亞涅爾貝（Ahnenerbe）作爲研究之用。羅森堡的手下也在東部占領區發現一堆可以掠奪的寶物。他們洗劫了宮殿的圖書室、博物館與共黨檔案庫，有數十萬本書籍被充公。「羅森堡特別任務小組」還接收了位於立陶宛首都維爾紐斯（**Vilnius**）的猶太研究學院，充當戰利品的集中放置地點之一。把維爾紐斯一帶的東西搜括來之後，納粹官員命令城裡猶太貧民區派四十名猶太人出來進行分類與登記的工作，並且準備把其中最珍貴的書籍運往德國。里加、明斯克與基輔等城市的情況大致上也是這樣。

火車車廂裡裝滿了俄國藝術品、書籍、家具與考古珍寶（甚至還有一批知名的蝴蝶標本），喀噠喀噠往西疾馳而去，沿途穿越了大片混雜著鮮血與泥巴的戰時歐洲土地。

但並非所有洗劫而來的物品能夠留存於世。數以萬計的書籍被納粹政府認定毫無價值，直接做成紙漿。羅森堡的手下搜括到許多上面寫著猶太《妥拉經》（***Torah***）的羊皮卷軸，但不感興趣。一位特別任務小組官員接獲外勤人員問及要怎樣處理那些《妥拉經》，他說可以把羊皮取下，用來裝訂其他書籍，或者製成皮帶、皮鞋。

爲了騰出火車車廂的運貨空間給更有價值的東西，有一大箱書直接被丟下車廂，就此永遠消失，而那些更有價值的東西是一批豬隻。

---

39 原註：Dreyfus, *Nazi Labour Camps in Paris*, pp. 16–17.

40 原註：羅森堡特別任務小組在東部占領區的洗劫行動詳情係引自於：Collins, "The Einsatzstab Reichsleiter Rosenberg and the Looting of Jewish and Masonic Libraries During World War II," pp. 24–34, and Grimsted, *Reconstructing the Record of Nazi Cultural Plunder*, pp. 25–35.

41 原註：Nicholas, *The Rape of Europa*, pp. 192–200.

一九四三年某天，羅森堡去愛沙尼亞某間倉庫視察洗劫而來的物品，之後他在日記中寫道：「從歐洲各地洗劫而來的東西都是如此珍貴，令我大開眼界」，接著他說，「其中有狄德羅（Denis Diderot）最珍貴的文學作品與手稿，還有威爾第、羅西尼（Gioacchino Rossini）與拿破崙三世（Napoléon III）等人的信件。當然，還有那些用來攻擊我們、充滿煽動性的猶太與耶穌會文學作品。」42 他不禁感到非常得意。沒想到才幾年光景，他那「規模小到可笑的」特別行動小組居然能有如此驚人績效。

一九四三年初，就在羅森堡的五十歲生日即將來臨之際，羅森堡想要試著掃除他的憂鬱情緒。戰時那幾年，他向來都是用非常低調的方式慶生。有趣的是，他居然還跟戈林同一天生日。不過，這一年他將會舉辦一個能夠配得上他身分地位的奢華派對。他寫道：「畢竟，戈林與我早就已經是國家社會主義革命史的一部分了。」那天早上，希特勒青年團與德國少女聯盟派了一個兒童合唱團來唱歌讓他欣賞。納粹的高層領袖們紛紛造訪他的辦公室，兩百位嘉賓齊聚一堂，共享燉菜與啤酒，地點是羅森堡的民政府總部，也就是位於菩提樹下大街的前蘇聯大使館。

沒到場的人也都寄送感人賀函給他。「元首親筆寫的短信讓我深受感動，」羅森堡寫道。希特勒盛讚羅森堡是「黨內最重要的思想家之一」，也感謝他的效忠，並且送他二十五萬帝國馬克當賀禮。「從一開始我們就知道我們彼此之間的差異有多大，」羅森堡接著寫道，「在我看來，他所重用的一些傢伙根本都是害群之馬，他也很清楚這一點，不過想必他是爲了國家好。」羅森堡心想，至少他知道希特勒欣賞他，爲此他感到欣慰。「我對他的回覆是，現在也許我可以說出心裡話：這麼多年來我對他的信心未曾動搖過，也一直相信他要做的事，而且能夠與他並肩作戰，可說是我此生最大的榮耀。」[43]

但他的信念即將要遭受嚴重考驗了。

隨著與科赫之間的爭議愈演愈烈，羅森堡開始想要重組東部占領區民政府的領導階層，並且與希姆萊手下的第二把交椅，也就是親衛隊總部幕僚長戈特洛布．貝格爾進行討論。面對在烏克蘭與他處處作對的科赫，這是羅森堡最後一次放手一搏，試圖把科赫換掉。不過他也知道他必須獲得希姆萊這種高層人物的支持。他用官位來拉攏貝格爾，如果貝格爾可以幫他取得親衛隊的支持，一起對抗科赫，那麼他就指派貝格爾擔任民政府的祕書長，把人事與政策大權交給他。[44]

一月間，羅森堡在波蘭與希姆萊會談了三小時[45]，希姆萊欣然同意了貝格爾的任命案，但最後還是要看希特勒的決定。[46]

對於希姆萊來講，要做這決定並不難。讓自己的心腹進入民政府之後，他對於東部占領區的影響力就會更爲強大了。至於換掉科赫的問題，希姆萊並未做出承諾。「突然間，H對於科赫變得很寬容，他向來稱讚科赫『充滿幹勁』，」羅森堡在日記中寫道，「而且他也認爲元首不會把他換掉。」

42 原註：Rosenberg diary, February 2, 1943.
43 原註：Entry titled "After January 12, 1943," ibid.
44 原註：Mulligan, *The Politics of Illusion and Empire*, pp. 65–70.
45 原註：Rosenberg diary, January 25–26, 1943.
46 原註：Dallin, *German Rule*, pp. 168–176。這一筆政治交易一直要到六月才塵埃落定。

爲了這個交易，羅森堡必須把他忠心的副手喬治．賴布蘭換掉。賴布蘭在進入民政府之前，曾於一九三三到四一年間爲羅森堡的納粹黨外交政策處效勞過。[47] 但是，自從賴布蘭獲得洛克斐勒基金會（Rockefeller Foundation）獎助，於一九三一到三三年間陸續待過巴黎與美國之後，親衛隊與蓋世太保就一直質疑他的忠誠度有問題。

賴布蘭因爲被開除而感到悲憤莫名。他甚至大膽預測，「如果我們輸了這一次戰爭，那首長你將會被判處吊刑。」[48]

一九四三年的頭幾個月，羅森堡與科赫之間的戰爭終於來到了決定勝負的時刻。科赫新發布的一道嚴苛政令遭羅森堡反對，而科赫則是用五十二頁的長文回應長期政敵羅森堡，指控羅森堡讓他無法做事，並且籲請希特勒裁決。

羅森堡召回科赫，要在柏林與他開會，結果兩人大吵一架，互相咆哮。此時，羅森堡唯恐自己會被元首開除，他寫信到總理府，要求把科赫換掉，因爲他「已經成爲故意與極度鄙視占領地人民的代表性人物」，而且「幾乎完全毀掉了爭取當地民心的大好時機」，同時「他那嚴重的心理情結只能用病態來形容」。

就在爭議愈演愈烈之際，希姆萊持續保持中立。他雖曾在一月與羅森堡建立起暫時的盟友關係，但那已經化爲烏有。到了三月，希特勒否決了貝格爾的任命案，認爲沒有必要。幾天後，希姆萊邀請科赫去找他，如此一來才能「把所有事情好好談開」。[49]

五月十九日那天，希特勒終於把交惡的雙方都找到他的軍事指揮總部去見面，當時總部已經遷往烏克蘭的文尼察。

羅森堡很快就發現，兩年來元首對於烏克蘭的看法仍未改變。事實上，不久前希特勒還向晚宴的賓客表示，「如果有誰說要好好照顧與教化當地居民，我就直接把他關進集中營！」[50]那一段時間，他還告訴麾下的將軍們，如果眞的有利於德國的話，他大可以說謊並且承諾烏克蘭人，說要解放他們。但如果眞的要他採取實際的措施，幫他們提升人口數，那只會讓他們懷抱希望，也會對控制人口的政策造成問題。

聽完羅森堡與科赫的抱怨後，元首做出裁示。他仍是重申德國需要東部占領區提供糧食與工人，他還說，對於羅森堡多年來持續鼓吹的懷柔手法，他要最後一次進行批判，並且希望再也不用聽到了。「客觀條件迫逼使我們採取如此嚴苛的措施，」希特勒說，「因此我們也永遠不可能贏得烏克蘭的民心，要他們認同我們的行動。」

這場會面結束後，憤怒的羅森堡甚至拒絕與科赫握手。

羅森堡終於徹底慘敗。此後他再也沒有爬起來。[51]

羅森堡在日記裡卯起來抱怨發洩。他說，以鮑曼爲首的一群心腹已經把元首給包圍起來，讓他與外界

47 原註：Dallin, *German Rule*, p. 88.
48 原註：Cecil, *Myth of the Master Race*, p. 212.
49 原註：Mulligan, *Politics of Illusion*, p. 70.
50 原註：Trevor-Roper, *Hitler's Table Talk*, p. 466.
51 原註：Dallin, *German Rule*, pp. 157–63.

阻絕，而且他自己愈來愈把重心擺在軍事與外交政策上，導致德國本身的許多重要問題都未能妥善處理。那些問題都沒有經過辯論與研討。他甚至不知道，鮑曼還有沒有把羅森堡的備忘錄轉呈給元首看，或者只是歸檔而沒有人讀過。每當鮑曼下達希特勒的政令時，已經沒有人能確定那到底是元首自己的命令，或者是鮑曼假傳諭旨。[52]

赫斯飛往英國後，羅森堡本來很看好鮑曼升任為元首祕書的人事案。羅森堡認為他似乎「是個思想務實的人，堅強而有決心」，而且當羅森堡與基督宗教教會激烈交戰時，鮑曼也是熱忱的支持者。某次鮑曼甚至還曾經請羅森堡草擬一份「新的德國生活須知，」那是給中小學生閱讀的納粹思想問答手冊，用以取代宗教的道德規範。他跟羅森堡說，所有孩童都必須學會「勇敢的美德，嚴禁膽小怯懦的行徑……這才是可以讓血統保持純正的禁令」。[53]

他們的交惡似乎事出有因。鮑曼曾經把希特勒對於教會的種種激烈批判搜集彙編成一本言論集，並且寫了一則直言不諱的機密短評，與言論集一起在納粹黨的各地區黨部領導人之間流通。很快的，某位基督教牧師取得那則短評，鮑曼寫道：「就像占星學家、預言家等騙子因為毒害百姓而遭到國家取締與打壓，我們也必須徹底禁絕教會的潛在影響。」[54]羅森堡寫信向鮑曼表示，那一則短評實在是寫得不好，以後應該把寫那種東西的工作留給他就好。「想要用砍柴的方式解決兩千年來在歐洲爭辯不休的問題，是不可能的，」在他們倆交流過後，羅森堡於日記中寫道，「B是個實事求是的人，但分析那種問題並非他的專長。」[55]羅森堡在批評時其實已經很小心了，因為鮑曼在黨內可不是小人物。鮑曼的答覆是，「他本來就沒有想要大張旗鼓地談論宗教問題」，而且只要是跟教會有關的事，羅森堡當然才是納粹的頭號攻擊手。

但是，羅森堡寫道，後來就開始發生了一些怪事，「看得出有人想要拔除我在黨內的職位。」[56]他只能認定鮑曼覺得「有些人對他造成太大威脅。我就是其中的頭號人物」。

鮑曼主張，既然羅森堡應該致力於他在東部占領區的工作，那麼那些因爲他身爲黨內意識形態大師而開設的相關處室，就都應該關閉。鮑曼甚至還想要設法剝奪「羅森堡特別任務小組」的職權，把洗劫藝術品的任務轉交給元首博物館的人員，他並且指控羅森堡的小組成員無能又貪腐。羅森堡予以反擊，沒讓鮑曼得逞，但接下來他的某個親近盟友卻又遭到攻擊，而且在羅森堡看來是因爲一些莫須有的罪名。鮑曼下令進行調查，還要求撤換那個人。「說眞的，這是最爲赤裸裸的不義之舉，是政界黑箱作業最悲哀的典範，」羅森堡寫道，「他們攻擊他，但其實是要攻擊我。」

羅森堡曾想要求與鮑曼見面，親自向他據理力爭，表示應該由他的辦公室來進行徹查。過去他曾經讓鮑曼改變心意。

但這整件事讓他感到非常悲哀，只因第三帝國已經被鮑曼這種擅長權謀的人給控制住了。「成千上

---

52 原註：Rosenberg diary, August 7, 1943.

53 原註：Bormann memorandum to Rosenberg, February 22, 1940, reproduced as 098-PS in Office of the U.S. Chief of Counsel, *Nazi Conspiracy*, vol. 3, pp. 152–57.

54 原註：Memorandum, "Relationship of National Socialism and Christianity," undated, reproduced as D-75 in Office of the U.S. Chief of Counsel, *Nazi Conspiracy*, vol. 6, pp. 1036–39.

55 原註：Rosenberg diary, September 7, 1941.

56 原註：Ibid., August 7, 1943.

萬的人犧牲自己，以鮮血換來的政權，如今卻落入宮廷政治的奸黨手裡，而且可恨的是，能人志士卻遭到毀謗與擺布，任何建言都沒人傾聽。任何像納粹這種高貴的政黨，還有高貴的人，終究都無法忍受這種狀況……然而，如果在元首面前直言這一席話，也沒有用。他會覺得這是在攻擊他經驗老到的手下，甚至是我這種『理論派』在妒忌他身邊的『實務派』。

「如果B的方法眞能成功，」他還說，「那麼我這輩子的所有努力也都算是白費了。」

戰爭已經慢慢來到了第四年的尾聲。一切似乎都即將分崩離析。

22

「廢墟」

入侵蘇聯兩年後，隨著史達林把龐大無比的兵力投入戰場上，從一九四三年夏天開始，德軍失去了東部戰場的主動權。在七、八月間，紅軍死亡人數高達一百五十萬，但在基輔東方三百英里處的庫斯克（Kursk）打贏了史上規模最龐大的陸戰，擊退德軍。就在希特勒仍在考慮是否要膽怯地撤退之際，面對蘇聯的無情攻勢一波波襲來，德軍別無選擇，只能往後退了。該年年底在烏克蘭，紅軍已經一路打到基輔。德軍採取堅壁清野之策，不留下任何東西給紅軍，於撤退之際焚毀村莊、炸掉大樓。某位士兵寫信回家時表示，「那眞是可怕又美麗的景象。」[1]

在此同時，英軍試著直接瞄準首都柏林，藉此打垮德國人。一九四三年十一月底，某個多雲的夜裡，七百多架英國空軍飛機飛越柏林上空，把機上炸彈全都丟掉清空。[2]

在羅森堡位於柏林達勒姆地區萊恩巴本大道（Rheinbabenallee）上的家裡，他與妻子海德薇西與女兒伊蕊娜一起躲在自家的防空設施裡，等待空襲結束。[3]悶雷般的爆炸聲終於停止時，空襲警報結束的信號響起，這家人走出家門進到一

1 原註：Evans, *The Third Reich at War*, pp. 490, 618.
2 原註：Ibid., pp. 459–66.
3 原註：Rosenberg diary, December 31, 1943.

片漆黑夜裡，只見東北方的「天空一片火紅」。儘管羅森堡在奧地利北部阿爾卑斯山區邊緣的蒙德塞有一棟農莊別墅，但他決定不把家人往南撤到那裡去，反而把她們直接帶往目前一片混亂的地方，住進威廉廣場（Wilhelmplatz）旁的凱撒霍夫酒店（Hotel Kaiserhof），廣場另一頭就是帝國總理府。

他們驅車經過一條條大馬路，進入柏林市中心，沿途只見到處烈焰沖天與斷垣殘壁。選帝侯大街上，威廉皇帝紀念教堂（Kaiser Wilhelm Memorial Church）被好幾枚炸彈擊中，教堂後方的動物園陷入一片火海。因爲到處都是煙霧，街頭的能見度幾乎是零。羅森堡的司機在彷彿世界末日降臨的街道上閃來閃去，躲避彈坑與火球，繞過被殘骸擋住的一條條大街，往東朝政府機關林立的陶恩沁恩大街（Tauentzienstrasse）前進。「沒路可以走：火花如雨，煙霧濛濛」，羅森堡把當時的景況記錄下來。車子開上人行道，司機對著那些驚魂未定、剛剛逃離炸彈、無家可歸的柏林人按喇叭。「一棟棟大樓化身爲火炬，噴出來的火花好像雨滴似的落下，忽左忽右。」他找到一條開進提爾公園的路。勝利紀念柱旁有一輛公車起火燃燒。布蘭登堡門旁邊的巴黎廣場上，只見法國大使館已陷入一片火海。最後他們終於開到了凱撒霍夫酒店，羅森堡與家人看消防隊員對著威廉廣場另一頭的交通部大樓噴水，水柱每次噴進地獄般的火海，都會引發一陣陣翻騰的濃煙。

廣場上，著火的碎片被風吹得四處飛散，結果讓舊總理府的屋頂也著火了。

凱撒霍夫酒店的電話線路故障，但羅森堡的副手終於趕來了，他身上滿是煙灰，戴著一頂鋼盔，跟羅森堡報告，他麾下某個黨部處室的大樓遭炸彈擊中。

隔天早上，柏林街頭還是漫天煙塵，害大家幾乎無法開口說話。陣陣煙塵直達高空兩萬英尺處。倖存

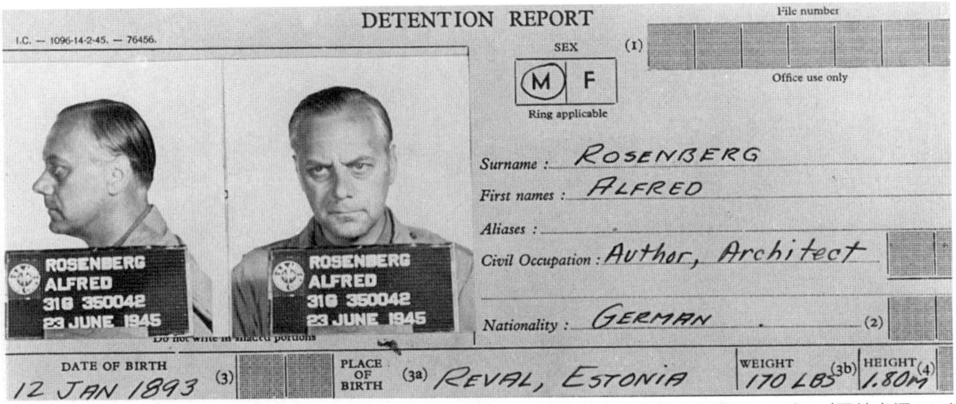

一九四五年五月十八日被英軍拘捕時，羅森堡一開始因為自己並沒被移交給蘇聯人而鬆了一口氣。（圖片來源：Yad Vashem）

者必須用衣服蓋住眼睛、嘴巴，才能講話。「我眞不明白，英國人爲何靠一次空襲就能在帝國首都造成如此重大損害？」戈培爾寫道。威廉廣場的景象「極度荒涼」。4

帝國總理府的許多房間都被燒毀了。戈培爾他家有許多門窗也被炸破，房間裡滿是積水。各部會首長都必須移往他處辦公，唯一的聯絡方式是靠信差，他們在殘破的大街小巷之間穿梭來去。爲了安置無家可歸的居民，元首地堡（Führerbunker）不得不暫時開放。

羅森堡前往波茨坦廣場附近去視察他的黨部辦公室的損害狀況。「已經成爲廢墟，」他寫道，「在冒煙的瓦礫堆裡，只見一個個被炸翻的保險櫃。地下室入口只剩下一個小小的通道。」一堆堆備忘錄都被燒毀，鋼鐵保險櫃裡的兩萬馬克也是。5 東部占領區民政府位於菩提樹下大街上的總部安然無恙，只有窗戶破掉，室內堆積著一層髒汙煙塵。

羅森堡很快就會發現，把家人帶到已經淪爲戰區的柏林市中心

4 原註：Lochner, *The Goebbels Diaries*, p. 586.
5 原註：Piper, *Alfred Rosenberg*, p. 612.

實在是個愚蠢的決定。另一晚，英軍又來轟炸，羅森堡一家還得躲進元首地堡。即便已經深入地下，牆壁還是被炸彈震得不斷搖晃。[6]出來後，羅森堡發現地上有個很深的彈坑，結果是有一顆炸彈掉在碉堡正上方。凱撒霍夫酒店也被命中，但沒有人在救火，因為沒有噴水的軟管可以用。羅森堡穿越冒火的走廊，衝進房間，盡量把行李收入行李箱中，然後又回到元首地堡，大家都在裡面過夜，睡在吊床上。

「在各大城大樓與地下室持續被轟炸的情況之下，未來的劇作家們會把我們的遭遇描寫成人類史上最可怕的試煉，」羅森堡在日記裡寫道。他把英軍的轟炸行動跟一六三一年馬德堡（Magdeburg）在三十年戰爭（Thirty Years' War）期間陷落的情況相提並論。當年，神聖羅馬帝國的士兵燒殺擄掠，有兩萬人遇害，整個馬德堡也被他們燒掉了。「如今，」羅森堡寫道，「光是一天的損失就已經一樣嚴重了。我們有二十個城市幾乎淪為廢墟，幾十萬婦孺被埋在瓦礫堆裡。」

但他言過其實了。一九四三、四四年間的大空襲期間，遇害平民人數為九千多人，無家可歸者超過八十萬，德國人民驚駭莫名。

但即便是這樣，希特勒仍不為所動，德國的損失要遠遠超過於此，他才會被撼動。

「面對這種情況仍能面不改色，可說是國家社會主義運動的特質，」羅森堡寫道，「堅毅的性格如今早已變成整個國家民族的美德。」

「我們在東部戰區節節敗退，」一九四四年夏天那段最灰暗的日子裡，羅森堡寫道。[7]十二萬軸心國士兵於春天時在克里米亞被切斷退路，紅軍則是無情地持續往西推進。[8]到了六月，在坦克與大炮的掩護之下，一百五十萬紅軍部隊把白俄羅斯的德軍團團圍住，三十萬德軍被殺或被俘，接下來紅軍已經推進到距離柏林不到五百英里的地方。在西歐戰場上，盟軍訂六月六日爲「登陸日」（D-Day），在諾曼第搶灘成功，接下來便設法突破德軍陣線，解放巴黎。

德國國內又再度發生一次暗殺希特勒的事件。[9]元首窮兵黷武，因爲好戰而在整個歐洲大陸掀起一場毀滅之爭，這讓一群高階陸軍軍官長期以來都敢怒不敢言，最後選擇執行暗殺計畫。讓其他暗殺行動策畫者感到不滿的事（其中還有一群人曾任政府官員），還包括希姆萊麾下警察機關的種種作爲、猶太人慘遭大屠殺，還有東部占領區人民飽受蹂躪。無論動機如何，他們的共通點就是相信希特勒正在把德國帶往毀滅邊緣。他們想要避免此一慘劇，結束戰爭，讓大家能活命。

「無論付出多少代價，我們都要嘗試暗殺行動，」暗殺行動的主謀之一、陸軍參謀總部軍官海寧・馮・崔斯考（Henning von Tresckow）表示。「我們必須向全世界與往後德國的世世代代證明，德國反抗運動的志士們敢冒著生命危險採取關鍵性的行動。」

一九四三年三月，陸軍第六軍團在史達林格勒投降的六週後，崔斯考設法趁希特勒要到俄國斯摩倫斯克（Smolensk）的德軍總部去視察時，在他的飛機上裝了炸彈。但那枚由軍情單位製造，看起來像是干邑白蘭地酒瓶的炸彈並未引爆。其實早在六年前也發生過一起炸彈案，當時希特勒前往慕尼黑貝格勃勞凱勒

6 原註：Lochner, *Goebbels Diaries*, p. 588.
7 原註：Rosenberg diary, July 29, 1944.
8 原註：Evans, *Third Reich at War*, p. 618.
9 原註：Ibid., pp. 632–46.

啤酒館演講，但因爲他提早離場而沒有成功。

這些暗殺主謀不屈不撓，計畫要進行「華爾奇麗雅行動」（Operation Valkyrie），並且要在暗殺希特勒後，利用柏林的陸軍後備部隊發動軍事政變。一九四四年七月二十日，機會終於降臨，地點是希特勒位於拉斯滕堡（Rastenburg）附近的軍事指揮總部「狼穴」。陸軍軍官克勞斯·馮·史陶芬堡（Claus von Stauffenberg）帶著手提箱式炸彈，去參加希特勒也在場的軍事幕僚會議，他把炸彈擺在希特勒附近的一張沉重木桌旁，離開後從軍營看著炸彈爆炸，設法編理由離開「狼穴」，然後打電話給同謀的陸軍軍官宣布希特勒的死訊。

事後，柏林幾乎立刻就開始亂成一團。但「狼穴」的電話線路並未受損，所以消息很快傳回柏林：雖然炸彈炸穿了營房牆壁，但元首得以倖存。主要是因爲那厚重的木桌減弱了爆炸的力道。希特勒還能自己走出去，只是褲管著火，耳膜嚴重受損，馬上著手鎮壓叛亂。

柏林陸軍後備部隊的總司令弗里德里希·弗洛姆（Friedrich Fromm）將軍於案發前就知情。他本來要發動政變，派兵占據各個主要的政府機關。知道希特勒生還後，他拒絕配合。等到暗殺行動的主謀們抵達陸軍總部時，弗洛姆還想要逮捕他們，卻反被抓起來當人質。陸軍總部的一場槍戰過後，弗洛姆獲釋，主謀們全遭逮捕。由於弗洛姆事先知情，他害怕自己會被牽連，於是便把四個帶頭的人（包括史陶芬堡在內）帶到外面的庭院裡處決。隔天早上，希特勒透過廣播向國人痛批那些主謀，並感謝上天再度保佑他逃過一劫，就像一九三九年十一月的慕尼黑暗殺事件那樣。

令羅森堡不解的是，這些陸軍將領們當年並未挺身反叛備受厭惡的威瑪共和國，卻爲何想暗殺創建第三帝國的英雄？「這可說是史無前例，」他宣稱，「不曾有任何一個軍官用如此懦弱的方式謀殺最高統帥。」[10]

希姆萊立刻著手逮捕任何與本案或其他暗殺事件相關的人士，爲了避免遭逮，有些人用手槍、手榴彈或毒藥自殺了。被逮捕者慘遭毒打拷問。倖存者被送到惡名昭彰的帝國人民法院受審，然後在希特勒的直接授意下判處絞刑，而且爲了確保他們死得很慢、很痛苦，還特地使用綁在天花板掛鉤上的細繩來行刑。這殘忍的過程還被拍成影片，拿到「狼穴」去給元首欣賞。希姆萊還逮捕了某些首謀的親戚，關進集中營，他們的孩子都送到孤兒院。

審判期間曝光的一件事讓羅森堡火冒三丈。路德維希・馮・雷昂洛德（Ludwig von Leonrod）少校信奉天主教，案發半年前，他曾去向一位陸軍所屬的神父告解。那位赫曼・威爾勒（Hermann Wehrle）神父也是少校的朋友，當被問及天主教教規是否允許暗殺暴君，神父的答案是「不允許」。但是等到上法庭作證時，神父說雷昂洛德的問題似乎只是假設性的，所以他並未向納粹政府呈報，只告訴了他的主教。[11]

「所以，教廷知道這件事已經半年了。他們還任由史陶芬堡這種胸口總是戴著十字架項鍊的天主教刺客放手去做，」羅森堡寫道，「不幸的是，他在被偵訊之前就遭到槍斃了，所以我們不知道他跟他的神父告解了些什麼。」[12]

最後，雷昂洛德與威爾勒都被處決了。

---

10 原註：Rosenberg diary, July 30, 1944.

11 原註：Shirer, *The Rise and Fall of the Third Reich*, p. 1060, note.

12 原註：Rosenberg diary, August, 27, 1944.

羅森堡在米興多夫（Michendorf）的森林裡有個小木屋，一九四四年十月，他第一次有機會去那邊過夜，令他感到陶醉不已的是，「儘管世事紛亂擾攘，但這裡卻如此平靜。」先前，那一年暑假他早就數度前往波茨坦南方的小鎮米興多夫去小住幾天，遠離到處斷垣殘壁的柏林，只不過當時睡覺的地方是他自己的專用列車「哥德蘭號」（Gotenland）。他的出生地愛沙尼亞日瓦爾慘遭戰火蹂躪，還有他年輕時曾經去過的溫泉勝地亞琛（Aachen）與科隆都一樣。最令羅森堡感到震驚的，還是納粹黨的發源地慕尼黑。「我們在半夜中驅車，」他在日記裡紀錄自己看到的景象，「這城市就像一座由廢墟與電線構成的迷宮。附近的街道都已被摧毀。」慕尼黑彷彿「被凌遲……被分屍了」。[13]

曾經撐起第三帝國的梁柱，在他們身邊一根根倒下。紅軍已經擊退所有德軍，反守為攻。「此刻，」羅森堡寫道，「規模最大的戰役都是在德國本土進行。在元首的指揮總部四周。」他仍是東部占領區民政府的首長，但那頭銜已經名存實亡，如同某位官員用痛苦的語氣說道，他領導的機關已成為「不再占領區民政府。」[14]長年與羅森堡為敵的戈培爾幸災樂禍，他說羅森堡就像是個「失去國家與臣民」的歐洲君王。[15]

一九四四年底的那幾個月，羅森堡試著想要克服他工作上的一個重要挑戰，儘管他的作為最後已經沒有任何意義可言。這件事涉及希姆萊與一位在戰場上被俘虜的安德烈·弗拉索夫（Andrei Vlasov）將軍。[16]過去三年來，羅森堡跟其他很多人都想說服希特勒改變心意，要他允許東部占領區各國國民上戰場對抗莫斯科。元首不願同意。給了他們武器，他們就會回過頭來對付納粹政府，而且這是他鐵一般的信念，絕不會改變。

但在陸軍軍方內部，開始出現讓俄國人跟俄國人打仗的聲音，而且在一九四二年七月，軍方認為他們已經找到一個有號召力的軍事領袖：弗拉索夫將軍。他告訴德軍，紅軍早已做好準備，隨時可以倒戈，推翻史達林與共產政權。如果愛國的人民可以凝聚起來反抗獨裁者史達林，就可能會爆發革命。他只需要一支部隊與一次政治行動就能做到。德軍政戰單位開始把弗拉索夫將軍塑造成某個俄國解放委員會的領袖，但他當然是傀儡，委員會也是虛構的。他們希望可以藉此實現自己的美夢。

羅森堡認爲這不得不小心。弗拉索夫的理想是統一俄國。感覺起來納粹好像要幫他建立一個強大的新俄國，但過去二十年來，他們不就是一直要把俄國給拆散嗎？不過話說回來，除此之外羅森堡也已經無計可施。他同意所謂俄國解放委員會的構想，但前提是東部占領區的其他大國，包括烏克蘭、白俄羅斯與愛沙尼亞也要成立各自的解放委員會。

一九四三年一月，德軍把弗拉索夫將軍署名的小手冊空投進戰區。他呼籲俄國人民支持他的理念：推翻史達林，與德國維持和平關係，並且打造一個沒有共黨、也沒有資本主義的「新俄國」。這份文宣大受歡迎，弗拉索夫到東部占領區裡巡迴演講，暢所欲言。不過，他開始肆無忌憚，不但批判希特勒把人民抓去做奴工，也痛罵德國政府的暴政。「從古至今，俄羅斯民族都存在著，未來也會繼續存在，」弗拉索夫宣稱，「我們不可能把自己降格爲一個被殖民的民族。」

---

13 原註：Rosenberg diary, October 22, 1944.
14 原註：Dallin, *German Rule in Russia 1941–1945*, p. 639.
15 原註：Petropoulus, *Art as Politics in the Third Reich*, p. 157.
16 原註：Ibid., pp. 553–86.

這讓納粹怒不可遏。原本該是沒有任何傷害的政宣活動，如今聽來卻充滿威脅性。一九四三年六月，希特勒打算節制弗拉索夫的行動。希姆萊也痛批弗拉索夫與他那些責備德國人的言論。「弗拉索夫先生用俄國人慣有的傲慢語氣跟我們說那些故事，」那一年稍後，希姆萊在對一群親衛隊幹部發表演說時表示。[17]「他說，『到目前為止德國還沒打敗過俄國。只有俄國人能打敗俄國人。』先生們，我要大家了解的是，這種論調對於德國民族與德軍是藏有致命危險的。」

但是，過了一年以後，時序來到了一九四四年底，戰局已經完全不利於德軍。於是弗拉索夫又重回檯面上，這次他的支持者變成先前用力批評他的希姆萊。[18] 對於羅森堡來講，更糟的是希姆萊還同意弗拉索夫想要統一俄國的理念，希特勒也點頭同意了。

羅森堡覺得這實在太丟人。一九四四年十月十二日，羅森堡發送一份抗議備忘錄給希特勒。他抱怨道，納粹對於東部占領區的願景已經遭到汙染。「我的元首，懇求您明說，是否還希望我在這領域繼續工作？」在日記中他寫道，「從種種發展看來，我必須認定您再也不認為我的活動是有必要的。」

鮑曼告訴羅森堡，說希特勒一直都臥病在床，所以還沒把羅森堡的報告轉達給希特勒。後來羅森堡也完全沒有獲得希特勒的回覆。

十一月十四日，弗拉索夫在布拉格古堡現身，宣布俄羅斯人民解放委員成立。在發布的宣言中，弗拉索夫誓言「各民族應該都是平等的，並應享有民族發展、自決與建國的實際權利」。

但對於羅森堡來講，這些都是空話。事實上，希姆萊把弗拉索夫推上檯面，純粹只會讓外界覺得出現了一個新的俄羅斯帝國。一開始，羅森堡就知道這個計畫註定無法成功，因為他們在戰爭後期才推出，為時已晚，而且最讓他懊惱的是，他很清楚到時候很多人又會因爲失敗怪罪於他。

「如果他們失敗了，是因爲處理這個問題時，毫無章法可言，完全無法挽回頹勢。他們並未認眞看待東部占領區的問題，」他在日記中潦草地寫道，「關於我**個人**對於這件事感到多麼痛苦與義憤，我將會過一陣子再寫下來。現在我的情緒複雜，尚且無法言喻。而且，與帝國的命運相較，我個人的想法也比較不重要……我只能企盼第三帝國不會受到進一步傷害，像科赫這一類政治白痴帶來的傷害已經夠嚴重了。」[19]

他對於科赫的怨念並未減少。羅森堡在日記裡怒道：科赫是「俗人滋擾國際政治的惡例，他最適合的工作是在東普魯士養豬，或在」波蘭占領區的「齊胥瑙（Zichenau）建設屯墾區」，但卻「成爲帝國東部占領區政策的亂源」。[20] 厚顏無恥的科赫，居然敢說烏克蘭人民並無歷史可言，「幾乎不可能找到比這更愚蠢的言論。」羅森堡還說，「他有好幾位同事被暗殺，很可能都必須歸咎於他的不當言行。」其中最主要的事件是白俄羅斯民政府總督威廉·庫柏被暗殺，一九四三年九月他被人在床底下裝了定時炸彈炸死，兇手是一位受反抗軍指使的女傭。

「現在我完全可以了解，爲什麼尼采那種思想家會被**他**所面對的世界給逼瘋，」羅森堡寫道，「對於即將發生什麼事，他**看得**一清二楚，但就是無法改變情勢。」[21] 假使當年希特勒能把羅森堡的話聽進去，

17 原註：Petropoulus, *Art as Politics in the Third Reich*, p. 594.
18 原註：Ibid., pp. 613–40.
19 原註：Rosenberg diary, November 12, 1944.
20 原註：Ibid., October 22 and 26, 1944.

或許眞能改變整個戰局。「如果我們能把東部占領區的烏克蘭人民，組織成一支有國家意識的百萬大軍，也許就能幫我們避免史達林格勒的慘劇。」22

不過，儘管羅森堡因屢屢被拒而感到失望、受到失敗挫折，但還是拒絕背叛希特勒。他始終堅守在自己的崗位上，即便後來那已經變成一個虛位。

因爲柏林市郊達勒姆區的住家被炸彈毀壞，始終在整修，羅森堡於某家飯店住了一整年之後，才在十二月初搬回去。隔天，他寫下了戰爭結束前的最後一則日記。「我從已經變成斷垣殘壁的家裡面把剩餘的藏書挑出來。書變得破破爛爛，而且還夾雜著炮彈與玻璃碎片。」他拿起一本奧地利神祕主義詩人里爾克（Rainer Maria Rilke）的作品來看，年輕時的往事彷彿歷歷在目，還記得當年他也曾無憂無慮，整天都在看書。

「我年輕時的那些日子已經離我好遠好遠，」羅森堡寫道。他幾乎不敢相信。23

紅軍已經打到大門口了。24一九四四年底，爲了安全起見，希特勒終於不得不逃離東普魯士的「狼穴」，回到柏林。十二月，他前往西部戰場視察，督導德軍用一支二十萬人部隊突破盟軍陣線的行動，這也就是所謂突出部之役（Battle of the Bulge），但英美聯軍把德軍給擊退。這是二戰期間，由納粹所發動的最後一次重要攻勢。

一九四五年一月，德軍戰敗之勢底定後，希特勒回到首都。數以百萬計的盟軍分別從東、西兩個方向往柏林挺進。

到一九四五年初之際，羅森堡已經有一年多沒跟希特勒單獨會面了。他會在二月二十四日與元首見最後一面，當時希特勒仍想透過演講來激勵黨內領導階層的士氣。希特勒的身心狀況看起來都很糟糕。[25]他蹣跚走入會議室的樣子就像是個老人，左手抖個不停，甚至沒辦法拿起水杯喝水。羅森堡什麼也沒說，只是跟元首握握手。不過他還是透過中間人安排，請求跟希特勒見面。希特勒傳話回來，說他很樂意見面喝茶，但他知道到時候羅森堡肯定還是會堅持進行「技術性的討論」，但他已經無心於此。[26]

「如果不進行技術性的討論，」羅森堡問他的幕僚長，「那我這個政府的高層還能幹什麼？」

三月的某天晚上，美軍對柏林發動最大規模的空襲，在黎明時分派一千架飛機飛越柏林投彈。[27]三千名德國人喪生，十萬人無家可歸，城裡有一大部分地區沒有水電可以用。

三月稍晚的另一次空襲後，羅森堡家的屋頂崩塌，他與妻女搬進地下室。戰後他在囚牢裡寫回憶錄時表示：空襲後，「我做了一件似乎挺重要的事，把花園的土壤鬆一鬆之後，種了一些蔬菜與馬鈴薯。」空襲毀了他女兒十五歲生日派對的計畫。在地下室，羅森堡看著她坐在家用打字機前面打字，好像在草擬什

---

21 原註：Rosenberg diary, November 12, 1944.
22 原註：Ibid., October 26, 1944.
23 原註：Ibid., December 3, 1944.
24 原註：Evans, *Third Reich at War*, pp. 657–58, 681–83.
25 原註：Ibid., pp. 718–20.
26 原註：Lang and Schenck, *Memoirs of Alfred Rosenberg*, pp. 294–95.
27 原註：Evans, *Third Reich at War*, p. 699.

麼。[28]「我不知道她寫了些什麼，但可能是關於她在柏林的生活，她所看到的殘破景象，還有關於市中心居民喪生的那些傳言。」

他得知自己的朋友兼好同事阿爾諾·席克丹茨（Arno Schickedanz）與妻子和八歲女兒一起自殺的消息。羅森堡考慮著自己接下來要怎麼辦。納粹領導階層的所有成員都已經領到氰化物膠囊，而羅森堡自己的存量也足夠給妻女使用。他絕對不會讓自己深愛的妻女被紅軍抓走。

到了一九四五年四月，幾乎所有德軍部隊都被擊潰了。光是從年初以來，已經有一百多萬德軍士兵陣亡。[29]

但希特勒還是不投降。

四月二十日，紅軍對柏林發動最後一波攻勢，這一天他剛好滿五十六歲。

隔天是個下雨天，羅森堡於早上站在窗前眺望著他的花園。他要永遠離開這個地方了。「過去我們都會去那些小路散步，」他寫道，「伊蕊娜的鞦韆在後面，還有那間已經半毀的花園小屋。右邊是剛剛才種植不久的細瘦樺樹，這些東西我們都帶不走，必須要留下來了。」[30]

紅軍士兵因爲同袍的喪生感到悲憤，慘絕人寰的滅絕營更令他們震驚，大家都誓言要報復。

一位士兵寫道：「一定要讓德國人很久很久都忘不了我們這一支橫掃德國的部隊。」[31]紅軍把所有東西都洗劫一空，從藝術品到工業用機械，還有腳踏車、收音機與懷錶。他們在德國到處焚城，數十萬婦女慘遭姦淫。「我們要爲過去所承受的一切復仇，」另一位士兵在家書裡寫道，「我們的報復是正當的。血債血還，殺人償命。」[32]

總理府裡的希特勒公寓被破壞，與他一起逃往地下碉堡的包括他女友伊娃．布朗（Eva Braun），還有一些忠實支持者：鮑曼、幾位最高將領與他的私人助理。[33] 戈培爾與妻子和六個小孩一起搬進避難處所。希特勒在過完生日兩天後，崩潰的情緒大爆發，連密友親信都沒看過他那模樣，最後終於承認德國戰敗，他已經眾叛親離。

大家勸他趕快逃離柏林，到貝希特斯加登的宅邸去。但他堅持不肯，他要留下來做該做的事：後來他會開槍自殺。

希特勒在巴伐利亞上薩爾斯堡（Obersalzberg）有個基地，他建議當時待在那裡的戈林可以接管南德地區，甚至與盟軍進行談判。這番話傳給戈林後，他拿出一份希特勒在一九四一年發布的政令：假使元首的「行動自由」受限時，將由戈林繼任成爲元首。

戈林傳話到地下碉堡，詢問是不是已經到了該他接手的時候。「如果到了晚間十點我還沒獲得答覆，

28 原註：Lang and Schenck, *Memoirs*, pp. 295–96.
29 原註：Evans, *Third Reich at War*, p. 682.
30 原註：Lang and Schenck, *Memoirs*, p. 297.
31 原註：Evans, *Third Reich at War*, p. 708.
32 原註：Ibid., p. 710.
33 原註：Ibid., p. 722–27; Kershaw, *Hitler: A Biography*, pp. 951–55, 960.

就會當作你已經遭人剝奪行動自由，」戈林寫道，「到時候，我會認定那道政令裡的所有規定已經生效，並且為了人民與祖國的利益而採取必要行動。」34

鮑曼把那訊息拿給希特勒看，也給他看戈林傳給里本特洛普的另一份訊息，讓元首相信戈林正要發動政變。

希特勒氣瘋了，立刻解除戈林的一切職務，接著鮑曼便派親衛隊去抓他，立刻將他軟禁。羅伯・馮・格萊姆（Robert Ritter von Greim）接下戈林遺留的空軍總司令職務，搭機前往柏林，途中不斷躲避地對空炮火。不過，希特勒聽說ＢＢＣ電台報導了希姆萊打算無條件投降的新聞，立刻發飆咆哮：「我絕對不會讓叛徒繼承元首的位子！」並且命令格萊姆搭機離開柏林，去逮捕希姆萊，這又是另一個被他下令逮捕的親信。

在此同時，紅軍已經逼近納粹政府的辦公大樓區了。希特勒在地下碉堡崩潰發飆一週後，敵人已經來到了波茨坦廣場，與碉堡的距離幾乎不到四分之一英里。

隔天，一九四五年四月三十日，將領們面見希特勒，帶來一個嚴肅的消息：德軍再也撐不住了。

同一週，美軍來到了塔樓與角塔四處矗立的新天鵝堡，這座恍如童話故事場景的高聳碉堡位於慕尼黑南部崎嶇不平的山峰峰頂，建造者是精神失常的巴伐利亞國王路德維希二世（Ludwig II）。詹姆斯・羅里默（James Rorimer）是紐約大都會藝術博物館的策展人，後來加入了盟軍的「歷史文物、美術作品與檔案搜尋小組」，他已經在他所屬陸軍部隊的地圖室裡面晃了好幾週，等待盟軍奪下新天鵝堡的好消息。從紅十字會那邊借來一輛吉普車後，儘管所經路途可能還有未被肅清的德軍戰士，他不管三七二十一，疾馳前往南方一百三十英里處去進行調查。

他的小組後來以「大尋寶家」（the Monuments Men）之名流傳於世，組員都是一些學者與建築師。[35] 在一九四四、四五年間，美軍部隊一路打到柏林，他們也隨隊前進，一路上尋獲、保護了許多歐洲的珍貴寶藏。一九四四年八月，巴黎被盟軍解放後，羅里默在那裡待了一段時間，認識了曾經在網球場美術館幫羅森堡特別小組工作的法國藝術史學家蘿斯．法朗（Rose Valland）。在德軍占領法國期間，法朗一直都偷偷記錄了納粹運走哪些藝術品，還有運往何處。她帶著羅里默參觀羅森堡特別任務小組的一間間倉庫，邀他到自己的公寓，最後一邊喝著香檳，一邊把自己做的詳細紀錄拿給他看。她向羅里默保證，如果能去一趟新天鵝堡和其他城堡，肯定會發現許多從法國被偷走的藝術品。

到新天鵝堡後，羅里默發現納粹分子都已經逃走，但在那裡已經待很久的管理員還在，仍保管著那些藝術寶藏。「這彷彿從天而降的城堡，非常適合那些渴求權位的自大狂與瘋子，」羅里默後來在書中寫道，「一群壞蛋就在這樣如詩如畫、浪漫而僻靜的環境裡，進行他們洗劫藝術品的活動。」[36]

那德國管理員拿著串起許多鑰匙的大鐵環，帶著羅里默與他的手下走上階梯，階梯幾乎跟城堡下方那些崎嶇岩石一樣陡峭。管理員帶著「大尋寶家」的成員參觀一個個房間，幾乎每間都塞滿了洗劫而來的戰

34 原註：戈林發給希特勒的訊息與希姆萊倒戈的狀況係引自於：Read, *The Devil's Disciples*, pp. 899–905。
35 原註：Edsel, *The Monuments Men*, pp. 348–52.
36 原註：Rorimer, *Survival*, pp. 183–85.

利品。他們發現許多木條箱都還沒打開，上面都浮雕著三個德文字母：「ERR」，也就是「羅森堡特別任務小組」的縮寫，此外還有許多掛毯、書籍、版畫，當然還有許許多多油畫、水彩畫。在一道鋼鐵門後面，他們發現兩櫃原本屬於羅斯柴爾德家族的珠寶，還有一千件銀器，原來的主人則是金融界的大衛—威爾家族（David-Weill）。

「我走進那些房間時，眞是有一種恍如置身夢境的感覺，」羅里默寫道，「而且心裡祈禱著德國人最好是眞的名不虛傳，做事有條不紊，已經把那些藝術品都拍照存檔，製作了目錄與紀錄。若非如此，我們得花二十年才能把數量如此龐大的藝術品都辨認完畢。」

他的運氣很好。在新天鵝堡另一側，他們發現八千張照片的負片，還有一本卡片式目錄，羅森堡特別小組洗劫來的兩萬兩千件物品都記錄在裡面。

然而，值得注意的是，盟軍並未發現最大批的贓物。其中一些最珍貴的作品仍然是失蹤的。另外兩位「大尋寶家」羅伯·波西（Robert Posey）與林肯·柯爾斯坦（Lincoln Kirstein）知道它們可能在哪裡。三月底時，他們巧遇曾在巴黎與戈林、馮·貝爾有過密切工作關係的年輕藝術史學家。他說他們可以到薩爾斯堡以東的阿爾陶塞（Alt Aussee），希特勒洗劫而來的藝術品就深藏在當地鹽礦的隧道裡。

過了幾天，在美軍控制小鎮後，波西與柯爾斯坦便趕往奧地利去調查。[37]他們走過陡峭蜿蜒的道路，來到鹽礦入口，驚訝地發現納粹分子逃亡前，用炸藥把入口給封住了。隔天，他們想辦法從一個小小的開口進入隧道。不久後，手持提燈的他們就發現，眼前忽暗忽明的燈光下，全都是他們要找的珍貴藝術品。

到了他們查看的第二個房間，就發現年份可以追溯到一四三二年知名的「根特祭壇畫」（Ghent

Altarpiece）。鹽礦的更深處，有個大房間裝著一箱箱藝術品，一張骯髒的墊子上則是擺著米開朗基羅雕刻的布魯日《聖母像》（*Madonna*）。他們持續在那巨大的寶庫裡探勘，幾天後發現了維梅爾畫的《天文學家》。

把所有藝術品都清點完畢後，他們估計納粹在阿爾陶塞的鹽礦礦山裡，藏了將近九千件無價之寶，一件件油畫、水彩畫、素描畫、版畫、雕像與掛毯，要用許多輛卡車才能載完。

一片頹垣敗瓦的紐倫堡。（圖片來源：National Archives）

納粹所偷走的藝術品總計大約六十五萬件。盟軍決定要物歸原主，就從「根特祭壇畫」開始，用飛機運回比利時去修復與展示。「大尋寶家」花了六年造冊登記與歸還那些藝術品。但仍有許多作品不見蹤影，有些在幾十年後才找到，也有的顯然就永遠消失了，有些則是永遠無法還給主人，因爲合法持有者全都已經死於納粹大屠殺。許多其他物件則是因爲被趁火打劫的買家買走，或者是被人在戰時趁亂賣掉，所以它們的所有權也就變成了長期爭議不休的問題。

37 原註：Edsel, *Monuments Men*, pp. 382–84.

多年後，有些藝術品會在奇怪的地方出現：例如，有一個藝術交易商因爲在法國參與洗劫行動而入獄，但才沒幾年就出獄，前往蘇黎世的保險箱取走作品，重回老本行。經過幾個世代以後，二〇一二年，有關單位在柯內留斯·古利特（Cornelius Gurlitt）位於慕尼黑的公寓裡，發現一千四百多幅油畫、水彩畫，總值高達十億美元。[38] 古利特的父親雖有猶太血統，但他是元首博物館的採購人員，趁職務之便，從那些要逃亡的猶太人手裡爲自己便宜買進數以百計的「墮落」畫作，作者包括馬諦斯、奧托·迪克斯與畢卡索。

羅森堡的洗劫行動影響深遠，幾個世代後，還是有許多後續效應出現。

一九四五年四月二十一日，羅森堡與家人被載往北邊，沿途到處是斷垣殘壁與逃亡的難民，最後終於抵達柏林東北方兩百七十五英里處，位於德國與丹麥邊境上的弗倫斯堡（Flensburg）。

他在弗倫斯堡的時候，納粹黨可說是厄運連連。四月三十日下午三點半，希特勒與前一天剛剛跟他結婚的伊娃·布朗關在書房裡，分別用手槍與毒藥了結了自己的生命。五個小時後，戈培爾與妻子要求在場的醫生幫六個小孩下麻醉劑與毒藥，然後夫婦倆也自殺了。

希特勒在下達最後命令時，跳過了戈林與希姆萊，選擇德國海軍元帥卡爾·鄧尼茲（Grand Karl Dönitz）上將爲繼任元首。鄧尼茲戰功彪炳，曾經以大批U型潛艇執行新式戰術，在戰時幫助納粹擊沉了總計大約三千艘的商船與盟軍海軍艦艇。鄧尼茲接受這個任命案可說是忍辱負重，因爲他必須代表德國向盟國投降。五月八日他正式投降時，距離希特勒自殺僅僅八小時。

在這之前，鄧尼茲已經先於五月六日把羅森堡的東部占領區民政府首長一職給解除掉了。弗倫斯堡灣

（Flensburg Firth）就像一隻往波羅的海伸出去的手臂，羅森堡在海灣的海岸線上散步，心裡想著接下來會有何人生際遇。[39]他也想到了他的故鄉愛沙尼亞，他的出生地就在東北方六百英里處。他知道自己再也無法返鄉了。回總部的路上，他重重摔了一跤，腳受了傷，結果又進了醫院。他把這一跤歸咎於腳部的舊疾，過去他也曾因那舊疾而跛行多年。不過，希特勒的建築師亞伯特．史佩爾（後來在一九四二年當上武器與軍品生產部長）卻有另外一番說法。

「他被發現時，幾乎已經沒有生命跡象，」史佩爾寫道，「他說他服了毒藥，所以有自殺的嫌疑，但結果他只是喝醉而已。」[40]

五月十八日，英軍找上他了。羅森堡說他在六天前已經先寫信給伯納德．蒙哥馬利（Bernard Montgomery）元帥，表示要「任憑他處置。」[41]但這件事可說是眾說紛紜，有人說是士兵們在追捕希姆萊時碰巧抓到他。結果，希姆萊在五月二十一日企圖變裝脫逃未遂，被盟軍捕獲兩天後，咬破氰化物膠囊自殺身亡。

羅森堡與啜泣的妻女吻別，一跛一跛走上要載他去監獄的車輛。坐在牢房裡時，他聽著兩位盟軍獄卒試著要吟唱雙方部隊都喜歡聆聽的名曲〈莉莉．瑪蓮〉（Lili Marlene），那是一首士兵悲嘆與愛人分別的悲歌。

---

38 原註：Alex Shoumatoff, "The Devil and the Art Dealer," *Vanity Fair*, April 2014.
39 原註：Lang and Schenck, *Memoirs*, p. 299.
40 原註：Speer, *Inside the Third Reich*, p. 496.
41 原註：Lang and Schenck, *Memoirs*, pp. 300–2.

幾天後，羅森堡戴上了手銬腳鐐，被載往機場，飛機要帶他往南邊飛。他看著窗外，遠眺著只剩斷垣殘壁的科隆。「好像被一群巨獸踐踏蹂躪過，只剩骨架的科隆大教堂四周散落著一堆堆瓦礫，」稍後他寫道，「被炸斷的橋梁掉在河裡，彷彿荒漠的科隆，印證了帝國與人民的淒涼命運。」

他意識到飛機要往西邊飛，心頭頓時感到輕鬆一點。他們並不是要把他載往蘇聯。

結果他是被載往德國、盧森堡交界處，安頓在盧森堡溫泉勝地巴特蒙多夫（Bad Mondorf）的凱撒霍夫酒店裡。抵達時，許多倖存的第三帝國高層都已經在那裡，其中包括戈林，他是在逃離上薩爾斯堡的軟禁地點後，被盟軍所拘留。

樓高八層的凱撒霍夫酒店已經拿掉了所有豪奢物品與設施，改建成簡樸的拘留所，用來關押當世最爲罪大惡極的一批戰犯。吊燈、地毯、窗簾與床都已經拿走。一般窗戶也被鐵窗取代。戰犯睡覺的地方是鋪著墊子的陸軍吊床，身上蓋的是粗糙的毛毯。爲了避免他們自殺，牢房裡擺的是特製桌子，只要人一站上去就會垮掉。

羅森堡被徹底搜身，以免他身上帶著毒藥膠囊與利器，他的鞋帶與腰帶也都被拿掉。

他暫時的住處已經不再被稱爲凱撒霍夫酒店。美國人給了它一個新名字：盟軍最高司令部所屬軸心國戰犯拘留所（Allied Supreme Headquarters Center for Axis Nationals），縮寫爲ASHCAN。

23

「到最後還是效忠於他」

一九四五年三月八日，坎普納與妻子前往費城第九街與市場街（Market Street）交叉口附近的聯邦法院宣誓成爲美國公民。[1]他身穿西裝，打了一條條紋領帶，她則是在帽子上別著一朵花。

坎普納的公民資格是他努力掙來的。二戰最後三年間，他與政府合作的範圍已經非常廣泛。他不再只是司法部的專家證人，也爲聯邦調查局提供情報，同時還跟聯邦政府戰爭部的軍情處合作，另外也跟妻子露絲與一群助理撰寫各種各樣報告，提供給中情局前身的戰略情報局。[2]戰略情報局指派給坎普納夫婦的一項任務是協助人類學家亨利・菲爾德（Henry Field）。菲爾德受羅斯福總統直接指派，其職責是爲總統研究戰後最迫切的問題，也就是國際難民移民與安置的問題。這項最高機密等級的「M計畫」（"M" Project）最後完成了六百多份涉及全球範圍的報告。就坎普納夫婦的部分而言，他們提供了一份德國高低階官員的名冊，還有一個以納粹德國婦女爲主題，分成五個部分的報告。這些研究的作者都是由華府高級官員掛名，而且在羅斯福死後就全都「束諸高閣，遭人遺忘」。[3]

---

1 原註：Kempner memorandum to FBI, March 8, 1945, Kempner Papers, Box 43; "Searching For Hitler?" *Philadelphia Record*, October 22, 1945.

2 原註：See Kempner Papers, Box 44.

3 原註：Field，轉引自：Sandy Meredith and Bob Sanders, "Refugees on Mars: FDR's Secret Plan," Mother Jones, February-March 1983.

坎普納還是希望能擺脫編制外雇員的身分，當上聯邦調查局的正職員工。即便他在聯邦調查局是否能有所發展還未明朗化，但他仍推掉華府兩份薪資優渥的工作：一個是成為外國人資產託管署的調查員，年薪六千兩百美元，該署負責管理在美國被沒收的外國人財產；另一個則是擔任戰爭部研究員，年薪五千六百美元，為該部進行起訴納粹戰犯前的準備工作。4

但是，隨著盟軍步步進逼柏林，眼看起訴戰犯的工作就要展開，坎普納知道一場「世紀大審」即將到來，而他應該可以在其中扮演某種角色。過去他屢屢幫助政府起訴煽動鬧事的德國人，這已經幫他建立了一些重要人脈。他希望能夠透過毛遂自薦的方式，讓自己成為美國起訴團隊的一員。他曾表示自己在一九三〇年代試圖起訴納粹的那個案子，可說是這次戰犯審判案的前身。他在一封信上寫道，「如果團隊中至少有一個人了解德國政府、法律體系，在被告說謊時也能知道實情為何，那也許會比較好。」5

自從一九四二年以來，盟國就一直主張應該將敵人繩之以法，當作戰犯來審判，只是各國對於審判程序的看法不盡相同。邱吉爾曾不悅地表示，應該盡快行刑，免去審判程序，但史達林則希望審判。羅斯福的財政部長亨利·摩根索（Henry Morgenthau）主張，德國害歐洲與美國兩度捲入世界大戰，應該予以嚴懲。他要求把德國陸軍解散，並且永遠不得發展工業。至於納粹分子則是都該關起來，判他們做苦工，那些最高領袖一遭逮捕就立刻槍斃。戰爭部部長亨利·史汀生反對報復，認為用納粹的手段去對付他們是沒有意義的。「唯有將所有納粹領袖加以逮捕、調查與審判，並且設法制裁納粹用來遂行恐怖統治的機關，例如蓋世太保等等，」史汀生寫道，「我們才能證明整個世界對於納粹的體制有多厭惡。」羅斯福也支持史汀生，於是在一九四五年時，盟國便已達成共識：二戰一結束，就該把納粹高層都送上戰犯法庭。6

戰犯法庭的審判程序該如何進行？這是個討論起來沒完沒了的問題。因爲沒有前例可循，也沒有任何規則與法律機制。史汀生要求戰爭部人員研究這個問題，結果低階法務人員莫瑞・伯內斯（Murray C. Bernays）上校寫了一份簡要的備忘錄，就此發展出日後毀譽參半的國際軍事法庭。伯內斯主張納粹的體系本身就是個龐大的陰謀，因此應該可以把納粹的領導人當作罪犯來究責。在此同時，納粹體制下的三個個別機構，即納粹黨、親衛隊與蓋世太保，則可以當成犯罪組織，每個組織成員也都是罪犯。伯內斯用六頁備忘錄就勾勒出一套戲劇性的審判程序，可以同時將納粹最高層與各層級納粹人員都予以判刑。[7]

這概念引發一些批評。例如，這整個起訴過程感覺起來有點像是溯及既往的法律（ex post facto law），也就是說在納粹黨犯罪之後，再來追究其所有黨員的罪責。而且，如果只是因爲一個黨變成犯罪組織，那麼他的數百萬黨員就可以被定罪，這眞是公平公正的嗎？

但是，伯內斯的規畫引起了羅伯・傑克遜的注意。傑克遜本爲最高法院大法官，在一九四五年五月被任命爲美國起訴團隊的主任檢察官。一九四五年整個夏天，傑克遜頻頻與英、法、蘇三國代表團的領袖們會談，希望能爲戰犯法庭擬定一部憲章。這個憲章大致上是依循伯內斯上校所構思出的那些概念。那些納粹高層將會被根據四項罪名進行起訴：密謀罪、侵略計畫與實行罪、戰爭罪（包括謀殺與虐待平民、使用奴工與殺害囚犯）、反人道罪（包括大規模屠殺猶太人）。有二十三人將會以「主要戰犯」的身分受審，

---

4 原註：Kempner memorandum to FBI special agent in charge, April 5, 1945, Kempner Papers, Box 43.
5 原註：Kempner to Sam Harris, July 9, 1945, Kempner Papers, Box 43.
6 原註：Tusa and Tusa, *The Nuremberg Trial*, pp. 52, 63.
7 原註：Ibid., p. 54。也可以參閱：Persico, *Nuremberg*, p. 17.

包括戈林、里本特洛普、赫斯、羅森堡，還有並未出庭的鮑曼（他在戰後始終行蹤不明）。

傑克遜不只是把這次審判看成一個重要的歷史性機會，可以藉機創立一個有力的國際法先例。他還認爲審判戰犯是一種對於道德理念的追求。在此同時，他也竭力避免讓外界覺得國際軍事法庭只是一種做做樣子的公審，是披上了法律外衣的復仇行動。8

坎普納之所以會受到傑克遜矚目，是因爲他幫戰爭部做的那些工作。在戰爭部戰犯處並未主動徵詢的情況下，坎普納還是根據他的習慣，主動提供了一些關於這次審判的建議。儘管他拒絕了他們提供的全職職缺，仍希望自己能進入聯邦調查局，但很快就被聘爲一位編制外的專家顧問，負責研究德國政府的「組織、人員與活動」、納粹黨黨史與德國式檔案製作方法的具體內容，並且提出報告。他每天可以拿到二十五美元酬勞，而那些報告將會成爲逮捕、起訴戰犯時的背景資料。9 坎普納也爲納粹的高層們寫了一系列的小傳，其中包括一份關於戈林的詳細檔案。

坎普納在檔案中表示，戈林所創辦的蓋世太保是「進行非法逮捕、監禁與沒收財產的黨機器。」他暗指戈林與德國國會縱火案有關，該案促使興登堡總統簽署緊急命令，暫時取消德國人的民權。而且此一緊急命令直接導致德國全力掃蕩共黨分子、反戰分子與其他納粹政敵。「直到第三帝國在一九四五年戰敗後，該緊急命令的效力始終存在，也成爲納粹屠殺猶太人並且掠奪歐洲各國的政策依據。因此戈林……該爲各種此類行動負責。」

坎普納在報告中宣稱，戈林元帥無法否認這種說法：一九三三年，納粹執政不久後，他曾前往多特蒙德（Dortmund）對一群幹部發表演說，宣稱他會爲自己的屬下承擔責任：「每一顆從警察手槍裡發射出去的子彈，都是我的子彈。如果這叫作謀殺，那就是我做的。這一切都是我下令的，我爲這一切背書，並且扛下責任，我並不會爲此感到害怕。」

坎普納寫的簡短報告並非起訴書，但可以算是個開始。[10]

他的文件在戰爭部裡流通，首先注意到他的是傑克遜的親信，其中包括伯內斯上校。「他非常熟悉納粹黨在取得政權以前的種種活動，而且是在一九三五或三六年才離開德國，在離開前都緊盯著納粹的種種作爲，同時他在美國的工作經驗很多都是調查納粹分子怎麼進行滲透與顛覆活動，」七月十七日，伯內斯寫信給傑克遜表示，「他對戈林的研究……相當透徹扎實。我想我們可以善用他在這方面的優勢。」[11] 三天後，坎普納就正式成爲團隊成員。他告訴聯邦調查局的主管，他必須「留職停薪」大約十週。

多年來，坎普納寫過的信件、備忘錄與報告可說已經數以百計，辛苦付出終於有了代價。他領到一件平民軍官的外套，它的兩邊翻領上各繡了一塊有「US」（美國）字樣的三角形布標。八月三日，他從華府搭機前往倫敦，途中經過百慕達、亞述群島（Azores）與巴黎。他另外寄了兩個重達九十一磅的箱子，裡面裝著他所蒐集的關於德國與納粹的資料。[12]

---

8 原註：Tusa and Tusa, *The Nuremberg Trial*, pp. 26–27.

9 原註：Ruth S. Bentley memorandum, "Reappointment of Robert Max W. Kempner as Consultant," June 9, 1945, National Archives at St. Louis, Kempner personnel papers, Department of the Army/Air Force.

10 原註："The Guilt of Herman Goering," June 11, 1945, National Archives, Record Group 238, Security-Classified General Correspondence 1945–1946, Container 18。在這份簡報中，坎普納提及德國左派記者貝托爾・雅各（Berthold Jacob）就是在一九三五年於瑞士遭到戈林派人綁架，送往哥倫比亞集中營。「在此同時，雅各的一些熟人在柏林也被逮捕並慘遭嚴刑拷打，」坎普納寫道——雖然他並未明講，但他就是這裡所謂的熟人之一。

坎普納是個特別自大的人，這一趟返鄉之旅不禁讓他覺得洋洋得意，把自己當成戰勝國部隊的重要人物。

「我要把自己在十六年前起頭的事情做個了結，」他對某位報社特派記者說。[13]多年後，他則是表示：

「我只是想要讓這個世界能保有一點伸張正義的機會。」[14]

此時的紐倫堡是一座廢墟，一座墓園。[15]滿街被炸彈摧毀的大樓殘骸底下，還壓著數萬具屍體。空氣裡瀰漫著一股消毒水的味道。來訪者都被勸戒不要喝當地的水。紐倫堡司法大樓（巴伐利亞的法院大樓）一樣也受到戰爭的衝擊。大樓的窗戶全都被炸破，水管斷掉，走廊被火燒過，還曾有一顆炸彈直接掉進地下室。但令人驚訝的是，這棟石造大廈在一片片斷垣殘壁之間矗立著，國際軍事法庭的官員們決定在這裡審判納粹戰犯。首先，官員們必須先把那些占用法院的美國大兵趕走，他們把最大間的法庭改成酒吧，起訴團隊的成員們去會勘場地時，還看到法庭上掛著一面招牌，上面寫著「今晚啤酒半馬克」。

在紐倫堡進行審判也是有象徵意義的。往年納粹黨就是在這裡舉辦盛大的黨慶活動，大肆慶祝德國的復興。一九三五年，納粹也是在這裡剝奪了猶太人的公民權。現在，紐倫堡將會成為伸張正義的地方，追究犯罪者的責任。

八月十二日，羅森堡與其他納粹被告搭上C-47運輸機，從巴特蒙多夫飛來這裡。「唉，我的朋友們，」戈林一邊眺望窗外一邊說，「好好欣賞一下萊茵河。這可能是我們最後一次有機會看到它了。」[16]他們被關進紐倫堡司法大樓後面的監獄，有時候審判在我們所知道的大樓C區（C wing）進行時，他們就在監獄裡等待。

羅森堡被分配到下層的十六號房，兩側住的分別是希特勒的建築師亞伯特・史佩爾（他所管理的武器與軍備工廠曾經使用非常多奴工），還有心狠手辣的波蘭總督漢斯・法蘭克。每一間囚房都有吊床、桌椅各一張，桌子非常不穩。守衛一直緊盯他們，唯恐有人自殺，囚房角落的廁所是唯一他們看不到的地方。到了夜裡，都會有一盞聚光燈打在囚犯身上。「我曾想像他們都會像受傷的野獸一樣蹲在牢房裡，」於戰時逃離德國集中營的英國起訴團隊成員艾瑞・尼夫（Airey Neave）表示。「我害怕接近他們，就像人看到屍體都會退卻一樣。」[17]

囚犯禁止把兩隻手擺在毛毯裡，羅森堡對這規定特別有意見。每次他想把手伸進毛毯取暖時，警衛都會把他戳醒。[18] 被告之間的接觸是受到嚴格限制的，而且每週他們也只能收取一封來自家人的信。他們眞正能與其他人接觸的機會，就是心理學家與偵訊人員來找他們時。

審判開始之前的幾個月，羅森堡被偵訊了二十幾次。八月十四日，他在紐倫堡初次接受偵訊時，檢方拿羅森堡稱爲「筆記」與「簡短印象」的日記內容質問他。偵訊人員指控羅森堡避重就輕，並且提出警告：

11 原註：Bernays memorandum to Jackson, July 17, 1945, Robert H. Jackson Papers, Box 106, Roll 12.
12 原註：Daniel Noce memorandum on shipping details, August 7, 1945, National Archives at St. Louis, Kempner personnel papers, Department of the Army/Air Force.
13 原註：“Yanks Sing for Newsmen at Nuremberg,” clipping from unknown newspaper, Kempner Papers, Box 418.
14 原註：Thom Shanker, “Despite Nuremberg Trials, War Crimes a Murky Issue,” *Chicago Tribune*, June 30, 1993.
15 原註：Persico, *Nuremberg*, p. 39; Neave, *On Trial at Nuremberg*, p. 42.
16 原註：Andrus, *I Was the Nuremberg Jailer*, p. 52.
17 原註：Neave, *On Trial at Nuremberg*, p. 45.

如今，盟國檢方手裡握有大量文件，都可以當成證據來挑戰他的答案。

「你應該知道我們握有你所有的個人文件吧？」

「我曾聽說過，」羅森堡說，「但我不知道。」

「今晚讓你好好想一想，」偵訊人員說，「如果你還不能比今天更乾脆地說出實情，你很可能會遇上很多麻煩。」[19]

當天，前聯邦檢察官湯瑪斯·杜德（Thomas J. Dodd）[20]是在房間裡的檢察官之一，他曾在一九四二年因為康乃狄克州的一個納粹間諜案而與坎普納合作過。他發現羅森堡「非常敏銳、狡猾、謹慎」，但他也不禁注意到羅森堡的棕色西裝已經出現破舊的跡象。「我想到這些大權在握的人都敗得一塌糊塗，」杜德在回信給妻子時寫道，「他曾穿著漂漂亮亮的納粹制服，在這個城市裡趾高氣揚地走路。如今卻是斷垣殘壁之間的一隻囚鳥。」[21]一個月後，杜德質疑羅森堡曾與希特勒密謀要在戰後把教會都消滅掉，為此羅森堡開始解釋他的哲學立場，想要脫罪，但是杜德不買帳。

「你們的目標是把舊有的宗教給摧毀掉，」杜德問道，「這難道不是事實嗎？」[22]

「嗯——」羅森堡正要開口說話。

「你不用對我們發表演說，簡單回答這個問題就好，」杜德打斷他。

「我有責任回答這個問題，」他說。檢察官叫羅森堡讀一讀自己的書，但羅森堡宣稱他不曾有興趣與教士「公開對戰」。

「但你肯定想跟猶太人公開對戰，不是嗎？」

「是，」羅森堡說。「讓猶太人不能夠領導第三帝國的政界。」

「你想要把他們完全趕出德國。」

「嗯，這是解決問題的最簡單方式。」

羅森堡承認，納粹分子「常常引用」他那些關於猶太人的理論。

「對於多年前掌權時提出的那些觀點，你現在是不是感到非常羞愧？」杜德問道。「請用是或不是回答。」

「不是，」羅森堡答道。

「現在，你是不是知道自己必須爲德國當下的困境負責任？」

「上個月我常常在思考，假如能重來，自己是否可能做得更好？」羅森堡說。「也許在那二十年間，我曾在頭腦清醒的情況下，說了一些我現在也許不會說的話。但我說那些話時，都是處於與敵人戰鬥的狀況下。既然我參與了那個必須爲德國一切遭遇負責的運動，那麼在某種程度上，我當然就得負責。但無論是我的目標與志向，還有我想要實現的一切，都是高貴眞誠的，即便到了今天，我的想法還是不會改變。」

---

18 原註：Persico, *Nuremberg*, p. 151.

19 原註：Rosenberg interrogation, August 14, 1945, National Archives, M1270, Roll 26.

20 原註：後來，湯瑪斯・杜德與他的兒子克里斯多福（Christopher J. Dodd）都曾經當過康乃狄克州的參議員，任期分別是從一九五九到一九七一年，還有一九八一到二〇一一年。

21 原註：Dodd, *Letters from Nuremberg*, p. 92.

22 原註：Rosenberg interrogation, September 21, 1945, 14:30–16:40, National Archives, M1270, Roll 17.

接著，他停了下來，顯然意識到自己坦承了些什麼，於是又把自己的話收了回去。「我只能為我自己曾做過的事情負責。」

隨後在九月、十月，偵訊人員湯瑪斯·辛克爾（Thomas Hinkel）繼續花許多時間問他問題，而且拿出大量文件來質問他，好鬥的羅森堡拿出許多令人無法信服、而且曲折迂迴的說詞來自辯。

羅森堡主張，納粹的反猶太政策，只是為了避免敵人把德國毀掉而採取的「防禦性」措施。[23]德國人把猶太人驅逐出境，就像錫安主義者據說也迫使許多巴勒斯坦地區的居民流離失所。羅森堡承認，許多收容人因為挨餓受凍而死掉，但很多德軍士兵也是如此。[24]儘管納粹意識形態的重點就是：「雅利安族」比其他各種族都還要優越，但他試著否認這一點。[25]他說，儘管他的特別任務小組的確把很多書籍與藝術品都充公，但德國本來還是可能會在未來歸還。[26]他否認自己知道德國的集中營裡面都發生了哪些事，他還說自己甚至未曾去過任何一間集中營，而且「警察部門也不太會針對這話題說些什麼。」[27]儘管他的民政府與大屠殺的關係非常密切，但他卻否認自己與東部占領區猶太人被殘殺的事件有關。[28]

「我曾聽說有一些猶太人被他們開槍打死，」羅森堡在九月二十二日坦承。

「聽到這件事時，你做了什麼？」偵訊人員辛克爾問道。「你有提出任何質疑嗎？」

「沒有」。

「為何沒有？」

「我沒辦法質疑，」羅森堡說，「那並非我的職權。」他說他曾想要了解更多情況，但親衛隊不理會他，而且就算當年他持續追問，「也不會獲得任何答覆。」

「你知道希姆萊的政策是把猶太人都毀滅掉，是不是？」

「直到最後，我才知道他採用的手法是這樣。」

「你曾經獲得訊息，難道沒有嗎？」

「沒有，」羅森堡宣稱，「我沒有。」

他刻意淡化東部占領區民政府的角色，直到最後那個機關聽起來不只是沒有實權，而是完全沒有存在的意義。「我想要說的是，我的總部設在柏林，而且我只是發布民政府的一般規則與法令，」他說，「但我不會插手各地區的事務。」[29]他主張，派駐東部占領區的人員在進行回報時，都不會講得太仔細。

事實上，在十月四日，也就是在八天內接受第十一次偵訊時，他說他自己雖然身爲民政府最高首長，但處理東部占領區猶太人的事根本與他無關。「我未曾參與過任何和猶太人問題有關的討論，」羅森堡向辛克爾表示。他說他個人想做的是，「爲了減少德國猶太人的人口數而創造一個地方，讓他們可以獨自居住在猶太人的家園。」但這不是他能決定的，因爲那是希姆萊的職責。

「多年來，你對猶太人的問題一直很有興趣，不是嗎？」辛克爾問道。

---

23 原註：Rosenberg interrogation, September 22, 1945, 14:15–16:00.
24 原註：Ibid., September 24, 1945, 10:30–12:00.
25 原註：Ibid., September 22, 1945, 11:00–12:00.
26 原註：Ibid., September 24, 1945, 14:30–15:30.
27 原註：Ibid., September 24, 1945, 10:30–12:00.
28 原註：Ibid., September 22, 1945, 14:15–16:00.
29 原註：Ibid., September 24, 1945, 10:30–12:00.

「但是，因爲創建我自己的部會讓我的工作負擔過於龐大，所以無暇顧及，而且整個猶太人的問題與我的任何職責都完全沒有關係，因此我並未花任何時間在那上面，」羅森堡說。他說他以爲猶太人有足夠糧食可以吃，而且有人安排生產性的工作給他們。

「你是說，當你被指派爲東部占領區民政府最高首長時，你未曾與任何人討論過猶太人問題？」辛克爾問道。「這是你的聲明？……這讓我覺得有點難以相信，因爲你曾經長年對那個問題有興趣，怎麼會在變成東部占領區最高首長後，就突然沒興趣了？而且對於你所管轄的那些人是怎樣被對待的，你難道不會感到好奇？難道不會詢問任何人，或者請人做報告？」30

「我們做事的習慣就是那樣，」羅森堡宣稱，「一旦某個任務指派給某個人，其他人就不會去干涉那個人。」

辛克爾回去找羅森堡時，把他曾經接獲報告的證據給他看。

十月十九日那一天，包括羅森堡在內，紐倫堡司法大樓C區牢房所有納粹高層的起訴書終於下來了。英國檢察官尼夫被檢方指派拿起訴書去給他們看。當他到了牢房時，發現羅森堡衣服上遍布麵包屑，羅森堡根本懶得把它們拍掉。「他看起來就像一隻生病的西班牙獵犬，」尼夫寫道。31「他看起來就像鮑里斯．卡洛夫（Boris Karloff）那些恐怖電影裡的殯葬業者，黃黃的臉色看起來更像。」

他的牢房有一股臭味，裡面到處是紙屑，當羅森堡抬起頭看向來訪的尼夫時，他全身都在顫抖。

一九四五年八月四日，坎普納飛到了巴黎，「一共飛了二十七個半小時，但要扣掉中間兩小時停留時間，」他在寫信回賓州的蘭斯唐恩給老婆露絲與曾是他情婦的瑪歌・李普頓時表示。然後他飛往倫敦處理公務。經過德軍的多年轟炸後，倫敦也是到處斷垣殘壁，城裡到處都是被毀掉的大樓、彈坑以及瓦礫堆。

坎普納成爲美國公民也才不過五個月光景，但已經相信收留他的美國才是最偉大的國家，而歐洲已經是明日黃花。他不看好歐洲能夠重拾往日榮光。他向露絲與瑪歌表示，回德國已經毫無意義，也沒必要試著尋回過去那種生活方式。最好還是繼續他們目前在美國過的這種日子就好。「你們無法想像我們有多幸運（而且自私）。[32]看到歐洲的現況，任誰都會覺得對於小事不用太計較……沒有什麼比蘭斯唐恩更令人感到興奮的，而且我把這一趟穿上制服的旅程當成某種自我訓練，也可以開開眼界（除了那些必要的工作之外）。」

幾天後，坎普納返回巴黎。當時法國爲了準備軍事法庭的審判工作，設置了一間中央處理辦公室，距離香榭麗舍大道與凱旋門只有一街之遙，因爲每天都有大量文件湧入辦公室，所以他就被指派去那裡幫助分析文件。

當盟軍橫掃整個歐洲時，各盟國當局早就下令了，必須要設法搜尋各種重要檔案資料，而且士兵眞的找到很多文件。巴黎辦公室只是三大文件中心之一，工作量多到分析師幾乎無法負荷。時間不夠他們把所有文件都翻譯出來，更別說還要仔細檢閱它們是否具有當證據的價值。「這些納粹分子彷彿是文件狂，什

30 原註：Rosenberg interrogation, October 4, 1945, 10:30–12:15.
31 原註：Neave, *On Trial at Nuremberg*, pp. 102–4.
32 原註：Kempner letter, "Dear Folks," August 11, 1945, Kempner Papers, Box 418; Kempner interview, Records of the Emergency Committee in Aid of Displaced Foreign Scholars.

麼東西都要寫下來，」九月間，傑克遜手下的首席偵訊人員約翰．哈蘭．艾門（John Harlan Amen）向一位報社記者表示，「所以我們現在彷彿被文件給淹沒，不可能在規定的時間內全都仔細看過一遍，而且每天又都會發現一批批新文件。」33

羅森堡的文件出現在利希滕費爾斯鎮郊區的古堡裡，但這還只是個開始而已。德國外交部檔案人員海因里希．瓦倫汀（Heinrich Valentin）向偵訊人員透露，在哪裡可以找到將近五百噸外交紀錄：全都藏在崎嶇不平的德國中部哈茨山。他甚至幫助盟國整理打包那些紀錄。納粹德國時代，翻譯人員保羅．施密特（Paul Schmidt）有時候會去參加重要外交會議，後來他也把自己做的大量筆記提供出來。那些筆記本來都被藏在一個大錫罐與一些木箱中，埋在森林裡面。巴伐利亞各地都發現了許多戈林的空軍文件，跟那些文件一起被運往英國的是空軍官方的史學家：漢斯－德特雷夫．埃爾烏特．馮．羅登（Hans-Detlef Herhudt von Rohden）少將。他已經開始在寫德國空軍史了，盟軍方面命令他要寫完。六萬筆海軍紀錄檔案本來被埋在某個城堡的空水池裡，也完好無缺地被拿出來交給盟軍。希特勒御用攝影師海因里希．歐夫曼（Heinrich Hoffmann）的檔案資料也被送往紐倫堡，由歐夫曼在那裡親自進行分類整理。

在巴黎的文件中心，坎普納的工作是負責判讀那些盟軍截獲的紀錄。某天，他正在一頁頁翻閱羅森堡的文件時，受命立刻飛回德國。這將是他近十年來，第一次回到故鄉。

登上軍機後，很快就到了法蘭克福。多年後，他將會在回憶錄裡寫道，當他從機上看著故鄉處處廢墟的景象，很奇怪的是他居然沒有任何感覺。他唯一的想法就是似曾相識。當他飛回德國途中，看見到處是一片殘破景象的比利時與法國，好像自己穿越時空，回到一九一八年一戰後的歐洲。

飛機降落後，有人開車載坎普納前往費宣海姆（Fechenheim），在那裡瀏覽盟軍截獲的軍事文件。他眼前所見都是一些要摧毀歐洲的軍令，由那些納粹元兇親手寫下的。發現那些第三帝國戰犯的手跡之後，坎普納終於有情緒湧上心頭。

稍後，他又造訪了帝國銀行位於法蘭克福的地窖。他在那裡看到好幾十個箱子，本來是在終戰時，被納粹分子藏在德國中部鹽礦裡的。裝在木條箱裡面的，都是納粹從猶太受害人身上所取下的金牙。那些金牙的數字成千上萬，坎普納心想，每一顆金牙都是謀殺罪的證物，是從死者身上偷走的東西。他寫道：「這輩子，我從來沒想過自己會看到眼前這種景象。」[34]

羅伯·傑克遜打定主意：必須要用納粹戰犯自己的話來將他們定罪。但要過濾的文件實在太多，而且又要了解德國在整個歐陸做了哪些令人髮指之事，這實在是並不容易。

偵訊與文件分析是同步進行的，而且讓坎普納感到很滿意的是，他有機會訊問證人與被告。坎普納後來寫道：「我參與紐倫堡大審工作讓那些戰犯非常不悅，因為他們必須面對一個真正知道他們幹了哪些壞事的人。」某天，他真的對上了某個自己的宿敵。[35]

「早安啊，戈林先生，」他對曾在一九三三年把他開除的人說。「不知道你還記不記得我？好久沒見

33 原註：Tusa and Tusa, *Nuremberg Trial*, pp. 96–101.
34 原註：Kempner, *Ankläger einer Epoche*, pp. 251–52.
35 原註：Ibid., p. 253.

面了。」36

前一週，偵訊人員質問戈林德國國會縱火案的問題，表示有一些報告指出他就是幕後黑手，目的是爲了讓納粹有藉口可以在一九三三年剷除共產黨政敵。

「這根本就是胡說八道，」戈林堅稱。當時他自己就是國會議長，爲什麼要燒毀自己的國會大廈？他們派坎普納上場去質問他的說法。根據坎普納所言，戈林肯定還記得他，而且看到他走進房間時還很驚訝。一開始，面對坎普納的質問，戈林死不承認。這是當然的，因爲戈林本來就不是個老實人。坎普納只是微笑以對。「戈林元帥，我不是對你有偏見。其實我很高興你在一九三三年二月三日把我趕出來。如果你沒這麼做的話，那我早就被焚化爐燒掉，灰飛煙滅了。」37

偵訊這才開始。

蓋世太保首領魯道夫・迪爾斯是坎普納的朋友，戰後仍然倖存，而且因爲有可能可以作證而被帶來紐倫堡。坎普納首先用來質問戈林的情資，就是一九三三年時，從迪爾斯那裡聽來的。38「迪爾斯說你根本就知道有人要放火，」坎普納說，「而且他早就把逮捕名單準備好了。」戈林跟坎普納坦承，名單的確是早就準備好了。納粹早就打算要肅清共黨分子。但國會大廈縱火案不重要。即便沒發生縱火案，「無論如何他們還是都會被逮捕。」

他還是否認自己知道會發生縱火案，還說「這種說法實在太瘋狂」。他也跟坎普納說，他想要與指控他的人對質，要他們「在他面前」指控他。

坎普納還問戈林：爲什麼縱火案發生一小時後，你的新聞聯絡官就跟我說，你已經宣稱縱火的人是共黨分子？「還沒有調查就說是共黨分子縱火，不會太早嗎？」

「嗯，有可能太早，」戈林承認，「不過，是元首交代要這樣辦的」。

坎普納不斷把問題繞回原點，要戈林說出更多細節，也質疑戈林的種種說法。他問道，爲什麼要把社會民主黨人與反戰分子也都逮捕起來？他問戈林，既然有人通報說突擊隊的首領們可能與縱火案有關，爲什麼不繼續追查？他還問道，爲什麼國會大廈與戈林官邸之間的通道那天晚上沒有鎖起來？

整個偵訊過程中，戈林始終不肯認罪，而且還把一種常見的說法斥爲陰謀論：納粹之所以必須放火焚燒國會大廈，是爲了逼興登堡簽署那惡名昭彰的緊急命令，藉此剝奪所有德國人的公民權。[39]

戈林告訴坎普納，無論如何，如果縱火案真的是他幹的，那肯定另有理由：國會大廈實在太醜了。

坎普納一直都會寫信回家。在某封家書裡，他說因爲每天都要進行偵訊工作好幾個小時，他終於有機會滿足自己對於納粹政權的強烈好奇心了。「這種人生不是很美妙嗎？」[40] 某天他各寄了一張浪漫的明

---

36 原註：Kempner interview, quoted in Mosley, *The Reich Marshal*, p. 325.

37 原註：Kempner interview, quoted in Maguire, *Law and War*, p. 117.

38 原註：Goring interrogation, October 13, 1945, National Archives, M1270, Box 5.

39 原註：儘管屢屢有人指控納粹黨涉及德國國會大廈縱火案，但許多史家後來都做出相同的結論：一九三四年那一個晚上，是由荷蘭共產黨分子馬里納斯·泛·德·呂伯單獨犯案的。受呂伯仍然在世的兄弟委託，坎普納曾於一九七〇、八〇年代想要幫呂伯翻案，讓他改判無罪，但並未成功。不過，後來在二〇〇八年德國政府還是赦免了呂伯的罪。

40 原註：Robert Kempner to Ruth Kempner, September 21, 1945, Kempner Papers, Box 418.

信片給露絲和瑪歌，她們仍然一起住在費城郊外的房子裡。露絲的明信片上寫道：「這輩子我的心只屬於你！」瑪歌的上面寫道：「這世界上沒有任何人事物比你更甜美！」[41]她們也會寄信、拍電報給他，並且寄包裹過去，裡面裝有巧克力和香皂等東西。他也會在家書中抱怨。「到今天為止，我已經在歐洲待了五週，」他在九月九日從法蘭克福寄回家的信裡寫道，「覺得時間好漫長，太漫長了。」[42]他的語氣聽起來有點憂鬱。國際軍事法庭的審判作業很混亂，結果導致他「常常枯坐在那裡……一天天就在寂寞中度過了」。本來他要被派去埃森執行一次事實查證任務，但被他設法推掉了。「因為廢墟更多了，所以也更是漫天塵土。只有英國菜可以吃。」他會跟起訴團隊的其他檢察官出去殺時間，但休息時間很無聊，開始讓他覺得不耐。

這就可以解釋為什麼他會在十月寄一份他草擬的新聞稿回家，要她們轉交給《費城紀錄日報》（*Philadelphia Record*）。那新聞稿內容欲言又止，這就是坎普納把公關才能發揮到極致的範例：「有消息指出，希特勒與伊娃．布朗似乎有仍然在世的跡象，而且這消息是羅伯．坎普納博士抵達紐倫堡後才開始流傳的。他是全美國最了解希特勒與納粹黨的專家，但在從華府搭機抵達紐倫堡後，只在司法大樓稍事停留，就因為一項不明的任務而離開。」[43]

費城老家的一些報紙當然就開始有各種異想天開的故事流傳了起來。[44]其中一則聳動的新聞標題寫道：「白宮下密令：某費城居民追捕希特勒『活要見人、死要見屍』」。這則八卦新聞的重點是，多年來坎普納始終「緊盯著」希特勒，世界上很少有像他這種與納粹對抗的人，「對希特勒的外觀，甚至骨架結構那麼了解。就算希特勒動了手術，或者被燒到只剩下殘骸，他都可以很有信心地指認：『這就是元首』。」

某位記者寫道：「昨天我們得知他在四週前出國，白宮並且特別給予旅遊通行優遇。」這則新聞報導表示，當年坎普納在普魯士內政部任職時，曾於一九二八到三三年間帶領一個有十二位密探的小組跟蹤希特勒。「坎普納在接受專訪時曾屢屢指出，希特勒有某些外表特徵，就算化成灰他也能認出來。」《星條旗報》（*Stars and Stripes*）則是寫道：「他說希特勒的右耳特別尖，右手大拇指特別長，下顎的牙齒往後縮，並且有駝背的習慣。」

這些當然都是無稽之談，但故事在十月二十二、三日見報，時值坎普納要從紐倫堡動身前往巴黎之際。「從收音機聽見追捕希特勒的新聞，」坎普納在家書裡寫道，「挺有趣的。」[45]

這新聞引發大家的關切，甚至還有人去找白宮助理新聞祕書詢問此事。祕書表示白宮並未派坎普納前往德國。此一花招讓坎普納在紐倫堡的許多檢察官之中顯得特別突出。坎普納自編自導，在散播假新聞之後，又寫信給某位廣播節目主持人，表示他「現在」並沒有在進行追捕希特勒的任務，而是在幫忙起訴納粹戰犯。

在傑克遜所領導的七個起訴小組中，他任命坎普納爲第七組組長，帶領一群檢察官進行沙盤推演，想

41 原註：Kempner postcards, September 13, 1945, Kempner Papers, Box 418.
42 原註：Kempner letter, September 9, 1945, Kempner Papers, Box 418.
43 原註：Kempner letter, October 10, 1945, Kempner Papers, Box 418.
44 原註：Newspaper clippings in Kempner Papers, Box 418.
45 原註：Kempner postcard to "Der Folks," October 23, 1945, Kempner Papers, Box 418.

出納粹戰犯會用哪些說詞來推翻他們的指控。46二戰結束六個月後，一九四五年十一月二十日週二早上，國際戰犯法庭第一次開庭，紐倫堡司法大樓的法庭裡擠滿了人：坎普納雖未坐在檢察官專屬的桌子後面，但也已經坐得夠近了。傑克遜的桌子後面有好幾排椅子，他坐在最後一排。如果他轉身，就能把手搭在那道用來隔開起訴團隊與記者的木頭柵欄，後方旁聽席有十幾排椅子，坐滿了記者。

他想到身為細菌學家的父母，他們常常往來歐洲各地，肩負幫人們擺脫傳染病的使命。他在紐倫堡的任務也是大同小異，此行回到德國，他誓言要把滋生納粹這種細菌的沼澤給抽乾，一勞永逸。47

《時代》雜誌於十二月三日出刊後，他把刊登法庭照片的那一頁剪下來，那遠鏡頭照片裡，可以看見他小小的人頭出現在法庭後面。把那人頭圈起來之後，就將那一頁寄回家。48

開庭第一天，羅森堡與其他被告出庭時，若非穿西裝打領帶，就是身穿軍服。49他們的手跟衛兵的銬在一起，先從牢房區經過一個加蓋的木頭坡道走進司法大樓地下室，然後搭電梯來到法庭。羅森堡坐在前排位置上，雙手交叉擺在胸前，用那雙眼皮下垂的眼睛看著審案經過，整個人看起來如此瘦小，而且跟往常一樣憂鬱嚴肅。

鋪著深色壁板與裝有日光燈的法庭裡擠滿了人。法庭的另一頭，分別由英、美、法、蘇派出的法官們坐在法官席上，他們身前的桌上擺著四面戰勝國的國旗。分兩排坐的戰犯被一排戴著白帽、繫著白皮帶的衛兵給包圍住。被告律師坐在委託人前面的一排排棕色木桌後。左邊則是一個個玻璃隔間，口譯員在裡面做翻譯工作。右邊是各國的起訴團隊、媒體席、錄影錄音席，還有在高處的一百五十人旁聽席。感覺上紐倫堡是整個世界的焦點。

第一天全都是用來宣讀二十二位納粹高層與七個相關機構的起訴書。隔天，由被告提出答辯，戈林想要用自己的一份開審聲明來壟斷所有審判時間，但被法官制止了。接著傑克遜走到講壇後，然後轉身面對四位法官。他在開審陳詞提醒法庭上的所有人：每個人在大審期間的一言一行都會被歷史監督。

「我們想要設法批判與處罰的那些罪行，是如此的充滿陰謀詭計與惡意，帶來毀滅性的影響，因此文明世界絕不容忍那些罪行被遺忘，理由在於，如果再有類似罪行出現，文明就有毀滅之虞，」傑克遜向庭上表示。[50]他把左肘撐在講壇上，右手大拇指插在條紋長褲的口袋裡。被告透過耳機聆聽口譯翻譯出來的德語。「當今世上四大強權雖因戰勝而喜不自勝，但也已滿身是傷，他們暫且放下復仇之手，把敵人交給法律制裁，而這可說是有史以來政權對於理性的最大貢獻之一。」

德國方面屢屢攻擊這次大審的正當性，傑克遜檢察官一一予以回應。某位辯方律師聲稱，這次大審是「透過其他手段來延續戰爭」。[51]傑克遜的回應是，檢察官們並不是要請戰勝國報復納粹黨，而是要透過國際法來伸張正義。「讓被告喝毒酒，與我們自己喝毒酒無異。」

---

46 原註：Office of U.S. Chief of Counsel memorandum, Kempner Papers, Box 418.
47 原註：Kempner, *Ankläger*, p. 252.
48 原註：Marked clipping from *Time* magazine dated December 3, 1945, Kempner Papers, Box 418.
49 原註：Persico, *Nuremberg*, pp. 131–34.
50 原註：*Trial of the Major War Criminals*, vol. 2, p. 99.
51 原註：Otto Kranzbühler，轉引自：Maguire, *Law and War*, p. 88.

在開庭陳詞中，傑克遜承諾，有鑑於「條頓民族人民很喜歡把一切都用書面記錄下來」，因此往後幾週與幾個月他都會善加利用這一點，會用文件來證明被告所犯下的種種罪行。[52]

十一月，法庭上播出集中營與親衛隊暴行的影片。螢幕上出現大屠殺墳墓與死屍枕藉的畫面時，幾位納粹被告幾乎不忍卒睹。兩週後，起訴團隊播放一部名爲《納粹大陰謀》（*The Nazi Plan*）的紀錄片，取材自德國人於納粹當權時所拍的影片。在片頭出現的是羅森堡，他身穿納粹制服，坐在椅子上討論該黨早年的發展，當時，他對於希特勒的思想形成，的確產生過舉足輕重的影響力。

到了十二月，起訴團隊介紹了一本書，作者爲親衛隊的尤爾根·史特魯普（Jürgen Stroop）少將，內容敘述如何摧毀華沙猶太貧民區的經過。「這本皮革封面的書，堪稱德國精緻工藝典範，圖文並茂，內頁使用的是重磅紙張，」傑克遜檢察官說，「內文頌讚德國部隊的英武神勇，以粗暴無情的手法對待一群手無寸鐵的無助猶太人，其精確人數爲五萬六千零六十五，其中當然包括嬰兒與婦女。」[53]

一九四六年一月，某一支「特別行動隊」首領出庭作證，表示一九四一與一九四二年的夏天，他的手下曾槍殺了總計九萬人。

隨著各種殘暴行徑、奴役勞動與大規模屠殺的證據愈來愈多，獄方心理學家古斯塔夫·吉爾伯特（Gustave Gilbert）也在各個牢房之間來來去去，與納粹戰犯們討論他們在法庭上的見聞。羅森堡似乎對於吉爾伯特很有戒心。荒謬的是，他曾說納粹思想與種族偏見無關。德國人只是想要守護住一個血統純正的國家，而猶太人也可以自己建立另一片國度。他自己不曾想過要殺猶太人。「我並沒有說猶太人是劣等民族，」他宣稱。全世界各民族早就都有敵視其他民族的問題，「爲什麼偏偏德國人敵視其他民族，就變成是犯罪了！」他說，把納粹黨廢掉他無所謂，但是就法庭上所說的各種戰爭罪而言，眞正犯罪的是希特勒、希姆萊、鮑曼與戈培爾。「不能歸咎於我們。」[54]

檢方當然不能苟同。一九四六年一月九、十日兩天，檢察官瓦特．布魯德諾（Walter Brudno）用平緩而有條不紊的語氣，概述羅森堡的戰爭罪罪名爲何、應該被判成立。他被依上述四大罪狀起訴，除了被指控幫助納粹崛起奪權，其手段是發展與傳播該黨仇視教會與猶太人的思想教條。其次，爲納粹的歷次侵略戰爭而幫德國進行心理與政治上的準備。此外，身爲東部占領區民政府首長，犯下了戰爭罪與人道罪。[55]

「我們將會看出，納粹哲學思想中，沒有任何一種學說不是由羅森堡以官方代表身分傳達出來的，」布魯德諾一邊說，被告席裡的羅森堡一邊努力做筆記。「他是異教思想的倡導者、『生存空間』概念的鼓吹者、北歐民族優越性的頌讚者，也是納粹黨中最早、也最極力反猶太的人，而德國人之所以能夠被統一在納粹的卐字標誌之下，他做出了實質的貢獻。」布魯德諾引用了一些羅森堡的種族論述。他複述羅森堡於一九四一年發布的不名譽宣言：唯有當「最後一個猶太人離開了歐洲大陸」，猶太人問題才得以解決。他還說明羅森堡是希特勒在納粹意識形態方面的分身，常常爲黨員進行思想教育。

布魯德諾大量引用《二十世紀的神話》一書，用量多到法庭庭長要求他別再繼續引用。庭長說，「我

---

52 原註：*Trial of the Major War Criminals*, vol. 2, p. 102.
53 原註：Ibid., vol. 3, p. 553.
54 原註：Gilbert, *Nuremberg Diary*, pp. 97, 120, 354.
55 原註：*Trial of the Major War Criminals*, vol. 5, pp. 41–66.

們眞的不想再聽到那些東西了。」

接下來，布魯德諾描述羅森堡在東部占領區如何配合進行大屠殺行動。那野蠻的占領行動一開始就是他幫忙籌畫與執行的。他也認爲其他種族人民都該清除，好爲德裔人口創造生活空間。當納粹政府計畫把蘇聯人民餓死時，他也沒有反對。他配合政府的奴工政策，把一百多萬人驅離居住地，送往德國。他也會定期接獲手下的報告，對於那些「無可言喻的暴行」可謂一清二楚。

布魯德諾說明了羅森堡的犯罪事實後，隔幾天法庭上又出現了足以讓他被處死的證言：一位曾被逮捕、囚禁在達豪集中營的醫生表示，他親眼目睹許多同營收容人遭到施以可怕的醫療實驗。杜德問道，他曾看過哪些被告去過達豪？醫生提及四個人。儘管羅森堡宣稱自己沒去過，他仍名列其中。[56]

大審正如火如荼地進行著，坎普納則是忙著與一組人著手製作每個起訴案、每位辯方證人的檔案資料，爲檢察官們準備起訴書，並且勾勒出每個被告該被判有罪的理由。[57]起訴團隊的成員大都住在格蘭飯店，杜德曾在信中寫道，「它堪稱全市之最，」儘管飯店沒有熱水，而且走廊上有個貫穿三層樓的大洞，必須從鋪在上面的板子走過去。[58]杜德說，「我的房間非常舒適。牆壁破破爛爛，上面有不少彈孔，窗戶的玻璃也都破了。天花板有一半已經不見了，不過跟某些房間相較，狀況算是不錯了。」大家在法院裡的上班時間都很長，下班後則是在飯店的大理石廳（Marble Room）喝酒，邊聽德國樂師演奏美國樂曲邊跳舞，試著暫時忘掉那些他們向世人揭發的恐怖暴行，以及殘破不堪的市區街道。[59]

在大審的第三十五天，美國的起訴團隊必須針對他們的起訴理由做出最後陳述，而坎普納終於有機會成爲眾人的目光焦點。儘管他的故事此時已經無庸贅述，但他還是不忘事先提醒媒體。「他是起訴團隊中，唯一曾直接被納粹迫害的人，」紐約市一份小報《PM》的特派記者寫道，「而且有機會在開庭時，站起來大聲說出自己心裡的想法。」[60]

「站在檢察官的位置上，每個人都可以暫時成爲法律世界的中心，」後來某位史學家寫道。[61]一九四六年一月十六日，坎普納站到了講壇後方，用一堆文件來控訴他所謂「納粹陰謀的籌辦者」，也就是在一九三三到四三年間擔任內政部長的威廉·弗利克（Wilhelm Frick）。

坎普納主張，弗利克是幫戰爭鋪路的人，因爲他協助希特勒取得德國公民身分。[62]在弗利克的幫助之下，希特勒被任命爲德國布倫瑞克市（Braunschweig）所屬國家文化與評量處的參事，也因爲這個公職而自動歸化爲德國人。坎普納主張，要不是弗利克，希特勒永遠不可能成爲德國總理。身爲內政部長，弗利克必須督導各州政府與地方政府、選舉事實、種族法令、健康政策，甚至嚴格來講還包括警政業務。坎普納證明弗利克是納粹各種種族法令的推動者，尤其是簽署了一九三五年的「紐倫堡法案」，剝奪了猶太人的德國公民權。

---

56 原註：*Trial of the Major War Criminals*, vol. 5, pp. 176, 181–82。我們並不清楚羅森堡這次造訪達豪集中營的情況。

57 原註：Robert G. Storey memorandum to Kempner, November 28, 1945, Kempner Papers, Box 418.

58 原註：Dodd, *Letters from Nuremberg*, p. 90.

59 原註：Neave, *On Trial at Nuremberg*, pp. 43–44.

60 原註：Victor H. Bernstein, "Kempner Will Have His Day in Court," *PM*, January 11, 1946; clipping in Kempner Papers, Box 263.

61 原註：Persico, *Nuremberg*, p. 175.

62 原註：*Trial of the Major War Criminals*, vol. 5, pp. 352–67.

「他是納粹的行政首腦，籌畫出納粹主義的實施體制，並且把那種體制用於進行侵略性戰爭，」坎普納向庭上表示。弗利克不只知道「T 4」計畫（將身心障礙者安樂死），事實上該計畫的實施也是經過他的簽署才進行。坎普納指控，後來捷克斯洛伐克的猶太人被驅逐送往滅絕營時，就是他擔任波希米亞與莫拉維亞總督任內。

坎普納也找到空檔，把自己訊問戈林有關國會縱火案的紀錄念出來，而他知道這肯定會登上報紙版面（隔天早上《紐約時報》就刊了這一則新聞）。

他的舉動讓法庭庭長傑弗里．勞倫斯（Geoffrey Lawrence）法官問他：「這跟弗利克有什麼關係？」他只能用非常不充分的理由瞎掰：「如前所述，縱火案的隔天早上，就是他簽署行政命令，剝奪了德國人的公民權。」

坎普納的陳詞與美國人的沉悶風格截然不同，讓大家可以換個口味。坎普納設法把屬於自己的時間發揮到極致，簡直像一場巴洛克式的戲劇演出。被告席裡的納粹高層聽到他那樣戲劇性的說教，也不禁嘻嘻微笑。赫斯本身就會講英語，暗自譏諷坎普納的濃濃德語口音，而漢斯．法蘭克則是戲謔模仿著坎普納如演戲般的華麗身段手勢。[63]

不過，對於英國的起訴團隊來講，這卻是好事。他們認為在傑克遜麾下將近七百人裡面，還好有他這麼一個對納粹黨黨史有透徹了解的人。[64]

德國輿論對於這一場大審有何看法？這是坎普納關切的問題，因為民眾們都透過廣播、新聞影片與詳盡的報紙報導來了解大審的庭訊情況。[65]檢察官們想要改變德國民眾的態度。被納粹的政治宣傳給洗腦了那麼多年，德國人對於紐倫堡大審實際的進行狀況是有疑慮的。所以傑克遜邀請了許多政治人物、教授、老師、教士、法官與律師前來紐倫堡親自聽審。聽審後，坎普納會帶他們到一間電影院，透過影片讓他們了解惡名昭彰的帝國人民法院。一九四四年暗殺希特勒的「華爾奇麗雅行動」宣告失敗，所有涉案人士被希姆萊逮捕後，就是全被送到人民法院受審。兩種法庭的狀況截然有別。在影片中，只見人民法院院長羅蘭德・弗萊斯勒（Roland Freisler）會斥責與霸凌被告，而且每個被告即便是在出庭時，也不准繫腰帶，大家都用手提著褲頭，看來相當愚蠢。「你這個下流的老傢伙，」弗萊斯勒對著某位被告咆哮，「你幹嘛一直在褲子上抓來抓去？」[66]戈培爾也曾經公開播放庭訊過程，藉此來恐嚇國內的反對人士。現在，換成這些納粹戰犯自己被起訴了。

四月十五日，奧斯威辛集中營指揮官魯道夫・霍斯出庭作證，表示有數百萬男女老幼都死於該營的毒氣室裡面。霍斯本來在達豪與薩克森豪森這兩個集中營工作，後來在一九四〇年五月被調往奧斯威辛。他說，一九四一年希姆萊在柏林召見他，並下達密令。「我不記得詳細的說法，他的大意是，元首已經針對猶太人問題的最終解決方案做出指示。由我們親衛隊負責執行命令。如果現在不執行任務，那麼以後德國

63 原註：Raymond Daniell. "Goering Accused Red Baselessly," *New York Times*, January 17, 1946.
64 原註：Persico, *Nuremberg*, p. 226.
65 原註：Robert M. W. Kempner, "Impact of Nuremberg," *New York Times*, October 6, 1946.
66 原註：Shirer, *Rise and Fall*, p. 1070; Evans, The Third Reich at War, p. 643.

人就會被猶太人滅掉。」67

他在庭上證實了他先前爲檢方所簽署的證詞內容都是事實，在證詞中，他描述了火車抵達的狀況，還有那些有工作能力的猶太人可以領到條紋制服，送往營房，其他人則是直接命令他們脫掉衣服，走進僞裝成淋浴室的毒氣室。那毒氣室一次可以容納兩千人，不到十五分鐘所有人就都會死去，而且工人都知道，當受害者不再尖叫，那就是都已經死光了。

檢方問他：「想到你自己的家人小孩時，你會憐憫那些被害人嗎？」

「會。」

「既然會，那你怎麼還做得出這種事？」

「因爲這是親衛隊首領希姆萊下達的嚴令，並且也給了理由。我只能這樣爲自己辯護。」

事後，心理學家吉爾伯特去牢房找霍斯。他想知道霍斯指揮官怎麼會像公事公辦那樣，不經深思熟慮就徹底執行滅絕猶太人的政策。他眞的相信猶太人都該死嗎？霍斯說，他前半生不曾聽過猶太人是低等民族，而且應該被消滅掉的論調。他說，後來他讀了羅森堡的《二十世紀的神話》與希特勒的《我的奮鬥》，還有戈培爾的報紙社論。「我是一個老派又狂熱的國家社會主義分子。我把我讀到的東西都當成事實，就像天主教徒也會相信教會的教條，」他說，「那是無庸置疑的事實，我毫不懷疑。我絕對相信德國人與猶太人之間有天壤之別，而且兩者間遲早要攤牌。」68他說，從那些書裡，他得知猶太人是少數民族，但卻控制了媒體、廣播電台與電影業。「如果反猶太主義運動不能成功地消滅猶太人的影響力，那麼猶太人就會發動戰爭來消滅德國。這是大家都相信的，我們能聽到或讀到的說法都是這樣。」

所以，當希姆萊要他負責消滅猶太人時，「在我受到那些思想的多年影響後，只覺得這是理所當然的，」他對吉爾伯特說。

霍斯出庭作證那一天，羅森堡終於有機會為自己辯護。他在大審的第一百零八天出庭作證，一共持續了三天。羅森堡拒絕單純地回答問題，這讓大家都倍感挫折，包括法庭指派給他的律師阿佛烈·托馬（Alfred Thoma，他是一位未曾加入過納粹的地區法官）也是。他的發言不但常離題，而且往往淪為冗長的自言自語。

羅森堡維持他一貫的風格，就像他的書籍與備忘錄、他的演講，還有他在偵訊室裡面的談話，他在法庭上的發言也一樣讓聽話的人好像墮入五里霧中。「一般人必須要花很多時間，而且要很有耐性，」某位分析師在軸心國戰犯拘留所與羅森堡見面後表示，「才能夠對阿佛烈·羅森堡的內心世界有一點頭緒。」[69]

在羅森堡發表他那很難取信於人的證詞以前，托馬宣稱他的委託人在政治生涯中向來主張「尊重各個種族」、「言行都必須遵循自己的良心」，還有「以合理的方式解決猶太人問題」。[70]羅森堡一開口就

67 原註：*Trial of the Major War Criminals*, vol. 11, pp. 396–422.
68 原註：Gilbert, *Nuremberg Diary*, pp. 267–68.
69 原註：OSS memorandum on Rosenberg, July 11, 1945, National Archives, Record Group 238, German Dossiers 1945–1946, Container 41.
70 原註：*Trial of the Major War Criminals*, vol. 11, pp. 444–529.

打算為自己的龐雜哲學與納粹黨的政治理論提供詳細解釋與辯護，好像他可以用騙人的淵博學問當作煙霧彈，把謀殺數百萬人的事實給掩蓋掉。「工業化與對於利益的追求宰制了人類社會，並且創造出工業化國家與大都會，人們只顧家裡要有後院，但卻疏遠了大自然與歷史，」羅森堡在庭上表示，「在十九世紀末、二十世紀初，許多人想要讓自己的國家恢復原貌，導正國家的歷史，對抗前述的偏執發展。」他說，這種新的想法是一種青年運動，在肯定過去的同時，也保有某種往現代與未來衝刺的動力。

「托馬博士，」勞倫斯庭長打斷羅森堡，「你可以試著要求證人發言時，要針對他被指控的內容做回應嗎？」

杜德也站起來附和。「檢方並沒有任何人員針對他的思想內容進行指控，」杜德說，「我想，我們大家都會同意的一個基本原則是，沒有人應該為了他的思想內容而遭到起訴。」

羅森堡說，他個人希望人民應該能夠自由地選擇他們對於神要抱持哪一種信仰。關於納粹對於教會所採取的諸多打壓措施，他把那些錯都歸咎在此時仍然失蹤的鮑曼身上（事實上，在二戰的最後幾天裡，他已經在逃離元首地堡時死亡。但他的遺骨在一九七二年才被一個柏林的施工團隊發現，並且於一九九八年經過ＤＮＡ檢測後，確定就是他。因為顎骨有玻璃碎片，一些史學家據此推論，鮑曼應該是逃亡時被紅軍攔了下來，所以就咬毒藥膠囊自殺）。[71]

羅森堡否認他是洗劫歐洲各國的主謀。當德軍抵達巴黎時，他們發現猶太人都已經逃了，而他們的財物遭人占為己有。所以他們才會肩負起保護那些珍貴財物的任務，而且他手下的特別任務小組也都詳細地製作目錄，小心翼翼地包裝起來。「當時我們必須處理一個沒有預見的問題，」他說。無論如何，過去歷次戰爭期間，德國有許多藝術品被奪走，因此納粹把東西拿回來是正當之舉，而且把各種檔案資料拿走也是正當的，因爲可以用來調查那些煽動世人反對納粹的敵人。

他提到檢方發現他在一九四一年十二月寫的一份祕密備忘錄：有鑑於德國官員持續在法國遭到攻擊，他建議希特勒應該做出惡毒的回應，也就是處死猶太人。[72] 這備忘錄的背景是，有德國官員在法國南特（Nantes）與波爾多遇害，於是十月間，希特勒下令處決一百名法國人質。[73] 但羅森堡的看法不同，他說法國反抗軍的目標無非就是要刺激納粹去報復法國，藉此進一步激發法國人對於納粹的敵意。「我建議元首不該處死一百名法國人，而是用一百名猶太銀行家、律師等等來替代。煽動法國共產黨犯下暴力罪行的，是倫敦與紐約的猶太人，因此比較公平的做法當然是讓猶太人付出代價，」他寫道，「而且，不該找猶太人裡的**小老百姓**，一定要向那些法國的猶太**領袖**究責。這才能夠喚醒反猶太的情緒。」羅森堡在法庭上表示，他寫備忘錄時非常激動，而且事後希特勒也沒有聽取他的建議。羅森堡的說法還是跟往常一樣顛三倒四，一方面說他很後悔做出那種建議，但另一方面卻又宣稱，在戰時射殺人質並沒有違法。

羅森堡持續自辯，表示他並非巴巴羅薩行動的策畫者，而且當希特勒找他擔任東部占領區民政府首長時，行動已經完成了。在他的計畫裡面，未曾想過要殺害該地區人民。而且，雖說他是民政府首長，但是對於經濟或警政事務都沒有管轄權，還有被希特勒派去當波蘭總督的埃里希·科赫也從來不理會他的政令。

---

71 原註：Evans, *Third Reich at War*, p. 728; Graeme Wood, "Martin Bormann has a Stomachache," *Atlantic*, July 20, 2009.

72 原註：Rosenberg memorandum, "Concerning: Jewish Possessions in France," December 18, 1941, reproduced as 001-PS in Office of the U.S. Chief of Counsel for the Prosecution of Axis Criminality, *Nazi Conspiracy and Aggression*, vol. 3, p. 1.

73 原註：Laub, *After the Fall*, p. 46.

關於把東部占領區的孩童帶來德國一事，羅森堡承認他的確在一九四四年夏天批准這個計畫，不過他依然想把這件事硬說成是好事。這次「乾草行動」（Heuaktion）的任務是將四萬到五萬名介於十歲到十四歲之間的孩童加以逮捕。有些小孩本來就沒有人照顧，因爲爸媽已經被抓去當奴工或者興建防禦工事了，有些則是直接從家中被帶走。[74]他們的目標是把這些綁架來的小孩送去德國各地工廠當學徒。此一綁架行動的理由是要讓他們學會一技之長，藉此消除東部占領區人民「血統中潛在的劣根性」。羅森堡向庭上表示，原本他反對此一計畫，不過他願意讓德軍把那些年紀較大的青少年抓走。他說，他不得不把態度放軟，因爲不管他同不同意，德軍都會把那些孩童帶走。羅森堡表示，如果由他來做這件事，他的「青少年部門」就可以確保孩子們受到善待。他宣稱他希望把他們安置在小村落或者小規模的營地裡，戰後就讓他們回到爸媽身邊。

他的律師問到羅森堡在一九四三年六月間接獲的一些報告，內容是關於白俄羅斯明斯克郊區發生的許多屠殺暴行。一位獄卒寫道，警方在把猶太收容人交給獄方之前，事先會硬把他們的金牙都拔掉，而白俄羅斯總督威廉．庫柏則是呈報了一件要剿滅游擊隊，但卻殺死很多婦孺的「警方行動」。

「猶太人受到了特別的對待，這是個無須進一步討論的事實。無論看來有多讓人難以置信，他們做事的方式就是那樣，」洛澤在一封給羅森堡的信裡面寫道。[75]如果百姓感到恐懼，地方要如何綏靖與剝削？「應該有辦法可以避免殘暴行徑或是掩埋那些被殺掉的人。就算他們打算將猶太人口都滅絕，身爲戰鬥部隊也不應該把男女老幼都關進穀倉裡，放火燒死他們。這不是適當的手法。這種手法不符合我們德國的理想，也嚴重傷害我們的名譽。我請求您採取行動。」

面對檢方提出這封信來質問他，羅森堡表示，收到那封信時是一九四三年，希特勒才剛剛決定要支持科赫，命令他不能輕易干預東部占領區的事情。「我非常氣餒，」羅森堡宣稱，「所以我沒有讀這封信。」他證實自己知道集中營的存在，但認爲逮捕行動「就政治情況與國情來講是有必要的」。他宣稱自己曾詢問過希姆萊，表示他聽到很多有關外國集中營慘況的傳聞，結果希姆萊邀請他親自到達豪集中營去看看。「我們在那裡有個游泳池，還有各種衛生設備，」希姆萊說，「沒有任何過失，也沒有可以指責之處。」羅森堡向庭上表示，他拒絕了邀請，「因爲他是個有品味的人，不想要看到那些被剝奪自由的猶太人。」

至於歐洲猶太人遭屠殺之事，羅森堡宣稱他並不知情。他的確看到有些報告指出東部人民「過著可怕而艱苦的生活」。沒錯，他聽說過大批猶太人被槍決的事。他說，「但即便有猶太人被槍決，我也不會認定眞的有人下令把所有猶太人都毀滅掉」，而且「在我們論辯的過程中，如果眞的提過將全體猶太人都予以滅絕，從現在我們認爲可以取得的證詞看來，『滅絕』一詞肯定給人某種可怕的印象。但是，就當時普遍的狀況看來，『滅絕』一詞並不會被詮釋爲全體的消滅，不是消滅數以百萬計的猶太人」。

他曾經心懷無比強烈的反猶太信念，甚至因此爲大屠殺鋪路，如今卻堅稱當時他所提倡的是以「正直的方式」對待猶太人，但他並未仔細闡述這種有別於大屠殺的對待方式究竟爲何。「這件事沒能如我們所

---

74 原註：Memorandum, "Re: Evacuation of youths," June 12, 1944, reproduced as 031-PS in Office of the U.S. Chief of Counsel, *Nazi Conspiracy*, vol. 3, pp. 71–74.

75 原註：Letter from Lohse's office to Rosenberg, June 18, 1943, reproduced as R-135 in Office of the U.S. Chief of Counsel, *Nazi Conspiracy*, vol. 8, pp. 205–8.

願，的確是悲劇性的宿命，」他說，「憾事發生了，而且我必須說，因爲我沒有了勇氣，所以才沒有繼續向元首陳情，要他使用我支持的方法。」

但他堅持自己不知道猶太人遭到大規模槍斃，還有慘死於滅絕營裡面。

「即便是希姆萊親自告訴我，我也不會相信有那種事，」他說，「我覺得有些事情即便是對我而言，也已經超過了人世間的一切可能性，那種事就是這樣。」

四月十七日，湯瑪斯·杜德走到講壇後去對羅森堡進行交叉訊問。[76]杜德問得很慢，而且有條有理，直到羅森堡說到猶太人的問題時，他都只是仔細聆聽，沒有打斷他。

「你曾經提過要滅絕猶太人嗎？」杜德問道。

「一般而言，我未曾使用你所謂的『滅絕』一詞來討論消滅猶太人的問題，」羅森堡答道，「在這裡我們必須斟酌詞意。」

杜德拿出一九四一年十二月十四日的備忘錄來質問羅森堡，當天他與希特勒會面，商議後，兩人決定羅森堡在他計畫好的一次演講中，不該提及「Ausrottung」（滅絕）一詞。

羅森堡爭辯道：「『Ausrottung』並沒有你說的那種意思。」

杜德拿出一本德英詞典，要羅森堡自己查查看。羅森堡拒絕了，並且繼續教訓杜德。

「我不需要用外語詞典也能夠解釋『Ausrottung』在德語裡面的各種詞意，」他說，「不管是打消某個念頭、毀掉經濟體系或社會秩序，還有理所當然的就最後的結果而言，消滅一群人類，都可以用

『Ausrottung』一詞來表達。它的詞意有非常多可能性。德語翻譯成英語後常常會出錯。」

杜德持續追問：「你確實是很認眞地要說服我，讓我知道你不能同意我對這個詞的看法，或者你只是想要殺時間而已？」

羅森堡說，當時他預計要在柏林體育宮發表的演說只不過是某種「政治威脅」罷了。他並不是要宣布最終解決方案。

「但事實上，」杜德說，「就在你演講那段時間的前後，東部占領區的大批猶太人都被滅絕了，不是嗎？」

「是。」

「是的，既然如此……那你還希望本法庭相信滅絕行動都是警方做的，你沒有任何手下涉案？」

接下來，杜德用奧斯蘭總督洛澤寫給民政府總部的信來質問他：洛澤在信中抗議，他轄區某個城市發生了「恣意濫殺猶太人」的狀況。民政府總部要求洛澤，親衛隊在執行跟猶太人問題有關的任務時，切莫予以干涉。杜德也拿出另一位民政府官員於一九四二年七月寫給洛澤的信給羅森堡看，信中提及在過去十週以來，白俄羅斯有五萬五千名猶太人遭到「消除」，而其他即將運送到該地區的猶太人也會有同樣下場。

儘管那兩封信都是在他柏林的辦公室裡找到的，但羅森堡還是說他未曾看過。杜德繼續逼問，指出他的民政府裡面至少有五個最高層級官員知道猶太人的狀況，所以羅森堡當然也知道。

---

76 原註：*Trial of the Major War Criminals*, vol. 11, pp. 529–64.

羅森堡想要輕描淡寫，但庭長突然插話。「你可以先回答問題嗎？你同意這五位官員參與了滅絕猶太人的行動嗎？」

「沒錯，我承認有一些消除猶太人的行動他們是知情的，」羅森堡說，「他們也告訴我了，或者可以說，就算他們沒講，我也會從其他來源知道。」

羅森堡做出對自己如此不利的聲明後，杜德進一步向庭上證明羅森堡有罪。「霍斯作證時，你也在這法庭裡面？」

「是的，我聽到他的證詞了。」羅森堡回答。

「你聽到他在證人席裡說出那可怕的故事，也就是有兩百五十到三百萬人被謀殺了，其中大部分都是猶太人？」[77]

「是的。」

「你知道霍斯讀過你寫的《二十世紀的神話》，也聽過你的很多次演講？」

羅森堡否認，他說他不知道。

杜德在當天寄了一封家書回美國，提及交叉訊問羅森堡的事。「他是最難訊問的被告，是個很懂得避重就輕與說謊的惡棍。我真的很不喜歡他，他好虛偽，是個徹頭徹尾的偽君子。」[78]

起訴工作告一段落後，有一大群美國檢察官都離開紐倫堡。但上頭要坎普納跟杜德一起留下來，由坎普納帶領的那個小組負責反駁被告與代表律師提出來的辯詞。「我還在這裡，可以說是最後的留存者之一，」他在寫給某個朋友的信裡說，「先前那一大群人都走了。」國際軍事法庭安排了另一個委員會來聆聽各個受審組織的成員作證，他們來自親衛隊、蓋世太保、突擊隊與軍方等等。坎普納是美國檢方與這個附屬委員會之間的主要聯絡窗口，對此他並不是太高興。[79]「從各種觀點看來，這實在是困難的差事，」他寫道，「這些組織有太多門道與案例是先前都未曾徹底調查分析過的，而在這最後的時刻，要做的工作實在太多。」

他想回蘭斯唐恩的家。那個月，他兒子魯西安經過多年的流亡之後，終於安全抵達那個家。

一九四一到四三年間，魯西安曾在杜塞道夫與柏林上過一些學校。爲了謀生，他曾當過一陣子夜班守衛。身爲猶太混血兒，他永遠覺得自己可能隨時都會遭到蓋世太保逮捕，到了一九四三年九月，他們終於找上他。[80]

剛開始他被關進位於德國與丹麥邊境附近、在北海外海不遠處的敘爾特島（Sylt）上面的韋斯特蘭（Westerland）勞動營。[81]那裡有個德國空軍基地，爲了抵擋盟軍攻勢，有一千兩百名收容人在當地幫忙

77 原註：據霍斯估計，大約有兩百五十萬人在奧斯威辛集中營毒氣室裡被處死，但許多史家估計的人數則是在一百一十到一百五十萬之間，請參閱：Evans, *Third Reich at War*, p. 304。

78 原註：Dodd, *Letters from Nuremberg*, p. 287.

79 原註：Kempner to Murray Gurfin, June 17, 1946, Kempner Papers, Box 262; Thomas Dodd memorandums on assignments, May 16 and 18, 1946, Kempner Papers, Box 263.

興建防禦工事。一九四四年二月，魯西安被送往荷蘭阿恩海姆（Arnheim）的集中營，幫忙進行另一個空軍基地的擴建工程，最後他來到了荷蘭阿默斯福特（Amersfoort）集中營，裡面關了幾千名猶太人、良心拒服兵役者[82]與政治犯。

他曾經試著逃亡好幾次。最後在一九四五年四月，當他要被移往柏林的一個集中營時，他真的逃了，偷偷溜過德軍陣地，騎著一輛偷來的腳踏車前往盟軍陣地，位置在西邊將近一百英里外，在馬德堡附近的易北河河岸地區。[83]他向美國的第九軍投降，偵訊過後他被軍方當成口譯人員留置（他會講四種語言）那一年稍後，他志願加入英國皇家陸軍諾福克軍團（Norfolk Regiment）的C連。他會花一些時間幫被納粹洗腦的德國年輕人進行再教育的工作。

一九四五年下半年，他一直試著要與父親聯絡，甚至寫信給美國之音電台。「請幫我找到我父親，」他在信中寫道，「你們是我最後的希望。」[84]他們倆終於在一九四五年底重逢，開始通信。「像奇蹟似的，」魯西安寫道，「為了活命，我冒了生命危險，結果成功了。」[85]

但這自由的滋味並不純正。他仍然駐紮在德國，駐地是杜塞道夫與科隆之間的索林根（Solingen），而且他仍然沒有離開德國的必要證件。歷史的力量仍然重擊著他。「我跟現在的德國人一樣，」他在寫給父親的信裡說，「現在全世界的人都把他們當成過街老鼠，他們的確活該，而我在這世界上也是個賤民，是個局外人，就像戰前與戰時那些德國的雅利安人也是這樣看待我。我不是德國人，不是英國人，也不是美國人。那我到底是什麼人？」絕望的魯西安寫道，「你有可能把我弄出這個糟糕的國家嗎？」

其實英國人對他已經不錯了，只是他仍覺得心裡淒苦。他沒有東西可以讀，部隊同袍們不顧他的感受，總是把「德國女人、菸酒」掛在嘴邊。魯西安甚至沒有糧票，所以常常要跟他的連上弟兄打秋風。

他要的不多。「我想生活在一個自由的國家，當一個與別人權利平等的自由人。」

一九四六年二月，他們父子倆終於有機會在紐倫堡的格蘭飯店短暫重聚。[86] 坎普納幫兒子弄到美國簽證，到了五月間，魯西安搭乘美國海軍陸戰隊的「河鱸號」（Marine Perch）抵達美國，搭巴士前往蘭斯唐恩的坎普納家。他還拍了一封電報向白宮表達謝意，並接受一些費城記者的採訪。「他曾被迫害、追捕、毒打，並且挨餓，」《費城詢問報》（*Philadelphia Inquirer*）的報導寫道，「但他這位現代版的奧德賽（Odyssey）在蘭斯唐恩結束了他的旅程。」[87] 露絲特別在他回家前，用花朵裝飾房子。在報導裡，她被

---

80 原註：Lucian Kempner application letter to company commander, September 29, 1945, Kempner Papers, Box 71.

81 原註：Lucian Kempner draft Application for Federal Employment, Kempner Papers, Box 41；集中營的生活細節描述係引自：Weinmann, *Der Nationalsozialistische Lagersystem, p. 69; Megargee, The United States Holocaust Memorial Museum Encyclopedia of Camps and Ghettos 1933–1945,* p.820; and the Web site of the Amersfoort National Monument, www.kampamersfoort.nl/p/start。

82 譯註：conscientious objector 指由於個人思想自由、良心或宗教信仰等因素，拒絕履行軍事服務之個人，通常只會出現於徵兵制的軍事制度中。

83 原註：在另一描述中，魯西安說他：「被美軍解放」。參見：Lucian Kempner deposition in *Lipton v. Swansen*。

84 原註：Lucian Kempner to Voice of America radio station, July 1945, Kempner Papers, Box 71.

85 原註：Lucian Kempner to Robert Kempner, January 9, 1946, Kempner Papers, Box 71.

86 原註：Lucian Kempner deposition in *Lipton v. Swansen*.

87 原註："Refugee and Mother Reunited After Decade," *Philadelphia Inquirer*, May 27, 1946; "Kempner's Son, Victim of Nazis, Rejoins Mother," *Philadelphia Record*, May 27, 1946.

描述為魯西安的母親。至於把他從義大利誘拐回德國的生母海倫，在戰爭結束前就已於德國逝世。「從剪報看來，」坎普納的記者老友庫爾特·葛羅斯曼寫信到紐倫堡跟他說，「我可以說他真不愧是你兒子啊！」[88]

被納粹逮捕後，魯西安開始變得消瘦憔悴，但一年前他逃到盟軍陣地之後，已經復胖五十磅。他說他打算加入美國陸軍。「為了解救我，許多美國大兵在歐洲戰場上前仆後繼，」他向《費城詢問報》的記者表示，「要不是他們的犧牲，我今天也不會在這裡。我想用我唯一知道的方式來回報他們。」

至於安德烈，則是要到一九五〇年代初期被坎普納夫婦領養後，才來到蘭斯唐恩，並在結婚之後定居瑞典。

七月十七日那天，坎普納收到一封令人意外的來信，是戈林元帥的妻子艾美寄來的。

「我可以請您幫我一個大忙嗎？」她寫道，「在未來十四天內，您可以抽出半小時跟我見面嗎？」[89]坎普納同意了。儘管不知道她想做什麼，但艾美有可能是要請他幫忙。讓她可以去牢裡探望戈林，或者到法庭旁聽，因為身為被告妻子，這兩件事她都辦不到。九月時，曾當過演員的艾美身穿皮革外套，一派輕鬆地走進司法大樓，但很快就被認出來，並且勸她離開了。[90]

戰後，她在巴伐利亞的一個住處被追查到，她帶著許多香檳、烈酒、古巴雪茄躲在那裡，還有一整個大皮箱的珠寶、黃金。被捕後，她坐了五個月牢，於一九四六年二月獲釋後，過得很貧困，家裡沒有自來水與暖氣。讓她仍感氣憤的是，在那瘋狂混亂的最後一段日子裡，人在地下碉堡的希特勒居然還下令拘捕她丈夫。三月間，紐倫堡的某位軍方心理學家曾造訪她，希望她能勸戈林不要再對元首忠心耿耿了。她寄了一封信去牢裡，但戈林不爲所動。戈林向那心理學家表示：「沒有任何東西可以影響我。」[91]

坎普納開始常常造訪艾美，帶食物和巧克力去給她。[92]他向來知道如何培養有價值的情報來源，而這是一個非常值得好好建立起來的關係。

坎普納和另一位紐倫堡納粹囚犯的關係就更爲複雜了，那個人是蓋世太保首領魯道夫·迪爾斯。一九三〇年代時，坎普納曾幫過迪爾斯大忙，讓他免於捲入一個涉及妓女的尷尬醜聞。坎普納於一九三五年被逮捕後，也許就是迪爾斯把他從哥倫比亞集中營救出來的。十年後在紐倫堡，英國檢方宣稱，創立蓋世太保的迪爾斯「必須爲種種最爲粗鄙的殘酷與野蠻暴行負責，」主張應該將他起訴。坎普納幫迪爾斯逃過一劫。[93]迪爾斯宣稱自己曾於納粹掌權初期阻止過一些最惡劣的暴虐行徑，而且他同意提供檢方一些不利於戈林與羅森堡等被告的證詞。他成爲早期的重要汙點證人。「我們想要盡可能、盡快多挖掘出一些事

---

88 原註：Grossman to Robert Kempner, June 18, 1946, Kempner Papers, Box 262.

89 原註：Kempner memorandum to Thomas Dodd, July 17, 1946, Kempner Papers, Box 262.

90 原註：Persico, *Nuremberg*, p. 367; Tusa and Tusa, *Nuremberg Trial*, p. 455.

91 原註：Persico, *Nuremberg*, pp. 294–98; Gilbert, *Nuremberg Diary*, pp. 212–14.

92 原註：Kempner interview quoted in Mosley, *The Reich Marshal*, pp. 325, 347.

93 原註：Hett, *Burning the Reichstag*, pp. 194, 220。坎普納宣稱迪爾斯在紐倫堡大審期間的證詞「很有幫助，値得特別予以感謝」。

證，」多年後，坎普納在提及自己與迪爾斯等納粹人士的關係時表示，「這意味著，有些人原本你可能根本不想跟他們喝茶，但這下卻不得不跟他們聊一聊。」[94]如同坎普納在回憶錄中寫道，「兇手的確有可能會說出一些關於同案其他兇手的眞話，但不要太在意他們的動機爲何。」

大審期間，坎普納與迪爾斯見了不少次。身爲證人，迪爾斯必須待在一間由美國檢方安排的證人住處。很特別的是，那間屋子裡除了有納粹人士，也不乏集中營的倖存者。但迪爾斯也獲准到紐倫堡南方不遠處的一間狩獵別墅去走一走，那別墅的主人是他的朋友法博—嘉士特爾伯爵（Faber-Castell）與其夫人。那別墅變成一個小規模的社交聚會場所，坎普納也是常客。

迪爾斯向來性好漁色，這時又搞上了伯爵夫人。伯爵夫人生下第一個小孩時，坎普納說孩子的生父是迪爾斯。照理說他應該是知道內情的人，因爲他是那個小孩的教父之一。[95]

七月二十六日，傑克遜返回紐倫堡去發表他的結案陳詞。當傑克遜說到羅森堡時，將他貶爲「『優等民族』的思想大師，」還說就是他「提供了那些充滿仇恨的思想，爲毀滅猶太人的行動提供了衝勁，而且他還把自己那些背離信仰的理論實踐在東部占領區的人民身上。納粹的暴行堪稱罄竹難書，而他那模稜兩可的哲學也可以名列其中。」[96]

一個月後，被告站在被告席發表簡短的結辯聲明。

羅森堡把納粹大屠殺的所有責任都推得一乾二淨。「我知道我對得起自己的良心，既沒有犯下那些謀殺罪，也不是共犯。」[97]他只是想要提升東部占領區人民的地位，讓他們對抗莫斯科。他希望猶太人能夠移居到一個屬於他們自己的國家。「我的腦海裡未曾浮現過那種把斯拉夫與猶太人毀滅，也就是把他們全都殺光的想法，而且我也非常肯定自己未曾用任何方式提倡過那種主張。」他爲了建立納粹意識形態而做出的努力並非陰謀，也不是犯罪。「我希望各位能認定我所說的一切皆爲事實。」

整個九月是四位法官的商議期。[98]相關的論辯一方面立基於某種臨時調整過，所以很特別的國際法原則，它們從一開始就指導著紐倫堡大審的進行。另一方面，當然也必須在盟國美、英、法、蘇四大強權的不同政治利益間折衝。要對戈林與里本特洛普定罪比較簡單。羅森堡則需要一點時間來辯論。當法官們在九月二日討論起這位納粹意識形態大師時，他們不希望定罪理由僅是因爲他的思想幫納粹的迫害與大屠殺行徑披上了某種具有掩飾作用的意識形態外衣。但就另一方面而言，羅森堡的被起訴理由也不只是因爲他的那些言論。他曾經參與了納粹洗劫全歐洲的行動、強迫勞動計畫，還有以殘殺暴虐手段來對待東部占領區人民。德軍能在一九四〇年入侵挪威，他也扮演了某種角色。

從第一輪的商議結果看來，對於羅森堡是否該被定罪，或者是否所有罪名都成立，還有應該處以絞刑或者終身監禁並無共識。到了九月十日，四位法官中有三位已經支持讓他的所有罪名都成立，不過蘇聯與

94 原註：這句話與坎普納、迪爾斯之間來往的狀況係引自：Kohl, *The Witness House*, pp. 43–47, 152–53。
95 原註：Hett, *Burning the Reichstag*, p. 183.
96 原註：*Trial of the Major War Criminals*, vol. 19, p. 416.
97 原註：Ibid., vol. 22, pp. 381–83.
98 原註：Smith, *Reaching Judgment at Nuremberg*, pp. 190–94; Persico, *Nuremberg*, pp. 388–94.

英國希望處以死刑，法國法官則傾向終身監禁。所以羅森堡的生死就操之於美國法官的手裡，也就是曾當過司法部長的法蘭西斯·比德爾（Francis Biddle）。

比德爾仍無法決定。他跟其他法官表示，希望能在投票前，花一晚上的時間好好審酌此案。

十月一日，被告們最後一次一起坐在被告席裡面，聆聽判罪結果。戈林，有罪。99里本特洛普與凱特爾，有罪。羅森堡，有罪。受審二十二人中，只有三人獲釋：幫助希特勒於一九三三年上台執政的前副總理法蘭茲·馮·巴本，宣傳部官員漢斯·弗里切，以及銀行家亞爾馬·沙赫特（Hjalmar Schacht）。下午一點四十五分，庭長宣布暫時休庭。

休息過後，大家一個個回來聆聽自己的刑度。羅森堡是第六個被宣判的，他搭電梯上樓，兩旁各有一個衛兵看守著。電梯門滑開，他走進法庭。庭上第一次燈光沒那麼明亮，因爲宣布刑度時不會錄影，日光燈關了起來。羅森堡戴上耳機，聽到庭長說出來，並由口譯員爲其翻譯的短短幾個字。

「Tod durch den Strang」，「絞刑」。最後比德爾決定判他死刑。在判決書中，法官並非判決他的思想有罪，而是他的種種作爲有罪。

羅森堡拿下耳機時不發一語，只是走進電梯後回到樓下。

擔任被告專屬牧師的亨利·格萊克（Henry Gerecke）後來在一篇文章中寫道，被告中超過半數到最後都懺悔了，並且請求原諒。但羅森堡「仍然強詞奪理。童年時的信仰對他來講沒有用」。他是四名拒絕牧師幫他們禱告的被告之一。判刑後，被告的妻兒獲准造訪牢房。格萊克穿梭於孩子們之間，等到他走到羅森堡之女伊蕊娜身邊時，年僅十六歲的她說：「別說要跟我一起禱告什麼的。」

格萊克被嚇了一跳，他問道：「那我可以幫你做什麼嗎？」

「可以，」她用很衝的口氣說，「有菸嗎？」[100]

幾個月的牢獄生涯中，羅森堡寫了一份回憶錄，從他的角度闡述第三帝國的歷史。「我發現有關希特勒的一切都極度重要，很難用日常語言來描述，包括他的作爲、命令，他如何煩擾那些最爲高貴的人，還有他如何讓自己所創造的革命理想蒙塵，」羅森堡寫道。[101] 羅森堡未曾背棄過自己的英雄與偶像，這已經是他說過最重的話。他還說，希特勒在人生最後一段日子裡「屢屢陷入痴迷沉醉的狀態」，胡言亂語，「聽得出來純粹只是在發洩，他不想要尋求任何人的建議，但仍深信他聆聽的是自己心裡的聲音。那就像是自言自語，一部分合情合理，但一部分只是誇大的空話。」[102]

---

99 原註：Persico, *Nuremberg*, pp. 395–405.

100 原註：Henry F. Gerecke and Merle Sinclair, "I Walked to the Gallows with the Nazi Chiefs," *Saturday Evening Post*, September 1, 1951.

101 原註：Lang and Schenck, *Memoirs of Alfred Rosenberg*, p. 201.

102 原註：Ibid., p. 248.

羅森堡已經認定，希特勒最大的錯誤在於沒能聽信更多像他這種人，反而是找上了希姆萊這一類人物，還有他所謂「我們這個曾經正直的運動裡的魔鬼」，也就是戈培爾。103

「如果不加以節制，這兩個人都有能力做出那種最令人難以置信的事。」羅森堡在那寂靜的牢房裡，在一張搖搖欲墜的桌子寫道，「在這純粹的塵世裡，希特勒的大罪是慮事不周，導致種種可怕的結果，包括那無法定義的前後不一、糊里糊塗與粗心大意，最後長此以往，終究造成不公不義的現象，往往破壞了他自己的許多考量、計畫與行動。」104

他宣稱自己在某個時刻突然想通了，希姆萊想要一把抓住第三帝國的所有大權。當時，他跟希姆萊的某個盟友在一起喝葡萄酒，突然看見另一個房間牆上掛著希姆萊的照片。「我就是沒辦法不去看那張照片，」羅森堡寫道，「然後我想到，先前我未曾有機會直視希姆萊的雙眼。他的眼睛總是掩藏在臉上那一副夾鼻眼鏡後面。現在，透過那張相片，他的眼睛一眨也不眨地緊盯著我，我想我看到的眼神顯露出滿滿的惡意。」105

他繼續寫道，不過，「有誰可能會相信希姆萊竟幹得出那些罪證確鑿的殘暴行徑？」106

他回憶起在柏林時，某位納粹領袖去拜訪他，提起要在山區與盟軍做最後決戰。羅森堡幾乎看不出那有何意義。那位領袖問了一個此後始終困擾著他的問題：難道納粹的理念從一開始就是錯的嗎？

不，不是，羅森堡回答他。「理念很偉大，但被一群小人給誤用了。」107

羅森堡認爲他的回憶錄是爲了未來而寫的，到時候他的理念與納粹黨的理想將會獲得平反，而他也會被當成英雄。「等到這一代人的孫輩看清這一切後，他們會覺得很羞恥，因爲我等明明心懷高貴思想，但卻被指控是罪犯。」108

到最後，羅森堡堅信納粹的理念是正當正直的，而且希特勒儘管有很多缺陷，但還是個偉人。「我尊敬他，而且我到最後還是效忠於他，」羅森堡寫道，「如今，他已經死去，德國也被毀了。有時候會讓我感到義憤填膺的是，幾百萬德國人被殺，被迫流亡，各種慘況難以言喻，我們僅剩的一切不但遭到洗劫，累積千年的財富也被揮霍殆盡。但在此同時，我對那個人的憐憫之情也油然而生，因爲他是被命運擺布的受害者，而且他那熱烈的愛國情操也不會輸給任何人。」109

漢斯・法蘭克投入宗教的懷抱。他過去在波蘭總督任內，住在克拉科夫的瓦維爾城堡（Wawel Castle），生活豪奢無度，任由納粹殘暴蹂躪占領區的波蘭人民。紐倫堡大審期間，他爲自己與其他納粹同僚的所有言行舉止懺悔。在聽過奧斯威辛集中營霍斯指揮官的證詞後，法蘭克向某位監獄心理學家表示，他父親的至友就是死在奧斯威辛。對此他頗爲自責，他說，除了他自己，羅森堡也有責任。「不，他不是

103 原註：Lang and Schenck, *Memoirs of Alfred Rosenberg*, p. 161.
104 原註：Ibid., p. 104.
105 原註：Ibid., pp. 184–85.
106 原註：Ibid., p. 189.
107 原註：Ibid., p. 197.
108 原註：Ibid., p. 113.
109 原註：Ibid., p. 266.

我親手殺死的，」法蘭克說，「但我和羅森堡所說的一切都讓那些可怕的事情成眞。」法蘭克在作證時坦承，猶太人遭滅絕之事他也有罪。「千年之後，德國還是不能洗刷自己的罪孽。」[110]

羅森堡始終沒有懺悔。到最後，他這位納粹的意識形態大師仍然不能、或者說是不願接受的一個想法是：他提倡的那些理念，最後導致種族大屠殺的發生。

「我會怎麼樣？」某天他問他的律師。

律師用德國大文豪歌德的名作〈流浪者的夜歌II〉（Wanderer's Night Song II）裡的詩句來回答他，只是爲了來自波羅的海的羅森堡稍作更動：

登峰造極
即可休憩，
高居樹梢
微風
幾乎不會驚擾你。
樹鳥鳴唱之聲寂靜。
等等吧，波羅的海人：再過不久，
你也得以安息。[111]

十月十五日，牢房熄燈的一小時後，監視戈林牢房的衛兵看見他把一隻手擺在臉上。三分鐘後，他開始無法呼吸，口吐大量白沫。在還來不及做出任何處置前，他就已經去世了。獄方官員發現他胸口擺著兩個信封，其中一個裝著四封信，另一個裝著已經空蕩蕩的氰化物小藥瓶。[112]那是被告們要被處決之夜，有人事先向戈林通風報信。

午夜過後，其他十位將被處以極刑的納粹高層聆聽了他們的死刑判決書，接著吃了最後一餐：香腸、馬鈴薯沙拉與水果。

凌晨一點過後不久，衛兵依序來把他們一個個帶走。羅森堡是第四個。格萊克問道，是否需要幫他禱告？羅森堡說：「不用，謝謝你。」

雙手被銬住的羅森堡從牢房區走了一小段路，穿越院子，在一點四十七分進入監獄的體育館。館內有一些坐在桌邊或者站在後面的見證者。他的雙手被人用一條皮帶綁在後面，有人帶他走了十三格台階，到絞刑台上，在那裡他的雙腳也被綁了起來。

「羅森堡環顧著室內體育場，面無表情，雙頰凹陷，」國際新聞社（International News Service）的記

110 原註：Persico, *Nuremberg*, pp. 322–23.
111 原註：Kempner, *Ankläger*, p. 236.
112 原註：其中一封信（應該說信件的一部分）最後落到了坎普納的手上，請參閱：Taylor, *The Anatomy of the Nuremberg Trials*, p. 619。

者金斯伯瑞・史密斯（Kingsbury Smith）寫道，「他棕色的臉龐看來有點蒼白，但並不緊張，用穩穩的腳步走到絞刑台上……儘管他是眾所皆知的無神論者，但還是有一位牧師陪著他上去，站在他身邊禱告。羅森堡看了牧師一眼，面無表情。」[113]

儘管他是第三帝國歷史上留下最多文字的作家，但卻是所有受刑者裡，唯一沒有留下遺言的。被戴上頭套後，隨著腳下活門打開，羅森堡也掉了下去。[114]幾小時後，他與其他人的遺體都被載往慕尼黑焚化。骨灰全都被撒進河裡。

113 原註：Kingsbury Smith, "The Execution of Nazi War Criminals," International News Service, October 16, 1946.

114 原註：Burton Andrus memorandum, October 17, 1946, Jackson Papers, Box 101, Roll 7; Persico, *Nuremberg*, pp. 423–29.

尾聲

二〇一三年十二月十七日，美國大屠殺紀念博物館館長莎拉·布倫菲爾（Sara Bloomfield）說，「我們認爲，這來自於前一個世紀與另一個大陸的歷史文件，如今終於找到一個理想的歸宿。」嚴格來講，羅森堡日記原本屬於國家檔案館，那天早上該館正式將日記捐贈給花了那麼多時間與精力尋找日記的大屠殺博物館。羅森堡日記跟其他成千上萬訴說著納粹大屠殺故事的政府文件、書信、照片與錄音檔案，全都收藏在該館的檔案庫。在該館所屬的大屠殺研究中心裡，使用那些檔案資源的學者們仍在研究大屠殺的歷史，仍想要試著解釋各種難以解釋的現象，仍要試著理解當年到底發生了什麼事。

獲贈羅森堡日記的幾個月後，大屠殺博物館安排梅耶向一些地方性與地區性的猶太團體演講，這些團體向來對於他的工作成果讚譽有加，認爲他在博物館中堪稱典範，盡責地保存納粹大屠殺罪行相關檔案，藉此讓世人不會忘記或者讓這悲慘的歷史不會重演。

某晚，梅耶前往費城的美國獨立紀念館，在位於館內的美國猶太人歷史博物館登台，在滿座的聽眾面前回答問題。他提起尋找羅森堡日記的漫長與曲折過程，還有日記對於研究第三帝國的史學家有何意義。

活動快結束前，有人問他：手裡拿著那些曾經佚失的羅森堡日記，有何感想？

「不幸的是，」梅耶平靜地說，「跟拿著其他檔案資料一樣，沒什麼特別感覺。」

然後他頓了一下。

他向來不太對外談起自己那些曾在大屠殺期間受苦受難的祖先。他們只是幾百萬悲劇人物裡面的少數幾個人而已。他父親甚至不曾把自己當成倖存者，儘管在博物館眼裡他的確是，因爲他是個爲了躲避納粹迫害而逃離德國的猶太人。

然而梅耶不能否認的是，他的先人們慘死在法國小鎮居爾的沼澤地裡、在奧斯威辛集中營的毒氣室裡、在拉脫維亞的森林中，這在在都讓他的工作有了更爲深層的意義。

梅耶笑看提問者。

「讓我感到非常高興的是，」他說，「發現羅森堡日記的是這位猶太人。」

儘管維特曼不再是個需要躲避攝影機鏡頭的臥底探員，但他還是跟參加類似活動一樣低調，待在演講廳的最後面。台上的梅耶公開提及他，這讓所有聽眾都伸長了脖子，想要看清楚他長什麼模樣，也有幾個人走過去跟他握手致意。

成功追查尋獲某件藝術品或價值連城的手稿後，維特曼通常都有何感覺？那實在是難以言喻，剛開始油然而生的成就感會讓他喜不自勝。也許這能夠印證所有文物都有一股莫名的獨特力量。對於維特曼來講，羅森堡日記這種東西讓他有不同的感覺。羅森堡並不只是個日記作者，而大屠殺博物館也不只是一般的博物館。藉由協助尋獲納粹的文件檔案，藉由幫忙找到納粹大屠殺謎團的一小塊拼圖，維特曼也算是對於達成該館的使命做出了些微的貢獻。這樣做不只是爲了紀念那數百萬失去性命的無辜猶太百姓，也是要提醒

鍥而不捨追尋被盜走的日記的人們（從左至右）：國土安全調查處特別幹員馬克·歐雷克薩、美國司法部助理檢察官大衛·霍爾、本書作者羅伯·維特曼、美國大屠殺紀念博物館的亨利·梅耶與羅伯的兒子傑夫。（圖片來源：作者提供）

往後的世世代代，絕對不能讓這種恐怖的事件再次發生。

謝辭

非常感謝美國大屠殺紀念博物館的亨利・梅耶與尤爾根・馬特烏斯、國家檔案和紀錄管理局（National Archives and Records Administration）的 Tim Mulligan、德拉瓦州檢察署的大衛・霍爾、移民及海關執法局的馬克・歐雷克薩，上述這些人在我們尋獲羅森堡日記，並且公諸於世的過程中，都扮演過關鍵角色。

另外也需要感謝梅耶慷慨地撥冗與我們分享他的故事。感謝大屠殺博物館檔案庫的館員們，包括 Ron Coleman、Megan Lewis 與 Vincent Slatt 屢屢爲我們指引正確的方向。感謝獨立調查員 Satu Haase-Webb 幫我們在坎普納身後留下的大量信件和個人文件中挖寶。感謝 Natascha Hoffmeyer、Nika Knight 與 Chris Erb 三位譯者爲我們解讀德文文件，尤其是羅森堡日記。非常感激 Jonathan Bush、Allan Stypeck 與 Edward Jesella 爲我們付出時間。賓州大學范佩爾特圖書館（Van Pelt Library）的德國史料館藏豐富，往往能讓我們輕易尋獲解答。同時也要感謝位於馬里蘭州大學公園市（College Park）的國家檔案和紀錄管理局、華府的國會圖書館給我們多方的協助。

我們在華府投宿期間 Katie Shaver 與 Bob Barnard 陪伴我們，也提供了許多紅酒，特此致謝。

特別令人感激的是 John Shiffman 屢屢爲我們指引門路與居間介紹。感謝我們的經紀人 Larry Weissman 與 Sascha Alper 又幫我們敲定了另一樁非常好的書約。感謝 Jonathan Burnham、Claire Wachtel、Hannah Wood、Jonathan Jao、Sofia Ergas Groopman、Brenda Segel、Juliette Shapland、Heather Drucker 與 HarperCollins 出版社所有促成這本書面世的同仁。

還有，一如往昔，也要在此表達我們對家人的摯愛：Donna、Kevin、Renee、Jeffrey、Kristin；還有 Monica、Jane 與 Owen。

參考書目

檔案資料

羅森堡日記的高解析度掃描檔已上載於美國國家檔案館和美國大屠殺紀念博物館的網站。在以下網頁「archives.gov/research/search and navigating to scans of Nuremberg documentslabeled 1749-PS.」的搜尋器輸入「Alfred Rosenberg diary」然後導向編號「1749-PS.」的紐倫堡文件掃描檔，便可找到一九三四至三五年的日記分錄。一九三六至四四年的日記分錄則可在大屠殺紀念博物館網站「collections.ushmm.org」藏品編號「2001.62.14.」中找到。

American Friends Service Committee Refugee Assistance Case Files, Ruth Kempner file, United States Holocaust Memorial Museum, Washington, D.C.

Correspondence with European Document Centers Relating to the Receipt André Return of Documents 1945–1946, Record Group 238, National Archives, College Park, Md.

Einsatzstab Reichsleiter Rosenberg correspondence (microfilm M1946), Record Group 260, National Archives, College Park, Md.

German Dossiers 1945–1946, Record Group 238, National Archives, College Park, Md.

Interrogation Records Prepared for War Crimes Proceedings at Nuernberg 1945– 1947 (microfilm M1270), Record Group 238, National Archives, College Park, Md.

Irma Gideon collection, United States Holocaust Memorial Museum, Washington, D.C.

Jackson, Robert H., Papers. Boxes 14, 101, and 106. Library of Congress, Washington, D.C.

Kempner, Robert M. W., files from Department of Justice and Department of the Army. National Archives, National Personnel Records Center, St. Louis, Mo.

Kempner, Robert M. W., and Ruth Benedicta Kempner Papers, Record Group 71.001, United States Holocaust Memorial Museum, Washington, D.C.

Lester, Jane, oral history. USC Shoah Foundation Institute for Visual History and Education (sfi.usc.edu), Los Angeles.

Lipton, Margot, probate and estate records. File 2006-80096. Niagara County Surrogate's Court, Lockport, New York.

Margot Lipton v. Samuel T. Swansen, et al. Case no. 98-12106, Delaware County Court of Common Pleas, Office of Judicial Support, Media, Pa.

Messersmith, George S., Papers. University of Delaware Library, Newark, Del.

OSS Art Looting Investigation Unit reports, 1945–46 (microfilm M1782), Record Group 239, National Archives, College Park, Md. Records of the Emergency Committee in Aid of Displaced Foreign Scholars, Robert Kempner file, Record Group 19.051, United States Holocaust Memorial Museum, Washington, D.C.

Records of the Office of the Chief of Counsel for War Crimes, Record Group 260, National Archives, College Park, Md.

Records of the United States Nuernberg War Crimes Trials Interrogations 1946–1949 (microfilm M1019), Record Group 238, National Archives, College Park, Md.

Reinach, Frieda and Max, diary, Record Group 10.249, United States Holocaust Memorial Museum, Washington, D.C.

Rosenberg, Alfred, diary, 1936–1944, Record Group 71, United States Holocaust Memorial Museum, Washington, D.C.

Security-Classified General Correspondence 1945–1946, Record Group 238, National Archives, College Park, Md.

Taylor, Telford, Papers, 1918–1998. Columbia University Library, Rare Book and Manuscript Library, New York.

Third Army After Action Reports. U.S. Army Combined Arms Center, Combined Arms Research Library Digital Library (cgsc.contentdm.oclc.org).

United States Evidence Files 1945–1946, Record Group 238, National Archives, College Park, Md.

United States v. William Martin, Civil Action No. 03-01666. United States District Court for the Eastern District of Pennsylvania, Philadelphia.

期刊文章

Arad, Yitzhak. "Alfred Rosenberg and the 'Final Solution' in the Occupied Soviet Territories." *Yad Vashem Studies* 13 (1979): 263–86.

———. "The 'Final Solution' in Lithuania in the Light of German Documentation." *Yad Vashem Studies* 11 (1976): 234–72.

Baxa, Paul. "Capturing the Fascist Moment: Hitler's Visit to Italy in 1938 and the Radicalization of Fascist Italy." *Journal of Contemporary History* 42, no. 2 (2007): 227–42.

Collins, Donald E., and Herbert P. Rothfeder. "The Einsatzstab Reichsleiter Rosenberg and the Looting of Jewish and Masonic Libraries During World War II." *Journal of Library History* 18, no. 1 (Winter 1983): 21–36.

Felstiner, Mary. "Refuge and Persecution in Italy, 1933–1945." *Simon Wiesenthal Center Annual* 4 (1987): n.p. Online archive.

Gerlach, Christian. "The Wannsee Conference, the Fate of German Jews, and Hitler's Decision in Principle to Exterminate All European Jews." *Journal of Modern History* 70, no. 4 (December 1998): 759–812.

Grimsted, Patricia Kennedy. "Roads to Ratibor: Library and Archival Plunder by the Einsatzstab Reichsleiter Rosenberg." *Holocaust and Genocide Studies* 19, no. 3 (Winter 2005): 390–458.

Kempner, Robert M. W. "Blueprint of the Nazi Underground—Past and Future Subversive Activities." *Research Studies of the State College of Washington* 13, no.2 (June 1945): 51–153.

Layton, Roland V., Jr. "The *Völkischer Beobachter*, 1920–1933: The Nazi Party Newspaper in the Weimar Era." *Central European History* 3, no. 4 (December 1970): 353–82.

Matthäus, Jürgen. "Controlled Escalation: Himmler's Men in the Summer of 1941 and the Holocaust in the Occupied Soviet Territories." *Holocaust and Genocide Studies* 21, no. 2 (Fall 2007): 218–42.

Starr, Joshua. "Jewish Cultural Property under Nazi Control." *Jewish Social Studies* 12, no. 1 (January 1950): 27–48.

Steinberg, Jonathan. "The Third Reich Reflected: German Civil Administration in the Occupied Soviet Union." *English Historical Review* 110, no. 437 (June 1995): 620–51.

書籍

Allen, William Sheridan, ed. *The Infancy of Nazism: The Memoirs of Ex-Gauleiter Albert Krebs 1923–1933*. New York: New Viewpoints, 1976.

Andrus, Burton C. *I Was the Nuremberg Jailer*. New York: Tower Publications, 1970.

Anonymous. *The Persecution of the Catholic Church in the Third Reich: Facts and Documents*. Gretna, La.: Pelican, 2003.

Arad, Yitzhak. *The Holocaust in the Soviet Union*. Lincoln: University of Nebraska Press, 2009.

Arendzen, Rev. John. Foreword to "*Mythus*": *The Character of the New Religion*, by Alfred Rosenberg. London: Friends of Europe, 1937.
Baedeker, Karl. *Southern Germany (Wurtemberg and Bavaria): Handbook for Travelers*. Leipzig: Karl Baedeker, 1914.
———. *Berlin and Its Environs: Handbook for Travelers*. Leipzig: Karl Baedeker, 1923.
Barbian, Jan-Pieter. *The Politics of Literature in Nazi Germany: Books in the Media Dictatorship*. Translated by Kate Sturge. New York: Bloomsbury Academic, 2013.
Barnes, James J., and Patience P. Barnes. *Nazi Refugee Turned Gestapo Spy: The Life of Hans Wesemann, 1895–1971*. Westport, Conn.: Praeger, 2001.
Baxa, Paul. *Roads and Ruins: The Symbolic Landscape of Fascist Rome*. Toronto: University of Toronto Press, 2010.
Baynes, Norman H., ed. *The Speeches of Adolf Hitler, April 1922–August 1939*. 2 vols. London: Oxford University Press, 1942.
Berkhoff, Karel C. *Harvest of Despair: Life and Death in Ukraine Under Nazi Rule*. Cambridge, Mass.: Harvard University Press, 2004.
Bernstein, Arnie. *Swastika Nation: Fritz Kuhn and the Rise and Fall of the German-American Bund*. New York: St. Martin's, 2013.
Biddle, Francis. *In Brief Authority*. New York: Doubleday, 1962.
Blücher von Wahlstatt, Evelyn Mary. *An English Wife in Berlin: A Private Memoir of Events, Politics, and Daily Life in Germany Throughout the War and the Social Revolution of 1918*. New York: Dutton, 1920.
Bollmus, Reinhard. "Alfred Rosenberg: National Socialism's 'Chief Ideologue'?" In *The Nazi Elite*, edited by Ronald Smelser and Rainer Zitelmann, pp. 183–93. New York: NYU Press, 1993.
Bonney, Richard. *Confronting the Nazi War on Christianity: The Kulturkampf Newsletters, 1936–1939*. New York: Peter Lang, 2009.
Bosworth, R. J. B. *Mussolini*. New York: Oxford University Press, 2002.
Brandt, Willy. *My Road to Berlin*. New York: Doubleday, 1960.
Breitman, Richard. *The Architect of Genocide: Himmler and the Final Solution*. New York: Knopf, 1991.
Browning, Christopher R. *The Origins of the Final Solution*. Lincoln: University of Nebraska Press, 2004.
Burden, Hamilton T. *The Nuremberg Party Rallies: 1923–39*. London: Pall Mall, 1967.
Burleigh, Michael. *The Third Reich: A New History*. New York: Hill & Wang, 2000.
Buttar, Prit. *Battleground Prussia: The Assault of Germany's Eastern Front 1944–45*. Oxford: Osprey, 2012.
Cecil, Robert. *The Myth of the Master Race: Alfred Rosenberg and Nazi Ideology*. New York: Dodd, Mead, 1972.
Ciano, Galeazzo. *Ciano's Diplomatic Papers*. Edited by Malcolm Muggeridge. London: Odhams, 1948.
Charles, Douglas M. *J. Edgar Hoover and the Anti-Interventionists: FBI Political Surveillance and the Rise of the Domestic Security States, 1939–1945*. Columbus: Ohio State University Press, 2007.
Creese, Mary R. S. *Ladies in the Laboratory II: West European Women in Science, 1800–1900: A Survey of Their Contributions to Research*. Lanham, Md.: Scarecrow Press, 2004.
Dallin, Alexander. *German Rule in Russia 1941–1945: A Study in Occupation Politics*. New York: Macmillan, 1957.
Davidson, Eugene. *The Trial of the Germans: An Account of the Twenty-Two Defendants Before the International Military Tribunal at Nuremberg*. New York: Macmillan, 1966.
Delmer, Sefton. *Trail Sinister: An Autobiography*. London: Secker and Warburg, 1961.
Dial 22-0756, Pronto: Villa Pazzi: Memories of Landschulheim Florenz 1933–1938. Ottawa: n.p., 1997.
Diamond, Sander A. *The Nazi Movement in the United States 1924–1941*. Ithaca, NY: Cornell University Press, 1974.
Diels, Rudolf. *Lucifer Ante Portas: Zwischen Severing und Heydrich*. Zurich: Interverlag, [1949?].

Dippel, John V. H. *Bound Upon a Wheel of Fire: Why So Many German Jews Made the Tragic Decision to Remain in Nazi Germany*. New York: Basic Books, 1996.

Dodd, Christopher J., with Lary Bloom. *Letters from Nuremberg: My Father's Narrative of a Quest for Justice*. New York: Crown, 2007.

Dodd, William Jr., and Martha Dodd, eds. *Ambassador Dodd's Diary 1933–1938*. New York: Harcourt, Brace, 1941.

Dreyfus, Jean-Marc, and Sarah Gensburger. *Nazi Labour Camps in Paris: Austerlitz, Lévitan, Bassano, July 1943–August 1944*. New York: Berghahn, 2011.

Eckert, Astrid M. *The Struggle for the Files: The Western Allies and the Return of German Archives After the Second World War*. New York: Cambridge University Press, 2012.

Edsel, Robert M., with Bret Witter. *The Monuments Men: Allied Heroes, Nazi Thieves, and the Greatest Treasure Hunt in History*. New York: Back Bay, 2009.

Ehrenreich, Eric. *The Nazi Ancestral Proof: Genealogy, Racial Science, and the Final Solution*. Bloomington: Indiana University Press, 2007.

Evans, Richard J. *The Coming of the Third Reich*. New York: Penguin, 2004.

———. *The Third Reich in Power*. New York: Penguin, 2005.

———. *The Third Reich at War*. New York: Penguin, 2009.

Farago, Ladislas. *The Game of the Foxes: The Untold Story of German Espionage in the United States and Great Britain During World War II*. New York: David McKay, 1971.

Faulhaber, Michael von. *Judaism, Christianity and Germany*. Translated by Rev. George D. Smith. New York: Macmillan, 1934.

Fest, Joachim. *The Face of the Third Reich: Portraits of the Nazi Leadership*. London: I. B. Tauris, 2011.

Frank, Werner L. *The Curse of Gurs: Way Station to Auschwitz*. Lexington, Ky.: n.p., 2012.

Frei, Norbert. *Adenauer's Germany and the Nazi Past: The Politics of Amnesty and Integration*. New York: Columbia University Press, 1997.

Fromm, Bella. *Blood and Banquets: A Berlin Social Diary*. New York: Harper, 1942.

Gary, Brett. *The Nervous Liberals: Propaganda Anxieties from World War I to the Cold War*. New York: Columbia University Press, 1999.

Gilbert, G. M. *Nuremberg Diary*. New York: Farrar, Straus, 1947.

Gisevius, Hans Bernd. *To the Bitter End*. New York: Da Capo Press, 1998.

Goldensohn, Leon. *The Nuremberg Interviews*. New York: Knopf, 2004.

Griech-Polelle, Beth *A. Bishop von Galen: German Catholicism and National Socialism*. New Haven, Conn.: Yale University Press, 2002.

Grimsted, Patricia Kennedy. *Reconstructing the Record of Nazi Cultural Plunder*. Amsterdam: International Institute of Social History, 2011.

Gutman, Israel. *Encyclopedia of the Holocaust*. 4 vols. New York: Macmillan, 1990.

Hanfstaengl, Ernst. *Hitler: The Missing Years*. New York: Arcade, 1994.

Hastings, Derek. *Catholicism and the Roots of Nazism*. New York: Oxford University Press, 2010.

Hermand, Jost. *Culture in Dark Times: Nazi Fascism, Inner Emigration, and Exile*. New York: Berghahn, 2013.

Hett, Benjamin Carter. *Burning the Reichstag: An Investigation into the Third Reich's Enduring Mystery*. New York: Oxford University Press, 2014.

Hitler, Adolf. *Mein Kampf*. Translated by Ralph Manheim. Boston: Mariner, 1999. First published 1925 by Franz Eher Nachfolger.

Kaplan, Marion A. *Between Dignity and Despair: Jewish Life in Nazi Germany*. New York: Oxford University Press, 1998.

Kay, Alex J. *Exploitation, Resettlement, Mass Murder: Political and Economic Planning for German Occupation Policy in the Soviet Union, 1940–1941*. New York: Berghahn, 2006.

Kelley, Douglas M. *22 Cells in Nuremberg: A Psychiatrist Examines the Nazi Criminals*. New York: Greenberg, 1947.

Kellogg, Michael. *The Russian Roots of Nazism: White Émigrés and the Making of National Socialism 1917–1945*. Cambridge, UK: Cambridge University Press, 2005.

Kempner, Robert M. W. *Eichmann und Komplizen*. Zurich: Europa Verlag, 1961.

———. *SS im Kreuzverhör*. Munich: Rütten + Loening, 1964.
———. *Edith Stein und Anne Frank: Zwei von Hunderttausend*. Freiburg im Breisgau, Germany: Herder-Bücherei, 1968.
———. *Das Dritte Reich im Kreuzverhör: Aus den Vernehmungsprotokollen des Anklägers*. Munich: Bechtle, 1969.
———. *Der Mord an 35000 Berliner Juden: Der Judenmordprozess in Berlin schreibt Geschichte*. Heidelberg, Germany: Stiehm, 1970.
———. *Ankläger einer Epoche: Lebenserinnerungen*. Frankfurt: Verlag Ullstein, 1983.
———. *Autobiographical Fragments*. Translated by Jane Lester. Lewiston, N.Y.: Edwin Mellen Press, 1996.
Kershaw, Ian. *Hitler, 1889–1936: Hubris*. New York: Norton, 2000.
———. *Hitler, 1936–1945: Nemesis*. New York: Norton, 2000.
———. Hitler: A Biography. New York: Norton, 2008.
Klarsfeld, Serge. *Memorial to the Jews Deported from France, 1942–1944: Documentation of the Deportation of the Victims of the Final Solution in France*. New York: B. Klarsfeld Foundation, 1983.
Kohl, Christine. *The Witness House: Nazis and Holocaust Survivors Sharing a Villa During the Nuremberg Trials*. New York: Other Press, 2010.
Krieg, Robert A. *Catholic Theologians in Nazi Germany*. New York: Continuum, 2004.
Ladd, Brian. *The Ghosts of Berlin: Confronting German History in the Urban Landscape*. Chicago: University of Chicago Press, 1997.
Lane, Barbara Miller, and Leila J. Rupp, eds. and trans. *Nazi Ideology Before 1933: A Documentation*. Manchester, UK: Manchester University Press, 1978.
Lang, Serge, and Ernst von Schenck, eds. *Memoirs of Alfred Rosenberg*. Chicago: Ziff-Davis, 1949.
Large, David Clay. *Where Ghosts Walked: Munich's Road to the Third Reich*. New York: Norton, 1997.
Larson, Erik. *In the Garden of Beasts: Love, Terror, and an American Family in Hitler's Berlin*. New York: Broadway, 2011.
Laub, Thomas J. *After the Fall: German Policy in Occupied France, 1940–1944*. Oxford, UK: Oxford University Press, 2010.
Layton, Roland Vanderbilt, Jr. "*The Völkischer Beobachter*, 1925–1933: A Study of the Nazi Party Paper in the *Kampfzeit*." Dissertation, University of Virginia, 1965.
Lester, Jane. *An American College Girl in Hitler's Germany: A Memoir*. Lewiston, N.Y.: Edwin Mellen Press, 1999.
Levine, Rhonda F. Class, *Networks, and Identity: Replanting Jewish Lives from Nazi Germany to Rural New York*. Lanham, Md.: Rowman & Littlefield, 2001.
Lewy, Guenter. *The Catholic Church and Nazi Germany*. New York: Da Capo, 2000.
Lochner, Louis P., ed. *The Goebbels Diaries*. Garden City, N.Y.: Doubleday, 1948.
Longerich, Peter. *Holocaust: The Nazi Persecution and Murder of the Jews*. New York: Oxford University Press, 2010.
———. *Goebbels: A Biography*. New York: Random House, 2015.
Lower, Wendy. *Nazi Empire-Building and the Holocaust in Ukraine*. Chapel Hill: University of North Carolina Press, 2005.
———. "On Him Rests the Weight of the Administration: Nazi Civilian Rulers and the Holocaust in Zhytomyr." In *The Shoah in Ukraine: History, Testimony, Memorialization*, ed. Ray Brandon and Wendy Lower, pp. 224–27. Bloomington: Indiana University Press, 2008.
Lüdecke, Kurt G. W. *I Knew Hitler: The Story of a Nazi Who Escaped the Blood Purge*. New York: Charles Scribner's Sons, 1937.
Maguire, Peter. *Law and War: International Law and American History*. Rev. ed. New York: Columbia University Press, 2010.
Matthäus, Jürgen, and Frank Bajohr, eds. *Alfred Rosenberg: Die Tagebücher von 1934 bis 1944*. Frankfurt: S. Fischer, 2015.
Megargee, Geoffrey P., ed. *The United States Holocaust Memorial Museum Encyclopedia of Camps and Ghettos, 1933–1945*. Vol. I. Bloomington: Indiana University Press, 2009.
Meyer, Beate, Hermann Simon, and Chana Schütz, eds. *Jews in Nazi Berlin: From Kristallnacht to Liberation*. Chicago: University of Chicago Press, 2009.

Morris, Jeffrey. *Establishing Justice in Middle America: A History of the United States Court of Appeals for the Eighth Circuit.* Minneapolis: University of Minnesota Press, 2007.

Mosley, Leonard. *The Reich Marshal: A Biography of Hermann Goering.* London: Pan Books, 1977.

Mulligan, Timothy Patrick. *The Politics of Illusion and Empire: German Occupation Policy in the Soviet Union, 1942–1943.* New York: Praeger, 1988.

Neave, Airey. *On Trial at Nuremberg.* Boston: Little Brown, 1979.

Nicholas, Lynn H. *The Rape of Europa: The Fate of Europe's Treasures in the Third Reich and the Second World War.* New York: Knopf, 1994.

Nicosia, Francis R. "German Zionism and Jewish Life in Nazi Berlin." In *Jewish Life in Nazi Germany: Dilemmas and Responses*, ed. Francis R. Nicosia and David Scrase, pp. 89–116. New York: Berghahn, 2010.

Noakes, J., and G. Pridham, eds. *Nazism: A History in Documents and Eyewitness Accounts, 1919–1945.* 2 vols. New York: Schocken, 1983–1988.

Nova, Fritz. *Alfred Rosenberg: Philosopher of the Third Reich.* New York: Hippocrene, 1986.

O'Brien, Kenneth Paul, and Lynn Hudson Parsons. *The Homefront War: World War II and American Society.* Westport, Conn.: Greenwood Press, 1995.

Office of the U.S. Chief of Counsel for the Prosecution of Axis Criminality. *Nazi Conspiracy and Aggression.* 8 vols. Washington, D.C.: U.S. Government Printing Office, 1946.

Olson, Lynne. *Those Angry Days: Roosevelt, Lindbergh, and America's Fight Over World War II, 1939-1941.* New York: Random House, 2013.

Palmier, Jean Michel. *Weimar in Exile: The Antifascist Emigration in Europe and America.* New York: Verso, 2006.

Papen, Franz von. *Memoirs.* New York: Dutton, 1953.

Papen-Bodek, Patricia von. "Anti-Jewish Research of the Institut zur Erforschung der Judenfrage in Frankfurt am Main between 1939 and 1945." In *Lessons and Legacies VI: New Currents in Holocaust Research*, ed. Jeffry Diefendorf, pp. 155–189. Evanston, Ill.: Northwestern University Press, 2004.

Persico, Joseph E. *Nuremberg: Infamy on Trial.* New York: Penguin, 1994.

Petropoulos, Jonathan. *Art as Politics in the Third Reich.* Chapel Hill: University of North Carolina Press, 1996.

Piper, Ernst. *Alfred Rosenberg: Hitlers Chefideologe.* Munich: Karl Blessing Verlag, 2005.

Pöppmann, Dirk. "Robert Kempner und Ernst von Weizsäcker im Wilhelmstrassenprozess." In *Im Labyrinth der Schuld: Täter, Opfer, Ankläger,* ed. Irmtrud Wojak and Susanne Meinl, pp. 163–197. Frankfurt: Campus Verlag, 2003.

———. "The Trials of Robert Kempner: From Stateless Immigrant to Prosecutor of the Foreign Office." In *Reassessing the Nuremberg Military Tribunals*, ed. Kim C. Priemel and Alexa Stiller. New York: Berghahn, 2012.

Posnanski, Renée. *Jews in France During World War II.* Hanover, N.H.: University Press of New England, 2001.

Prange, Gordon W., ed. *Hitler's Words.* Washington, D.C.: American Council on Public Affairs, 1944.

Pringle, Heather. *The Master Plan: Himmler's Scholars and the Holocaust.* New York:Hyperion, 2006.

Read, Anthony. *The Devil's Disciples: Hitler's Inner Circle.* New York: Norton, 2003.

Reinemann, John Otto. *Carried Away . . . Recollections and Reflections.* Philadelphia: n.p., 1976.

Ribuffo, Leo P. *The Old Christian Right: The Protestant Far Right from the Great Depression to the Cold War.* Philadelphia: Temple University Press, 1983.

Rogge, O. John. *The Official German Report: Nazi Penetration 1924–1942, Pan-Arabism 1939–Today.* New York: Thomas Yoseloff, 1961.

Rorimer, James. *Survival: The Salvage and Protection of Art in War.* New York: Abelard, 1950.

Rosbottom, Ronald C. *When Paris Went Dark: The City of Light Under German Occupation, 1940–1944.* New York: Back Bay, 2014.

Roseman, Mark. *The Villa, the Lake, the Meeting: Wannsee and the Final Solution.* London: Allen Lane, 2002.

Rosenberg, Alfred. *Der Mythus des 20. Jahrhunderts*. Munich: Hoheneichen-Verlag, 1934.

———. *Race and Race History and Other Essays by Alfred Rosenberg*. Edited by Robert Pois. New York: Harper & Row, 1970.

Rothfeder, Herbert Phillips. "A Study of Alfred Rosenberg's Organization for National Socialist Ideology." Dissertation, University of Michigan, 1963.

Rubenstein, Joshua, and Ilya Altman, eds. *The Unknown Black Book: The Holocaust in the German-Occupied Soviet Territories*. Bloomington: Indiana University Press, 2008.

Ryback, Timothy W. *Hitler's Private Library: The Books That Shaped His Life*. New York: Knopf, 2008.

Safrian, Hans. *Eichmann's Men*. Cambridge, UK: Cambridge University Press, 2010.

Schmid, Armin. *Lost in a Labyrinth of Red Tape: The Story of an Immigration That Failed*. Evanston, Ill.: Northwestern University Press, 1996.

Schuschnigg, Kurt von. *Austrian Requiem*. New York: Putnam, 1946.

Schwertfeger, Ruth. *In Transit: Narratives of German Jews in Exile, Flight, and Internment During "The Dark Years" of France*. Berlin: Frank & Timme, 2012.

Seraphim, Hans-Günther, ed. *Das politische Tagebuch Alfred Rosenbergs: 1934/35 und 1939/40*. Munich: Deutscher Taschenbuch Verlag, 1956.

Sherratt, Yvonne. *Hitler's Philosophers*. New Haven, Conn.: Yale University Press, 2013.

Shirer, William L. *Berlin Diary: The Journal of a Foreign Correspondent, 1934–1941*. Baltimore: Johns Hopkins University Press, 2002. First published 1941 by Alfred A. Knopf.

———. *The Rise and Fall of the Third Reich: A History of Nazi Germany*. New York: Simon & Schuster, 2011. First published 1960 by Simon & Schuster.

Smith, Bradley F. *Reaching Judgment at Nuremberg: The Untold Story of How the Nazi War Criminals Were Judged*. New York: Basic Books, 1977.

Snyder, Timothy. *Bloodlands: Europe Between Hitler and Stalin*. New York: Basic Books, 2010.

Speer, Albert. *Inside the Third Reich: Memoirs. New York: Macmillan, 1970.*

St. George, Maximilian, and Dennis Lawrence. *A Trial on Trial: The Great Sedition Trial of 1944*. Chicago: National Civil Rights Committee, 1946.

Stein, George H. *The Waffen SS: Hitler's Elite Guard at War, 1939–1945*. Ithaca, N.Y.: Cornell University Press, 1966.

Steinweis, Alan E. *Studying the Jew: Scholarly Antisemitism in Nazi Germany*. Cambridge, Mass.: Harvard University Press, 2006.

Stephenson, Donald. "*Frontschweine* and Revolution: The Role of Front-Line Soldiers in the German Revolution of 1918." Dissertation, Syracuse University, 2007.

Strasser, Otto. *Hitler and I*. Boston: Houghton Mifflin, 1940.

———. *The Gangsters Around Hitler*. London: W. H. Allen, 1942.

Täubrich, Hans-Christian, ed. *Fascination and Terror: Party Rally Grounds Documentation Center, The Exhibition*. Nuremberg, Germany: Druckhaus Nürnberg, n.d.

Taylor, Frederick. *The Downfall of Money: Germany's Hyperinflation and the Destruction of the Middle Class*. New York: Bloomsbury, 2013.

Taylor, Telford. *The Anatomy of the Nuremberg Trials: A Personal Memoir*. New York: Knopf, 1992.

Tomasevich, Jozo. *War and Revolution in Yugoslavia, 1941–1945*. Stanford, Calif.: Stanford University Press, 2001.

Torrie, Julia S. *"For Their Own Good": Civilian Evacuations in Germany and France, 1939–1945*. New York: Berghahn, 2010.

Trevor-Roper, H. R., ed. *Hitler's Table Talk 1941–1944*. New York: Enigma, 2008.

Trial of the Major War Criminals Before the International Military Tribunal. 42 vols., 1947– 1949; http://www.loc.gov/rr/frd/Military_Law/NT_major-war-criminals. html.

Trials of War Criminals Before the Nuernberg Military Tribunals Under Control Council Law No. 10. 15 vols., 1946–1949; http://www.loc.gov/rr/frd Military_Law/NTs_war-criminals.html.

Tusa, Ann, and John Tusa. *The Nuremberg Trial*. New York: Atheneum, 1986.

University of St. Michael's College v. Herbert W. Richardson. Toronto: Hearing Committee, St. Michael's College, 1994.

U.S. Department of State. *Foreign Relations of the United States: Diplomatic Papers, 1933*. Vol. II: *The British Commonwealth, Europe, Near East and Africa*. Washington, D.C.: U.S. Government Printing Office, 1949.

Vansittart, Robert. *The Mist Procession: The Autobiography of Lord Vansittart*. London: Hutchinson, 1958.

Wasow, Wolfgang R. *Memories of Seventy Years: 1909 to 1979*. Madison, Wis.: n.p., 1986.

Watt, Richard. *The Kings Depart: The Tragedy of Germany; Versailles and the German Revolution*. New York: Simon & Schuster, 1968.

Weinberg, Gerhard L. *The Foreign Policy of Hitler's Germany: Diplomatic Revolution in Europe 1933–36*. Chicago: University of Chicago Press, 1970.

Weiner, Timothy. *Enemies: A History of the FBI*. New York: Random House, 2012.

Weinmann, Martin. *Das Nationalsozialistische Lagersystem*. Frankfurt: Zweitausendeins, 1990.

Weinreich, Max. *Hitler's Professors: The Part of Scholarship in Germany's Crimes Against the Jewish People*. New York: Yiddish Scientific Institute, 1946.

Winterbotham, F. W. *The Nazi Connection*. New York: Dell, 1978.

Wittman, Robert K., with John Shiffman. *Priceless: How I Went Undercover to Rescue the World's Stolen Treasures*. New York: Crown, 2010.

Wyneken, Jon David K. "Driving Out the Demons: German Churches, the Western Allies, and the Internationalization of the Nazi Past, 1945–1952." Dissertation, Ohio University, 2007.

Zimmerman, Joshua D., ed. *Jews in Italy under Fascist and Nazi Rule, 1922–1945*. Cambridge, UK: Cambridge University Press, 2005.

Zuccotti, Susan. *The Holocaust, the French, and the Jews*. Lincoln: University of Nebraska Press, 1999.

國家圖書館出版品預行編目(CIP)資料

惡魔日記 : 讓希特勒成為希特勒的惡魔，他的日記消失了半個多世紀後，如何重新被發現，以及其意義。 / 羅伯 .維特曼(Robert Wittman), 大衛·金尼(David Kinney)著 ; 陳榮彬譯. -- 初版. -- 臺北市 : 網路與書出版 : 大塊文化發行, 2017.12
512面 ; 17*23公分. -- (Spot ; 21)
譯自 : The devil's diary : Alfred Rosenberg and the stolen secrets of the Third Reich
ISBN 978-986-6841-95-8(平裝)

1.羅森堡 (Rosenberg, Alfred, 1893-1946) 2.納粹 3.國家主義 4.德國史

743.257　　106020957